省/区级精品课程教材

21世纪高职高专精品教材·市场营销类

市场营销实务 （第二版）

SHICHANG YINGXIAO SHIWU

佘伯明 主编

东北财经大学出版社
Dongbei University of Finance & Economics Press
大连

图书在版编目（CIP）数据

市场营销实务 / 佘伯明主编 . —2 版 . —大连：东北财经大学
出版社，2013.1
（21 世纪高职高专精品教材·市场营销类）
ISBN 978-7-5654-1078-9

Ⅰ. 市… Ⅱ. 佘… Ⅲ. 市场营销学-高等职业教育-教材
Ⅳ. F713.50

中国版本图书馆 CIP 数据核字（2012）第 315185 号

东北财经大学出版社出版

（大连市黑石礁尖山街 217 号　邮政编码　116025）

教学支持：（0411）84710309
营 销 部：（0411）84710711
总 编 室：（0411）84710523
网　　址：http://www.dufep.cn
读者信箱：dufep @ dufe.edu.cn

大连力佳印务有限公司印刷　　　　　东北财经大学出版社发行

幅面尺寸：185mm×260mm　　　　字数：456 千字　　　　印张：19 3/4
2013 年 1 月第 2 版　　　　　　　　2013 年 1 月第 4 次印刷

责任编辑：张旭凤　　　　　　　　　责任校对：一　心
封面设计：张智波　　　　　　　　　版式设计：钟福建

ISBN 978-7-5654-1078-9
定价：32.00 元

第二版前言

营销无时不在、无处不在。它正改变着社会中的每一个人，影响着其工作和生活的方式。

人类的经济活动自有了除满足自己需要之外的剩余产品开始，就出现了交换。那么，如何能按自己的理想实现交换，使自己的劳动价值得到社会的承认，从而使自己的需求也得以满足呢？市场营销的理论和实践，说到底，就是这方面研究工作的延续。随着现代社会的交换活动变得越来越复杂，交换的实现变得更为困难，这种"困难"不是因为商家没东西卖或消费者没钱买，而是因为随着生产力的高度发展，商品越来越丰富，市场竞争也越来越残酷，消费者的生活方式日益多样化，消费者的消费行为也变得越来越难以把握。这些因素的存在和变化，使得市场营销的发展面临着更大的挑战和机遇。

我们正处在一个最需要营销而又最缺乏营销的时代。我国的社会经济持续、稳定、快速发展，我国的消费市场已成为亚洲乃至世界增长最快并最具潜力的市场。从 2001 年到 2011 年，中国的社会消费品零售总额从 3.76 万亿元增长到 18.12 万亿元，增长了 3.82 倍，年均增长 17%。如果"十二五"期间中国社会消费品零售总额年均增长 15% 左右，2015 年中国的社会消费品零售总额有望超过 32 万亿元，快速发展及竞争激烈的市场，需要更多更好的营销专业人才。

根据市场发展情况及目前社会对营销人才提出的知识和技能要求，并结合高职高专市场营销专业人才培养的目标和要求，我们将本书内容分为渐进式的三大篇，即营销基础知识篇、营销策略与管理篇、营销素质与拓展篇。作为高职高专教材，本书突出理论与实践相结合，力图体现教材的实用性和适用性，具体表现在以下三个方面：

1. 教材整体结构合理，布局清晰，有利于读者掌握和灵活应用市场营销的理论与方法。本教材的三大篇中，营销基础知识篇是营销活动的基础和前提；营销策略与管理篇为开展各种营销活动提供技术支持；而营销素质与拓展篇则是体现营销艺术和提高营销技巧的有效途径。

2. 各章内容安排紧凑，循序渐进，由"营销导语"和"引例"引发读者对营销问题的思考，由浅入深、由表及里，逐步导入营销理念，阐述营销理论，讲授营销方法和技巧，使学习变得生动而有趣。为使读者更好地学习和理解市场营销的内容，各章都有理论学习和实践学习的目的与要求，并有"重点与难点"及"本章提要"。为帮助读者巩固所学的内容，各章均编写了思考与练习题。

3. 教材内容紧密结合实际，突出实践训练。本书各章都编写了适合案例教学、实训教学的栏目，并结合图形和表格等多种形式，既丰富了教材的形式和内容，又增强了教材内容的可操作性和互动性。

本书是团队智慧的结晶。其中第 1 章、第 12 章由佘伯明编写，第 2 章、第 5 章由陆其伟编写，第 3 章由兰茜编写，第 4 章由马干朝编写，第 6 章由梁海跃编写，第 7 章由唐婧妮编写，第 8 章由李鹏敬编写，第 9 章、第 10 章由李永鑫编写，第 11 章由李宁编写，第 13 章由景凌凌编写，第 14 章由商琦编写，第 15 章由蒋苑苑编写，第 16 章由尹飞编写，第 17 章由余球编写。由佘伯明负责对全书各章进行设计和总纂定稿。

在本书的编写过程中，我们参阅了国内外大量的文献资料，借鉴了国内外专家学者的最新成果，引用了相关教材的部分内容，从中我们获取了许多有益的启发和宝贵的素材。我们也借鉴了一些报纸、杂志、网站、书籍的资讯，为市场营销实践教学补充了新的元素和活力。在此，主编及所有参加教材编写的同志向他们表示诚挚的感谢。

本教材的编写，得到了广西经济管理干部学院、广西交通职业技术学院、广西机电职业技术学院、南宁职业技术学院、柳州职业技术学院、桂林工学院南宁分院领导的大力支持，特别是得到了广西经济管理干部学院院长韦茂繁教授和东北财经大学出版社的大力帮助与支持，在此表示衷心的感谢。

为了使本教材在理论上有前沿性、实践上有针对性，我们在教材的编写过程中，听取并采纳了相关专家、学者、同行的意见和建议，走访了许多企业的高层管理者，征求他们对本教材的看法。我们有信心通过吸收各方面有益的资讯，使本教材不仅可以作为高职高专的实用教材，也可以作为企业提高营销及管理水平的培训读本，还可以成为有志于市场营销、销售管理等相关行业人士自学的好帮手。

本教材自 2008 年出版以来，得到许多读者的关心和支持，提出了许多宝贵的意见和建议。随着市场环境的变化及对营销人才培养要求的改变，主编对原教材进行了部分修订，以更突出营销的实战性、操作性、前沿性和针对性。

由于水平有限，加之营销学科发展日新月异，书中的缺陷和不足在所难免，恳请读者不吝提出宝贵意见。

编者

2013 年 1 月

目 录

第三篇　营销素质与拓展篇

第一篇　营销基础知识篇

第一章　市场营销概述

经典语录：**营销的目的就是要使推销成为多余。**

彼得·F. 德鲁克（Peter F. Drucker）

▓ 学习目标和实训要求

【理论学习目标】通过本章学习，应该了解市场营销的核心概念，从不同的角度诠释什么叫市场营销；了解营销的基本特征及在营销观念下的营销行为；了解营销观念和营销理论产生和发展的历史背景；认识企业经营观念发展与变化的过程；了解市场营销理论的新动态。

【实践训练要求】通过本章学习，应学会从市场营销学的角度观察、学习、分析企业市场行为和市场竞争，从而为培育自身良好的营销技能和营销心理素质打基础。

▓ 重点与难点

【重点】市场营销相关概念、市场特征、市场营销观念。
【难点】市场营销观念的演化及在营销实践中如何体现市场营销的理念。

引例 和尚买梳子

有一家大公司，决定扩大经营规模，加强市场推广与营销，于是高薪招聘营销主管。广告一打出来，应聘者云集。

面对众多应聘者，负责招聘工作的人员说："相马不如赛马。为了能选拔出高素质的营销人员，我们出一道实践性的试题，即想办法把木梳尽量多地卖给和尚。"

绝大多数应聘者感到困惑不解，甚至愤怒道："出家人剃度为僧，要木梳有何用？岂不是神经错乱，拿人开涮。"过了一会儿，应聘者接连拂袖而去，几乎散尽。最后只剩下三个应聘者：小伊、小石和小钱。

负责人对剩下的这三个应聘者交代："以十天为限，届时请各位将销售成果汇报给我。"

十天过后，负责人问小伊："卖出多少？"答："一把。""怎么卖的？"小伊讲述了他历尽的辛苦，以及受到众和尚的指责和追打的委屈。好在下山途中遇到一个小和尚一边晒太阳，一边使劲挠着又脏又厚的头皮。小伊灵机一动，赶忙递上了木梳，小和尚用后满心欢喜，于是买下一把。

负责人又问小石："卖出多少？"答："十把。""怎么卖的？"小石说他去了一座名山古寺。由于山高风大，进香者的头发都被吹乱了。小石找到了古寺的住持说："蓬头垢面是对佛的不敬，应在每座庙的香案前放把木梳，供善男信女梳理鬓发。"住持采纳了小石的建议。那座山共有十座庙，于是住持买下了十把木梳。

负责人又问小钱："卖出多少？"答："一千把。"负责人惊问："怎么卖的？"小钱说他到了一个颇具盛名、香火极旺的深山宝刹，朝圣者如云，施主络绎不绝。小钱对住持说："凡来进香朝拜者，多有一颗虔诚之心，宝刹应有所回赠，以做纪念，保佑其平安吉祥，鼓励其多做善事。我有一批木梳，你的书法超群，可先刻上'积善梳'三个字，然后便可做赠品。"住持大喜，立即买下一千把木梳，并请小钱小住几天，共同出席了首次赠送"积善梳"的仪式。得到"积善梳"的施主与香客很是高兴，一传十，十传百，朝圣者更多，香火也更旺。这还不算完，好戏跟在后头。住持希望向小钱再多买一些不同档次的木梳，以便分层次地赠给不同的施主与香客。

资料来源　成君忆：《水煮三国》，北京，中信出版社，2006。

【引例思考】

（1）通过本案例，你认为营销人员向和尚推销木梳的卖点是什么？

（2）换位思考对市场营销有什么好处？就本例而言，营销人员是如何进行换位思考的呢？

第一节　市场营销概念

一、与市场营销相关的概念

（一）市场

1. 市场的概念

市场是商品经济的范畴，哪里有商品生产和商品交换，哪里就有市场。同时，市场又是营销的前提，营销的概念随着市场活动的发展和市场范围的扩大而变化。市场的概念主要有四种：

（1）市场是指买方和卖方聚集在一起进行商品交换的场所，如农贸市场、超级市场。

（2）市场就是一种需求。不仅仅是顾客的现实需求，还是一种社会需求；不仅仅是一种抽象的需求，而且是与社会生产条件相适应的现实需求；不仅仅是基本的生存需求，还包括安全、社交、自我尊重和自我实现的多层次渐进式需求。例如，有市场和市场潜力。

（3）随着商品经济的发展，商品交换已不仅仅在某一固定的时间和地点进行，涉及的人员也不仅仅是买方、卖方和商业中介人，这时市场就变成了买方和卖方交换关系的总和。市场关系反映了社会生产与社会消费之间的关系，反映了人与自然、人与社会、人与人之间的种种联系。例如，市场经济和市场供求关系。

（4）买方市场出现以后，商品销售成为企业制胜的关键，为了能够驾驭市场，营销者应站在买方的角度看问题，从而形成了新的市场概念，即市场就是具有特定需要和欲望，并且愿意和可能通过交换来满足这些需要和欲望的全部潜在顾客。有人把这一市场概念简化为：市场等于消费者人口加购买力再加购买欲望。例如，目标市场和市场定位。

2. 市场的构成要素

（1）消费者人口。消费者人口是构成市场的基本要素，消费者人口的多少决定着市场的规模和容量，而人口的构成及其变化则影响着市场需求的构成和变化。

（2）购买力。购买力是指消费者支付货币以购买商品或劳务的能力，是构成现实市场的物质基础。购买力的高低是由消费者的收入水平决定的。

（3）购买欲望。购买欲望是指消费者购买商品或劳务的动机、愿望和要求，它是使消费者的潜在购买力转化为现实购买力的必要条件。

3. 市场的分类

（1）按营销活动的对象，市场可以划分为消费品市场、生产资料市场、服务市场、资金市场、技术市场、劳动力市场、房地产市场和信息市场。

（2）按购买者的购买特点，市场可以划分为消费者市场、生产者市场、中间商市场和社会集团市场。

（3）按市场营销的方式，市场可以划分为现货市场和期货市场。

（4）按市场所在的地理位置，市场可以划分为国内市场和国际市场。

（5）按消费者的年龄，市场可以划分为儿童市场、青年市场、中年市场和老年市场。

（二）市场营销

市场营销是由英文 Marketing 一词翻译过来的，产生于美国，原义是指市场上的买卖活动。随着市场经济的发展，人们对市场营销的认识在不断地深化，但站在不同的角度考虑，便产生了对市场营销的不同理解，从而形成了不同的概念，比较典型的有以下几个方面：

1. 从营销理念出发

营销就是"确定市场需求，并使提供的商品和服务能满足这些需求。"它由美国人理查德·T. 海斯（Richard T. Hise）、彼得·L. 吉利特（Peter L. Giller）和约翰·K. 瑞恩斯（John K. Ryans）在《市场营销原理与决策》一书中提出，并由此产生了"顾客就是上帝"和"顾客是我们的衣食父母"等营销理念。

2. 从营销的方法和手段看

"市场营销是（个人和组织）对思想、产品和服务的构思、定价、促销和分销的计划和执行过程，以创造达到个人和组织目标的交换。"它由美国市场营销协会定义委员会于1985年提出，并由此延伸了营销整合、营销策划等许多营销实践应用，具有极强的实用性。

3. 从营销的广泛意义看

"市场营销是个人和群体通过创造并同他人交换产品和价值以满足需求和欲望的一种社会和管理过程"。它由美国市场营销学专家菲利普·科特勒（Philip Kotler）提出，并由此形成了政府营销、非营利组织营销等新的营销领域。

4. 从营销的工作内容看

市场营销工作包括两个基本层次：一个是做好营销的基础工作，包括市场环境分析、市场营销调研、市场竞争分析、市场细分和目标市场分析、客户行为分析；而另一个是制定营销组合策略，包括产品、价格、渠道和促销策略。

5. 从营销的几个关键词组看

一种较为流行的对营销概念的理解方式是，掌握有关营销的四个核心词汇。

（1）需要、欲望和需求。这是营销存在的依据，人类没有需要、欲望和需求就不存在营销，这是不言而喻的。

（2）产品。产品是指能够满足人的需要和欲望的任何东西，不仅包括产品实体本身，在许多时候产品概念比产品实体更重要。

（3）效用、费用和满足。这是消费者对产品能满足其需要的整体能力的评价，它决定了消费者是否做出购买的决定。

（4）交换、交易和关系。这是指人们满足需求或欲望的方式，可以通过自产自用、强取豪夺、乞讨和交换等方式取得。只有存在交换方式，才存在市场营销。

（三）市场营销与推销

有不少人认为，营销就是推销，这是对营销片面的理解。推销是营销的一种重要手段和方法，但推销不等于营销，两者存在着根本区别。美国市场营销学专家彼得·F. 德鲁克（Peter F. Drucker）指出："某些推销工作总是需要的，然而营销的目的就是要使推销成为多余。"两者的根本区别在于：

1. 出发点不同

推销的出发点是企业，企业有什么就卖什么。因此，工厂的生产是起点，市场销售是终点，研究的范围是有始有终的一条线。营销的出发点是顾客，顾客需要什么，就生产什么，就卖什么；需要多少就卖多少。因此，市场是工作的起点，但市场又是终点，生产只是中间环节，研究的范围是循环往复的一个圆。

2. 目标不同

推销和营销都要取得利益，但推销的目的是目前利益，工作上是短期行为，销售上是锤子买卖，而营销的目的是长远利益，工作上是长远设计，要与顾客建立长期的互利关系，不强调一次的得失，但追求长期的利益最大化。

3. 手段不同

推销和营销都要运用多种手段。推销为了达到目的，可以不择手段，而营销则强调多种手段的组合运用，并以有利于消费者为条件。

4. 理论内容不同

推销和营销都要研究策略与技巧，但推销只是市场营销研究内容的组成部分之一，而市场营销是一个完整的理论体系，包含着丰富的内容。

5. 过程不同

市场营销是一个完整的循环过程，而推销仅仅是市场营销的一个环节。具体如图1—1所示。

（四）市场营销管理

市场营销管理是一个过程，包括分析、规划、执行和控制，管理的基础是交换，目的是满足各方需要，任务是刺激、创造、适应及影响消费者的需求。从此意义上说，市场营销管理的本质是需求管理。企业在开展市场营销活动的过程中，一般要设定一个在目标市场上预期要实现的交易水平。根据需求水平、时间和性质的不同，可归纳出八种不同的市场需求状况。在不同的需求状况下，市场营销管理的任务有所不同，并需要通过不同的市场营销策略来解决。

1. 负需求

负需求是指顾客对某种产品或服务不喜欢甚至感到恐惧、厌恶。例如，老年人为预防

出发点	中心	手段	目的
企业	产品	推销和促销	通过扩大销售获取利润

产品推销观念

目标市场	顾客需求	整合营销	通过顾客满意获取利润

市场营销观念

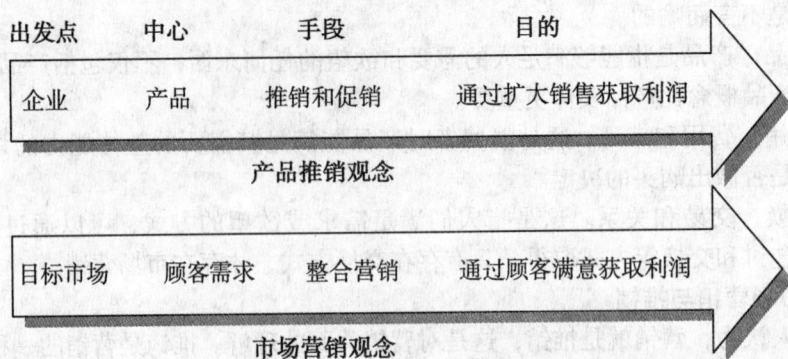

图1—1　营销与推销的区别

各种老年疾病不敢吃甜点心和肥肉。营销者的任务是分析消费者为什么不喜欢这些产品或服务，并针对目标顾客的需求进行重新设计，或改变顾客对某些产品或服务的认识，如宣传老年人适当吃甜食可促进脑血液循环。把负需求变为正需求，称为改变市场营销。

2. 无需求

无需求是指顾客对某种产品从来不感兴趣或漠不关心的一种状况。例如，许多非洲国家居民从不穿鞋子，对鞋子无需求。在无需求情况下，市场营销管理的任务是刺激市场需求，即通过大力促销及其他市场营销措施，努力将产品所能提供的利益与人的自然需要和兴趣联系起来。把无需求变为有需求，称为开拓性营销。

3. 潜在需求

潜在需求是指顾客存在许多的需求，而现有产品或服务又无法使之满足的一种需求状况。例如，老年人需要高植物蛋白、低胆固醇的保健食品，但许多企业尚未开发出足够的老年人保健商品以满足老年市场的需求。在潜在需求情况下，市场营销管理的任务是准确地衡量潜在市场需求，开发有效的产品和服务，将潜在需求变为现实需求，即进行开发性营销。

4. 下降需求

下降需求是指顾客对某些产品或服务的需求呈现下降趋势。例如，近年来城市居民对电风扇的需求已饱和，需求相对减少。在下降需求情况下，市场营销人员要了解顾客需求下降的原因，通过改变产品的特色或者转产等方式，并采用更有效的沟通方式再刺激需求。通过寻求新的目标市场，扭转需求下降的格局，称为创造性营销。

5. 不规则需求

不规则需求是指对产品或服务的需求会随着季节、月份、周、日、时等时间的变化而变化。这会造成产品的闲置或过度使用，如在公交工具方面，在运输高峰时不够用，在非高峰时则出现闲置。在不规则需求情况下，市场营销的任务是通过灵活的定价、促销及其他激励因素来改变需求的时间模式，使产品或服务的市场供给与需求在时间上协调一致，这称为同步性营销。

6. 充分需求

充分需求是指某种产品或服务目前的需求水平等于期望的需求水平，这是最理想的一种需求状况。但是，在动态市场上，消费者需求会不断变化，竞争日益加剧。因此，在充分需求的情况下，企业营销的任务是改进产品质量，通过降低成本来保持合理的价格，并激励推销人员和经销商大力推销，千方百计维持目前的需求水平，即维持现时需求，这称为维持性营销。

7. 过度需求

过度需求是指市场上顾客对某些产品的需求超过了企业供应能力，出现产品供不应求的一种需求状况。比如，由于人口过多或物资短缺，引起交通、能源及住房等产品供不应求。在过量需求情况下，企业营销管理的任务是减缓营销，可以通过提高价格、减少促销和服务等方式降低市场需求水平，这称为抑制性营销。

8. 有害需求

有害需求是指会对顾客造成某种伤害的需求。例如，吸烟有害健康。对于有害需求，市场营销管理的任务是反市场营销，即劝说喜欢有害产品或服务的消费者放弃这种爱好和需求，或宣传有害产品或服务的严重危害性，或大幅度提高价格等。

二、市场营销学的产生与发展

市场营销学从产生至今，已经近一百年了。它起源于 19 世纪末 20 世纪初，产生的基础是市场供求关系的变化，尤其是供过于求局面的形成。市场营销学的发展大体经历了以下四个阶段：

（一）形成阶段

19 世纪末到 20 世纪初，随着垄断资本主义的出现，以及"科学管理"的实施，企业的生产效率大大提高，生产能力大大增强，一些产品的销售遇到了困难。为了解决产品的销售问题，企业开始研究销售的技巧和各种推销方法，这时的市场营销学主要研究有关推销术、分销及广告等方面的问题。

（二）应用阶段

从 20 世纪 30 年代到第二次世界大战结束，市场营销学广泛应用于社会实践。从 1929 年至 1933 年，资本主义国家爆发了严重的经济危机，生产过剩，产品大量积压，因此，大量的滞销产品成了企业和市场学家们认真思考和研究的课题。市场营销学因此从课堂走向了实践，并初步形成体系。但这一阶段的市场营销仍局限于产品的推销、广告宣传、推销策略等，涉及的领域也仅仅局限于流通行业。

（三）变革阶段

20 世纪 50 年代后，随着第三次科技革命的发展，劳动生产率空前提高，产品数量剧增，花色品种不断翻新，市场供过于求的矛盾进一步激化。市场营销学也经历了一次变革，企业的经营观念从"以生产为中心"转为"以消费者为中心"，市场成了生产过程的起点而不仅仅是终点。营销突破了流通领域，延伸到生产过程及售后过程。市场营销活动不仅是推销已经生产出来的产品，而是通过对消费者的需要与欲望的调查、分析和判断，依靠企业整体协调活动来满足消费者的需求，市场营销学就此从传统走向了现代。

（四）发展阶段

进入 20 世纪 70 年代，市场营销学结合了经济学、哲学、心理学、社会学、数学及统计学等学科，成为了一门综合性的边缘应用科学，并且出现了许多分支，例如，消费心理学、政府营销、非营利组织营销等。市场营销学在社会各领域得到了广泛的应用。

第二节　市场营销观念

一、市场营销观念的沿革

企业营销观念是企业营销管理活动的导向，是如何处理企业、顾客和社会三者利益之间关系的指导思想。企业营销观念的演变过程，反映了企业领导者对市场营销发展客观规律的认识，引领了市场营销的发展和创新。

（一）生产观念

企业最早的营销理念是一种生产观念，一切从企业生产出发，表现为"我生产什么，就卖什么"。企业通过提高生产效率，扩大生产规模，降低产品成本，降低销售价格，提高市场销售量。例如，美国皮尔斯堡面粉公司，从1869年至20世纪20年代，提出的口号是"本公司旨在制造面粉"；美国汽车大王亨利·福特曾傲慢地宣称："不管顾客需要什么颜色的汽车，我只有一种黑色的。"显然，生产观念是一种重生产、轻营销的经营哲学。

（二）产品观念

产品观念产生于市场产品供不应求的"卖方市场"形势下，企业致力于生产高质量的产品，并不断加以改进和完善，以满足消费者对产品高质量、多功能和富有特色的需求。"好货不怕巷子深"和"皇帝女儿不愁嫁"就是这种观念的典型表现。

（三）推销观念

推销观念表现为"我卖什么，顾客就买什么"。经营者认为，消费者通常表现出一种购买惰性或抗衡心理，如果顺其自然的话，消费者一般不会足量购买某一企业的产品。因此，企业必须积极推销和大力促销，以刺激消费者大量购买本企业产品。推销观念在现代市场经济条件下被大量用于那些非渴求的物品，许多企业在产品出现过剩时，也常常奉行推销观念。

（四）市场营销观念

市场营销观念是以满足顾客需求为出发点的，即"顾客需要什么，就生产什么"。由于社会生产力迅速发展，出现了供过于求的买方市场，同时消费者可支配收入迅速提高，消费者购买的随意性使消费者购买行为的不确定性因素增加，加之企业之间竞争加剧，许多企业开始认识到，必须转变经营观念，才能求得生存和发展。为实现企业市场目标，比竞争者更有效地传送目标市场所期望的产品或服务，满足目标市场的需要和欲望成为企业营销的主流。

市场营销观念是现代市场营销发展的基础，它与传统的推销观念在出发点、工作中心、工作方法、工作目标等方面均有本质的不同。

案例 1—1

日本本田汽车公司要在美国推出一款雅阁牌轿车。在设计新车前，他们派出工程技术人员专程到洛杉矶地区考察高速公路的情况，实地丈量路长、路宽，采集高速公路的柏油，拍摄进出口道路的设计。回到日本后，他们专门修了一条9英里长的高速公路，就连路标和告示牌都与美国公路上的一模一样。在设计行李箱时，设计人员意见有分歧，他们就到停车场看了一个下午，看人们如何取放行李。这样一来，意见马上统一起来。结果本田公司的雅阁牌轿车一到美国就备受欢迎，被称为是全世界都能接受的好车。

【案例思考】日本本田公司的营销观念是什么？正确的营销观念对营销有什么影响？

（五）生态学营销观念

以消费者需求为中心的营销观念，使企业建立了以市场为导向的经营指导思想，不少以消费者为导向的企业取得了成功，但人们也同时感到，仅考虑市场需求是不全面的，同时应当考虑企业对市场需求满足的资源和能力，若不量力而行，去做自己做不到或不占优势的事情，结果还是会失败的，于是就产生了生态学营销观念（Ecological Marketing Concept）。

生态学营销观念强调市场需求与满足需求的资源相一致的经营指导思想。借鉴了生态学中"适者生存"的原理，企业的经营如同自然界中的各种生物体，如果能根据自身的生存能力，各取所需地寻找到所适应的生存环境和生存方式，就能生存下来，并得到持续发展。而那些无法寻找到所适宜的生存环境和生存方式，又不能调整自己的生存能力的生物，则最终会被淘汰。

（六）社会营销观念

所谓社会营销观念（Societal Marketing Concept），即企业在其经营活动中必须承担起相应的社会责任，保持企业利益、消费者利益同社会利益的一致性。企业是一种营利性的组织，处于经济循环系统之中。企业同时还是社会的一员，处于整个社会系统之中。企业的经营活动不仅要受到经济规律的制约，也会受到社会规律及公众利益的制约。同时企业的经营活动，对社会的影响变得越来越大。首先，企业的产品和服务及其宣传直接影响着社会成员的生活方式和思想意识。其次，企业的生产经营行为及消费者的消费行为对自然环境会造成一定的影响，如环境污染、资源过度开发和利用、能源紧缺等。因此，企业在其经营活动中必须同时兼顾企业的利益、顾客的利益和社会的利益，谋求企业同社会的和谐发展。

（七）关系营销观念

关系营销（Relationship Marketing）观念强调企业的营销活动不仅是为了实现与顾客之间的某种交易，而且是为了建立起对双方都有利的长期稳定的关系。关系营销观念起源于20世纪70年代欧洲的服务营销学派和产业营销学派。关系营销关注顾客关系管理，提出通过发展长期稳定的顾客关系来建立顾客忠诚，提高企业的市场竞争力。关系营销观念突破了交易营销的思想局限，把企业在市场上竞争制胜的焦点着眼于忠诚顾客的培养和关系资产的积累。

二、市场营销观念的新发展

市场营销观念在经历了生产观念、产品观念、推销观念、生态学营销观念、社会营销观念等几个阶段之后，随着营销实践的不断深入，又有了许多的新发展。较为典型的有以下几个方面：

（一）整体市场营销

1992年，市场营销学界的权威人士菲利普·科特勒提出了跨世纪的市场营销新观念——整体市场营销（Total Marketing）。他认为，从长远利益出发，公司的市场营销活动应囊括构成其内外部环境的所有重要行为者，并将营销对象扩展为供应商、分销商、消费者、职员、财务公司、政府、同盟者、竞争者、传媒、公众等多方面内容。

1. 对供应商

传统的做法是选择若干数目的供应商，并促使他们相互竞争，从而迫使供应商利用价格折扣提高自己的供货份额。这种做法虽然能使企业节约成本，但却隐藏着很大的风险。比如，供货质量参差不齐和主要的供应商因价格竞争过度而破产等。开展"供应商市场营销"倾向于把供应商看作合作伙伴，设法帮助他们提高供货质量及及时性。这种市场营销活动与产品流动方向是相反的，故也称为"反向市场营销"。

2. 对分销商

对分销商营销正变得比对消费者营销更重要，因为大零售商事实上控制了消费者。由于销售空间有限，零售商采购商品时条件极为苛刻，往往偏爱那些叫得响的名牌，对其他品牌则大打折扣或干脆使用分销商自己的品牌。由于买方市场的作用日益显著，分销商甚至大肆索要货架占用费、专门展示费、合作广告费等。因此，制造商必须开展分销商市场营销，以获取他们主动或被动的支持。一种是"正面市场营销"，即与分销商开展直接交流与合作，例如，著名的宝洁公司（P&G）就将12人长期派驻美国分销商沃奇公司总部，进行长期合作；另一种是"侧面市场营销"，即公司设法绕开分销商的主观偏好，而以密集的广告和质量改进等手段建立并维持巩固的顾客偏好，从而迫使分销商购买该品牌产品。

3. 对消费者

从以往的经验看，营销人员通过市场研究，确认并服务于某一特定的目标顾客群，建立顾客品牌偏好和行为选择模型，进而寻求满足目标顾客群的最佳途径。但实行目标顾客战略，也有待商榷的地方，有些顾客要求不合理，难以满足或无利可图，甚至会曲解目标顾客战略的真正含义。对消费者的市场营销，应由传统的"被动满足"到现代的"主动满足"，实施"牵动顾客"策略，推出顾客意想不到的新产品，通过积极有效的市场营销活动使人们逐渐了解它、喜爱它、接受它。例如，电子洗碗机、微波炉、MP5等新产品被广泛使用，就在于使顾客相信这些新技术的革新成果确实能提高生活质量。

4. 对职员

对职员的市场营销宗旨是"要使职员、顾客、股东均表示满意，首要是让职员满意"。只有职员心情舒畅、工作积极、服务周到，才能令顾客满意。满意的顾客一定会再次光顾，由此带来的利润增加就可增加企业的收益，让投资者满意。

5. 对财务公司

对财务公司的营销要求企业相关部门要了解金融机构的资信评价体系，并由公司的财务经理通过年度报表、业务计划等工具影响金融机构对企业的看法，以便在资金成本和便利性方面获得优势。

6. 对政府

对政府的营销是指企业在政府法规和法律的范畴下，所采取的营销态度和行为。比如，日本议院和美国国会几乎同时通过了提高汽车排放标准的立法，日本的汽车制造商会立即着手生产具有更高排气控制标准的汽车；而美国的同行们则马上派出更优秀的社会活动家游说国会，要求修改这项法律。

7. 对同盟者

在全球范围内扩展同盟者对公司来说是至关重要的。美国电报电话公司（AT&T）若不与飞利浦等欧洲大公司联手，很难在欧洲电讯市场立足。同盟者一般组成松散的联盟，在设计、生产、市场营销等领域实现资源共享、优势互补，建立一种互惠互利的合作关系。

8. 对竞争者

如何看待竞争者，如何处理与竞争者的关系呢？许多行业都是市场领导者定价，竞争者相随。领导者甚至可以向竞争者暗示最好并且只能采用某种竞争策略。例如，P&G 在其主要产品市场上把自己塑成一只"老虎"，万一出现新品牌竞争，公司会立即采用价格折扣等方法促使顾客维持忠诚。面对这样的强者姿态，聪明的竞争者都会自觉避开"老虎"，转而进攻迟钝的"大象"或软弱的"老鼠"。

9. 对传媒

对传媒营销的目的在于鼓励传媒作对企业有利的宣传，尽量淡化不利的宣传。

10. 对公众

对公众营销的目的是获得公众的好感。企业应通过广泛搜集公众意见，确定他们关注的新焦点，并有针对性地设计一些方案，加强与公众的交流。日本的企业每年要花几亿美元巩固并提高美国公众对日本产品的良好印象。比如，向美国的大学、医院、博物馆等社会机构捐款，资助那些打击犯罪、扶助贫困的组织，以博取美国领导人及大众的好感，并要求驻美的日本公司的经理夫妇与美国人广泛接触，举办插花、茶道等反映日本传统文化的展览；此外，公司高层与美国政府要员密切联系，以便在类似贸易立法和修订等问题上使日本的利益不受损害。

（二）顾客让渡价值

菲利普·科特勒在 1994 年出版的《市场营销管理——分析、规划、执行和控制》中，新增了"通过质量、服务和价值建立顾客满意"一章，提出了"顾客让渡价值"（Customer Delivered Value）的新概念。

"顾客让渡价值"是指顾客总价值（Total Customer Value）与顾客总成本（Total Customer Cost）之间的差额。顾客总价值是指顾客购买某一产品或服务所期望获得的一组利益，它包括产品价值、服务价值、人员价值和形象价值等。顾客总成本是指顾客为购买某一产品或服务所耗费的时间、精神、体力及所支付的货币资金，即时间成本、精神成本、体力成本及货币成本。顾客在购买产品时，往往从价值与成本两个方面进行比较分析，从中选择出价值最高、成本最低即"顾客让渡价值"最大的产品作为优先选购的对象。

（三）市场营销组合与营销整合

20 世纪 90 年代后半期，整合营销（Integrated Marketing）开始成为企业的一种新的营销观念。整合营销是指企业调动所有资源，并有效地协调各部门，提高对顾客的服务水平和满足程度。我们经常发现，由于企业内部各部门在为顾客提供利益满足的认识和行为上的不一致，如产品设计和生产部门会抱怨销售部门过于迁就顾客的利益而不顾公司的利益，或者各地销售部门为了完成销售指标而相互"窜货"，破坏企业的统一价格政策，或者某一部门的营销行为无法得到其他部门的支持和配合等，最终导致企业的营销目标无法顺利实现，这些问题充分说明了整合营销的重要性。

整合营销作为市场营销的一种策略思想，是从营销策略组合的思想发展而来的。从20世纪50年代尼尔·鲍顿（Neil Borden）最早提出营销策略组合的概念以后，曾经有不少营销学者对于企业营销策略的组合进行过归纳，其中以杰罗姆·麦卡锡（E. Jerome McCarthy）1960年提出的"4Ps"组合最具代表性。营销策略组合在理论上指出了系统协调的重要性，而整合营销则进一步强调如何通过加强内部营销，激励所有部门的团队精神，来实现系统协调目标。整合营销强调两个方面：一是企业的各部门必须围绕企业总体的营销目标加强彼此的协调；二是各部门人员都必须确立以顾客利益为核心的思想观念。整合营销观念的形成反映了系统哲学理论在企业经营观念发展方面的深化。

1. 4Ps组合

市场营销组合（Marketing Mix），是企业为占领目标市场、满足顾客需求，整合、协调使用的营销组合方式与方法。尼尔·鲍顿曾将这些因素确定为12个，并在1950年提出了"市场营销组合"的概念。理查德·克莱维特进一步把它们归纳为4大类型，即产品、价格、促销和渠道。1960年，杰罗姆·麦卡锡又在营销理论上，将它们表述为产品（Product）、价格（Price）、地点（Place）和促销（Promotion），即著名的"4Ps"。

在市场营销组合中，"产品"通常指提供给目标市场的货物、服务的集合。它不仅包括产品的效用、质量、外观、式样、品牌、包装和规格，还包括服务和保证等因素。"价格"指出售产品所追求的经济回报，内容有价目表价格（List Price）、折扣（Discount）、折让（Allowance）、支付方式、支付期限和信用条件等，所以又称为"定价（Pricing）"。"地点"通常称为"分销（Distribution）"或"渠道（Channel）"，代表为使其产品进入和达到目标市场，经由的路径（途径、通道、通路）、环节、场所及所组织实施的物流活动如仓储、运输等。"促销"则是指利用各种信息载体与目标市场进行沟通的传播活动，包括广告、人员推销、营业推广与公共关系等。

产品、价格、分销和促销是市场营销管理过程中可控制的因素，也是进行市场营销活动的基本手段。对它们的具体运用，形成了市场营销的战略、战术和方法。这些手段或因素之间的关系不是彼此分离的，而是相互依存、相互影响和相互制约的。在市场营销管理过程中，企业要满足顾客需求、实现经营目标，不能孤立地只是考虑某一因素或手段，必须从目标市场的需求和市场营销环境的特点出发，根据企业的资源和优势，整合运用各种市场营销手段，形成统一的、配套的市场营销组合，争取整体效应。具体内容如图1—2所示。

2. 11Ps组合

1986年，菲利普·科特勒提出了"大营销"的概念，并提出了企业如何进入被保护的市场的问题。一个公司可能有一种精湛的优质产品和一个完美的营销方案，但是要进入某个特定的地区时，可能面临各种政治壁垒和公众舆论方面的障碍。当代的营销人员越来越需要借助政治技巧和公共关系技巧，以便在全球市场上有效地展开工作。在麦卡锡的4Ps组合基础上，科特勒加入了政治（Politics）和公共关系（Public Relations）两个"P"之后，又提出了战略营销计划过程必须先于战术性营销组合的制订。战略营销计划过程也是一个"4P"过程：研究（Probing）、划分（Partitioning）、优先（Prioritizing）、定位（Positioning）。只有在搞好战略营销计划过程的基础上，战术性营销组合的制订才能顺利

```
            ┌──────────┐
            │ 人员促销  │──────────┐
            └──────────┘          │
            ┌──────────┐          │
       ┌───→│  广告     │──────┐   │
       │    └──────────┘      │   │
┌─────┬──────┐  ┌──────────┐  ↓   ↓
│企业 │产品  │→│ 公共关系  │→│地点 │→│终端 │
│     │(服务)│  └──────────┘ │(分销)│ │顾客 │
│     │价格  │  ┌──────────┐  ↑   ↑
└─────┴──────┘  │ 销售推广  │──┘   │
       │    └──────────┘      │
       └───→┌──────────┐──────────┘
            │ 直效营销  │
            └──────────┘
```

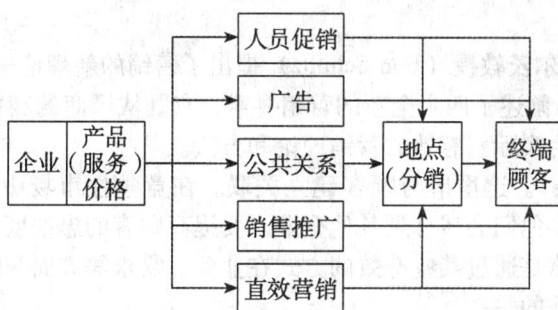

图 1—2 市场营销组合的构成

进行。最后，他强调无论怎样营销，还有一个"P"是至关重要的，那就是人（People）。

3. 4Cs 组合

随着市场竞争日趋激烈，媒介传播速度越来越快，4Ps 理论越来越受到挑战。到了 80 年代，美国罗伯特·F. 劳特朋（Robert F. Lauterborn）针对 4Ps 存在的问题提出了 4Cs 营销理论。

（1）顾客（Customer）。这里主要指顾客的需求。被用以取代 4Ps 中对应的产品（Product）。企业必须首先了解和研究顾客，根据顾客的需求来提供产品。同时，企业提供的不仅仅是产品和服务，更重要的是由此产生的顾客价值（Customer Value）。

（2）成本（Cost）。这里的成本不单是企业的生产成本，或者说是 4Ps 中的价格（Price）。它还包括顾客的购买成本，同时也意味着产品定价的理想情况，应该是既低于顾客的心理价格，亦能够让企业有所盈利。此外，顾客购买成本不仅包括其货币支出，还包括其为此耗费的时间、体力和精力，以及购买风险等因素。

（3）便利（Convenience）。便利即为顾客提供最大的购物和使用便利，以取代 4Ps 中对应的渠道（Place）。4Cs 理论强调企业在制订分销策略时，要更多的考虑顾客的方便，而不是企业自己的方便。要通过好的售前、售中和售后服务来让顾客在购物的同时，也享受到便利。

（4）沟通（Communication）。沟通被用以取代 4Ps 中对应的促销（Promotion）。4Cs 理论认为：企业应通过同顾客进行积极有效的双向沟通，建立基于共同利益的新型企业与顾客间的关系。这不再是企业单向的促销和劝导顾客，而是在双方的沟通中找到能同时实现各自目标的通途。

总体来看，4Cs 营销理论更注重以消费者需求为导向，与市场导向的 4Ps 相比，4Cs 有了很大的进步和发展。但从企业的营销实践和市场发展的趋势看，4Cs 依然存在不足：4Cs 仍然没有体现既赢得客户，又长期地拥有客户的关系营销思想；没有解决满足顾客需求的操作性问题，如提供集成解决方案、快速反应等。4Cs 总体上虽是 4Ps 的转化和发展，但被动适应顾客需求的色彩较浓。4Cs 是顾客导向，而市场经济要求的是竞争导向，两者的区别在于：前者看到的是顾客需求，而后者不仅看到了需求，还更多地注意到了竞争对手。4Cs 理论虽然已融入营销策略和行为中，但企业营销又会在新的层次上同一化，不同企业难以形成营销个性或营销特色，难以形成营销优势。所以，从长远看，企业经营要遵循双赢的原则，这是 4Cs 需要进一步解决的问题。

4. 4Rs 组合

进入 21 世纪，舒尔茨教授（Don Schultz）提出了营销的新理论——4Rs，即关联、反应、关系、回报。4Rs 阐述了四个全新的营销要素，它既从厂商的利益出发，又兼顾消费者的需求，是一个更为实际、有效的营销理论和方法。

（1）关联（Relate）。这里指与顾客建立关联。在竞争性市场中，顾客具有动态性。顾客忠诚度是变化的，他们会转移到其他企业。要提高顾客的忠诚度，赢得长期而稳定的市场，重要的营销策略是通过某些有效的方式在业务、需求等方面与顾客建立关联，形成一种互助、互求、互需的关系。

（2）反应（Reaction）。这里指提高市场反应速度。在相互影响的市场中，对经营者来说最现实的问题不在于如何控制、制订和实施计划，而在于如何站在顾客的角度及时地倾听顾客的希望、渴望和需求，并及时答复和迅速做出反应，满足顾客的需求。

（3）关系（Relationship）。这里指构建关系营销的新体系。在目前的市场环境中，抢占市场的关键是与顾客建立长期而稳固的关系，从交易变成责任，将顾客视为朋友，建设新型的客户关系，加强沟通。从经典的 AIDA 模型（注意—兴趣—渴望—行动）来看，营销沟通基本上可完成前三个步骤，而且平均每次和顾客接触的花费很少。

（4）回报（Return）。回报是营销的源泉。对企业来说，市场营销的真正价值在于其为企业带来短期或长期的收入和利润的能力。

4Rs 理论的四大特点：

（1）4Rs 营销理论的最大特点是以竞争为导向，在新的层次上概括了营销的新框架。4Rs 根据市场不断成熟和竞争日趋激烈的形势，着眼于企业与顾客的互动与双赢，不仅积极地适应顾客的需求，而且主动地创造需求，运用优化的和系统的思想去整合营销，通过关联、关系、反应等形式与客户形成独特的关系，把企业与客户联系在一起，形成竞争优势。可以说 4Rs 是新世纪营销理论的创新与发展，它必将对营销实践产生积极而重要的影响。

（2）4Rs 体现并落实了关系营销的思想。通过关联、关系和反应等，提出了如何建立与客户的关系、长期拥有客户、保证长期利益的具体的操作方式，这是一个很大的进步。

（3）反应机制是互动的与双赢的，建立关联则提供了基础和保证，同时也延伸和升华了便利性。

（4）"回报"兼容了成本和双赢两方面的内容。追求回报，企业必然实施低成本战略，充分考虑顾客愿意付出的成本，实现成本的最小化，并在此基础上获得更多的顾客份额，形成规模效益。这样，企业为顾客提供价值和追求回报相辅相成，相互促进，客观上达到的是一种双赢的效果。

当然，4Rs 理论同任何理论一样，也有其不足和缺陷。例如，与顾客建立关联、关系，需要实力基础或某些特殊条件，并不是任何企业可以轻易做到的。

案例 1—2

美国的迪斯尼乐园，欢乐如同空气一般无所不在。它使得每一位来自世界各地的儿童的美梦得以实现，使各种肤色的成年人产生忘年之爱。因为，迪斯尼乐园成立之时便明确了它的目标：它的产品不是米老鼠、唐老鸭，而是快乐。人们来到这里是享受欢乐的，乐园提供的全是欢乐，公司的每一个人都要成为欢乐的灵魂。游人无论向谁提出问题，谁都必须用"迪斯尼礼节"回答，绝不能说"不知道"。因此，游人们一次又一次地重返这里，享受欢乐，并愿付出代价。

　　【案例思考】迪斯尼风靡全球靠的是什么？迪斯尼公司向顾客销售的是什么？

第三节　市场营销职业与职业素质

一、市场营销职业

　　社会对市场营销专业技术人才的需求越来越多。当今社会正处在一个最需要营销而又最缺乏营销的时代，它的需要来自日趋激烈的市场竞争及日趋个性化的成熟市场。评价一个企业经营优劣的关键标准，无疑是最终营销业绩的高低，而营销业绩的高低又取决于其营销资源的实力，包括硬资源实力（设施及资金等）和软资源实力（营销意识及营销管理能力等）。后者取决于是否有一批理论扎实、技能娴熟、经验丰富、思路开阔和踏实勤勉的高级营销专业人才。

　　市场营销人员是现代企业人才链条中的关键环节之一。从目前人才供求状况看，营销人才的数量、结构和素质不能完全适应市场和满足企业的需要，跟不上市场发展变化的步伐。部分营销岗位，人才的供求矛盾十分突出，比如，许多企业缺乏市场通路专员、市场活动专员、市场采购专员、市场策划专员和网络销售专员等。

二、营销人才的职业素质

　　营销人员要想取得事业的成功，取决于多方面因素，其中个人品德和职业道德最为重要，这是他们事业成功的基础。根据对营销界成功人士的职业历程进行的调查和分析，发现他们均具备较好的职业道德和职业素质。

　　（一）职业道德要求

　　（1）自律守节，严谨求实，遵纪守法。

　　（2）爱岗敬业，勇于承担责任，终生学习，有荣誉感。

　　（3）忠于职守，恪守信义，忠诚可靠。

　　（4）讲信誉，重信用，诚实守信。

　　（5）坚持真理，秉公办事，光明正大，廉洁无私，办事公道，平等待人。

　　（6）具有高度的社会责任感，服务于社会，为社会创造价值。

　　（二）职业素质要求

　　（1）具有市场调研、产品研发和管理、定价、谈判、沟通、推销和渠道管理等方面的技能。

　　（2）以全球化的视角来认知新的机会。

　　（3）必须懂得财务分析知识，了解市场策略实施对财务的影响，掌握如保本点分析、投资报酬率（Return on Investment，ROI）、经济附加值（Economic Value Added，EVA）、股东价值等财务分析方法。

　　（4）掌握信息技术、数据库营销、电话营销等现代营销技术及手段。

　　（5）了解各种沟通模式的优劣，具有较强的整合营销沟通能力。

（6）对数学和统计学的方法有广泛的了解，如会采用聚类分析、联合分析、数据挖掘、销售响应分析、营销组合建模和其他技术来解读市场数据和现象。

（7）有创造性思维，敢于突破常规，发现新的市场机会。

小资料1—1 中国的"财神爷"范蠡的"经商十八则"

范蠡，春秋楚国人。据《史记》中《货殖列传》记载，范蠡与文种同事越王勾践二十余年，苦身戮力，卒以灭吴，尊为上将军。范蠡认为在越王之下，难以久居，而且深知勾践为人，可与其共患难，难与其同安乐，遂与西施一起泛舟齐国，变姓名为鸱夷子皮。至陶，操计然之术以治产，因成巨富，自号陶朱公。因为经商有道，逐成巨富，民间有尊陶朱公为财神。范蠡归纳的"经商十八则"为后世商人及创业者奉为至宝。

经商十八则

一是生意要勤快，切勿懒惰，懒惰则百事废；

二是价格要定明，切勿含糊，含糊则争执多；

三是费用要节俭，切勿奢华，奢华则钱财竭；

四是赊欠要识人，切勿滥出，滥出则血亏本；

五是货物要百验，切勿滥入，滥入则货价减；

六是出入要谨慎，切勿潦草，潦草则错误多；

七是用人要公正，切勿歪斜，歪斜则托付难；

八是优劣要细分，切勿混淆，混淆则耗用大；

九是货物要修正，切勿散漫，散漫则查点难；

十是期限要约定，切勿马虎，马虎则失信用；

十一买卖要随时，切勿拖延，拖延则失良机；

十二钱财要明慎，切勿糊涂，糊涂则弊端生；

十三临事要尽责，切勿妄托，妄托则受害大；

十四账目要稽查，切勿懈怠，懈怠则资本滞；

十五接纳要谦和，切勿暴躁，暴躁则交易少；

十六主心要安静，切勿妄动，妄动则误事多；

十七工作要精细，切勿粗糙，粗糙则出劣品；

十八谈话要规矩，切勿浮躁，浮躁则失事多。

小思考1—1

中国古代的生意经与现代市场营销观念有什么联系，对现代商家有什么可借鉴的地方？

■ 本章提要

市场营销学是一门研究市场营销活动及其规律性的应用学科。市场营销理论与方法，不仅为企业广泛使用，也应用于非营利组织及政府层面，涉及社会经济生活的各个方面。市场营销不仅成为企业在快速变化、激烈竞争的市场环境中谋求发展的管理利器，而且正成为各类组织和个人生存与发展的一种核心思维理念和生活方式。面对经济全球化与知识经济的发展,市场营销的理论与实践正在不断创新。本章从总体上对市场、市场营销、市场营销管理的基本概念和市场营销观念变迁、市场营销理论的发展演变、营销人才培养等方面作了较全面的阐述。

▓ 练习与思考

1. 什么是市场营销?市场营销观念对提高企业竞争力有什么帮助?

2. 有人说:"商场如战场,商战是一场没有硝烟的战争",对此,你是如何理解的?

3. 有人说:"顾客就是上帝,顾客永远是对的",作为营销人员,你是怎样看待顾客的?

4. 什么是推销?推销与营销有哪些区别和联系?

5. 什么是"顾客让渡价值"?提高"顾客让渡价值"有什么意义?如何提高"顾客让渡价值"?

6. 什么是4Ps、4Cs和4Rs?4Ps、4Cs和4Rs之间有哪些联系和区别?

▓ 案例教学

南方人与北方人的生意经

许多人都认为南方人擅长做生意,会赚钱。由于政治、经济环境不同和历史、地理、人文方面的差异,南方人与北方人的生意经也不尽相同。

1. 历史文化的差异

南方人能赚钱在很大程度上是历史文化的差异造就的。如果追根溯源,我们可以发现,中国历史上南、北方对农和商的认识就不同。南方人一直很重视商,所以出现了粤商、闽商,从春秋时期的范蠡到清末的红顶商人胡雪岩,南方人的经商活动一直不断,而北方人重农抑商,认为弃农经商是懒惰、投机,是本末倒置,这种思想从战国时期的商鞅变法就开始了,这种重农抑商的观念一直束缚着北方人的思维。

再看中国历史上的整个经济布局,经济中心最先在北方,在黄河流域。从东晋开始,每一次战乱,就会有不少人南迁,所以经济中心开始慢慢向南方转移。到南宋结束,南宋皇帝高宗赵构跑到杭州,建立了南宋王朝,经济中心就完全从黄河流域向长江流域转移。后来的元、明、清三个朝代,虽然政治中心又回到了北方,但经济中心仍然在南方。所以,从南宋以来,南方是中国经济最活跃的地方,而江浙一带更是经济最发达的地方,故有"两浙之富,国之所恃"的说法。历史上的陶朱公,就是春秋时代的范蠡,帮助越王勾践灭吴以后,就泛舟江湖去经商了。他是第一个成功的商人,南方人的经商传统或许就是从这里开始的。

在北方,由于受传统儒家文化的影响,人们信奉的是"勤于教子,耻于经商"、"君子不言利"、"无商不奸"等儒家信条。儒家重礼、重义、重仁、轻利、蔑商等思想导致了北方经济的落后。北方人重仕轻商,就是重视当官,轻视经商,即官本位思想,以官职大小作为衡量个人价值高低、进步快慢的重要标准,固然官本位思想在中国仍具有相当的影响力。

2. 恶劣的自然条件

古代的南方,还是偏僻、荒芜的"南夷"之地,自然条件相当恶劣,所谓"天无三日晒、地无三尺平、人无三分银",人们的生存是一个大问题。贫穷培养了他们冒险、创新、自力更生的创业精神和特别能吃苦耐劳的毅力。加上历代南迁的人群都具有无拘无束、独立思考、敢冒风险和不满足现状的共性,决定了他们不循规蹈矩和敢于叛逆的性格。这些"历史基因"遇到了改革开放的东风,社会主义市场经济的特定环境便成为这些"历史基因"发育成长的"温床"。在这张"温床"上,南方人干事业所具有的先发性、开放性、灵活性的天资及善于发现商机、捕捉商机的特性快速生长。当有的人就姓"社"和姓"资"还在争论不休的时候,南方人就开始埋头苦干,悄悄地发展和壮大了自己的实力,已经完成了资本的原始积累。

3. 独特的地理位置

中国南、北方文化自古就有差异,那是因为南、北方不同的自然和人文环境孕育了不同的风俗民情、心态和文化特征。

以温州与广东为例,温州位于浙江省南端,不仅远离自古为政治与文化中心的中原腹地,也远离浙江本省的政治文化中心即省会杭州,甚至在交通上远离其邻近的市县。温州三面环山、一面向海,即使是到邻近市县也要翻山越岭。这种交通格局使温州处于相对与世隔绝的地理位置,所谓"山高皇帝远",与其他地方相比,温州难以受到外界的影响。广东与温州类似,南岭将广东与中国腹地分隔开来,历史上中央集权制的权威对广东一地也有点鞭长莫及。

因为地理位置的特殊,两地处于相对独立的空间,这为民营经济兴起提供了在中国其他地方难有的生存与发展空间。所以,当年全国在为搞计划经济还是搞市场经济争论不休的时候,两地才有条件率先发展民营经济,才有恃无恐地与当时的"主流"分道扬镳。另外,两地的语言都十分独特,非本地人不能听懂,而其他地方的方言虽然与普通话有所区别,但还能根据普通话勉强听明白。这也成了一种他们得以互相认同,并区别于其他地方的人的文化密码。两地语言的特殊性,相当于为其民营经济披上了迷彩装。

4. 精明务实的性格

南方人的共性是:生性快活、随和,喜欢耍小聪明或来点小小的恶作剧;崇尚智慧谋略,相信柔能克刚;交友不以豪爽见长,而以善解人意为胜;遇事少冲动,多权衡;轻莽撞、重坚韧;曲里求直,淡中见奇;讲究心灵的自由,善于细细地琢磨;对新鲜事物充满热情,而对传统却缺乏卫道的热忱。

有学者认为南、北方人的性格与土壤有关:北方是黄土高原与黑土地,赋予了北方人豪迈;南方是红土地,赋予了南方人奔放的热情;北方地形旷野漠漠,一望无际,这使得北方人坚韧、刚强;南方则是"小桥、流水、人家",这赋予了南方人敏捷。南方人乘船,北方人骑马。乘船导致乘船者"见风使舵"的性格,骑马使得骑马者具有"天地之间任我驰骋"的气概。

还有学者认为南、北方人的性格与饮食有关:在苏锡常、沪宁杭一带,有一种根深蒂固的说法,即由于北方人吃面食,自然就满脑子糨糊,所以就愚钝、懒惰,而且越吃越糊涂。北方人总觉得米饭吃不饱,所以北方人就像面团儿,迟滞、木讷中却透着一种坚忍和大度。而南方人呢?就像粒粒分明的米饭,处处透着一种精明和麻利,当然也摆脱不掉一些琐碎和斤斤计较的小气。

《人文中国》中有这样的描述:北方人的食物是高粱、大豆与白面,因而,培育了北方人的刚强。这些作物的耕作需要人与人的协作,于是合作精神与政治意念就突显出来。

而南方人吃的是大米，大米养育了南方人的灵巧。同时，"水稻栽培往往促进分散的离心力而不是合作的向心力"（乔伊斯·怀特语），于是南方人对政治不甚热情。所以，林语堂曾断言：吃大米的南方人不可能登上龙位，只有吃面条的北方人才可以。

有一个笑话说：如果路遇强盗，南方人马上会掏出所有家当拱手相送，然后在笑声里"开溜"；而北方人则会奋勇搏斗，哪怕最后遍体鳞伤。这笑话讲的也是南方人的机敏和北方人的执著。

总的来说，南方人多一些社会性，北方人多一些自然性；南方人精明，北方人憨厚；南方人狡猾，北方人豪爽；南方人小肚，北方人直肠。南方人与北方人的性格各有优点和缺点。

问题：（1）请举例说明不同的历史、地理及人文环境对营销观念及营销方法的影响。

（2）不同国家在政治、经济、法律、历史、地理及人文方面存在的差异性，导致了国际营销的多样性和复杂性。与国外商人做生意要注意什么？请举例说明。

■ 实训教学

【实训项目】营销兴趣与职业倾向测试。

以下是一份调查问卷，通过对回答问题的结果进行统计，可以测试出你对营销的态度和你的营销职业倾向程度。如果是肯定的回答加一分，否定的回答不计分。

1. 在买东西时，会不由自主地算算卖主可能会赚多少钱。
2. 如果有一个能赚钱的生意，而你又没有本钱，你会借钱投资来做。
3. 在购买大件商品时，经常会计算成本。
4. 在与别人讨价还价时，会不顾及自己的面子。
5. 善于应付不测的突发事件。
6. 愿意"下海"经营而放弃拿固定的工资。
7. 喜欢阅读商界人物的经历。
8. 对于自己想做的事，能坚持不懈地追求并达到目的。
9. 除了当前的本职工作，自己还有别的一技之长。
10. 对于新鲜事物的反应灵敏。
11. 曾经为自己制订过赚钱的计划并且实现了这个计划。
12. 在生活或工作中敢于冒险。
13. 在工作中能够很好地与人相处。
14. 经常阅读财经方面的文章或收看财经方面的新闻。
15. 在股票上投资并赚钱。
16. 善于分析形势或问题。
17. 喜欢考虑全局与长远的问题。
18. 在碰到问题时能够很快地决策该怎么做。
19. 经常计划该如何找机会去赚钱。
20. 做事最看重的是结果。

【实训测评】如果你的得分在16分以上，那么恭喜你，你已经具有了营销的天赋！但是，要成为一个成功的营销人士，还要加倍努力哦！如果你的得分在16分以下，那也没有关系，通过对市场营销课程的学习，你的测试成绩一定会超过16分的。

第二章　市场营销环境分析

经典语录：**物竞天择，适者生存。**

达尔文（Charles Darwin）

■ 学习目标和实训要求

【理论学习目标】通过本章学习，应该了解市场营销环境的基本内容；熟悉市场营销环境对市场营销的影响；掌握市场营销环境的分析方法，尤其是 SWOT 分析方法在营销中的应用。

【实践训练要求】通过本章学习，应学会通过营销环境分析寻找市场机会和发挥自身优势，营造"天时、地利、人和"的营销环境。

■ 重点与难点

【重点】企业内外部环境的内容及环境对营销活动的影响。

【难点】环境对企业营销活动的影响，尤其是文化变迁和文化糅合对营销活动的影响；SWOT 分析方法中对优势（Strength）、劣势（Weakness）、机会（Opportunity）、威胁（Threat）四个要素的具体分析方法。

引例 麦当劳的高标准在中国市场水土不服了吗?

2012 年 3 月 15 日，中央电视台"3·15"晚会曝光了国内部分麦当劳连锁店经营存在的问题：将已经过期的食品再次重复计时保存；保存时间本为 30 分钟的盐焗鸡翅竟超时近 3 倍；员工竟还将掉在地上的食品未经任何处理继续加工。根据麦当劳的规定：麦当劳的各类甜品派自炸制后 90 分钟内售出。每个甜品派外面都有纸质包装，包装时员工会在包装一端标注上最晚需要售出的时间。但有记者发现，这些包装上的时间竟然被更改过，一批原本 22 点 20 分就该到期的香芋派，经过员工简单的一笔，保质期就又向后"推迟"了一个小时，变成了 23 点 20 分。有时，员工甚至干脆直接将甜品派的包装更换成新的，重新写上时间待售。还有曝光麦当劳有位员工从冷藏库中取出已经解冻的生板烧鸡肉，比包装袋上标注的到期时间逾期了两天。记者暗访表明，这个著名的洋品牌，结果却同样存在一些欺诈消费者之类的问题。

【引例思考】

（1）麦当劳的高标准是否在中国遭遇了"水土不服"的问题？出现这些问题的主要原因是什么？

（2）麦当劳遭遇的诚信经营危机会对企业造成什么影响？企业如何分析其外部环境

和内部环境，并根据环境特点与要求处理该起危机事件？

第一节 市场营销环境概述

一、市场营销环境的含义

市场营销环境是指与企业市场营销活动有关的、影响产品的供给与需求的各种外界条件和因素的总和。市场营销环境包括微观环境和宏观环境。

微观环境指与企业紧密相连且直接影响企业营销能力的各种参与者，包括企业本身、市场营销渠道、目标顾客、竞争者及社会公众。

宏观环境指那些作用于微观环境，并因此造成市场机会或环境威胁的主要社会力量，包括人口、自然、经济、科学技术、政治、法律和社会文化等企业不可控的宏观因素。

二、市场营销环境的特点

（一）动态性

市场营销环境是处在一个不断变化的过程中，它是一个动态的概念。构成市场营销环境的每个因素都会随着社会经济的发展而不断变化。

（二）差异性

市场营销环境的差异性不仅表现在不同的企业受不同环境的影响，而且同样一种环境因素的变化对不同企业的影响也不相同。

（三）相关性

市场营销环境是一个系统，在这个系统中，各个影响因素是相互依存、相互作用和相互制约的。

（四）不可控性

影响市场营销环境的因素是复杂的和多方面的，并且多数是企业难以控制的，尤其是企业面对的外部环境。

三、分析营销环境的意义

企业的生存和发展，除自身因素外，愈来愈取决于其适应外界环境变化的能力。"适者生存"既是自然界演化的法则，也是企业营销活动的法则。

（一）为企业的经营决策提供可靠依据

企业市场营销活动处于市场营销环境的制约中，企业要生存、要发展，只有通过对市场营销环境的研究，熟悉环境，了解环境的变化，才能对企业市场营销活动做出正确的预测，制订和选择切实可行的、最优的市场营销方案。

（二）促使企业更好地满足社会需要

为使企业生产出来的产品适销对路，必须进行市场调查与预测，分析市场营销环境，及时掌握和了解市场需求的动态，做到按市场需求组织生产，减少生产的盲目性，满足消费者和用户的需求。

（三）增强企业活力

对市场营销环境进行分析，有利于企业主动地调整经营结构，改善经营条件，增强企业对社会环境的适应能力、应变能力、竞争能力及企业的自我改造和自我发展的能力。

案例2—1 同样的环境，不同的判断

据说，有两名推销员到南太平洋某岛国去推销鞋子，他们到达后却发现这里的居民没有穿鞋的习惯。于是，有一位推销员给公司拍了一份电报，称岛上居民没穿鞋子，这里没有市场，随之打道回府。而另一位推销员拍给公司的电报称，这里的居民没穿鞋子，但市场潜力很大，只是需要开发。他让公司运了一批鞋来免费赠给当地的居民，并告诉他们穿鞋的好处。逐步地，人们发现穿鞋既实用、舒适又美观。渐渐地，穿鞋的人越来越多。这样，该推销员通过自己的努力，打破了当地居民的传统习俗，改变了企业的营销环境，获得了成功。

资料来源　曹成喜：《市场营销》，上海，立信会计出版社，2004。

【案例思考】

（1）同样的环境，为什么这两名推销员对市场的判断却截然相反？

（2）成功的推销员是如何通过环境分析找到市场营销机会的？

第二节　市场营销宏观环境

宏观环境指那些作用于微观环境，并因此造成市场机会或环境威胁的主要社会力量，包括人口、自然、经济、科学技术、政治、法律和社会文化等因素。这些因素往往是客观的、不可控的和不断变化的，对企业的影响也是多方面的和综合的。

一、经济环境

经济环境指企业市场营销活动所面临的外部经济条件的总和。它包括经济发展水平、地区经济发展、城市化进程和消费者收入状况等。

（一）经济发展水平

企业的市场营销活动要受到一个国家或地区的整体经济发展水平的制约。经济发展阶段不同，居民的收入不同，消费者对商品的需求也不一样，从而影响了企业的经营活动。例如，对消费者市场而言，经济发展水平比较高的地区，在市场营销方面，企业强调商品的款式、性能及特色，品质竞争多于价格竞争；而在经济发展水平较低的地区，则侧重于商品的功能及实用性，价格因素比商品品质更为重要。

（二）地区经济发展

我国各地区经济发展不平衡，在东部、中部、西部三大地带之间，其经济发展水平客观上存在着东高、西低的总体趋势。同时，在各地带的不同省市，还呈现着多极化的发展趋势。

（三）城市化进程

城乡居民之间存在着某种程度的经济和文化上的差别，进而导致了不同的消费行为。例如，城市居民一般受教育较多，思想较开放，容易接受新生事物；而农村相对闭塞，农民的消费观念较为保守，因而，一些新产品、新技术往往首先被城市居民所接受。

（四）消费者收入状况

消费者收入主要形成消费资料的购买力，这是社会购买力的重要组成部分。由于生产资料需求是由消费资料需求派生出来的，消费者个人收入对生产、经营生产资料的企业的市场营销活动也会产生重大影响。消费者收入的多少、收入的结构、收入与支出的比例、对储蓄与信贷的态度等都影响着消费者的生活方式和消费行为模式。

1. 消费者收入结构

（1）人均收入。用一个国家或地区的个人收入总和除以总人口，即为人均收入。人均收入的大小可衡量一个国家或地区的市场容量大小和消费者购买力的高低。

（2）个人可支配收入。个人可支配收入指个人总收入扣除应缴纳的税款和其他费用后的剩余部分。这部分收入由消费者个人支配，主要用于购买生活必需品，它是影响消费者购买力和消费支出的决定性因素。个人的可支配收入高，其购买力强；反之，则购买力弱。

（3）个人可任意支配收入。个人可任意支配收入指在个人可支配收入中扣除购买生活必需品（食品、服装、水电费等）的支出和固定支出（房租、保险费、分期付款等）后余下的收入。消费者可将其用于储蓄、教育、旅游等方面，它是影响市场消费需求变化的积极因素。针对这部分收入，企业要重点分析和研究，并制订切实可行的营销计划，积极引导消费，创造需求，以满足或者刺激消费者的需求。

（4）货币收入和实际收入。在通货膨胀、税收等因素的影响下，有时虽然货币收入增加了，但实际收入可能下降了。在分析和研究消费者平均收入时，还要分析和研究不同阶层、不同地区、不同时期的消费者收入。

2. 消费者支出模式

消费者支出模式指消费者各种消费支出的比例关系，也就是消费结构。随着消费者收入的变化，其消费支出模式也会发生相应的变化，继而使一个国家或地区的消费结构发生整体变化。德国统计学家恩斯特·恩格尔根据他对德国、法国、比利时等国家的许多家庭收支预算的调查研究，发现了家庭收入与各方面支出变化之间的规律性，它可以用恩格尔系数表示：

$$恩格尔系数 = \frac{食物支出金额}{家庭消费支出总额}$$

根据恩格尔的观点，随着家庭收入的增加，恩格尔系数会下降，而用于服装、交通、娱乐、保健、教育等方面的支出和储蓄占家庭收入的比重上升。恩格尔系数越大，生活水平越低；反之，恩格尔系数越小，生活水平越高。随着经济的发展和消费结构的变化，恩格尔系数呈下降趋势。

3. 消费者对储蓄和信贷的态度

消费者的购买力还受到储蓄和信贷的直接影响。消费者收入一定时，储蓄越多，现实消费量就越小，但潜在消费量就越大；反之，储蓄越少，现实消费量就越大，但潜在消费量就越小。通常来说，影响消费的主要因素有利率、通胀率、消费观念、收入水平、经济景气度（通过企业家信心指数和企业景气指数两个指标综合测算）与发展预期等。不同消费者的储蓄动机具有差异性，这种差异性影响着未来潜在市场的走向，从而影响着企业目标市场的选择。

消费信贷对购买力的影响很大。美国消费信贷在全世界最高，各种形式的赊销、分期付款业务十分发达且增长迅速。有经济学家认为，消费信贷已成为美国经济增长的主要动力之一。我国为了促进商品经济发展，正逐步扩大消费信贷的规模和范围。例如，住房、汽车、旅游等方面已开展消费信贷，尤其是住房消费，房屋按揭消费已成为房地产销售的主流方式。

小资料2—1 恩格尔系数与消费结构

恩格尔系数＝食品支出总额÷家庭或个人消费支出总额。据相关部门披露，我国城市居民的恩格尔系数近十年来均在0.4左右，农村居民的恩格尔系数为0.45左右。按联合国划分富裕程度的标准，恩格尔系数为0.6以上的国家为贫困，恩格尔系数为0.5~0.6的国家为温饱，恩格尔系数为0.4~0.5的国家为小康，恩格尔系数为0.4以下的国家为富裕。目前，我国已入小康阶段。

基尼系数（Gini Coefficient）是意大利经济学家基尼（Corrado Gini，1884—1965）于1922年提出的，定量测定收入分配差异程度，是指在全部居民收入中，用于进行不平均分配的那部分收入占总收入的百分比。其值最大为"1"，最小等于"0"。按照联合国有关组织规定：若低于0.2表示收入绝对平均；0.2~0.3表示比较平均；0.3~0.4表示相对合理；0.4~0.5表示收入差距较大；0.5~0.6表示收入差距悬殊；0.6以上代表随时可能发生社会动乱。据相关部门测算，我国的基尼系数在0.5左右，属于收入比较悬殊的范畴。

小思考2—1

恩格尔系数为0.4以下时，消费和消费结构有什么特点？基尼系数达到0.4~0.5，消费者消费有何特点？

二、人口环境

人口环境是指人口的规模、密度、地理分布、年龄、性别、家庭、民族、职业以及其他有关情况。市场是由有购买愿望并且有购买能力的人构成的，人的需求是企业营销活动的基础。人口的数量决定着消费者的数量和市场容量的大小。

（一）人口数量及增长速度

世界人口以爆炸性的速度增长，2012年，全世界人口将达到70亿人。尤其是包括我国在内的发展中国家人口密度大，增长速度快，在消费方面，基本消费品的购买力强。

（二）人口的地理分布及地区间流动

世界上人口地理分布极不均匀，亚洲的人口总数就远远超过了其他几个洲的人口总和。我国人口的地理分布也极不平衡，如果从黑龙江的漠河到云南省的腾冲划一条线将我国分为东南和西北两大部分，则东南部分的人口数约占总人口数的94%，而西北部分的人口数仅占总人口数的6%，但是西北部的资源却非常丰富，因此，企业应重点开发西部资源，开拓东部市场。随着经济生活的活跃，人口地区间流动逐年频繁。我国人口流动的特点是：

（1）农村人口大量流入城市。根据2011年4月发布的我国第六次人口普查结果，我国人口数已达到13.4亿，其中城镇人口数占全国人口总数的49.68%，比第五次人口普查结果上升了13.59%。

（2）内陆地区人口迁往沿海经济开发区。由于沿海经济开发区经济发达，市场机会多，而内陆地区发展相对落后，因此产生了内陆地区的人口向沿海经济开发区迁移的现象。

（3）经商、学习、旅游等行为使人口流动加速。人口流动加速，会使当地的基本需求量增加，给当地企业带来较多的市场份额和市场营销机会。

（三）人口结构

人口结构主要包括人口的年龄结构、家庭结构和社会结构等。不同年龄的消费者对商品的需求不一样。就我国来说，2011年第六次人口普查资料显示：0～14岁少年儿童占16.60%；15～59岁中青年人口比例高达70.14%；60岁及以上老年人口达到13.26%。目前，我国老年人口规模达到1.78亿，是目前唯一老年人口过亿的国家。我国老年人口将在目前1.78亿的基础上持续快速扩大，2014年超过2亿，2025年达到3亿，2034年超越4亿，约10年增加1亿老年人口，2050年达到4.4亿，届时比发达国家老年人口总和多约5 000万人。我国老年人口的增长，将使有关保健用品、营养食品以及与老年人生活、休闲娱乐等相关的产业有更多机会得到深度开发。

家庭是商品消费购买的基本单位。大家族式的家庭已属罕见，小型化的家庭模式已经普及，并逐渐由城市向乡镇发展。家庭小型化使得家庭数量激增，这刺激了家具、住房、家用电器、炊具等需求的快速增长，并为这些行业提供了巨大的市场机会。

（四）民族与宗教

我国是一个多民族国家，除汉族以外，还有壮族、回族、蒙古族、藏族等55个少数民族。各民族在长期的生活中各自形成了独特的消费需求、社会风俗和生活习惯。他们在服饰、饮食、居住、婚丧、礼仪和节日庆典等方面都具有鲜明的民族特色。因此，企业在针对不同民族消费者开展营销工作时，要注意民族间的文化差异，尊重少数民族的宗教、风俗与消费习惯，采取聚焦、差异化等策略，开发出符合少数民族需要的产品。

另外，世界上不同的宗教有着不同的文化背景、倾向与戒律。他们有着不同的认识事物的方式、生活态度、行为准则和价值观念，从而引起需求动机和购买行为的不同。世界上影响较大的宗教有佛教、伊斯兰教、基督教等。企业营销不能触犯宗教戒律，否则在宗教信仰集中的地区会给企业的营销活动带来负面影响。

案例2—2 "银发市场"商机无限 夕阳产业"钱景"广阔

■银发市场

国际上，一般把65岁以上人口数占总人口数的7%及以上，或者60岁以上人口数占人口总数的10%，叫做老年型社会。2010年，我国进行了第六次全国人口普查。普查结果表明：我国老年人口达到1.78亿，占13.26%。我国社会已跑步进入老龄化，与老年人相关的消费需求也将呈现跳跃式增长。业内一致预期，目前我国仅7 000亿元产值的银发产业，有望在"十二五"期间加速驶入快车道，迈向万亿规模。

■银发市场的新特点

有人预言："老人产业"将是21世纪最有前途的产业之一。一方面，老年人有很强的购买力，为实现消费提供了可能性和前提条件。但从目前老龄产业的细分市场看，硬性老龄产业包括老年健康医疗用品产业、老年食品保健产业、老年生活用品产业、老年居住建筑产业、老年复健及辅助用品产业、老年休闲及娱乐等行业的开发仍然十分不足。现在的老年人消费观念、生活方式有了很大变化，他们越来越关注自身的健康。他们追求"老有所养、老有所乐、老有所学、老有所为"，奉行"长寿四字诀"，即"一要跳、二要笑、三要俏、四要掉"，并开始"吃讲营养，穿讲漂亮，住讲宽敞，用讲高档，行讲方便，心讲舒畅"。

■ "老人产业"发展的对策

（1）产业策略：实用性、舒适性、针对性。

（2）价格策略：适中、实惠、物有所值。

（3）渠道策略：增加便利，开设专柜，服务上门。

（4）促销策略：情感营销，以情促销。

资料来源　林祖华：《市场营销案例分析》，北京，高等教育出版社，2003。

【案例思考】以你熟悉的一位老人为例，列举其收入的来源及其消费支出结构，并分析其消费特点、由此给营销人员带来的商机和营销对策。

三、自然环境

自然环境是指影响企业生产经营活动的客观因素，包括地理、气候、自然资源等。自然环境是企业赖以生存的基本环境。

（一）自然资源短缺的影响

我国是一个资源丰富的国家，许多矿物资源的绝对量位于世界前几位，但我国人口众多，大多数资源的人均占有量很低，如我国水资源总量名列世界第一，但人均占有量仅是世界人均占有量的1/4。我国原料资源短缺，特别是不可再生资源越开采储量越少，对许多企业的发展当然是一种威胁。因此，企业要提高产品的科技含量，积极开发节能型、环保型产品。

（二）环境污染与自然灾害

环境污染是伴随着工业化、城市化发展而来的。我国是世界上环境污染最严重的国家之一。环境污染的严重性，已引起了经济界、政府和社会公众的极大关注。要求保护环境与控制污染的公众呼声越来越高。

自然灾害的发生将给国家和企业的发展带来重大影响和损失。2003年的"非典"、2008年的南方雪灾和四川汶川大地震对我国人民的生命和财产造成了一定损失。同时，从市场需求来看，灾难的发生给医药、建筑、机械等行业带来了商机，对部分医疗防护用品、治疗器械、药品、建筑材料、工程机械等救灾物资的需求在一段时间内比较旺盛。

（三）政府对环境污染及使用自然资源的干涉

30多年的改革开放，在发展经济的同时，也带来了环境问题。为治理环境，保护自然资源，我国政府出台了多项法律和法规，如关、停、并、转污染严重的企业。同时，通过政府的积极宣传，消费者对环境的保护意识在不断加强，许多消费者自觉抵制污染，选择安全、环保的"绿色"商品。

小资料2—2　天气预报与啤酒指数

在人们的日常生活中常会听到空气指数、穿衣指数、洗车指数等一系列生活指数。近日，北京气象局除发布常规指数外，还发布了一个新指数——啤酒指数。这么多新鲜的生活指数是如何制订出来的？对人们的生活有什么帮助？是否有科学依据呢？北京市气象台副台长张德山解释："啤酒指数是利用天气变化反映饮酒量的一个量化指标，就是把气象与啤酒的销售量简单化了，把气象与人的饮酒量简单化了，将这些用等级表示出来，给人们提供一个适宜饮用啤酒的量。"

根据研究数据显示：人们饮用啤酒的多少和季节的变化有一定关系，与周围的环境温度也有着密切的关系。啤酒指数的级数越高，啤酒的饮用量就越大。根据啤酒的销售量、饮用量和气温的比对将啤酒指数分为5个级别。

1级：平均温度在3摄氏度以下，啤酒销售量占历史销售高峰期销量的30%以下，饮用啤酒以2~3成为宜。

2级：平均温度在3~6摄氏度，啤酒销售量占历史销售高峰期销量的30%~50%，饮用啤酒以3~4成为宜。

3级：平均温度在6~10摄氏度，啤酒销售量占历史销售高峰期销量的50%~70%，饮用啤酒以4~5成为宜。

4级：平均温度在10~22摄氏度，啤酒销售量占历史销售高峰期销量的70%~90%，饮用啤酒以5~6成为宜。

5级：平均温度在22摄氏度以上，啤酒销售量占历史销售高峰期销量的90%以上，饮用啤酒以7成以上为宜。

资料来源　姜莹莹：《天气变化与啤酒指数》，北青网，http://www.ynet.com，转载自《北京青年报》，2006-06-07。

小思考2—2

与气象有关的消费指数或消费行为还有哪些？如何利用消费指数制订营销策略？

四、科学技术环境

科学技术是人类在长期实践中所积累的经验、知识和技能的总和。科学技术是社会生产力中最活跃的因素，它作为营销环境的一部分，不仅影响企业的生产经营活动，还同时与其他环境因素相互依赖、相互作用。

（一）科学技术的发展趋势

1. 科学技术革新的速度加快

从科学技术发展史中可以知道，近30年人类的发明创造成果远远超过以前几千年的成果之和。科学技术从开发到应用，时间大大缩短。

2. 研究和开发费用大幅度增加

当前，世界各国政府或企业，纷纷投入大量的资金用于研究与开发。例如，世界知名的宝洁公司、雀巢公司、IBM公司、惠普公司等在全球都有专业的研发中心；美国的微软公司每年都将40多亿美元用于研究与开发产品。

3. 科研创新的范围更广

科学技术革新的速度加快，范围也越来越广，给人类带来了无穷的创新机会。目前，最引人注目的科学研究是人类基因工程、物联网、信息技术、机器人和材料科学等。科学家们正在研究癌症防治、艾滋病防治、海水淡化、家务机器人和安全有效的减肥食品等新技术。

4. 科学技术革新的法规不断增多

科学技术的迅速发展，使不断涌现的新产品日益丰富，消费者需要确信这些新产品是安全的和健康的，他们要求政府部门在新科技商业化之前实施有效的评估。因此，政府在食品、药品、汽车、服装、电器和建筑等行业将继续增加保障安全和健康的法规。

（二）科学技术环境的变化对企业营销策略的影响

1. 科学技术加快了产品的升级换代，缩短了产品的生命周期

例如，电视机由黑白到彩色，由普通型到平面直角型、超平型、平面型、数码型，再到现在的等离子电视和液晶电视，新产品推出的速度越来越快。

2. 科学技术的发展与运用促进了新行业的产生

通过科学技术创新，形成了新的技术和产品，使企业迅速打开市场销路，扩大市场份额，获取超额利润。例如，美国的微软公司在操作系统软件开发中，始终坚持技术创新，不断运用新技术，使其操作系统软件产品不断升级换代，经过多年的超常规发展，迅速成为世界级的软件帝国。

3. 科学技术有利于增强企业的综合实力

科学技术是推动企业管理变革的积极因素和外在动力。例如，大型超级市场运用条形码技术，使货款结算速度迅速提高。

4. 科学技术可改变商业结构和消费者偏好

科学技术的发展与运用，催生了新的商业机构。例如，超级自选市场、专卖店、自动售货机、广告购物、邮购、电话购物、网上购物等，动摇了传统商业机构，即百货商店的统治地位，而且多方位、多层次地满足了不同消费者的个性需求。而互联网技术的发展与运用，带来了电子商务的迅猛发展。

5. 科学技术发展可缓解全球能源短缺

例如，发展光伏发电产业，开发太阳能这一清洁的可再生能源，成为缓解能源短缺、环境污染和抑制全球变暖的新希望领域。

6. 科学技术在一定程度上可改变人类的价值观念和伦理观念

例如，避孕药的发明和使用，在西方国家造成了更小的家庭、更多的职业妇女、更多的可随意支配的收入和持续的人口低增长率。

小资料2—3 **苹果仅仅是"技术创新"吗？**

2011 年，中国联通、移动、电信 3 家运营商的利润总和（1 465 亿元）仅为苹果同期利润（2 081 亿元）的 7 成。苹果的成功仅仅是靠"技术创新"吗？

管理大师彼得·F. 德鲁克说过，对企业而言，真正的创新不是技术的创新，而是"为技术创造出市场"的创新。苹果成功的轨迹，对应着乔布斯从早年技术创新的追求者到市场营销大师的转变轨迹。

从"让用户容易使用、乐于接受"到"塑造用户新的使用习惯",可谓苹果对"技术创新"和"技术领先"的独到理解。

"用户体验"的另一层含义是审美。独特、精致的产品设计,让人产生审美的愉悦和"炫酷"的感觉。乔布斯深谙此道。苹果的每一款产品,都极尽设计之美,出乎意料地简洁、洗练。虽然 iPhone 的价格高高在上,却很是畅销,这样的事实表明用户愿意花钱获取使用功能之外的东西。说到底,强调"用户体验",其本质是吃透了用户需求和用户心理的高层次的市场营销。

乔布斯在业界还有个绰号是"伟大的小偷",但这并不是贬义的评价,而是说他很会利用和改进别人的技术,站在别人的肩膀上赢取自己的成功。苹果成功的轨迹,说明了真正的创新,应该是为技术创造出市场。

资料来源　计海庆:《苹果仅仅是"技术创新"吗?》,载《文汇报》,2011-09-06。

小思考2—3

苹果的成功对企业及其创新有何启示?

五、政治与法律环境

在任何社会制度下,企业的市场营销活动都必然受到政治与法律环境的限制和约束,这种环境是由那些限制和影响社会上各种组织和个人行为的法律、政府机构、公众团体所组成的,企业时时刻刻都能感受到这方面的影响。

(一)政治环境

政治环境指企业市场营销活动的外部政治形势和状况以及国家方针和政策的变化给市场营销活动带来的或可能带来的影响。

1. 政治局势

政治局势指企业营销所处的国家或地区的政治稳定状况。

2. 方针和政策

国家通过制订经济与社会发展战略、各种经济政策来改变社会资源的供给,扶持和促进某些行业的发展,并通过方针、政策对企业的营销活动施以影响。例如,通过征收个人所得税、利息税等来调节消费者收入,通过影响消费者的购买力来影响消费者需求,从而间接影响企业营销活动。

目前,各国政府采取的对企业营销活动有重要影响的政策和干预措施主要有以下几个方面:

(1)进口限制。这是指政府所采取的限制进口的各种措施,如许可证制度、外汇管制、关税、配额等。

(2)税收政策。政府在税收方面的政策和措施会对企业经营活动产生影响。比如,对某些产品征收特别税或高额税,会使这些产品的竞争力减弱。

(3)价格管制。当一个国家发生了经济问题时,如经济危机、通货膨胀等,政府就会对某些重要物资,乃至所有产品采取价格管制措施。

(4)外汇管制。这是指政府对外汇买卖及一切外汇经营业务所实行的管制。往往是对外汇的供需与使用采取限制性措施。

（5）国有化政策。这是指政府由于政治、经济等原因对企业所有权采取的集中措施。例如，为了保护本国工业免受外国势力阻碍等原因，将某些企业收归国有。

3. 国际关系

国家间的关系必然会影响企业的营销活动。这种国际关系包括企业所在国与营销对象国之间的关系。例如，中国在国外经营的企业要受到市场国对于中国外交政策的影响。

（二）法律环境

企业开展市场营销活动，必须遵守国家或政府颁布的有关经营、贸易、投资等方面的法律、法规。在国际市场营销中，企业还要研究相关国家的法规，否则就会受到法律制裁。例如，美国和欧盟一些国家制订的《反倾销法》规定，某种外国产品在本国市场的销售价格低于"公平价格"，并对本国工业带来"实质性损害"，就会被裁定为倾销成立，要求支付高额的反倾销税。

改革开放三十多年来，我国日益重视经济立法与执法，特别是加入 WTO 后，更是加快了经济立法的步伐，先后颁布了《公司法》、《经济合同法》、《价格法》、《产品质量法》、《商标法》、《广告法》、《专利法》、《破产法》、《反不正当竞争法》、《环境保护法》和《消费者权益保护法》、《证券法》等法律法规。法律法规的实施，对企业生产经营活动提出了更高的要求。

六、社会和文化环境

影响企业市场营销活动的社会和文化环境因素，是指在一定社会形态下的价值观念、教育状况、宗教信仰以及世代相传的风俗习惯等被社会所公认的各种行为规范。

（一）价值观念

生活在不同社会环境下，人们的价值观念会相差很大，而消费者对商品的需求和购买行为深受其价值观念的影响。例如，在西方发达国家，分期付款、按揭消费被广泛使用；而东方人传统上则讲求量入为出，勤俭持家。

（二）教育状况

不同教育水平的人表现出不同的审美观，购买商品的选择原则和方式也不同。一般来讲，教育水平高的地区，消费者对商品的鉴别力强，容易接受广告宣传和新产品，购买的理性程度高。

（三）宗教信仰

不同的宗教信仰有不同的文化倾向和戒律，从而影响人们认识事物的方式、价值观念和行为准则，进而影响人们的消费行为，这与企业的营销活动有密切关系。例如，1984年我国出口某阿拉伯国家一批塑料鞋，遭到当地政府出动大批军警查禁、销毁，原因就是鞋底花纹酷似当地文字"真主"一词。

（四）风俗习惯

风俗习惯是人们在一定的社会物质生产条件下长期形成的，并世代相传成为约束人们思想、行为的规范。它在饮食、服饰、居住、婚丧、信仰、节日、人际关系等方面，都表现出独特的心理特征、伦理道德、行为方式和生活习惯。不同的国家、民族有不同的风俗习惯，它对消费者的消费嗜好、消费模式、消费行为等具有重要的影响。例如，在我国，每年的春节前夕形成生活用品购买的最高峰；此外，在清明节、端午节、中秋节、国庆节前夕，人们对商品的需求也显著增长。

小资料2—4　我国苗族社会风俗习惯漫谈

我国是一个多民族国家，各民族都有自己的风俗习惯。不同民族的消费行为特征比较集中体现在生活习俗、婚俗、食俗和节庆等几个方面，下面我们来说说苗族。苗族主要聚居于贵州、广西、海南岛等地区。

苗族是个能歌善舞的民族，尤以情歌、酒歌享有盛名。芦笙是苗族最有代表性的乐器。

苗族十分注重礼仪。客人来访，必杀鸡宰鸭盛情款待。吃鸡时，鸡头要敬给客人中的长者，鸡腿要赐给年纪最小的客人。有的地方还有分鸡心的习俗，即由家里年纪最大的主人用筷子把鸡心夹给客人，但客人不能自己吃掉，必须把鸡心平分给在座的老人。男女青年举行婚礼时，新娘新郎要喝交杯酒，主婚人还要请新郎、新娘吃画有龙凤和奉娃娃图案的糯米粑。

大部分地区的苗族一日三餐，均以大米为主食。肉食多来自家畜、家禽，四川、云南等地的苗族喜吃狗肉，有"苗族狗，彝族酒"之说。苗族多以辣椒作为主要调味品，喜食酸味菜肴，酸汤家家必备。苗族的食物保存，普遍采用酸腌制法，蔬菜、鸡、鸭、鱼、肉都喜欢腌成酸味的。苗族腌制食品的坛子统称为酸坛。苗族节日较多，除传统年节、祭祀节日外，还有专门与吃有关的节日，如吃鸭节、吃新节、杀鱼节、采茶节等。过节除备酒肉外，还要必备节令食品。

"祭鼓节"是苗族民间最大的祭祀活动。一般是七年一小祭，十三年一大祭。于农历十月至十一月的乙亥日进行，届时要杀一头牯子牛，跳芦笙舞，祭祀先人。食时邀亲朋共聚一堂，以求增进感情，家庭和睦。

小思考2—4

我国不同民族由于地理环境、经济发展、风俗文化不同，消费行为和消费方式存在许多差异。认识这些差异，对企业营销有何意义？

第三节　市场营销微观环境

市场营销微观环境是指与企业紧密相联，直接影响和制约企业营销活动的各种参与者，包括企业、供应商、营销中介、顾客、竞争者和公众。

一、企业

企业是为满足消费者需求而提供商品或服务的经济组织。它由各个职能部门组成，包括计划、财务、采购、生产、研发、营销等部门。各部门之间既相互独立，又相互协调与配合，共同构成企业生产经营管理系统。因此，企业开展市场营销活动不是营销部门的单方行为，而是企业的整体行为。企业各部门间必须有效协调与配合，营销部门需要获得各部门的大力支持与帮助。

营销部门在制订营销计划和开展营销活动时，必然要考虑企业内部各部门的影响。例如，营销计划中包括资金的分配和使用、资金的回收率预测、销售预测和营销计划的风险等方面的工作，需要征求财务部门的意见；采购部门的工作效率会决定生产计划能否顺利完成；而产品完成的质量和时间则需要由生产部门配合与协调；新产品开发部门负责研究适销对路的新产品，它决定了新产品受顾客欢迎的程度，是营销计划中销售目标完成的基础。能否正确处理与协调好营销部门与其他部门的关系，是保障企业市场营销活动成功的重要前提。

二、供应商

供应商是指向企业及其竞争者提供生产产品和服务所需资源的企业或个人。供应商所提供的资源主要包括原材料、设备、能源、劳务、资金等。如果没有这些资源作为保障，企业就根本无法正常运转。因此，供应商与企业的关系是一种相互协作的伙伴关系。

（一）供应商对企业营销活动的影响

1. 资源供应的稳定性与及时性

原材料、零部件、设备、能源等资源的供应，是企业顺利开展营销活动的前提。供应量不足或短缺，都可能影响到企业产品的产量、销售量与交货期。这从短期来看，损失了销售额，影响企业的资金周转；从长期来看，则损害企业在顾客中的信誉，导致市场占有率的降低。因此，企业必须和供应商保持密切的联系，及时了解和掌握供应商的变化和动态，使货源的供应在数量上、时间上和连续性上能得到切实的保证。

2. 资源供应的价格及其变动

原材料价格是构成企业产品价格的一个组成部分，原材料价格的变动必然会影响企业产品成本、产品价格和利润的变化。企业要注意资源供应价格变化的趋势，特别是对原材料和主要零部件的价格现状及趋势，要做到心中有数。

3. 资源供应的质量水平

资源供应的质量包括资源本身的内在质量和各种售后服务质量。原材料与零配件的质量好坏直接影响到企业产品的质量，供应商售后服务水平的高低将直接影响企业营销服务的能力。例如，劣质的建筑材料难以造出好的房屋，不合格的汽车零配件难以制造出合格的汽车。

（二）正确处理与供应商的关系

按照与供应商的关系，可以将供应商分为两类：一类是作为竞争对手的供应商；另一类是作为合作伙伴的供应商。对供应商进行管理的目的就是要控制供货的质量和价格水平，保证供货的稳定性与及时性。

1. 作为竞争对手的供应商

这是一种传统的观念，企业把供应商作为竞争对手，是基于对供应资源的价格和数量的竞争，减弱供应商讨价还价的能力。在这种观念下，下列几种做法有利于企业维持与供应商的关系：

（1）供应商多样化。企业选择与多家供应商合作，使得供应商认识到企业并非仅仅依靠它，进而对其产生制约作用。

（2）表明企业有能力实现后向一体化。向供应商表明企业有实力成为它的竞争者而不仅仅是一般的顾客，并且主动了解供应商的制造过程和原材料成本方面的信息，使企业处于有利的讨价还价地位。

（3）选择一些相对较小的供应商，使企业的购买成为其收入的一个重要部分，增加供应商对企业的依赖性。

2. 作为合作伙伴的供应商

企业将供应商作为竞争者来考虑，往往容易引起一些消极影响。如果把供应商作为合作伙伴，则可以保持与供应商的长期稳定关系，并能获得资源的稳定供应，维持质量与价格的优越性。这种合作模式最先应用于西欧与日本，其常用的几种方法是：

（1）与供应商签署长期合同，而不是采用间断式的购买方式。这对稳定将来的供应关系有很大的作用，它所带来的优势是使供应商拒绝向同类竞争企业提供资源。

（2）说服供应商接近顾客，让供应商尽量地了解顾客的需求，这将有助于企业更好地为顾客提供所需服务。

（3）分担供应商的风险。例如，企业可以与供应商密切协作，共同改进产品工艺与质量，降低产品成本，提高其市场销售量。在必要情况下，企业也可以在资金上给予援助，譬如与供应商组成联合或合资企业，共同研究、开发和进入新市场。

三、营销中介

营销中介是指协助企业促销、销售和配销其产品给最终购买者的企业或个人，包括中间商、物流机构、营销服务机构和财务中间机构。这些中介的运转是市场营销不可缺少的环节，大多数企业的营销活动，都必须通过它们的协助才能顺利进行。

（一）中间商

中间商是协助企业寻找顾客或直接与顾客交易的商业性企业。中间商可分为两类：代理中间商和买卖中间商。代理中间商有代理商、经纪人和生产商代表。他们专门介绍客户或与客户磋商交易合同，并不拥有实际的商品所有权。买卖中间商又称经销中间商，主要有批发商和零售商等。他们购买商品，拥有商品所有权，从事商品销售业务。中间商对企业产品从生产领域流向消费领域具有极其重要的作用。

（二）物流机构

物流机构是指协助企业承担商品保管、储存、装卸、分拣、配送的专业物流企业，包括仓储、货运、装卸等机构。其作用在于确保企业营销渠道中的物流畅通无阻，为企业创造时间和空间效益，为企业营销活动服务，及时、快捷地满足消费者需求。企业选择物流机构的基本要求是企业信誉好、经营安全、物流准时、配送准确、费用经济、服务配套。

（三）营销服务机构

营销服务机构是指为企业营销活动提供专业服务的中介机构，包括市场调研公司、营销咨询公司、广告公司、审计事务所及律师事务所等。

（四）财务中间机构

财务中间机构包括银行、信用公司、保险公司和其他协助融资或保障货物的购买与销售风险的公司。在现代经济生活中，企业与金融机构有着不可分割的联系。

四、顾客

顾客是企业产品与服务的直接购买者或使用者的总称。企业营销者通常把顾客群称为目标市场，作为企业服务的目标对象，企业的一切营销活动都以它为中心。企业营销的最终目的就是通过有效地提供产品和服务来满足目标市场的需求。

五、竞争者

竞争者是指与企业或个人存在经济利益争夺关系的其他经济主体。在激烈的市场竞争中，企业要立于不败之地，不仅需要研究其现实和潜在的顾客，而且必须研究其竞争者，尤其是竞争对手的产品价格、广告宣传、产品研究与开发、资源采购、销售渠道、财务状况和市场等情况。一般来讲，从购买者的角度分析，每个企业面临着四种类型的竞争者。

（一）愿望竞争者

愿望竞争者是指满足消费者当前存在的各种愿望的竞争者。竞争者的产品与企业的产品是非相关产品，如竞争者生产的电脑与企业生产的微波炉互为独立产品。虽然竞争者的产品与企业产品不直接竞争，但是由于消费者的收入是一定的，消费者购买了竞争者生产的电脑，很有可能导致对企业生产的微波炉需求的下降，从而影响到企业产品的销售。

（二）类别竞争者

类别竞争者是指能满足同一需要的各种产品的竞争者。例如，电热水器、燃气热水器、太阳能热水器等产品都能满足消费者的洗浴需要，制造这三种产品的企业之间就形成了一种相互竞争的关系。

（三）产品形式竞争者

产品形式竞争者是指满足消费者某种愿望的同类别、不同型号的产品提供者。例如，消费者购买手机时会面临手机款式、价格、功能、外观等方面的综合考虑，生产同类别但不同型号手机产品的企业便构成了相互竞争关系。

（四）品牌竞争者

品牌竞争者是指满足消费者某种愿望的同种产品不同品牌的提供者。例如，空调有"海尔"、"格力"、"夏普"等品牌。这些品牌之间必然存在着竞争，而同行业之间的品牌竞争是最为激烈的，也是每一个企业需要重点研究的内容。

六、公众

公众是指对企业实现其目标的能力感兴趣或产生影响的任何团体或个人。企业开展营销活动的过程中，必然与公众存在密切的联系，并影响着公众。同时公众对企业营销活动也能产生正面或负面的影响或制约。企业在公众中具有良好形象是企业的一笔无形资产，不良形象则是企业的一笔巨额负债。公众一般可划分为以下七种：

（一）政府公众

政府公众是指对企业营销活动有影响的相关政府机构，如税务、工商、公安、物价等政府职能部门。

（二）媒介公众

媒介公众是指与企业和外界发生联系并具有影响力的大众媒体，包括报纸、杂志、广播电台、电视台和互联网等。这些组织不仅是企业广告的主要媒体，也对企业建立良好声誉、树立良好形象有着举足轻重的作用。

（三）金融公众

金融公众是指影响企业资金融通能力的各种金融机构，包括银行、投资公司、证券公司、保险公司等机构。

（四）群众团体公众

群众团体公众主要包括消费者组织、环境保护组织及其他民间团体。群众团体可能热心地支持企业的某些活动，也可能激烈地反对企业的某些行为。例如，经营"野味"的餐饮业可能会受到野生动物保护组织的反对，而饭店放弃使用一次性餐具的举动则会受到环境保护组织的赞许。群众团体公众的影响作用越来越大，是企业不可忽视的力量。

（五）地方公众

地方公众是指企业所在地区附近的居民、地方官员和地方群众团体。他们对企业的态度将影响企业的营销活动。

（六）社区公众

社区公众是指企业所在地附近的居民和组织。社区公众如同企业的"邻居"一般，某些时候会对企业的生产和经营活动产生重要的影响。企业应处理好与社区公众的关系，避免与周围公众发生利益冲突，并且还应注意在社区举办一些公益活动。

（七）内部公众

内部公众是指企业内部的管理人员、基层员工等。内部公众对企业营销的影响表现为直接的或间接的。例如，企业营销人员对待顾客态度粗暴，服务质量差，会引起顾客对企业产品和服务的失望、不信任，给企业带来直接的负面影响。

公众对企业市场营销活动的影响可能产生促进作用，也可能形成阻碍。因此，企业必须采取积极的措施，如建立公关部门，开展公共关系工作，努力维持并发展与公众的良好关系，塑造企业良好形象，形成关系融洽的和相互沟通与理解的氛围。

构成上述企业市场营销微观环境的六大因素是相互联系、相互作用的一个微观系统，企业只有全面、综合地考虑各因素的影响作用，才能在复杂的环境中生存下来。

第四节　企业营销环境的总体分析

市场营销环境是千变万化的，机会和威胁交替出现，如果不能较早地预见机会或威胁，等机会来了抓不住，威胁来了则无法抵挡，企业就很难在激烈的市场竞争环境下生存。因此，企业要经常监视和预测其周围市场营销环境的变化，分析和识别由于环境发展变化而造成的主要机会和威胁，及时采取适当的对策，扬长避短，抓住机会，规避风险，化不利环境为有利环境，及时采取对策以适应外部环境的变化。

一、市场营销环境评价与分析的原则

（一）评价与分析的目的

变化中的市场营销环境对企业营销活动来说，既蕴藏着市场机会，又隐藏着营销风险。企业营销环境评价与分析的目的，是通过搜集、分析大量相关的环境信息，并从中判断出企业所面临的机遇和挑战，从而为企业营销战略、策略和计划的制订，以及营销活动的调整与实施提供科学依据，具体过程如图2—1所示。

（二）评价与分析的原则

1. 动态分析与静态分析相结合

动态分析要求企业要从变化和发展的角度来分析环境的各个因素，注重各环境因素的

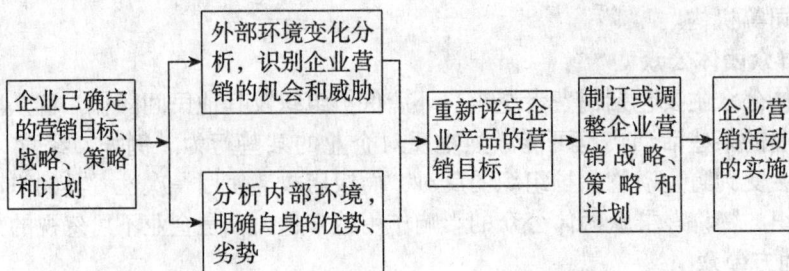

图 2—1　企业营销环境评价与分析的过程

变化趋势和规律；静态分析强调的是环境的状态一旦形成，则具有相对稳定性。

2. 一般分析与重点分析相结合

环境与各因素间是互相影响、互相制约、互相联系的，它们对企业营销活动的影响程度、时间、环节和层次等都不同，有些是重要因素，有些是次要因素，企业要坚持一般分析和重点分析相结合的原则。

3. 长期分析与短期分析相结合

对企业营销战略的制订与调整，需对企业市场营销的环境进行长期追踪分析，即根据现有的环境状况对未来较长的一段时间内的各环境因素的变化进行预测。而对企业营销策略计划的制订与调整，则重在对企业市场营销环境进行短期分析。

4. 均衡分析与非均衡分析相结合

这里的"均衡"是指环境对不同企业的营销管理制约的同一性；"非均衡"是指环境对不同企业的营销管理制约的差异性，正是这种差异性导致了不同企业对相同的环境有着不同的机遇和威胁。均衡分析要求企业营销管理者要认识到环境变化对不同企业营销管理所造成的影响是一致的，而非均衡分析要求企业营销管理者要结合企业自身的优势和劣势，认真分析环境对自身的"特殊"影响，以从中寻找市场机会，规避环境威胁。

二、市场营销环境的分析方法

（一）外部环境分析

环境机会的实质是指市场上存在着未满足的需求，它既可能来源于宏观环境，也可能来源于微观环境。随着消费者需求的不断变化和产品生命周期的缩短，旧产品不断被淘汰，需要开发新产品来满足消费者的需求，从而市场上出现了许多新的机会。

环境机会对不同企业是不同的，同一个环境机会对一些企业可能成为有利的机会，而对另外一些企业可能就造成威胁。环境机会能否成为企业的机会，要看此环境机会是否与企业目标、资源及任务相一致，企业利用此环境机会能否比其竞争者产生更大的利益。

环境威胁是指对企业营销活动不利或限制企业营销活动发展的因素。这种环境威胁，主要来自两方面：一方面是环境因素直接威胁着企业的营销活动，如政府颁布某种法律，诸如《环境保护法》；另一方面是企业的目标、任务及资源同环境机会相矛盾，如人们对自行车的需求转为对摩托车的需求，使自行车厂的目标、资源与这一环境机会产生矛盾，自行车厂要将"环境机会"变成"企业机会"，需要淘汰原来的产品，推出新产品。

（二）内部环境分析

识别环境中有吸引力的机会是一回事，拥有在机会中成功所必需的竞争能力是另一回事。每个企业都要定期检查自己的优势与劣势，这可通过"营销备忘录优势和劣势绩效分析检查表"的方式进行。管理当局或企业外的咨询机构都可利用这一方式检查企业的营销、财务、生产和组织能力，每一要素都要按照特强、稍强、中等、稍弱、特弱来划分等级。

（三）SWOT 分析法

SWOT 分析法又称为态势分析法，它是由旧金山大学的管理学教授于 20 世纪 80 年代初提出来的，是一种能够较客观和准确地分析和研究一个单位现实情况的方法。

SWOT 分别代表：优势（Strength）、劣势（Weakness）、机会（Opportunity）、威胁（Threat）。从整体上看，SWOT 可以分为两部分：第一部分为 SW，主要用来分析内部条件；第二部分为 OT，主要用来分析外部条件。利用这种方法可以从中找出对自己有利的、值得发扬的因素，以及对自己不利的、要避免的东西，发现存在的问题，找出解决的办法，并明确以后的发展方向。

SWOT 分析方法，可以将问题按轻重缓急分类，明确哪些是目前亟须解决的问题，哪些是可以稍微拖后一点儿的事情，哪些属于战略目标上的障碍，哪些属于战术上的问题，并将这些研究对象列举出来，依照矩阵形式排列，然后用系统分析的思想，把各种因素相互匹配起来加以分析，从中得出一系列相应的结论，并形成企业正确的决策。进行 SWOT 分析时，主要有以下几个方面的内容：

1. 分析环境因素

运用各种调查研究方法，分析出公司所处的各种环境因素，即外部环境因素和内部能力因素。外部环境因素包括机会因素和威胁因素，它们是外部环境对公司的发展产生直接影响的有利和不利因素，属于客观因素。内部环境因素包括优势因素和劣势因素，它们是公司在其发展中自身存在的积极和消极因素，属于主观因素。

优势，是组织机构的内部因素，具体包括有利的竞争态势、充足的财政来源、良好的企业形象、技术力量、规模经济、产品质量、市场份额、成本优势、广告攻势等因素。

劣势，也是组织机构的内部因素，具体包括设备老化、管理混乱、缺少关键技术、研究开发落后、资金短缺、经营不善、产品积压、竞争力差等因素。

机会，是组织机构的外部因素，具体包括新产品、新市场、新需求、外国市场壁垒解除、竞争对手失误等因素。

威胁，也是组织机构的外部因素，具体包括新的竞争对手、替代产品增多、市场紧缩、行业政策变化、经济衰退、客户偏好改变、突发事件等因素。

SWOT 方法的优点在于考虑问题全面，是一种系统思维，而且可以把对问题的"诊断"和"开处方"紧密结合在一起，条理清楚，便于检验。

2. 构造 SWOT 矩阵

将调查得出的各种因素根据轻重缓急及影响程度进行排序，构造 SWOT 矩阵。在此过程中，将那些对公司发展有直接的、重要的、广泛的、迫切的、久远的影响的因素优先排列出来，而将那些间接的、次要的、少许的、缓慢的、短暂的影响的因素排列在后面。

3. 制订行动计划

在完成环境因素分析和 SWOT 矩阵的构造后，便可以制订出相应的行动计划。制订计划的基本思路是：发挥优势因素，克服劣势因素，利用机会因素，化解威胁因素；考虑过去，立足当前，着眼未来。运用系统分析的综合分析方法，将排列与考虑的各种环境因素相互匹配起来加以组合，得出一系列公司未来发展可选择的对策。

案例2—3 沃尔玛 SWOT 分析

优势（Strengths）： 沃尔玛是著名的零售业品牌，它以物美价廉、货物繁多和一站式购物而闻名。沃尔玛的销售额在近年内有明显增长并且在全球范围内进行扩张。例如，它收购了英国的零售商 ASDA。沃尔玛的一个核心竞争力是由先进的信息技术所支持的国际化物流系统。例如，在该系统支持下，每一件商品在全国范围内的每一间卖场的运输、销售、储存等物流信息都可以清晰地看到。信息技术同时也加强了沃尔玛高效的采购。沃尔玛的一个焦点战略是人力资源的开发和管理。优秀的人才是沃尔玛在商业上成功的关键因素，为此沃尔玛投入时间和金钱对优秀员工进行培训并培养和建立忠诚度。

劣势（Weaknesses）： 沃尔玛建立了世界上最大的食品零售帝国。尽管它在信息技术上拥有优势，但其巨大的业务拓展可能导致对某些领域的控制力不够强。因为沃尔玛的商品涵盖了服装、食品等多个部门，它可能在适应性上比起更加专注于某一领域的竞争对手存在劣势。该公司是全球化的，但是目前只开拓了少数几个国家的市场。

机会（Opportunities）： 采取收购、合并或者战略联盟的方式与其他国际零售商合作专注于欧洲或者大中华区等特定市场。沃尔玛的卖场当前只开设在少数几个国家内，因此拓展市场如中国、印度等国家的市场可以带来大量的机会。沃尔玛可以通过新的商场地点和商场形式来获得市场开发的机会。更接近消费者的商场和建立在购物中心内部的商店可以使过去仅仅是大型超市的经营方式变得多样化。沃尔玛的机会存在于对现有大型超市战略的坚持。

威胁（Threats）： 沃尔玛在零售业的领头羊地位使其成为所有竞争对手的赶超目标。沃尔玛的全球化战略使其可能在业务覆盖国家遇到政治上的问题。多种消费品的成本趋于下降，原因是制造成本的降低，而造成制造成本降低的主要原因是生产外包，生产流向了世界上的低成本地区，这导致了价格竞争，并在一些领域内造成了通货紧缩。恶性价格竞争是一个威胁因素。

【案例思考】 沃尔玛在其 SWOT 分析中，涉及了公司哪些内部和外部环境？

三、市场机会分析

市场机会是指在某种特定的营销环境条件下，企业通过一定的营销活动创造利益的一种可能性。市场机会来自于营销环境的变化，如新市场的开发、竞争对手的失误以及新产品面市、新工艺的采用等。

（一）市场机会的特点

1. 针对性

特定的营销环境条件只对于那些具有相应内部条件的企业来说是市场机会。因此，市场机会的分析与识别必须与企业具体条件结合起来进行。

2. 利益性

可以为企业带来经济的或社会的效益，是市场机会的又一特征。市场机会的利益性特征意味着企业在确定市场机会时，必须分析该机会是否能为企业真正带来利益和能带来什么样的利益。

3. 时效性

对现代企业来讲，由于其营销环境的发展变化越来越快，它的市场机会从产生到消失的过程通常也是很短暂的，即企业的市场机会往往稍纵即逝。

4. 公开性

市场机会是某种客观的、现实存在的或即将发生的营销环境状况，是每个企业都可以去发现和共享的。市场机会的公开化特征要求企业尽早去发现那些潜在的市场机会。

（二）市场机会的价值分析

1. 市场机会的价值因素

（1）市场机会的吸引力。市场机会表明了企业在理想条件下充分利用该市场机会的最大极限。反映市场机会吸引力的指标主要有市场需求规模、利润率、发展潜力等。

①市场需求规模。市场需求规模表明市场机会当前所提供的待满足的市场需求总量的大小，通常用产品销售数量或销售金额来表示。市场机会提供的需求总量往往由多个企业共享，特定企业只能拥有该市场需求规模的一部分。因此，这一指标可以由企业在该市场需求规模中当前可能达到的最大市场份额代替。

②利润率。利润率是指市场机会提供的市场需求中可以为企业带来的最大利益。利润率反映了市场机会所提供的市场需求在利益方面的特性，它和市场需求规模一起决定了企业当前利用该市场机会可创造的最高利益。

③发展潜力。发展潜力反映了市场机会为企业提供的市场需求规模、利润率的发展趋势及速度情况。即使企业当前面临的某一市场机会所提供的市场需求规模很小或利润率很低，但由于整个市场规模或该企业的市场份额或利润率有迅速增大的趋势，则该市场机会对企业来说仍可能具有相当大的吸引力。

（2）市场机会的可行性。市场机会的可行性，是指企业把握住市场机会并将其转化为具体利益的可能性。从特定企业的角度来讲，仅有吸引力的市场机会并不一定能成为本企业实际上的发展良机，具有较大吸引力的市场机会必须同时具有较强的可行性才会是企业高价值的市场机会。市场机会的可行性是由企业内部环境条件、外部环境条件两方面决定的。

①内部环境条件。企业内部环境条件对市场机会可行性的决定作用有以下几个方面：首先，市场机会只有适合企业的经营目标、经营规模与资源状况，才会具有较大的可行性；其次，市场机会有利于企业内部差别优势的发挥才会具有较大的可行性；再次，企业还可以有针对性地改进内部条件，创造出新的差别优势；最后，企业内部的协调程度也影响着市场机会可行性的大小。

②外部环境条件。企业外部环境条件从客观上决定着市场机会可行性的大小。外部环境中每一个宏观、微观环境要素的变化都可能使市场机会的可行性发生很大的变化。

2. 市场机会的价值分析方法

环境的发展变化可能给企业带来机会，也可能造成威胁。不是所有的市场机会对企业营销都有吸引力，也不是所有的环境威胁对企业都有同样的危害程度。企业可利用环境机会威胁矩阵法来加以评价、分析。

（1）市场机会矩阵。市场机会是指市场环境中对企业营销有利的各种因素的总和。

评价分析市场机会主要考虑两个方面：一是市场机会对企业的潜在吸引力大小；二是市场机会出现的概率大小。具体内容如图2—2所示。

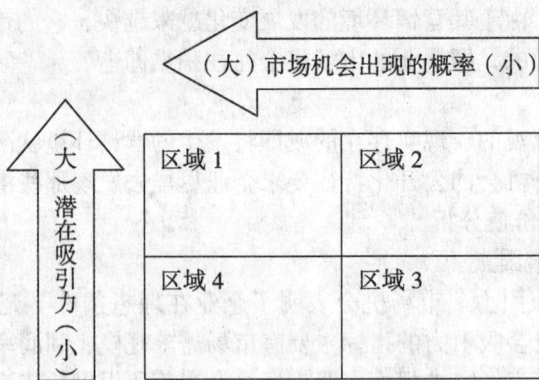

图2—2　市场机会矩阵图

在市场机会矩阵图中，横向表示"市场机会出现的概率"，纵向表示"潜在吸引力"。对其评价、分析如下：

区域1：市场机会出现的概率大，潜在吸引力大，成功的可能性大，应珍惜机会，加快发展。

区域2：市场机会出现的概率小，潜在吸引力大，成功的可能性小，应寻求机会，创造条件。

区域3：市场机会出现的概率小，潜在吸引力小，成功的可能性小，应观察变化，选择放弃。

区域4：市场机会出现的概率大，潜在吸引力小，成功的可能性人，应抓住机会，谨慎投资。

（2）环境威胁矩阵。环境威胁是指市场环境中对企业营销不利的各种因素总和。评价、分析环境威胁主要考虑两个方面：一是环境威胁对企业的潜在危害性大小；二是环境威胁出现的概率大小。具体内容如图2—3所示。

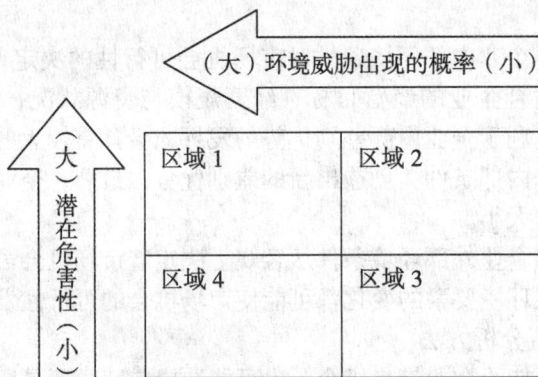

图2—3　环境威胁矩阵图

在环境威胁矩阵图中，横向表示"环境威胁出现的概率"，纵向表示"潜在危害性"。对其评价、分析如下：

区域1：环境威胁出现的概率大，潜在危害性大，威胁程度高，应战略转移，回避风险。

区域2：环境威胁出现的概率小，潜在危害性大，威胁程度中，应改变策略，化解风险。

区域3：环境威胁出现的概率小，潜在危害性小，威胁程度小，应注意观察，预防风险。

区域4：环境威胁出现的概率大，潜在危害性小，威胁程度中，应做好准备，转移风险。

（3）市场机会—环境威胁矩阵。在企业面临的市场环境中，单纯市场机会或环境威胁是罕见的，一般情况下是机会与威胁并存、利益与风险伴随的复杂的综合性环境。企业对环境的选择是建立在分析了机会与威胁出现的可能性大小的基础上的，其分析、评价主要考虑两个方面：一是市场机会水平大小；二是环境威胁水平大小。具体内容如图2—4所示。

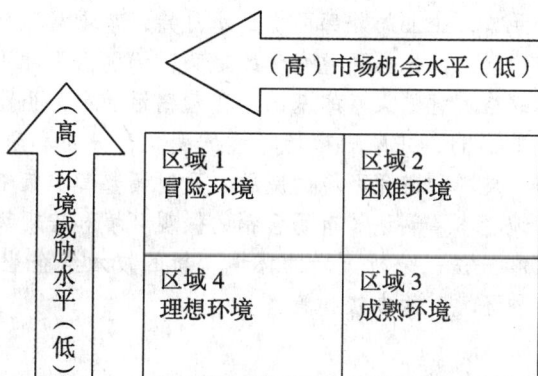

	（高）市场机会水平（低）	
（高）环境威胁水平（低）	区域1 冒险环境	区域2 困难环境
	区域4 理想环境	区域3 成熟环境

图2—4　市场机会—环境威胁矩阵图

市场机会—环境威胁矩阵图中，横向表示"市场机会水平"，纵向表示"环境威胁水平"。对其评价、分析如下：

区域1：市场机会水平高，环境威胁水平高，属于冒险环境，应把握机会，防范风险。

区域2：市场机会水平低，环境威胁水平高，属于困难环境，应选择放弃，战略转移。

区域3：市场机会水平低，环境威胁水平低，属于成熟环境，应稳定发展，考虑转移。

区域4：市场机会水平高，环境威胁水平低，属于理想环境，应抓住机会，加快发展。

（三）企业的对策

1. 面临机会的对策

（1）抢先。市场机会的均等性和时效性决定了企业在利用机会的过程中必须抢先一步，争取主动。企业在利用市场机会的过程中，谁能"抢先"，谁就赢得了时间和空间，就赢得了主动，赢得了胜利。

（2）创新。市场机会的均等性决定了企业利用机会的均等。"机会面前，人人平等"这就要求企业在利用市场机会时一定要大胆创新，做到"人无我有，人有我优，人优我新，人新我特"。

（3）应变。企业不可能一劳永逸地利用同一市场机会，为了在竞争中取得主动，企业必须主动考虑市场机会的可变性，有预见性地提出应变对策。

2. 面临威胁的对策

（1）反抗。反抗即努力设法限制或扭转不利因素的发展，主动化解风险。

（2）减轻。威胁总是存在的，实在无法对抗的可以设法减轻。减轻就是调整营销组合策略，改善环境，减轻风险。

（3）转移。这里指转移到其他更为盈利的行业或市场领域，实现风险转移或转嫁。

■ 本章提要

在全球经济一体化和新技术的不断开发和应用的推动下，我国市场化改革进程明显加快，商业领域全面对外开放，企业的外部环境日新月异，市场竞争日益激烈。关注并研究企业内、外部营销环境的变化，把握环境变化的趋势，识别由于环境变动而造成的机会和威胁，是制订企业营销战略及营销策略的基础。在营销活动中，企业必须十分清楚地认识到环境变化对企业经营的影响，并顺应市场环境的变化，分析和研究市场环境变化的趋势，善于捕捉市场机遇，发现和避免环境的威胁，及时调整营销策略，确保企业在激烈的市场竞争中立于不败之地。本章阐述了市场营销的微观环境和宏观环境的具体内容，讲解了环境分析的具体方式和方法，分析了新的环境、新的技术给企业带来的新的机遇和威胁，以及企业在面对各种环境时的方法和策略。

■ 练习与思考

1. 构成企业营销宏观环境的因素有哪些？这些因素对营销有什么影响？
2. 构成企业营销微观环境的因素有哪些？这些因素对营销有什么影响？
3. 试述市场营销环境分析的 SWOT 法的基本内容。
4. 企业对环境威胁一般采取哪些对策？
5. 企业对市场机会一般采取哪些对策？

■ 案例教学

葡萄酒市场的 SWOT 分析

以下是某酒厂对我国葡萄酒市场营销环境的分析。

1. 自然环境：从日照时间、降雨量、昼夜温差等条件看，都适宜酿酒葡萄生长。仅河北省酿酒葡萄种植面积已达 26 万亩，酿酒葡萄总产量达到 20 多万吨。

2. 消费市场：中国人口多，经济持续快速增长，居民可支配收入不断增加，生活水平迅速提高，购买力逐步增强。此外，外国人员来华经商、旅游等日益频繁。

3. 文化环境：中国酒文化源远流长，饮酒已经成为中国人的一种文化沉淀，酒成为各种社交场合必不可少的消费品。从文化层面上来讲，中国人对酒足饭饱的需求非常强烈且根深蒂固。近几年来，随着大家对白酒危害性认识的加深，同时对葡萄酒特别是干红葡萄酒宣传力度的加大，人们对干红的需求日益增加，喝干红已经成为身体保健、提高品位的一种时尚。

4. 政策环境：葡萄酒系酒精浓度较低的发酵酒种，品格高雅，加上种植葡萄可以开发和利用山坡地、沙砾地等不宜种植粮食的土地资源，国家在政策层面上并未作严格限制。

5. 生产工艺：我国葡萄酒行业还处于起步阶段，葡萄酒的制作工艺和产品的质量、档次、品种等与国际水平比有一定的差距。

6. 葡萄酒市场：中国葡萄酒市场虽然存在巨大的潜力，但是远没有达到快速成长的时期，市场的发育和成熟还需要一定时间。

7. 竞争环境：入世后，技术雄厚、品牌强势的国外企业冲破中国高关税和相关保护政策的壁垒，以低价位进入中国，从而使国内葡萄酒市场竞争更趋激烈。

问题：（1）采用 SWOT 分析法对葡萄酒市场的营销环境进行分析。

（2）以 SWOT 分析法的结论为依据，谈一谈该酒厂可能采取的营销策略。

实训教学

【实训材料】某职业技术学院有几位毕业生打算自主创业，欲在学院附近开办一个文具店，请你帮助评价、分析文具店的经营环境，并制定所应采取的相应策略。

【实训方法】从影响文具店经营的宏观环境、微观环境的主要因素入手进行分析，根据校园周边环境情况进行经营环境评价与分析。

【实训要求】运用所学的理论和方法，对该文具店的经营环境进行评价、分析，并用SWOT 分析法对环境威胁与市场机会进行分析和描述。

第三章　市场营销调研与营销信息系统

经典语录：要管理好一个企业，必须管理它的未来，而管理未来就是管理信息。

菲利普·科特勒（Philip Kotler）

▓ 学习目标和实训要求

【理论学习目标】通过本章的学习，应掌握市场调查的步骤与方法；掌握市场预测的方式和方法；了解市场营销信息系统的内容和构建方法。

【实践训练要求】通过本章的学习，应熟悉市场调查的工作流程及工作实践，能够用调查问卷设计的方法和技巧进行实际调查，并对调查数据进行归纳与分析。

▓ 重点与难点

【重点】市场调查方法的使用及调查数据的分析、整理；市场预测方法的使用及营销信息系统的内容。

【难点】市场调查数据的获取及整理；市场调查报告的生成；营销信息系统的构建。

引例 煞费苦心的"市场调研"

日本企业界有一则流传甚广的故事：日本人对英国纺织面料在世界久享盛誉一直不服，却无从得知其中的奥秘。于是便萌生一计，集中本国丝绸行业的部分专家进行烹调培训，然后派往英国，在最有名的纺织厂附近开设餐馆。餐馆集中了不少纺织厂的员工前来就餐，日本人便千方百计向他们打探信息，搜集情报，但结果还是一无所获。不久，餐馆宣布"破产"，由于很多"厨工"已同工厂的主管人员混熟，所以部分人就进入这家工厂工作。一年后，日本人分批辞职回国，成功地把技术带回了日本，并将其改进为更先进的工艺，产品返销英国。

【引例思考】

为了掌握先进的技术和竞争对手的情报，日本人可谓煞费苦心，采取"迂回战术"获取情报，除此"迂回战术"之外，还可以通过什么方式和手段获取市场信息，试举例说明。

第一节　市场营销调研

一、市场营销调研的含义与作用

（一）市场营销调研的含义与分类

1. 市场营销调研的含义

美国市场营销学会把市场营销调研描述为：一种借助于信息把消费者、顾客以及公共部门和市场联系起来的特定活动，这些信息用以识别和界定市场营销的机会和问题，产生、改进和评价营销活动，监控营销绩效，增进对营销过程的理解。

市场营销调研是指运用科学的方法系统地、客观地辨别、收集、分析和传递有关市场营销活动的各方面的信息，为企业营销管理者进行有效的市场营销决策提供重要的依据。与狭义的市场调查不同，它是对市场营销活动全过程的分析和研究。

2. 市场营销调研的分类

根据调查的目的、性质和形式的不同，市场营销调研一般分为如下 4 种类型：

（1）探测性调研。探测性调研用于探询企业所要研究的问题的一般性质。研究者在研究之初对所欲研究的问题或范围还不很清楚，不能确定到底要研究些什么问题。这时就需要应用探测性调研去发现问题、研究问题。探测性调研一般不如正式调研严密、科学，不需要制订详细的调查方案，尽量节省时间以求迅速发现问题。一般的调研途径有研究文献、经验调查、小组讨论、案例分析等。

（2）描述性调研。描述性调研是通过详细的调查和分析，对市场营销活动的某个方面进行客观的描述。它要解决的问题是说明"是什么"，而不是"为什么"。大多数的市场营销调研都属于描述性调研。例如，对市场潜力和市场占有率、产品的消费群结构、竞争企业的状况的描述等。在描述性调研中，可以发现其中的关联因素。与探测性调研相比，描述性调研的目的更加明确，研究的问题更加具体。

（3）因果关系调研。因果关系调研又称相关性调研，是指为探讨营销变量之间的因果关系而进行的市场调查，它所回答的问题是"为什么"。其目的是找出关联现象或变量之间的因果关系，说明某些现象或变量之间的相互关联度。例如，分析价格、包装及广告费等因素对销售量的影响，具体哪个因素起主导作用，就需要进行因果关系调研。

（4）预测性调研。市场营销所面临的最大的问题就是市场需求的预测问题，这是企业制订市场营销方案和进行市场营销决策的基础和前提。预测性调研就是企业为了推断和测量市场的未来变化而进行的研究，它对企业的生存与发展具有重要的意义。

（二）市场营销调研的作用

市场营销调研的作用主要体现在以下 3 个方面：

① 市场营销调研是企业寻找和发现市场机会的主要方法。

② 市场营销调研是企业制订营销策略的基础。

③ 市场营销调研是企业调整营销策略的依据。

总之，市场营销调研的主要作用是通过信息把营销者和消费者、顾客及公众联系起来，并据此分析、判断及界定营销机会和风险，完善市场营销方案，监控市场营销行为，帮助企业营销管理者做出有效的市场营销决策。

小资料3—1 大公司与市场调查

营销大师菲利普·科特勒在《营销管理》中提到"可口可乐公司知道消费者最喜欢喝4℃的可口可乐，平均一年看69条可口可乐的广告；每年人们花费大约20美金去购买鲜花；阿肯色州是美国花生酱消费最低的州；51%的男人走路时先迈左脚，而65%的女人却先迈右脚"。

中国宝洁公司虽然成立于1988年，但在1985年就开始在中国开展市场研究工作，也就是说，在合资公司成立的前三年就已经在中国开始了市场研究工作。

宝洁公司前任总裁John Pepper在北京大学的演讲中说："我们的首要任务是深刻理解我们的消费者，即知道消费者的需求是什么。不管我们在世界的哪一个角落开始我们的生意，对消费者需求的研究始终是我们工作的切入点。对消费者需求研究的结果会告诉我们应该向市场推出哪一种产品，应该采用哪一种配方以及哪一种广告会最终为我们带来效益。"

小思考3—1

你了解顾客吗？怎样才能做到全面、深入和细致地了解顾客的购买行为？

【提示】有人说：营销者要睁开两只眼，一只眼要关注消费者，一只眼要盯住竞争者。假如营销者不知道要服务的对象是谁、他们在想什么和做什么，不知道自己竞争对手的过去、现在和未来，那么营销者只有在黑暗中爬行，后果不堪设想。遗憾的是，我国的很多企业并未真正地重视市场调研工作。许多国外的大企业对市场调研的重视程度超乎了我们的想象，他们对市场和顾客可以说是了如指掌，值得我们借鉴。

二、市场营销调研的内容

市场营销调研的内容包括市场环境调查、市场需求调查、竞争对手调查、产品调查、广告效果调查等。

（一）市场环境调查

市场环境调查的主要内容包括：

1. 政治法律环境调查

政治法律环境主要指能够引起经济势态变化的国家的政治变动及能够干预社会经济生活的法律和各种经济政策。此类环境包括国家经济体制、政治形势、执政党和政府的路线、方针、政策、政治团体和公众团体、相关法律和法规等内容。

2. 经济环境调查

经济环境是指企业进行市场营销时所面临的外部社会经济条件。其主要内容包括经济发展阶段、地区发展状况、产业结构、货币流通状况等。

3. 社会文化环境调查

每个企业都会生存于一定的社会文化环境中，它的经营思想和经营行为必定受到这种社会文化的影响和制约。社会文化环境包括价值观念、教育水平、风俗习惯、审美情趣、道德规范等内容。

4. 科学技术环境调查

科学技术环境是指在生产和科学实践中，认识自然和改造自然积累起来的经验、知识的总和。一种新的科学技术的出现必然会导致新的产业部门的出现，使消费结构发生变化。例如，以电子、生物工程等新兴科学技术为代表的工业技术的迅速崛起，使社会生产方式、人们的思维方式以及消费习惯等发生了历史性的转变。

5. 自然环境调查

自然环境是指影响企业生产和经营的物质因素如企业生产需要的物质资料，和生产过程中对自然环境的影响等。自然环境的发展变化会给企业造成一些"环境威胁"和"市场机会"。所以，企业营销活动不可忽视对自然环境的影响。分析和研究自然环境的内容主要有两个方面：一是自然资源的拥有状况及其开发和利用；二是环境污染与生态平衡。

（二）市场需求调查

市场需求调查的主要内容包括：

1. 社会购买力调查

社会购买力调查主要是调查一定区域的居民收入状况。影响消费购买力的主要因素包括国民收入和居民收入等指标。例如，人均国民收入、个人收入、个人可支配的收入、个人可任意支配的收入、储蓄存款、消费信贷等。

2. 市场商品消费结构调查

消费结构是指消费者各种消费支出的比例及相互关系。从恩格尔系数可以了解目前市场的消费水平、变化趋势及其对营销活动的影响。

3. 消费人口结构调查

人口是市场构成的主要因素，人口基数规模直接决定着市场的规模。人口的结构，如人口的地理分布、年龄结构和家庭结构等因素会对市场需求格局产生深远的影响。

4. 消费者购买动机调查

消费者的购买动机是指消费者为了满足自己的需要而引起购买行为的愿望或意念，它是能够引起消费者购买某一商品和劳务行为的内在动力。

5. 消费者购买行为调查

消费者购买行为就是指消费者个人或家庭为了满足自己物质和精神生活的需要，在某种动机的驱使和支配下，用货币换取商品或劳务的实际活动。

（三）竞争对手调查

商场如战场，只有"知己知彼"，才能做到"百战不殆"。竞争对手调查的主要内容包括以下几个方面：

1. 竞争对手的数量与经营实力

竞争对手的经营实力主要从以下方面体现：销量、产量、产能、市场份额、毛利、投资收益率、现金流量、新增投资、设备能力利用率等。

2. 竞争对手的市场占有率

研究竞争对手市场占有率应该分两个方面：一是竞争对手在整个行业的市场占有率，这一指标主要是分析竞争对手的整体实力；二是竞争对手在本企业所在区域的市场占有率，它是本企业营销战略制订的一个重要指标。

3. 竞争对手的竞争策略与手段

对竞争对手的竞争策略与手段调查的主要内容有：竞争对手的市场定位策略和目标市场竞争策略即营销组合策略等。

4. 竞争对手的产品

对竞争对手的产品调查的主要内容包括竞争对手的产品组合策略、产品市场生命周期、新产品开发策略、品牌与包装策略等。

5. 竞争对手的技术发展水平

要了解竞争对手的技术发展水平，调查的主要内容包括竞争对手的科研投入占其销售收入的比重；竞争对手在科研、设计、工艺、开发方面的物资与设备条件；竞争对手在技术人员的数量、技术水平与合理使用方面的情况；竞争对手获取新的技术情报的手段；竞争对手的技术管理水平与技术开发、更新产品的综合能力等。

小资料3—2 收集竞争对手情报的技巧

1. 收购竞争对手的垃圾。
2. 购买竞争对手的产品，然后加以剖析。
3. 匿名参观竞争对手的工厂。
4. 在港口或火车站记录竞争对手的货运数量。
5. 从空中对竞争对手进行拍照，然后加以研究。
6. 分析竞争对手的招工合同。
7. 分析竞争对手的招工广告。
8. 询问顾客或经销商关于竞争对手产品的销售状况。
9. 派人参与竞争对手的经营活动，尤其是对主要顾客的经营活动。
10. 了解竞争对手的供应商，以了解其产量。
11. 以顾客的身份讨价还价，以了解竞争对手的价格水平。
12. 与竞争对手的顾客交谈，以获取情报。
13. 收买竞争对手以前的管理人员。
14. 通过咨询人员参观竞争对手的工厂来了解情况。
15. 收买竞争对手的职工。
16. 用假招工的办法接触竞争对手的职工。
17. 派技术人员参加行业技术会议，了解竞争对手的技术情报。
18. 收买那些在竞争对手处没有得到善待或与其主要领导有矛盾的人。

小思考3—2

以上18种方法中，你认为哪几种方法最有效？除以上方法外，还有什么方法可以获得竞争对手的情报？

（四）产品调查

产品调查的主要内容有：

①产品实体的调查。它包括产品色彩、规格与尺寸、原料、性能和技术等。

②产品包装的调查。它包括运输包装调查和直接包装调查等。

③产品品牌的调查。它包括品牌价值、品牌知名度、品牌美誉度、品牌忠诚度等。

④产品服务的调查。它包括服务质量、服务内容、服务人员态度、服务费用和服务效率等。

⑤产品市场占有率的调查。市场占有率是指在一定的时期内，企业所生产的产品在其市场的销售量或销售额占同类产品销售量或销售额的比重。市场占有率调查指标有全部市场占有率、可达市场占有率、相对市场占有率（相对于三个最大竞争者）。

（五）广告效果调查

广告效果调查包括目标受众选择是否合适，广告诉求点是否正确，传播是否到位，广告创意、内容和表现形式是否优秀，品牌形象的传达是否达到预期目标等。

三、市场营销数据的收集、整理与分析

任何营销活动都离不开相应的环境，企业作为市场系统的组成部分，只有充分地了解市场和适应市场，才能使自己的营销活动与社会需要相协调。因此，反映市场活动特征及其发展变化情况的营销信息，对于企业更好地参与市场竞争的作用越来越大。整个营销信息系统的运行，实质上就是企业对营销信息的收集、整理与分析过程。营销数据的信息来源具体分两大类：第一手资料和第二手资料。

（一）第二手营销数据的收集

1. 第二手资料的含义

第二手资料又称间接资料，是他人为其他某种目的而已经加工整理好的信息。获取第二手资料的成本低、时间短，但适用性较差。市场调查一般先利用第二手资料确定调查目标和基本方向，然后再收集第一手资料进行详细的分析和研究。

2. 第二手营销数据的来源

（1）企业内部资料。它包括企业内部各有关部门的记录、统计表、报告、财务决算、用户来函等。

（2）政府机关、金融机构公布的统计资料。例如，统计公报、统计资料汇编、统计年鉴等。这是很有价值的情报资料。

（3）公开出版的文献、报纸、杂志、书籍、研究报告、工商企业名录等。

（4）市场研究机构、咨询机构、广告公司所公布的资料。企业可向这些机构购买资料，或提出咨询、委托调查。

（5）行业协会公布的行业资料和竞争企业的产品目录、样本、产品说明书及公开的宣传资料。这些都是掌握其他企业动向的重要情报资料。

（6）政府公开发布的有关政策、法规、条例规定以及规划、计划等。

（7）推销员提供的情报资料。推销员经常在顾客和市场中活动，直接接触市场，他们提供的资料是十分有用的情报。

（8）供应商、分销商以及企业情报网提供的信息情报。

（9）展览会、展销会公开发送的资料。

（10）电子网络中的公告信息。因特网上每天都有数以亿计的信息在流动，它是一个巨大的"信息仓库"，其中包含大量的第二手资料。

（二）第一手营销数据的收集

1. 第一手资料的含义

第一手资料，又称原始资料，是指调查人员通过现场实地调查所搜集的资料。第一手资料的针对性强，适用性好；但是，需要投入较多的人力、物力和财力，成本较高。

2. 第一手营销数据的获取方法

（1）询问法。询问法是将所要调查的事项，以当面、电话或书面的方式向被调查者询问，以获得所需要的资料。它是市场调查方法中最常用的、最基本的调查方法。询问法按访问内容分为标准化访问和非标准化访问；按访问内容的传递方式分为面谈调查、电话调查、邮寄调查、留置调查和日记调查等。

①个人访问法。个人访问法是调查者面对面地向被调查者询问有关问题，被调查者的回答可当场记录。调查方式可采用走出去、请进来或召开座谈会的形式，进行一次或多次调查。

②小组访问法。小组访问法是访问法的一种，其不同点只在于调查人员是一个小组，而不是一个人，如组织产品设计、生产工艺、质量管理和市场营销等部门的人员参加用户访问小组进行小组访问调查。

③电话调查法。电话调查法是由调查人员根据抽样设计要求，用电话向调查对象询问并收集资料的一种方法。其优点是资料收集最快，成本最低。调查者可按拟订的统一问卷询问，便于资料统一处理。其缺点是调查对象只限于有电话的用户，调查总体不够完整；不能询问较为复杂的问题，时间不能太长，不易深入交谈和取得被调查者的合作。

④邮寄调查法。邮寄调查法又称信函调查、通讯调查。就是将设计好的询问调查表、信函、订货单、征订单等通过邮递寄给被调查者，请对方填好后寄回。这种方法的优点是调查区域广，凡邮政所达地区均可列入调查范围；被调查者可有充分的时间来回答；调查成本较低；调查资料较真实。缺点是询问调查表、征订单等的回收率较低，收回时间较长；被调查者可能误解询问调查表中某些事项的含义而回答不够准确。

⑤留置调查法。留置调查法是当面将调查表交给被调查者，说明调查意图和要求，由被调查者自行填写回答，再由调查者按约定日期收回的一种调查方法。

⑥日记调查法。日记调查法是指对固定样本连续调查的单位发放登记簿或账本，由被调查者逐日逐项记录，再由调查人员定期加以整理和汇总的一种调查方法。

（2）观察法。观察法是调查人员直接到调查现场进行观察的一种调查和收集资料的方法，也可安装照相机、摄影机、录音机等进行收录和拍摄。

①直接观察法。这种方法常用来研究产品的外观、款式、包装的设计和效果。例如，调查人员亲自观看顾客选购商品，观察了解最吸引顾客注意的是哪些事项，以便改进产品质量；服装行业派调查人员专门到影剧院、大街上观察演员和群众的服装样式、颜色等，以获取设计新产品的灵感。

②店铺观察。这种方法是调查人员亲自站柜台或参加展览会、展销会、订货会，观察并记录商品的实际销售情况、同类产品的发展情况和新品种的性能、用途、样式、包装、价格、广告宣传以及顾客的活动情况，及时发现本企业产品销售好坏的原因，为改进企业市场营销管理提供可靠资料。

③实际痕迹测量法。这种方法是通过对某事项留下的实际痕迹的观察来调查情况的。

例如，企业在几种报纸和杂志上刊登同一广告，在广告下面附有一张表格或回收条，请读者阅后把表格或回收条剪下分别寄回企业的有关部门，便于企业了解在哪种报纸或杂志上刊登广告最为有效，为企业选择广告媒体和测定广告效果提供依据。

（3）实验法。实验法是指市场调研者有目的、有意识地改变一个或几个影响因素，来观察市场现象在这些因素影响下的变动情况，以认识市场现象的本质特征和发展规律。

实验法既是一种实践过程，又是一种认识过程，它将实践与认识统一为调查研究过程。企业的经营活动中经常运用这种方法，如开展一些小规模的包装实验、价格实验、广告实验、新产品销售实验等，来检验这些措施在市场上的反映，研究是否值得大规模推广。

例如，某公司欲对某产品是否需要增加包装进行了实验。方法是：第一、第二周把增加包装的产品给甲、乙两商店销售，把无包装的产品给丙、丁两商店销售；第三、四周互相调换，甲、乙商店销售无包装产品，丙、丁商店销售有包装产品。其实验结果是有包装产品的销售量比无包装产品的销售量增加了40%。因此，该公司决定对某产品增加包装，以扩大销售量。其他如试销、展销、试点等也都是实验法的具体运用形式。

（三）数据的整理

当数据的收集工作告一段落以后，必须对所收集的数据进行整理，这是有效利用资料的基础。首先，要对资料的可靠性、正确性进行审查，即检查资料是否有错误或者遗漏，并及时给予修订和补充。同时，还应该注意客观地对待那些从不同角度反映问题的资料，既要收集观点相同的资料，也要收集观点不同的资料。然后，根据资料的重要性及调研的具体需要，采用逐字记录、摘要记录、撰写大纲等方法把信息资料记录下来，形成资料检索索引，如资料卡片、计算机数据库等。

数据库的建立关键要有科学的分类检索系统，按一定的规律将浩繁的资料分门别类地归档，以便查询和进行下一步的研究工作。分类检索程序有按汉语拼音字母次序排列的，也有按偏旁部首排列或者按英文字母次序排列的，企业可以根据自身的具体情况形成系统的资料类目。但必须注意，一旦设置了资料分类项目，那就是企业数据库相对稳定的分类检索系统，否则随着入库资料越来越多，将引发检索系统混乱而无法真正发挥数据库的作用。目前，人们一般利用计算机进行信息的储存、加工、检索、传递，建立方便、快捷的计算机网络数据库。

（四）数据的分析

1. 数据的集中趋势和离散程度分析

（1）数据的集中趋势分析。对调查数据规律性中的集中特征进行分析，是对被调查总体的特征进行准确描述的重要前提。数据集中趋势的分析包括数据的平均数、中位数和众数。

平均数一般包括算术平均数、调和平均数和几何平均数三种，其中算术平均数是最简单、最基本的形式，它又视资料分组与否而分为简单算术平均数和加权算术平均数。

众数是总体中出现次数最多的标志值，也是测定数据集中趋势的一种方法，克服了平均数指标受到数据中极端值影响的缺陷。从分析的角度看，众数反映了数据中最大多数的数据的代表值，可以使我们在实际工作中抓住事物的主要矛盾，有针对性地解决问题，但若出现了双众数现象，则可能说明调查总体不具有同质性，资料可能来源于两个不同的总体。这类结果既可以用来检查方案设计中的总体一致性问题，也可以用来帮助验证数据可靠与否。

中位数的确定可以以未分组资料为基础，也可以由分组资料得到。它同样不受到资料中少数极端值大小的影响。在某些情况下，用中位数反映现象的一般水平比算术平均数更具有代表性，尤其对于两极分化严重的数据，更是如此。

（2）数据的离散程度分析。对一组数据规律性的研究，集中趋势反映的是数据的一般水平，但若要全面地掌握数据的数量规律，还需要计算反映数据差异程度的数值，如极差、平均差、方差和标准差、离散系数等。

2. 多变量统计分析

多变量统计分析技术包括分析两个或两个以上变量间关系的各种技术，可归纳为两大类：一类是为综合评价服务的方法，即用于分析某一事物的各种特性以及这些特性之间的相互关系，并将有关数据归纳为少数几个综合特征值的方法；另一类是为预测服务的方法，即把列举出的特性区分为说明变量和基础变量，根据从说明变量中得出的信息来预测基础变量的方法。在此就其中的回归分析、判别分析和因素分析做简单的介绍。

（1）回归分析。如果在回归分析中，统计方程式只涉及一个自变量，我们称该统计方程式为简单回归；如果涉及两个或两个以上自变量，我们称该统计方程式为多元回归。

任何一个市场营销问题都要涉及一组变量，而市场营销调研人员主要对其中的一个感兴趣，他要了解在不同的时间、地点该变量的变动情况。这个变量就叫做因变量。市场营销调研人员在确定了因变量之后，还要进一步考察其他变量在不同的时间、地点对因变量的变动有何影响。这类变量叫自变量。所谓回归分析，是指一种表述自变量对因变量影响的公式技术。

（2）判别分析。在许多市场营销问题中，因变量往往是分类型变量而不是数值型变量，在这种情况下就无法运用回归分析。例如，某摩托车厂希望解释顾客对三种品牌的偏好程度，可以将两个或两个以上的群体根据某特征进行分类，使任何一个群体都归属于某一类，目的在于发现重要的判别变量，使之组合成为可预测的公式。

（3）因素分析。在许多多元回归分析和判别分析中经常遇到的一个问题就是多元共线性，即各变量之间有密切的关联性。通过对变量间的相关系数进行计算，可以显示出一个变量与另一个变量的相关程度。

四、市场营销调研的步骤

市场营销调研的步骤是指从调研准备到调研结束全过程的工作顺序与具体程序。一般可分为五个步骤：确定调研课题、制订调研计划、搜集调研资料、整理和分析资料、撰写调研报告。具体流程如图3—1所示。

（一）确定调研课题

市场营销调研首先必须明确调研的课题，即确定市场营销调研应解决什么问题，达到什么目的。具体确定调研课题时，往往可分为两个阶段进行：

1. 准备性调研阶段，即发现问题阶段

在这一阶段，调研人员一方面根据自身的观察及对有关人员的访问，明确存在的主要问题；另一方面，通过对现有企业内部资料做全面分析，比较企业过去和现在的情况，以

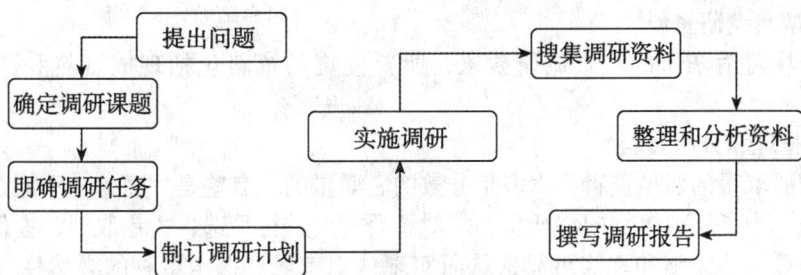

图 3—1　市场营销调研流程图

掌握问题之所在，初步分析问题存在的种种原因及相互关系。

2. 试探性调研阶段，也称非正式调研阶段

针对前阶段所提出的问题及种种设想，进一步分析现有的有关资料，并进行初步调研，使需要调研的问题更加明确、更加集中，以便于分析问题的关键所在，确定调研课题。

（二）制订调研计划

调研计划又称调研方案，是对调研本身的具体设计。主要包括以下内容：

1. 调研目的

调研目的说明"为什么要进行这项调研"、"想要知道什么"及"知道结果后怎么办"等问题。

2. 调研项目

调研项目就是调研课题的具体内容，即调研哪些事项和搜集哪些资料。调研项目的确定，可根据所要调研的课题，从不同的侧面提出假设和问题，并做必要的可行性研究；也可根据调研课题所涉及的调研单位、所具有的各种标志加以选择，即选择与调研课题有关的标志作为调研项目。

3. 调研对象和单位

调研对象是所要调研的总体范围，调研单位则是调研总体中所要调研的具体单位。调研对象和单位的确定要依据调研课题和选择的调研方式，确定向谁调查，由谁来具体提供资料。

4. 调研方式和方法

调研方式是指市场调查的组织形式，通常有普查、随机抽样、非概率抽样、重点调查、典型调查等。调研方法是指搜集资料的具体方法，如访问法、观察法、问卷法、实验法、电话调查法等。一般来讲，市场营销调研方式和方法的确定，应考虑调研课题的难易程度和调研要求。

5. 经费预算

一般是根据文件资料费、调研费、出差补助费、杂费等项目进行估算。以有限的经费预算完成调研任务。

6. 调研日程安排

根据调研过程中所要做的各项工作、所需时间及先后顺序，作出调研日程安排，列出调研进度表。

（三）搜集调研资料

这是市场营销调研的正式调研阶段，所要搜集的资料包括现成资料和原始资料两大类。

（四）整理和分析资料

市场调研取得的各项资料，大多是分散的、零星的，有些是片面的，不能系统而集中地说明问题。为了反映事物的特征，必须对调研资料进行筛选，去粗取精，去伪存真，以保证资料的系统、完整和真实可靠，从而实现认识市场、揭示事物的必然性和规律性的目的。

整理资料时，应检查是否有由于样本选取错误或计算错误、询问表设计不当、询问记录不全等原因造成的错误资料。如果有错误资料，必须清除，并进一步补充有关资料。同时，为了便于归档和统计，必须将资料按适当的分类进行编码，并根据不同类型资料的要求，制成统计表、统计图，计算百分比、平均值等。

整理好资料后，还要进行进一步分析，以掌握市场发展的动态，找出影响市场变化的各种因素，提出切实可行的解决问题的对策。

（五）撰写调研报告

市场营销调研报告是根据调研资料和分析、研究的结果而编写的书面报告。它是市场营销调研的最终结果，其目的在于为市场预测和决策提供依据。调研报告的基本内容主要有调研目的、调研方法、调研结果及资料分析、建议、附录等。

调研报告一般由标题、开头、正文、结尾及附件等要素组成。撰写调研报告时要注意：观点正确，材料恰当，用数据和事实说话；中心明确，突出重点，结构合理，层次分明；表达中肯，语句通畅。

五、调查问卷的设计与使用

（一）调查问卷的设计

调查问卷没有内容的限定，一般而言，要遵循以下几条原则：

①问卷前面一定要有前导说明，主要包括介绍调研机构、调研的性质和目的、请求调研对象，以及向被调研者做出的承诺，如保密、不公布个人情况等。从某种意义上说，卷首语决定了调研对象的合作态度，所以必须慎重对待。

②要注意问卷言词的表达，避免出现可能令人难堪的问题。

③要确保问卷中所提问题明确易懂，不能选用带导向性的词语。

④为了便于汇总统计，对问题的陈述尽量呈封闭性，限定被调查者在给定的答案中选择。例如，两项选择或多项选择，请被调查者从中选择一项或数项符合自己情况的答案。

（二）调查问卷的使用

调查问卷是市场营销调研的重要工具之一。在大多数市场营销调研中，研究者都要依据研究的目的设计某种形式的问卷。问卷设计没有统一的固定格式和程序，一般说来，有以下几个步骤：

1. 确定需要的信息

在问卷设计之初，研究者首先要考虑的就是要达到研究目的、检验研究假设所需要的信息，从而在问卷中提出一些必要的问题以获取这些信息。

2. 确定问题的内容

确定了需要的信息之后，就要确定在问卷中要提出哪些问题或包含哪些调查项目。在保证能够获取所需信息的前提下，要尽量减少问题的数量，降低回答问题的难度。

3. 确定问题的类型

问题的类型一般分为以下三类：

（1）自由问题。这种回答问题的方式可以获得较多较真实的信息。但是，被调查者易受不同因素的影响，各抒己见，使资料难以整理。

（2）多项选择题。这种问题应答者容易回答，资料和结果也便于整理。需要注意的问题是选择题既要包含所有可能的答案，又要避免过多和重复。

（3）二分问题。二分问题既容易回答，也易于整理，但有时可能不能完全表达出应答者的意见。

4. 确定问题的词句

问题的词句或字眼对应答者的影响很大，有些表面上看差异不大的问题，由于字眼不同应答者就会做出不同的反应。因此，问题的字眼或词句必须斟酌使用，以免引起不正确的回答。

5. 确定问题的顺序

问题的顺序会对应答者产生影响，因此，在问卷设计时问题的顺序也必须加以考虑。原则上开始的问题应该容易回答并具有趣味性，以提高应答者的兴趣。涉及应答者个人资料的问题则应最后提出。

6. 问卷的试答

一般在正式调查之前，设计好的问卷应该选择小样本进行预试，其目的是发现问卷的缺点，改善和提高问卷的质量。

第二节　营销信息系统

一、市场营销信息系统（MIS）的含义与作用

真正意义上的市场，对每个企业都提供相同的机会。有些企业能取得成功，有些企业却遭受失败——"成王败寇"的分野，绝不在于是那只"看不见的手"有什么偏爱，而是在于是否能够抓住每次机会。因此，企业及其经理人员必须是耳聪目明。最重要的诀窍：第一是信息，第二是信息，第三还是信息。

（一）市场营销信息系统的含义

市场营销信息系统（Marketing Information System，MIS）是指在企业中由人、计算机和程序组成的一种相互作用的联合体，它为市场营销决策者收集、整理、分析、评价并传递或提供有用的、适时的和准确的信息，用于制订或修改市场营销计划，执行和控制市场营销活动。

（二）市场营销信息系统的作用

理想的市场营销信息系统的作用表现在：

（1）能向各级管理人员提供所必需的信息。

（2）能使各级管理人员方便地选择所需要的信息。

（3）能满足管理人员对所需信息的时限要求。

（4）能提供各种形式的信息。

（5）能向管理人员提供易于理解的最新信息。

二、市场营销信息系统的结构及内容

市场营销信息系统由内部报告系统、营销情报系统、营销调研系统和营销分析系统组成。其结构体系如图3—2所示。

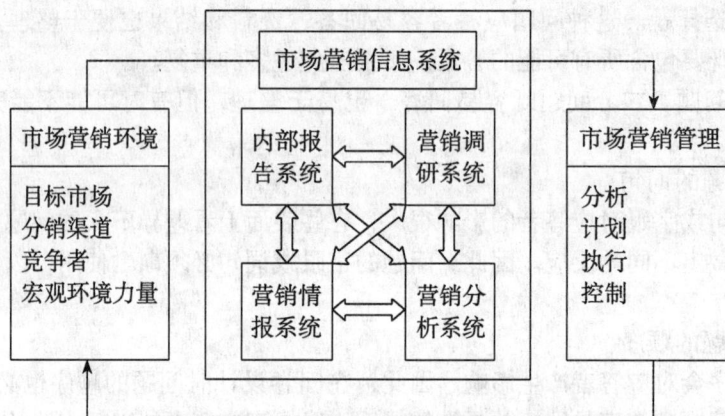

图3—2　市场营销信息系统结构图

（一）内部报告系统

内部报告系统是营销经理使用的最基本的信息系统，包括企业会计系统和企业销售报告系统。其主要功能为报告订货、库存、销售、费用、现金流量、应收账款、应付账款等方面的数据，从而发现企业的市场机会和问题。

（二）营销情报系统

营销情报系统是使公司经理获得日常的关于环境发展信息的一整套程序和系统。这套系统包括以下四个方面：

（1）企业销售代表所提供的营销情报。

（2）企业经销商所提供的营销情报。

（3）从各种咨询与调研中介机构获得的营销情报。

（4）企业内部信息中心所收集的营销情报。

（三）营销调研系统

营销调研系统是对特定的市场情报（问题和机会）进行系统地设计、收集、分析，并提出数据资料和专项的调研结果的系统，包括统计库和模型库。

（四）营销分析系统

营销分析系统是对特定的信息进行分析，以作为营销决策依据的系统。

三、市场营销决策支持系统

市场营销决策支持系统是由软件与硬件支持下的数据系统工具和技术等组成的协调集合，企业可以利用它收集和解释业务与环境的信息，并用之于市场营销活动。其结构体系如图 3—3 所示。

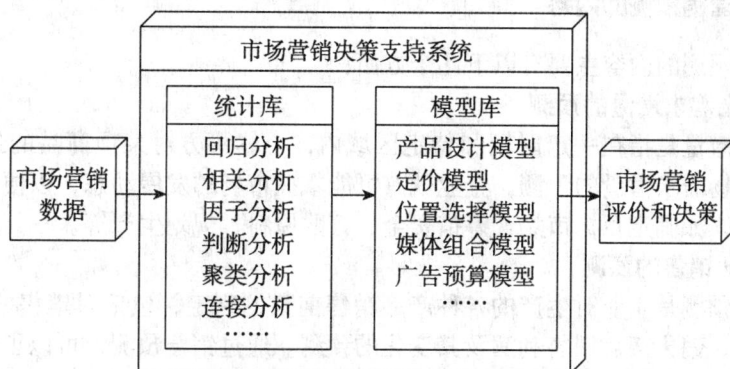

图 3—3　市场营销决策支持系统结构图

第三节　营销预测方法

一、市场营销预测的含义与作用

（一）市场营销预测的含义

市场营销预测是在营销调研的基础上，运用科学的理论和方法，对未来一定时期的市场需求量及影响需求的诸多因素进行分析和研究，寻找市场需求发展变化的规律，为营销管理人员提供未来市场需求的预测性信息。

（二）市场营销预测的作用

1. 可作为（新）产品发展的依据

根据企业的长期销售预测可以了解目前产品究竟在生命周期的哪一阶段，今后会如何发展。

2. 可作为应引进哪一种新生产技术的依据

根据新产品市场发展趋势、技术发展方向以及消费者对产品技术方面的需求，确定新的生产技术和生产工艺，开发新产品，拓展新的市场。

3. 可作为生产计划及采购计划的依据

根据短期销售预测的资料，可以编制销售计划，而根据销售计划也可拟订年度或每月的生产计划。从某种产品年度或每月的生产计划以及各种物料的购备时间，可以从容地拟订采购计划。

4. 可作为资金计划、增资扩厂计划及人事计划的参考

如果销售预测显示销路不久将大增，则应早日拟订资金计划，开辟新财源，准备扩充设备，增加生产量。

5. 可作为定价政策的依据

根据销售预测和市场占有率的大小，企业可决定何种定价政策较为有利，并采取对企业有利的定价政策。

6. 可作为拟定存量水准的依据

如果企业不注重销货预测，则工厂有时会生产过多，而有时会生产过少。

二、市场营销预测的内容

市场营销预测的内容主要有以下几个方面：

（一）市场需求潜量的预测

市场需求潜量是指在一定时期和特定区域内，全体买方对某项商品的最大可能购买量。通过对市场需求潜量的预测，企业就有可能掌握市场的发展动态，以便合理地组织自己的经营活动，如确定目标市场、筹措资金、订购原料、规划生产等。

（二）企业销售的预测

企业销售预测是企业对生产的各种产品销售前景的判定，包括对销售的品种、规格、价格、销售量、销售额、销售利润及其变化的预测。通过销售预测，可以了解消费者需求的新动向，从而研究和开拓市场，它是企业制订和实施价格策略、选择分销渠道和销售促进策略的重要依据。

（三）市场占有率的预测

预测本企业所经营的商品销售量在整个市场商品销售总量中所占的比例，这就是通常所说的市场占有率的预测。从市场占有率增加或减少的预测中，可以判断市场需求、市场竞争和企业经营发展状况，从而采用相应的市场竞争策略，保证企业经营方向的正确。

（四）企业所需资源的预测

企业经营需要的资源主要是物质资源。通过对所需资源的预测，可以对资源的市场供应状况及其变化趋势、降低资源消耗的可能性、资源的价格变化、代用材料发展状况等进行准确判断，以便企业根据自身能力，合理地进行生产布局，搞好新产品开发或老产品改造工作。

三、市场营销预测的步骤

市场营销预测应遵循一定的工作程序。有计划、按步骤地进行预测，可以保证预测的质量和工作效率。预测的程序主要包括六个步骤，具体内容如图3—4所示。

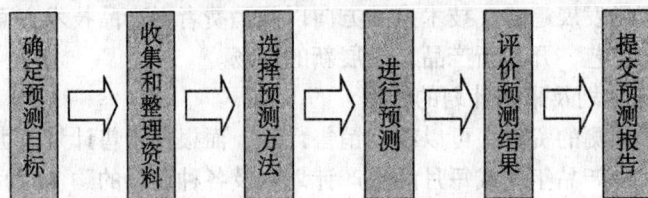

图3—4 市场营销预测的步骤

（一）确定预测目标

在预测之前，首先要根据计划和决策的需要，明确预测想要达到的目的。预测目标包括预测项目（即要解决的具体问题）、预测内容、预测期限及预测的数量单位等，然后根据预测目标，提出基本假设，拟订预测提纲。

（二）收集和整理资料

数据资料是进行预测的重要依据，因此，要根据市场营销预测的要求，收集与市场营销有关的历史的和当前的数据资料。调查是预测工作的基础，只有根据调查提供的资料和数据，才能对市场需求、产品价格等因素的发展趋势做出科学的预测。

（三）选择预测方法

预测方法有很多：有定量的，有定性的；有的适应短期预测，有的适应长期预测；有的需要以大量的数据为基础，有的则依赖个人的经验和知识。预测方法正确与否，对于预测的准确性有很大影响。因此，应根据预测项目的不同，选择不同的、适用的预测方法。

（四）进行预测

如果是定性预测，就是把相关资料和问题交给预测人员进行分析和预测；若采用的是定量预测方法，就要将收集到的数据输入预测模型，进行运算并求出结果。由于存在随机性，还要对预测结果的置信区间进行估计。

（五）评价预测结果

对于得出的初步预测结果要进行评价。评价中经常采用的方法是将定量预测结果与定性预测结果的一般性结论进行对照，检查其合理性和可信程度，估计预测值的误差。如果误差较大，还要考虑采用别的预测方法或数学模型。

（六）提交预测报告

对预测的过程和结果要以书面形式提交给计划部门或决策人员，因此，预测报告的撰写是很重要的一步，它有助于决策者理解和取得共识。预测报告要准确记载预测目的、预测方法和参数、资料的分析过程、最后结果以及建议等内容，做到数据充分，论证可靠，建议可行。

四、市场预测方法

（一）购买者意向调查法

这种方法多用于工业用品和耐用消费品，适宜作短期预测。市场总是由潜在购买者构成的，预测就是预估在给定条件下潜在购买者的可能行为，即要调查购买者。这种调查的结果是比较准确可靠的，因为，只有购买者自己才知道他将来会购买什么。

在满足下面三个条件的情况下，购买者意向调查法比较有效：

（1）购买者的购买意向是明确清晰的。

（2）这种意向会转化为顾客购买行动。

（3）购买者愿意把其意图告诉调查者。

（二）专家意见法

专家意见法通常有以下三种形式：

1. 小组讨论法

召开专家会议集体讨论，做出预测。这种方法可以发挥集体智慧，在讨论中互相交换意见，取长补短。

2. 单独预测集中法

由每位专家单独提出预测值，然后由专项负责人将各专家意见综合起来得出结论。这种方法可以充分发挥个人智慧和经验。

3. 德尔菲法

德尔菲（Delphi）是古希腊神话中的神谕之地，城中因拥有阿波罗神殿而闻名于世，据传阿波罗是预言神，可预测未来。第二次世界大战之后，美国兰德公司提出一种向专家进行函询的预测法，称之为德尔菲法。它既可以避免由于专家会议面对面讨论带来的缺陷，又可以避免与个人一次性通信的局限。在收到专家的回信后，将他们的意见分类统计、归纳，不带任何倾向地将结果反馈给各位专家，供他们作进一步的分析和判断，提出新的估计。如此多次往返，意见渐趋接近，能得到较好的预测结果。其缺点是信件往返和整理都需要时间，所以相当费时。

（三）销售人员综合意见法

销售人员综合意见法即分别收集有经验的销售人员对预测指标估计的最大值、最可能值、最低值及其发生的概率，集中所有参与预测者的意见，整理出最终预测值的方法。由于销售人员常年与顾客打交道，因此，他们对市场需求及竞争情况往往有比较清楚的了解和感性认识，尤其对自己负责的销售范围内的情况更为熟悉，利用他们的经验对市场未来的发展趋势进行预测，可能会有更准确的结果。

这种方法的优点是简便易行，节省时间和费用，效率较高。但销售人员对市场走向的预测容易受个人的偏见及主观因素的影响：一是往往受近期销售成败的影响而过于乐观或悲观；二是由于对企业营销整体情况以及经济社会发展、大环境把握不够而使其意见显得浅薄；三是为了使上级制订较低的任务定额，还可能有隐瞒实情的情况。

（四）市场试验法

市场试验法是把产品投入市场进行试验，观察销售情况及消费者对产品的反应，从而推测未来市场情况的一种预测方法。多用于投资大、风险高和有新奇特色的产品的预测。

企业搜集到的各种意见的价值，不论是购买者、销售人员的意见，还是专家的意见，都取决于获得各种意见的成本、意见的可行性和可靠性。如果购买者对购买并没有认真细致的计划，或其意向变化不定，或专家的意见也并不十分可靠，在这些情况下，就需要利用市场试验这种预测方法。特别是在预测一种新产品的销售情况和现有产品在新的地区或通过新的分销渠道的销售情况时，利用这种方法效果最好。

（五）时间序列分析法

时间序列分析法即把某种经济统计指标的数值，按时间先后顺序排成序列，再将此序列数值的变化加以延伸，进行推算，预测下一时间周期所能达到的水平。时间序列分析法是一种定量预测方法。对于不同的预测对象或预测对象的不同发展趋势，应采用不同的方法，配合不同的曲线，主要有以下几种方法：

1. 水平型发展趋势法

预测对象的发展变化表现为围绕某一水平上下波动，对此应采用一次移动平均法、加权移动平均法和一次指数平滑法进行预测。

2. 线性变化趋势法

预测对象在各时期的增长量接近于某个常数，与此相对应的预测方法有二次移动平均法、二次指数平滑法和直线趋势法。

3. 二次曲线趋势法

如果时间序列的二次差接近常数，即每期增长量大致相同，这种趋势称为二次曲线趋势，可采用最小平方法、三点法、三次移动平均法、三次指数平滑法，配合二次曲线进行预测。

4. 对数直线趋势法

当某个时间序列资料各期的发展速度基本相等，或者资料在一定时期里增加或减少的百分率接近相等时，应配合对数直线趋势法进行预测。

5. 修正指数曲线趋势法

修正指数曲线趋势表现为原始数列初期增长速度快，随后逐渐减慢并且各期的增长速度大体相等，可用三段法配合修正指数曲线趋势法进行预测。

6. 龚佩子曲线趋势法

龚佩子曲线可配合一种常见的发展趋势进行预测，即初期增长速度较慢，随后增长速度渐次加快，达到一定程度后，虽然还有增长量，但增长率降低，终至平复。

■ 本章提要

在现代市场营销观念的指引下，企业要想更好地满足市场消费需求，赢得竞争优势，取得理想的利润，就必须从研究市场出发，对市场进行各种定性与定量的分析，预测目前和未来市场需求规模的大小。由于收集、存储、处理和分析信息的技术的进步，信息技术在营销领域的应用持续增多，市场营销信息系统为企业及时掌握必要的、可靠的信息和做出正确的营销决策提供了依据，其作用日益显得重要。营销调研不断地提供详细、准确和最新的情报，帮助营销管理者认识市场的发展规律，制订具有竞争力的营销新战略。

■ 练习与思考

1. 市场营销调研包括哪些具体内容？
2. 市场营销调研与预测的方法有哪几种？
3. 什么是市场营销信息系统？市场营销信息系统包括哪些内容？
4. 什么是营销决策支持系统？如何构建营销决策支持系统？
5. 问卷设计时要注意什么问题？如何提高调查问卷的回收率？

■ 案例教学

宝洁员工深入农村调研

宝洁公司为了深入了解中国消费者，在中国建立了完善的市场调研系统。每年，宝洁公司都要通过入户访问、观察、举办消费者座谈会、问卷调查、访问商店、跟踪调查系统等市场调研工具和技术与全球多达 700 万消费者进行交流。以飘柔为例，飘柔自 1989 年 10 月在中国市场推出以来，至今至少经历了 10 次的配方改良。最近一次配方改良之前，宝洁公司消费者市场调研部及专业调查公司对全国共 16 个大城市及乡镇的近 2 000 位消费者进行了调查。为了获取真实可靠的市场信息，宝洁人从不坐等数据上门。例如在调研农村市场时，宝洁连部门经理也都化装成农民，到农民家里，看人家何时起床、怎么刷牙洗脸、看不看电视，从头到尾地去观察和了解。

资料来源　根据宝洁公司案例分析整理。

问题：（1）通过本案例列举还有哪些市场调研的方式方法。

（2）通过本案例说明宝洁公司市场调研与其营销策略存在什么关系。

■ 实训教学

【实训项目】市场调研与结果分析。

【实训内容】以你所在班级的学生为调研对象，自行拟订调研的主题，设计一份调查问卷（设计的问题在 8 ~ 12 个），并对调研结果进行归类、分析，得出简要的结论（结论在 100 字以内），将结论在全班进行宣读，教师当场点评。

第四章 客户购买行为分析

经典语录：要成为一个好的斗牛士，首先你必须成为一头牛。

西班牙谚语

学习目标和实训要求

【理论学习目标】通过本章学习，应了解消费者购买行为、工业者购买行为、中间商购买行为、政府购买行为的不同特点和过程；掌握影响消费者购买行为的主要因素及消费者购买行为的主要类型；掌握工业者购买的决策过程；掌握中间商购买的决策过程；掌握政府采购的制度与流程。

【实践训练要求】通过本章学习，应学会把握消费者购买心理和购买行为活动，学会根据消费者的购买心理和购买行为有针对性地展开营销活动，做到有的放矢，最大程度地满足顾客需求，使顾客满意。

重点与难点

【重点】掌握影响消费者购买行为的主要因素及消费者购买行为的主要类型。

【难点】如何对消费者的购买心理和购买行为的分析做到知己知彼和有的放矢。

引例 卖渔钩的故事

一个乡下来的小伙子去应聘城里"世界最大"的"应有尽有"百货公司的销售员。

老板问他："你以前做过销售员吗？"

他回答说："我以前是村里挨家挨户推销的小贩子。"

老板喜欢他的机灵："你明天可以来上班了。等下班的时候，我会来看一下。"

一天的光阴对这个乡下来的穷小子来说太长了，而且还有些难熬。但是，年轻人还是熬到了5点，差不多该下班了。老板真的来了，问他说："你今天做了几单买卖？"

"一单。"年轻人回答说。"只有一单？"老板很吃惊地说："我们这儿的销售员一天基本上可以完成20到30单生意。你卖了多少钱？""300 000美元。"年轻人回答道。

"你怎么卖到那么多钱的？"目瞪口呆、半晌才回过神儿来的老板问道。

"是这样的。"乡下来的年轻人说："一位男士进来买东西，我先卖给他一个小号的渔钩，然后是中号的渔钩，最后是大号的渔钩。接着，我卖给他小号的渔线，然后是中号的渔线，最后是大号的渔线。我问他上哪儿钓鱼，他说海边。我建议他买条船，所以我带他到卖船的专柜，卖给他一艘长20英尺有两个发动机的纵帆船。然后，他说他的大众牌汽车可能拖不动这么大的船。于是我带他去汽车销售区，卖给他一辆丰田新款的豪华型

'巡洋舰'。"

老板后退了两步，几乎难以置信地问道："一个顾客仅仅来买个渔钩，你就能卖给他这么多东西？"

"不是的。"乡下来的年轻销售员回答道："他是来给他妻子买发卡的。我就告诉他他的周末算是毁了，为什么不去钓鱼呢！"

【引例思考】年轻的销售员为什么会取得这么好的销售业绩？

第一节　消费者购买行为分析

消费者市场是人们为了满足个人或家庭生活的需要，购买产品、服务的市场。它是现代市场营销理论研究的主要对象，它研究影响消费者购买行为的主要因素及购买决策过程，对于开展有效的市场营销活动至关重要。

一、消费者市场的特点

（一）非盈利性
消费者购买商品是为了获得某种使用价值，而并非为了销售。

（二）非专业性（诱导性）
消费者一般缺乏专门的商品知识和市场知识，因此在购买商品时，往往容易受厂家、商家广告宣传、促销活动、商品包装和服务态度的影响。

（三）层次性
由于消费者的收入水平不同，所处社会阶层不同，其需求会表现出一定的层次性。一般来说，消费者总是先满足最基本的生存需要和安全需要，如购买衣、食、住、行等生活必需品，而后才能视情况逐步满足较高层次的需要，如购买享受型商品和发展型商品。

（四）替代性
消费品中除了少数商品不可替代外，大多数商品都可找到替代品或可以互换使用的商品。

（五）广泛性
消费者市场上，不仅购买者人数众多，而且购买者地域分布广。从城市到乡村，从国内到国外，消费者市场无处不在。

（六）流行性
消费者的需求不仅受消费者内在因素的影响，还会受环境、时尚、价值观等外在因素的影响。时代不同，消费者的需求也会随之不同。

二、影响消费者购买行为的因素

消费者的购买行为既复杂又富有多样性。复杂性主要体现在它受很多内外部因素的影响，而且其中很多因素既难识别又难以把握。多样性则表现为不同消费者在需求、偏好以及选择产品的方式等方面各不相同，同一顾客在不同时期、不同情境、不同产品的选择上，购买行为也表现出很大的差异性。影响消费者购买行为的主要因素如图4—1所示。

影响消费者购买的主要因素

文化因素	社会因素	个人因素	心理因素
文化	参照群体	年龄与人生阶段	需求
亚文化	家庭	职业	动机
社会阶层	角色与地位	经济状况	感觉
		生活方式	学习
			信念和态度

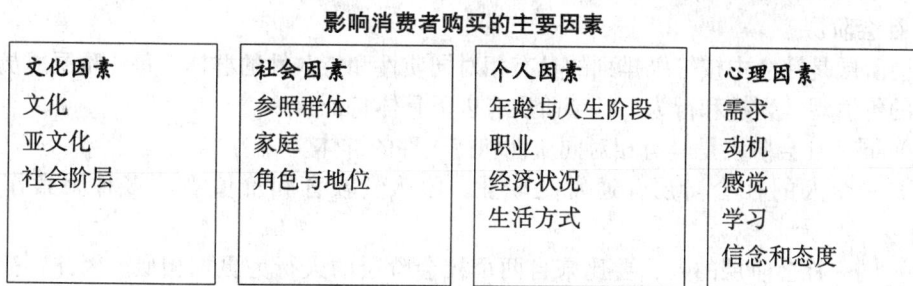

图4—1　影响消费者购买的主要因素

（一）文化因素

文化因素对于消费者的购买行为有着最广泛和最深远的影响。

1. 文化

人们总是生活在一定的社会文化背景下，社会文化是一种社会意识形态。不同的国家和地区有不同的文化和不同的风俗习惯。在不同的社会文化环境中成长起来的消费者，会形成不同的生活方式，并有着不同的行为准则和价值观。这些特征与消费者对消费品的需求和评价有着密切的联系，直接影响着消费者的购买行为。具体表现在：

（1）文化是人类欲望和行为最基本的决定因素。低等动物的行为主要受本能支配，人类的行为大部分是通过学习形成的。

（2）一个人在社会中成长，会受到家庭、环境及社会潜移默化的影响，并形成一定的偏好和行为模式。

（3）价值观。价值观即对社会生活中各种事物的态度和看法。

（4）风俗习惯。人们的生活习惯、生活方式和自然环境是在一定的社会物质生产条件下长期形成和世代相传的，是约束人们思想、行为的规范。例如，在饮食、服饰、居住、婚丧、信仰、节日、人际交往等各个方面，具有不同风俗习惯的人们就表现出独特的心理特征并影响其购买行为。

（5）审美观。审美观通常指人们对事物的好坏、美丑和善恶的评价，它受社会舆论、思想观念等的影响，并制约着欲望和需求取向。

2. 亚文化

社会文化可分为民族、种族、宗教和地理等四种亚文化。不同民族、不同种族、不同宗教信仰和不同地理区域的消费者，其生活方式、行为准则和价值观有所不同。因此，其对消费品也有不同的需求。

文化受各种因素影响，进而使得人们的价值观、风俗习惯及审美观等表现出不同的特征，形成亚文化。亚文化主要分为：

①民族亚文化。各个民族在宗教信仰、节日、崇尚爱好、图腾禁忌和生活习惯方面，有其独特之处，并对消费行为产生深刻的影响。

②宗教亚文化。不同宗教有不同的文化倾向和戒律，影响着人们认识事物的方式，决定着人们对物质和精神生活的态度、行为准则和价值观，从而影响消费行为。每种宗教都有其主要流行的地区和鲜明的特点。

③地理亚文化。不同的地区有不同的风俗习惯和爱好，因此消费行为带有明显的地方色彩。

3. 社会阶层

社会阶层是社会中按等级排列的具有相对同质性和持久性的群体，每一阶层成员都具有类似的价值观、兴趣和行为。社会阶层有以下具体特征：

（1）同一社会阶层是具有相对同质性和持久性的群体。

（2）一个人的社会阶层，通常是职业、收入、教育和价值观等多种因素作用的结果。

（3）同一社会阶层的人，要比来自两个社会阶层的人行为更加相似。因此，社会阶层不仅是影响消费者行为的重要因素，而且被用作细分消费者市场的重要依据。

小资料4—1 当代中国社会阶层状况分析

1. 国家与社会管理者阶层，指在党政机关事业单位和社会团体中，行使行政职权的领导干部。

2. 经理人员阶层，指国有大中型企业、城乡各种股份所有制大中型企业、大中型三资企业和私营企业中的中、高层管理人员。

3. 私营企业主阶层，指拥有私人资本，雇用八人以上的企业主。

4. 专业技术人员阶层，指在国家机关、事业单位、各种经济成分的企业中从事科学技术工作的专业人员。

5. 办事人员阶层，指协助党政机关、企事业单位的领导处理日常事务的专职业务人员。

6. 个体工商户阶层，指拥有少量资本，从事小规模生产、经营活动的小业主、工商户。

7. 商业服务人员阶层，指在第三产业中从事体力或非体力劳动的员工。

8. 产业工人阶层，指在第二产业（工业、建筑业）中从事直接或辅助性生产的体力、半体力劳动的员工，其中农民工占大多数。

9. 农业劳动者阶层，指从事农、林、牧、渔业生产，并以此收入为主要生活来源的农民。

10. 城乡无业、失业、半失业人员阶层，包括失业、无业、待业的人员。

资料来源　中国社会科学院：《当代中国社会阶层研究报告》，北京，社会科学文献出版社，2002。

小思考4—1

不同社会阶层的消费者在消费心理和行为方面存在哪些差异？

（二）社会因素

社会因素所产生的影响主要是指社会群体对消费者购买行为的影响。社会群体主要指朋友、同事或基于各种各样的目的而成立的组织。社会群体对顾客购买行为的影响主要表现为：群体内那些受尊敬和被仰慕的成员的消费行为，会被其他成员谈论和模仿；群体成员的不同看法、意见及评价，直接影响到其他成员的消费行为；某些群体的成员，消费的产品或服务趋同化。

1. 参照群体

参照群体是指能够影响个人态度、意见和价值观的一群人。参照群体分为所属群体与相关群体。

所属群体包括主要群体和次要群体。主要群体是与消费者直接接触、关系密切的群体；次要群体是与消费者关系相对较为疏远的群体。

相关群体是指影响消费者行为的其他有关群体，如消费者渴望群体。例如，影星、歌星、球星等，他们身后有大批的崇拜者和追随者。相关群体影响消费者行为的程度在不同产品和品牌中并非都是相同的。

2. 家庭

家庭是对消费者影响最大的群体。家庭是一个重要的"购买组织"。家庭中的每个成员包括父母、配偶和子女由于生活阅历不同，所以消费时存在许多倾向性，但这并不影响家庭购买时家庭成员间的相互制约性。

3. 角色与地位

角色与地位是周围的人对你的认同，是你在各种场合承担的角色、应起的作用。每一种角色都附有一种地位，反映社会对人们的评价和尊重程度。人们往往结合角色和地位做出购买选择。许多产品、品牌由此成为一种角色和地位的标志。消费者以何种产品、品牌来显示角色和地位，因社会阶层和地域的不同而有所不同。

（三）个人因素

消费者的个人特征包括年龄、职业、经济状况、生活方式等多方面的内容。

1. 年龄与人生阶段

消费者的年龄和所处的人生阶段影响了消费者的购买行为和购买决策模式。不同年龄的消费者的需求是不一样的，而且在从青年独立生活开始，到结婚生子，到教育子女，到年老体迈，直至生命终结的全过程，在不同阶段，同一消费者的购买力、购买兴趣和对产品的偏好有较大差别。

2. 职业

不同职业的消费者对不同产品及品牌会表现出不同的看法和购买意向，有不同的消费习惯。

3. 经济状况

人们的经济状况包括可供其消费的收入、储蓄、财产，以及借债能力和对消费、储蓄的态度。

4. 生活方式

生活方式是一个人生活中表现出来的行为、兴趣和看法的整个模式。生活方式会影响消费者对品牌的看法、喜好。

（四）心理因素

消费者的购买行为还会受到需求与动机、知觉、学习、态度与信念等主要心理因素的影响。

1. 需求与动机

不同的人有不同的需求，每个人的具体情况不同，解决需求问题的轻重缓急顺序自然也就各异，所以就存在一个"需求层次"。马斯洛将人的需求划分为循序渐进的五个层次：生理需求、安全需求、社交需求、自我尊重需求和自我实现需要。不同的需求，会激发消费者不同的购买动机。

（1）动机是推动个人进行各种活动的驱策力。动机是行为的直接原因，它促使个人采取某种行动，并规定了行为的方向。

（2）动机由需要而生。消费者的购买行为是消费者解决他的需要问题的行为。

2. 知觉

消费者被激发起动机后，会随时准备行动。然而，如何行动则受知觉程度的影响。

（1）知觉是指个人选择、组织并解释信息的投入，以便创造一个有意义的外界事物图像的过程。知觉不但取决于刺激物的特征，而且还依赖于刺激物同周围环境的关系以及个人所处的状况。

（2）知觉最主要的特点是具有选择性，包括选择性注意、选择性曲解、选择性记忆三个环节。

选择性注意指人们感觉到的刺激，只有少数会引起注意并形成知觉，多数感觉会被忽略。一般来说，以下情况容易引起注意并形成知觉：与最近需要有关的信息；期望出现的信息；超出期望的、出乎预料的信息。

选择性曲解指人们对注意到的事物，往往喜欢按自己的经历、偏好、当时的情绪、情境等因素做出解释。这种解释可能与企业的想法、意图一致，也可能相差很大。

选择性记忆指人们容易忘掉大多数信息，却总是能记住与自己态度、信念一致的信息。

企业的信息是否能留存于消费者的记忆中，对其购买决策的影响甚大。

3. 学习

学习也称"习得"，这里是指人会自觉、不自觉地从很多渠道经过各种方式获得后天的经验。消费者在学习过程中，有以下几点特别需要关注：

A. 加强，即指消费者购买后非常满意，会加强信念，以至于重复购买。

B. 保留，即指消费者称心如意或非常不满，会念念不忘或耿耿于怀。

C. 概括，即指消费者感到满意会爱屋及乌，对有关的事物也产生好感；反之，则会殃及池鱼。

D. 辨别，即指消费者一旦形成偏好，有需要时会立刻产生记忆，并形成购买偏好。

同时，学习会引起个人行为的改变。一个人的学习是通过驱使力、刺激物、诱因反应强化等相互影响而产生的。而学习是由于经验而引起的个体行为的改变，人们要行动就得学习，人类行为大多来源于学习。

4. 态度和信念

通过实践和学习，人们获得了自己的信念和态度，它们又反过来影响人们的购买行为。

（1）态度是人对事物所持有的持久的、一致的评价和反应，它包括三个互相联系的内容——信念、情感与倾向。

（2）态度的形成是逐渐的，产生于与产品、企业的接触，其他消费者的影响，个人的生活经历，家庭环境的熏陶等方面。态度一旦形成，则不会轻易改变。

（3）信念是被认定的可以确信的看法。信念可以建立在不同的基础上。例如，"吸烟有害健康"属于以"知识"为基础的信念，而"汽车越小越省油"则是建立在"见解"

之上。

案例 4—1 消费者非计划购买比例上升

现在，消费者根据购买计划确定的商品购买额占购买总量中的比例越来越小，而在店内进行决策的非计划购买的比例急速上升。据美国著名调查机构的分析显示，美国消费者在超市平均周购买次数为 1.2 次的情况下，在店内进行决策的非计划购买比率在 1986 年平均为 66.1%，在连锁药店的非计划购买比率为 57.4%。据日本关西学院青木幸弘教授的研究调查表明，日本消费者在超市平均周购买次数为 3.3 次的情况下，在超市中的计划购买率仅为 11%，而在店内决策的非计划购买率却达到 89%。

在店内决定购买的商品清单中，有 10.8% 的商品只是事先决定了所要购买的商品种类，而没有确定所购买的特定品牌；有 2.1% 的商品品牌是预先决定好的，但是在店内又临时变更为其他品牌；另外，多达 87.1%，即超过总购买量 4/5 的商品全部是在店内决定的。消费者在店内经常受到商品的价格、形状、颜色、香味甚至同伴的劝诱而在无意识中产生冲动购买，在以上调查中这个比率达到 42.1%。

根据我国有关超市消费者购买行为方面的调查数据显示，非计划购买比率已基本接近 80%。

非计划购买行为增加的原因有很多，以下四个方面的原因是主要原因：

（1）收入水平的快速增加使富裕程度提高。

（2）超市中自选售货方式的大量使用。

（3）商品的同质化现象。

（4）媒体广告效果的减退。

资料来源 陈立平：《消费者非计划购买行为的心理原因》，载《中国商报》，2004—03—05。

【案例思考】消费者非计划购买行为给商家创造了哪些机会？商家应该如何应对消费者的非计划购买行为？

三、消费者购买行为模式

（一）消费者购买对象

消费者的购买对象即满足个人和家庭生活需要的产品（包括服务）。消费者的购买对象具体有以下几种划分方法：

1. 依据人们的购买习惯划分为便利品、选购品、特殊品和奢侈品

便利品是指顾客经常购买或即刻购买的几乎不作购买比较和购买努力的商品，如香烟、肥皂、报纸、食盐等。选购品是指消费者在选购过程中，对产品的适用性、质量、价格和式样等基本方面要作有针对性的比较的产品，如服装、家具、家用电器等。特殊品是指具有独有特征和品牌标记的产品，有相当多的消费者愿意对这些产品作特殊的购买努力，如高档服装、轿车、专业摄影器材等。

2. 依据产品有形与否划分为有形产品和无形产品

有形产品是指使用价值必须借助有形物品才能发挥其效用，且该有形部分必须进入流通和消费过程的产品。无形产品也称服务，是指一方能向另一方提供的基本上无形，并且不会导致任何所有权产生的活动或利益。

3. 依据产品的耐用性划分为耐用品和非耐用品

耐用品一般是指使用年限较长、价值较高的有形产品，通常有多种用途，如冰箱、电视机、高档家具等。非耐用品一般是指有一种或几种消费用途的低值易耗品，如灯具、桌椅、自行车等。

（二）消费者购买行为要素

消费者购买行为一般可以分为六个要素，通常称为"5w1h"，即 who、what、why、when、where 和 how。通过对"5w1h"的分析可以了解消费者购买行为模式及购买行为构成。

1. 购买的主体——Who

研究购买主体要回答以下问题：谁买？谁参与购买？谁决定购买？谁使用所购产品？谁是购买的发起者？谁影响购买？

2. 购买的客体——What

研究购买客体要回答以下问题：购买什么产品或服务？顾客需要什么？消费者的需求和欲望是什么？消费者追求的核心利益是什么？

3. 购买的动机——Why

研究购买动机要回答以下问题：为何购买？为何喜欢？为何讨厌？为何不购买或不愿意购买？为何买这不买那？为何选择本企业产品，而不选择竞争者产品？

4. 购买的时机——When

研究购买时机要回答以下问题：何时购买？何时使用？曾经何时购买过？何时重复购买？何时换代购买？

5. 购买渠道——Where

研究购买渠道要回答以下问题：在何地购买？在城市购买还是农村购买？在超市购买还是农贸市场购买？在大商场购买还是在小商店购买？

6. 购买方式——How

研究购买方式要回答以下问题：如何购买？以什么方式购买？按什么程序购买？消费者对产品及其广告等如何反应？

（三）消费者购买行为的参与者

消费一般以家庭或个人为单位，从事购买活动的通常是家庭中的一个或几个成员。在购买决策中，人们可能会扮演下列一种或几种角色：

（1）发起者。首先提出或有意购买某一产品或服务的人。

（2）影响者。其看法或者建议对最终购买决策具有一定影响的人。

（3）决定者。在是否购买、为何买、哪里买等方面做出部分或全部决定的人。

（4）购买者。实际购买产品或服务的人。

（5）使用者。实际消费或使用产品、服务的人。

（四）消费者购买行为类型

消费者购买行为随其购买类型的不同而变化，根据消费者在购买过程中的介入程度和品牌间的差异程度，将消费者购买行为划分为四种类型，具体内容如表4—1所示。

表4—1   消费者购买行为类型

购买介入程度 品牌差异程度	高	低
大	复杂的购买行为	多样性的购买行为
小	减少失调感的购买行为	习惯性的购买行为

1. 复杂的购买行为

复杂的购买行为是指品牌差异性大且消费者购买介入程度高的购买行为。一般体现在对耐用消费品的购买。由于消费者对这些产品的性能缺乏了解，所以需要广泛收集有关信息，并经过认真学习，产生对这一产品的信念，形成对品牌的态度，并慎重地做出购买决策。企业营销人员应帮助消费者了解与该产品有关的知识，并确信本产品在比较重要的性能方面的特征及优势，使消费者树立对本产品的信任感。

2. 多样性的购买行为

多样性的购买行为是指品牌差异性大但消费者购买介入程度低的购买行为。多样性购买行为的消费者购买的商品品牌差异大，可供选择的品牌很多，但他们并不花太多的时间选择品牌，而且也不专注于某一产品，而是经常变换品种。面对这种购买行为，当企业处于市场优势地位时，应注意以充足的货源占据货架的有利位置，并通过提醒性的广告促成消费者建立习惯性购买行为；而当企业处于非市场优势地位时，则应以降低产品价格、免费试用、介绍新产品的独特优势等方式，鼓励消费者进行多品种的选择和新产品的试用。

3. 减少失调感的购买行为

减少失调感的购买行为是指品牌差异性小但消费者购买介入程度高的购买行为，也称为化解不协调的购买行为。当消费者高度介入某项产品的购买，但又看不出各品牌有何差异时，对所购产品往往产生失调感。为此，企业应通过调整价格和售货网点，向消费者提供有利的信息帮助消费者消除不平衡心理，坚定其对所购产品的信心。

4. 习惯性的购买行为

习惯性的购买行为是指品牌差异性小且消费者购买介入程度低的购买行为。消费者对购买的商品选择范围小，介入程度低，主要体现为日用商品的购买，购买往往表现为一种习惯性。

四、消费者购买行为过程

消费者购买行为过程主要包括确认需求、信息收集、方案评价、购买决策、购买后行为等五个步骤。具体内容如图4—2所示。

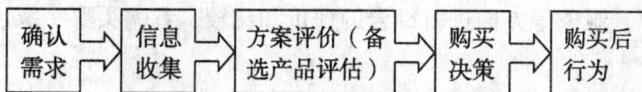

图4—2 消费者购买行为过程

（一）确认需求

这一阶段又可称为问题认知阶段，消费者的购买过程总是从认识需求开始的，只有消费者意识到有待满足的需求，才会产生一系列的购买行为。消费者的需求可以由内在的原因引起，如肚子饿了要吃东西等；也可能因受到外部的刺激或诱导而产生需求，如看到好朋友买了一套漂亮的新款时装，自己也想要买新的衣服等。生产企业或商业部门可以通过采用不同的促销方式去激发和诱导顾客的需求，不断扩大产品的销量。

（二）信息收集

消费者的购买行为需要相关信息的支持。认识到需要的消费者，在很多情况下并不能马上实现购买，需求只能留存在记忆当中。随后，消费者对这种需要或者不再收集信息，或者进一步收集信息，或者积极主动收集信息。

1. 消费者搜集信息的态度

（1）需要十分迫切的消费者，会主动寻找信息。

（2）需要强度较低的消费者，不一定积极主动寻找信息，但会对有关的信息保持高度警觉、反应灵敏，处于"放大的注意"状态。比如，一个人想在不久以后购买电脑，他会对有关的广告、商店里的电脑品牌、熟人或不相识者关于电脑的议论等更加留心。

（3）当消费者的需要强度继续增加到一定程度时，就如同需要一开始就很强烈的消费者，会进入积极主动寻求信息的状态。

2. 消费者收集信息的程度

消费者收集信息的范围和数量取决于两个因素：购买类型和风险感。

（1）购买类型。初次购买的消费者搜集的信息较多，范围较广；重复购买所需的信息较少，内容也不一样。

（2）风险感。消费者对风险的认识一方面受产品价格和使用时间的影响，价格越高，使用时间越长，风险感越大，就会努力搜寻更多的信息；另一方面受个人因素的影响，同样的购买，谨小慎微的人风险感大，办事马虎的人风险感则小。消费者容易感受到的购买风险主要有效用风险、经济风险和名誉风险等。

3. 消费者收集信息的渠道

（1）个人来源。个人来源包括家庭、朋友、邻居、熟人等。

（2）商业来源。商业来源包括广告、销售人员、经销商、包装、陈列、展销会等。

（3）公共来源。公共来源包括大众媒介、消费者权益保护机构等。

（4）经验来源。经验来源包括接触、检查及使用某产品的体验等。

这些信息来源的相对影响力因产品和消费者的不同而变化。总地说来，信息主要来自商业来源，而最有影响力的是个人来源，公共来源的信息则可信度较高。

（三）方案评价

1. 备选产品评估

消费者在收集到各种信息和资料后，会根据自己的购物标准对各种备选产品的质量、款式、价格、品牌、服务等方面进行综合的评价和比较，看购买哪一家、哪种品牌的产品最为理想。

2. 选择产品

选择产品即通过对收集到的各种信息和资料进行综合评价后，消费者根据自己的需要或一定的标准最终做出购买某一品牌产品的决定。

在方案评价阶段，消费者会在备选的各种品牌之间形成一种偏好，并形成购买意图。同时，在购买意图与购买决策之间，有两种因素还会产生影响。第一种因素是其他人的态度，第二种因素是未预期到的情况。这两种因素若对购买意图有强化作用，则购买决策会顺利实现；反之，则购买决策受阻。

（四）购买决策

购买决策即消费者具体购买选定的某种商品，包括做好购买前的准备和确定购买的时间、地点、方式等。

（五）购买后行为

1. 购后感受

顾客购买以后，往往通过使用或消费购买所得检验自己的购买决策，重新衡量购买是否正确，确认满意程度，并作为今后购买的决策参考。衡量和评价购后感受有以下两种理论：

（1）"预期满意"理论。该理论认为，顾客购买产品以后的满意程度取决于购买前期望得到实现的程度。如果感受到的产品效用达到或超过购前期望，就会感到满意，超出越多，满意感越强；如果感受到的产品效用未达到购前期望，就会感到不满意，差距越大，不满意感越强。

（2）"认识差距"理论。这种理论认为，顾客在购买和使用产品之后对商品的主观评价和商品的客观实际之间总会存在一定的差距，可分为正差距和负差距。正差距指消费者对产品的评价高于产品实际和生产者原先的预期，产生超常的满意感。负差距指消费者对产品的评价低于产品实际和生产者原先的预期，产生不满意感。

2. 顾客满意的价值

顾客对产品满意与否直接决定着顾客以后的行为，顾客满意的价值体现在以下几方面：忠诚于公司的时间更长；购买公司更多的新产品，增加购买数量，提高购买产品的等级；为公司、品牌、产品说好话；忽视竞争者的品牌和广告，并对产品价格不敏感；向公司提出改进建议；由于交易惯例化而降低了服务成本。

此外，满意的顾客往往会为企业的产品做正面的宣传，这比企业花钱做广告的效果还要好；不满意的顾客则会做反面的宣传，这对企业来说是个不利的消息，严重的话会给企业造成不堪设想的后果。因此，企业必须对顾客的购后感受给予足够的重视。

第二节 工业者购买行为

一、工业者市场的含义和特点

（一）工业者市场的含义

工业者市场是指为了进一步生产和维持组织正常运转而购买产品和服务的各种产业消费者，主要指工业生产企业。工业者市场购买与个人消费者购买的目的不同，因为工业者购买往往是为组织进一步生产或再销售而进行的购买。

（二）工业者市场的特点

1. 派生需求

工业者市场最主要的特点就是派生的需求。所谓派生的需求，指许多生产资料的用途是随着对消费品的需求的变化而变化的。换句话说，当广大的消费者对消费品的需求大量增加时，企业为了生产出更多的、满足消费者需求的消费品，必然需要大量的生产资料。

2. 需求弹性小

工业者市场需求一般受价格变化的影响比较小。例如，一个生产企业往往根据企业的实际生产量有计划地购买所需的原材料，而不会因为某种原材料一时价格下跌而大量购买；同时，也不会因为原材料的价格上涨而放弃购买。

3. 购买者的地理位置比较集中

工业者市场的购买者往往集中在某些地区，如我国的重工业基地主要集中在东北三省，重工业生产资料的用户也就主要集中在东北地区。

4. 购买者数量少，但每一次购买的数量大

工业者即企业的数量远少于消费者，其购买设备及原料的频率小于消费者，每次购买的数量及金额远大于消费者购买。

5. 属于专家型购买

生产资料的购买直接影响到本企业产品的质量和收益，所以需要专业人员购买，集体决策。

（三）工业者市场的种类

工业者市场主要有原材料市场、零部件市场、资产项目市场、物料市场及服务市场等。

二、影响工业者购买行为的因素

工业者在做购买决策时，通常会受到一系列因素的影响，主要包括环境因素、组织因素、人际因素和个人因素等。具体内容如图4—3所示。

环境因素	组织因素	人际因素	个人因素
经济形势	经济目标	职权	年龄
资金成本	购买政策	地位	教育背景
供应条件	业务程序	兴趣	工作职位
政治法律	组织结构	说服力	价值观念
竞争态势	制度体系	相互关系	风险态度
技术变化	企业文化		
社会需求			

图4—3 影响工业者购买行为的主要因素

（一）环境因素

环境因素泛指影响企业开展营销活动的一切外部因素，主要包括政治法律、经济形势、社会需求、技术变化、资金成本、竞争态势以及产品的供应条件等。在工业者市场上，购买者受当时和预期经济环境因素的影响极大，如经济前景、市场需求、技术变化、资金成本、社会需求水平等情况。

（二）组织因素

组织因素指企业内部的各种因素，主要包括企业的经济目标、购买政策、业务程序、组织结构、制度体系、企业文化等。这些因素从组织内部的利益、营运和发展战略等方面影响工业者的购买决策。

（三）人际因素

人际因素泛指企业内部的人事关系。一般说来，工业者购买活动具体由企业的采购中心执行，采购中心通常又包括使用者、影响者、采购者、决定者和信息控制者。这五种成员共同参与购买决策过程，因其在组织中的地位、职权、说服力以及他们之间的关系不同而对购买决策产生不同有时甚至是微妙的影响。

（四）个人因素

个人因素指企业内参与生产资料购买决策的个人的年龄、工作职位、教育背景、价值观念和风险态度等。企业生产资料的购买实质上是采购中心成员在企业内外各种因素约束下的具体购买行为。因此，这些个人因素必然对工业者的购买决策产生潜移默化的影响，即影响各参与者对要采购的生产资料和供应商的看法，进而影响其购买决策和购买行为。

三、工业者购买行为模式

（一）工业者购买行为的四种类型

1. 直接重购

直接重购又称直接续购或继续购买，指的是重复购买已经购买过的产品。这种购买比较简单，方便易行。

2. 修正重购

修正重购又称修改续购，指企业由于生产需要，对要采购的原材料、零部件等会提出新的要求。企业按修改后的新标准，根据实际情况做出与原有的供应商合作或是寻找新的供应商的决定。

3. 新购

新购即新任务购买，指企业要开发新产品，进入新的目标市场时，往往需要新的原材料和新的设备等。在这种情况下，企业的购买就属于新任务购买。

4. 系统购买

系统购买即工业者采取一揽子解决方案，所有的采购均从一个销售商那里获取。它始于政府对重要军火和通讯系统的购买。

（二）工业者购买决策的参与者

工业采购的购买决策，大多数情况均为集体决策，决策团队的成员往往来自不同的部门、代表着不同的身份，直接或间接参与产业采购过程的各项决策。这种团体在企业或公司里被称为决策单位或采购中心，团体中不同角色的成员在各项决策中都有着共同的目标并分担共同的风险。

决策团队主要有以下角色：

1. 使用者

使用者是指企业内部使用某种材料的成员。根据企业生产的需要，在多数情况下由使用者首先提出采购建议，并提出所需材料的规格、型号、质量等。

2. 影响者

影响者通常是指专业技术人员和信息提供者，他们提出的意见或建议往往是采购决策人员决策的依据。同时，他们通常协助确定产品的规格、型号、质量等，并提供对各种不同方案的评估信息。

3. 决策者

决策者是根据使用者和影响者所提的意见、建议及方案，有权决定选择什么样的供应商和产品需求量等的实权人物。

4. 采购者

采购者即具体实施购买的人员。采购者的主要职责是进行谈判，通过与供应商谈判最终把要购买的材料买回来。

四、工业者购买行为过程

工业者购买行为过程通常分为八个阶段，具体内容如图4—4所示。

觉察问题 → 确定需求 → 决定产品规格 → 寻求供应商 → 征求报价 → 选择供应商 → 正式订购 → 业绩评估

图4—4　工业者购买行为过程

（一）觉察问题

企业为实现自身的经营目标，存在各种各样的需求。发现通过获得某种商品或服务能够满足其需求时，购买过程便开始了。觉察问题可能由公司的内部刺激引起，也可能由外部刺激引起。

（二）确定需求

确定了某项需求后，采购部门需要根据实际情况制订出要购买的产品特点、需求数量等具体内容。如果产品比较复杂，采购部门的成员应与其他人员一起讨论商定，这里说的其他人员主要指使用者或企业管理者、技术人员等。

（三）决定产品规格

这一阶段采购部门的成员和技术人员要进一步研究拟要购买产品的技术规格。在实际工作中，此项任务需要成立一个价值工程分析小组来协助完成。价值工程分析主要是为了降低成本而仔细研究每一种商品，看是否需要重新设计，是否可以进行标准化生产，以及是否有更廉价的生产方法。根据分析的结果，制订出最理想的产品技术规格、性能指标等。

（四）寻求供应商

此阶段采购部门的成员要做的工作就是对搜集到的各供应商的信息和资料进行分析比较，看哪些供应商更符合要求，找出数个合格的、理想的供应商作为备选方案。

（五）征求报价

在征求报价的时候，采购部门的成员要邀请那些经过筛选后被认为是合格的、理想的供应商，并请他们递交申请书。对于比较昂贵、复杂的购买，采购部门一般会要求每位潜在的供应商提交详尽的书面申请书。

（六）选择供应商

采购部门的成员在这一阶段应对每位潜在的供应商提交的书面申请书进行逐一评价，重点对供应商的技术能力、能否及时交货、能否提供优质的服务等方面进行详细分析，并最终选出供应商。

（七）正式订购

采购部门的成员应将最终详细列明技术规格、需求数量、预期交货时间、退货办法、保证等的订单发给选中的供应商，并正式向供应商订货。

（八）业绩评估

在这一阶段，采购部门的成员应对所有的供应商的绩效进行评估。一般通过与本单位的使用者联系，听取他们的意见和建议，对产品使用的满意度进行评估。根据评估的结果，可能继续维持原来的订货安排或进行某些修正，也可能终止原来的订货安排。因此，供应商要保持与购买者的联系，及时了解购买者的需求，努力使购买者感到满意。

第三节　中间商购买行为

一、中间商市场的含义

中间商市场指的是为了实现一定的经济利益，购进或采购商品进行转卖或作其他商业用途的经济组织所形成的市场。

二、中间商的特点及种类

（一）中间商的特点

（1）中间商在地理分布上比工业者分散，比消费者集中。

（2）中间商一般不自己生产产品，经营的产品来自生产企业。

（3）中间商购进或采购商品是为了转卖或作商业用途。

（二）中间商的种类

1. 经销商

经销商主要有批发商、零售商等。

2. 代理商

代理商主要分为厂家代理、销售代理、进货代理、佣金代理等。

3. 经纪商

经纪商指的是不持有实际商品也没有商品所有权的中间商。

三、中间商购买决策过程

中间商购买决策过程的主要步骤与工业者大致相同，由认识需要、确定需要、物色供应商、征求建议、选择供应商、签订合约和绩效评价等几个阶段构成。

四、中间商购买行为的主要类型

中间商的购买行为可分为如下三种类型：

（一）购买全新产品

购买全新产品即中间商第一次购买某种从未采购过的新产品。在这种购买行为情况下，可根据其市场前景的好坏、消费者需求强度、产品获利的可能性等多方面因素，决定是否进行采购。

（二）选择最佳卖主

选择最佳卖主即中间商已经确定将要购买的品种、数量，但需选择最佳的供应商，通过分析和比较最终确定从哪一家供应商进货。

（三）寻求更佳条件

寻求更佳条件即中间商的目的并不是想更换供应商，而是试图从原有供应商那里获得更为有利的供应条件，如更及时的供货、更合适的价格、更积极的促销合作等。

五、中间商的主要购买决策

中间商的主要购买决策包括配货决策、供应商组合决策和供货条件决策。配货决策是指决定拟经营的花色品种，即中间商的产品组合；供应商组合决策是指决定拟与之从事交换活动的各有关供应商；供货条件决策是指决定具体采购时所要求的价格、交货期、相关服务及其他交易条件。

第四节　政府采购行为

研究政府采购行为，对于满足政府市场需求，扩大企业销售收入具有重要的意义。近年来，为了加强对政府采购的管理，提高财政性资金的使用效率，促进公开交易，国家机关、事业单位和其他社会组织使用财政性资金采购物资或服务的行为开始受到法律和法规的严格约束和规范。

一、政府采购的基本概念与原则

（一）政府采购的基本概念

1. 政府采购

政府采购是指国家机关、事业单位和其他社会组织为了保证各项工作正常高效运转，按照政府采购条例的规定，使用财政性资金采购物资或服务的行为。

2. 政府采购机构

政府采购机构指政府设立的负责本级财政性资金的集中采购和招标组织工作的专门机构，包括政府采购管理机构和政府指定的招标采购组织。

（二）政府采购的原则

政府采购应遵循以下基本原则：

（1）公开、公平、公正的原则。

（2）讲求效益的原则。

（3）节约的原则。

（4）计划的原则。

二、政府采购的特点及方式

（一）政府采购的特点

1. 计划性强

政府采购应纳入年度预算，即使是临时追加的购买，也要严格按有关规定执行。

2. 政策性强

政府采购应按制订的采购物资和服务的标准和政策严格执行，不得超标采购。

3. 购买量大

政府采购往往是批量采购，每次采购量大，特别是当发生一些重大事情时更是如此。

4. 与供应商的关系相对稳定

政府采购一旦确定了供应商，双方的关系相对会比较稳定。这有利于提高供应商的积极性，保证产品的质量，降低政府采购的成本。

（二）政府采购的方式

政府采购可以采用招标、竞争性谈判、邀请报价、采购卡、单一来源采购、指定协议采购或其他采购方式。

第五节　社会团购行为

一、团购的基本概念

团购即团体购买，指由专业的团购服务公司将有意向购买同一产品、同一品牌或同一品牌的同一系列的消费者组织起来，组成购物团体，向厂家进行大批量购买，在保证质量的情况下，享受团体采购价，并共同维权的消费形式。

二、团购的特点及方式

（一）团购的特点

（1）同时购买的人数多。

（2）节省时间、精力、金钱。

（3）能够最大程度地节省成本，而且消费者在购买和服务过程中占据的是一个相对主动的地位，可以有更高的安全性，享受到更好的服务。

（二）团购的方式

团购的方式主要有由专业的团购服务公司组织有共同意向的消费者集体购买和消费者自发组织的集体化购买两种方式。

三、团购的好处

团购的好处主要表现在两方面：一是团购的价格低于产品的市场最低零售价；二是产品的质量和服务能够得到有效的保证。

团购之所以能够带来上述好处，主要基于以下原因：

（1）参加团购能够有效降低消费者的交易成本。在保证质量和服务的前提下，团购可以获得合理的低价格。团购实质相当于批发，团购价格相当于产品的批发价格。通过网络团购，可以将被动的分散购买变成主动的大宗购买，购买同样质量的产品，能够享受更低的价格和更优质的服务。

（2）能够彻底转变传统消费行为中因市场不透明和信息不对称而导致的消费者的弱势地位。通过参加团购，消费者能更多地了解产品的规格、性能、合理价格区间，并能参考团购组织者和其他购买者对产品客观公正的评价，使消费者在购买和服务过程中占据主动地位，真正买到质量好、服务好、价格合理、称心如意的产品，达到省时、省心、省力、省钱的目的。

四、网络团购

网络团购是通过互联网渠道将有相同购买意向的消费者组织起来，向厂商进行大宗购买的行为。网络团购目前已经在很多一二线城市流行开来，并发展成为一种新的消费方式。

凭借网络将有相同购买意向的消费者组织起来，用大订单的方式减少购销环节，集体杀价，厂商将节约的销售成本直接让利于消费者，消费者可以享受到让利后的优惠价格。

小资料4—2 奔驰 smart 借淘宝团购掀营销革命

国内的 B2C 市场虽然发展已近十年，但这一市场真正开始走向成熟，还是近两年的事情。这两年让人感觉到似乎没有什么东西不可以通过网上交易完成的。目前，团购网站风生水起，团购在消费者生活中无孔不入。沙发可以团购，衣服可以团购，零食也可以团购……不过，听说过汽车也能从网上团购吗？不久前，淘宝聚划算团购平台就上演了一场汽车团购秀，这次团购的主角就是"全球最小汽车"——奔驰 smart。

奔驰 smart 硬顶 style 系列原价 17.6 万，现在以 13.5 万的价格就能买到，这样极具诱惑力的价格，让消费者体验到团购的力量。

2010 年 9 月 9 日上午 10 点，淘宝聚划算上的奔驰团购如期开团，在众多网友的关注下，出售件数直线攀升，24 秒售出第一辆，3 分钟售出 39 辆，37 分钟 99 辆，1 个小时 116 辆，2 个小时 143 辆……3 个小时 28 分的时候，最后一辆奔驰 smart 被买家拍走。淘宝聚划算强大的销售力显然也出乎奔驰的意料。原本计划持续 21 天的团购活动，竟然 3 个多小时就销售一空。

对于此次合作，奔驰（中国）方面表示，"淘宝网有广泛的知名度和庞大的年轻时尚的客户群体，而奔驰 smart 是都市潮流的引领者、创意生活的代言，smart 希望通过搭乘淘宝网购的快车，以最 In 的方式走入车迷生活。奔驰与淘宝共同开创别具一格的汽车销售方式。"

有分析师指出，淘宝拥有超过 2 亿的用户数，对于厂商而言，聚划算平台的价值不仅是简单的团购平台，更是自我展示的最佳营销平台。这次团购活动也给汽车、奢侈品等高端品牌的线上营销提供了很好的思路和范例。

资料来源 高晴：《奔驰 smart 借淘宝团购掀营销革命》，载《证券日报》，2010-11-03。

小思考4—2

B2C 电子商务模式有何优点和不足？随着电子商务的飞速发展，B2C 能否超越店铺式的实体销售？

■ 本章提要

市场是企业营销活动的出发点和归宿点，企业市场营销活动的目的就在于通过满足购买者现实的和潜在的需求，来实现企业盈利的目标。因此，企业开展市场营销活动时，首先要了解和分析购买者的各种需求。为此企业需对市场做进一步的分类，针对不同的市场需求和其购买行为上的差异制订不同的营销策略。

市场营销学根据购买者的不同，将市场分为两大类：消费者市场和组织市场。其中，消费者市场由那些为满足自身及家庭成员的生活消费需要而购买的顾客组成。组织市场则由那些为维持经营活动，对产品进行再加工、转售，或向社会提供服务的工商企业、政府机构及各种社会团体组成。根据购买者的具体角色，购买可分为消费者购买、工业者购买、中间商购买、政府采购和社会团购五种类型。

本章通过对购买者行为的分析，尤其是对消费者购买行为的分析，阐述了消费者购买行为的特征，分析了影响消费者购买行为的相关因素、购买行为模式、购买行为类型，为企业根据消费者行为制订相应的营销策略奠定了基础。

练习与思考

1. 文化因素对消费者购买行为有什么影响？
2. 什么是消费者购买行为模式？消费者购买行为模式包括哪些内容？
3. 什么是消费者的购买动机？为什么要研究购买动机？
4. 消费者购买行为包括哪几个过程？各购买过程需要注意的营销策略有哪些？
5. 工业者购买行为与消费者购买行为有何不同？影响工业者购买行为的因素有哪些？
6. 社会阶层的划分对营销活动有什么具体的指导意义？
7. 政府采购营销的要点是什么？政府采购营销成功的关键因素是什么？

案例教学

有一家铲车公司的销售额一直上不去，于是请来咨询公司帮助诊断。策划人员经过调查后发现是产品广告上的照片有些问题。原来，购买铲车的公司在选购产品时一般要先听取司机的意见，而这款产品的广告照片显示的是庞然大物般的机器正在装载物料，而驾驶室里的司机形象并不清晰，只能看见一个很小的而且模糊的影子，于是司机们均不愿意选择该品牌的铲车。

经过重新设计的广告照片改变了拍摄角度，从司机的肩膀向下拍摄，突出了司机在照片布局中的中心位置，充分体现了驾驶者的成就感，展示了司机在照片中的主体地位，司机们看了心里非常高兴，对该品牌的铲车产生了好感，并将该品牌的铲车作为自己的首选。

问题：为什么仅仅改变了一张照片就取得了如此神奇的促销效果？

实训教学

【实训项目】睁开营销者的"第三只眼"。

一天早上，你看到你的同学手里拿着一款新型的而且非常漂亮的多功能手机，正好是你喜欢的那种，这时，你会怎么想呢？

1. 为她感到高兴，她的表情使你感到高兴。
2. 很想下午就去购买这款手机。
3. 因为她在炫耀，所以产生一种厌恶的感觉。

4. 决心不买这款手机，因为你不想与她相同。

5. 有点自卑，因为你还没有能力购买。

6. 对自己的男友不满，因为他没有送给你这款手机。

【实训要求】将班级同学分为三组，各自完成自己角色的任务和要求。

1. 第一组以顾客的身份出现，再进一步提出当你看见同学的手机时的更多的想法，注意要用简捷的语言来描述你的"需求"。

2. 第二组以销售商的身份出现，分析"顾客"的需求，剖析"顾客"的购买心理和购买行为，并要提出销售商应该如何针对不同的顾客采取不同的销售策略。

3. 第三组以中间人的身份出现，客观评价第一组"顾客"是否准确地表达了他们真实和准确的需求；评价第二组"销售商"是否了解了"顾客"的购买心理和购买行为，采取的销售策略是否是恰当而有效的。

【实训提示】人类的行为可以简单归纳为刺激与反应的过程，作为最高等生物的人类，具有最复杂的刺激与反应系统。顾客的心理反应与过程发生的时间约为 0.2~1 秒，而且不同的个体会产生完全不同的反应。作为销售商，你的使命是了解顾客的需求，分析和判断顾客的购买行为，学会睁开你的"第三只眼"！

第五章 市场细分及市场定位

经典语录：**你不能两次踏进同一条河流，因为流向你的水永远是不同的水，而第二次踏进河流的你也不是过去的你。**

赫拉克利特

▓ 学习目标和实训要求

【理论学习目标】通过本章学习，应了解市场细分、目标市场及市场定位的含义和作用；掌握市场细分的基本方法和技巧；掌握确定目标市场的方法及策略；掌握产品市场定位的技巧。

【实践训练要求】通过本章学习，应学会按照市场细分程序和运用市场细分方法对消费者市场和生产资料市场进行细分；学会分析和评价细分市场，从而确定目标市场；学会使用市场定位的方法，为企业及其产品设计最恰当的定位。

▓ 重点与难点

【重点】市场细分的标准及依据、细分步骤与方法、目标市场确定、目标市场策略选择、市场定位的设计技巧。

【难点】如何通过恰当的市场细分，找到市场机会；如何通过恰当的目标市场，抓住市场机会；如何通过恰当的产品定位，延续市场机会。

引例 市场细分，麦当劳成功秘诀

麦当劳是世界上最大的餐饮集团，在 109 个国家开设了 2.5 万家连锁店，年营业额超过 34 亿美元。麦当劳的成功秘诀之一是市场细分及相应的市场定位策略。

1. 根据地理要素细分市场

麦当劳进行地理细分，主要是分析各区域的差异。每年，麦当劳都要花费大量的资金进行市场调研，研究各地人群组合、文化习俗等，再书写详细的细分报告，以使每个国家甚至每个地区都有一种适合当地生活方式的市场策略。例如，麦当劳刚进入中国市场时，发现中国人爱吃鸡。因此，麦当劳改变了原来的策略，推出了鸡肉产品。在全世界从来只卖牛肉产品的麦当劳也开始卖鸡了。

2. 麦当劳根据人口要素细分市场

麦当劳从年龄及生命周期阶段对人口市场进行细分，将不到开车年龄的划定为少年市场，将 20～40 岁之间的年轻人界定为青年市场，还划定了年老市场。例如，麦当劳以孩子为中心，把孩子作为主要消费者，十分注重培养他们的消费忠诚度。在餐厅用餐的小朋友，经常会意外获得印有麦当劳标志的气球、折纸等小礼物。在中国，还有麦当劳叔叔俱乐部，参加者为 3~12 岁的小朋友，定期开展活动，让小朋友更加喜爱麦当劳。

3. 麦当劳根据心理要素细分市场

麦当劳根据生活方式将市场划分为方便型和休闲型两个市场。例如，针对方便型市场，麦当劳提出"59 秒快速服务"，即从顾客开始点餐到拿着食品离开柜台标准时间为59 秒，不得超过一分钟。针对休闲型市场，麦当劳对餐厅店堂布置非常讲究，尽量做到让顾客觉得舒适自由。麦当劳努力使顾客把麦当劳作为一个具有独特文化的休闲好去处，以吸引休闲型市场的消费者群。

资料来源　作者根据麦当劳相关资料整理。

【引例思考】麦当劳除以上的市场细分外，还有哪些细分内容？麦当劳市场细分策略对国内快餐企业有何借鉴？

第一节　市场细分

消费者是一个庞大而复杂的整体，由于消费心理、购买习惯、收入水平、资源条件和地理位置等差别，不同消费者对同类产品的消费需求和消费行为具有很大的差异性。对于一个企业来说，没有能力满足全部消费者的需求，只能通过市场调研将购买者细分为需求不同的若干群体，结合特定的市场营销环境和自身资源条件选择某些群体作为目标市场，并制订周密的市场营销战略满足目标市场的需求。通过市场细分，选择目标市场，制订市场定位战略，简称 STP 战略，它是正确制订市场营销战略的前提和基础。STP 战略的流程如图 5—1 所示。

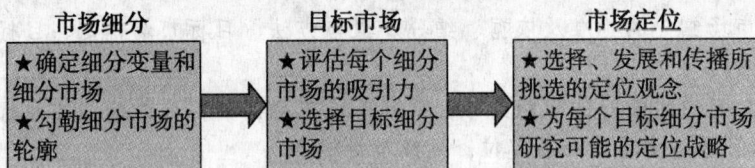

市场细分	目标市场	市场定位
★确定细分变量和细分市场 ★勾勒细分市场的轮廓	★评估每个细分市场的吸引力 ★选择目标细分市场	★选择、发展和传播所挑选的定位观念 ★为每个目标细分市场研究可能的定位战略

图 5—1　STP 战略的流程图

一、市场细分的含义

所谓市场细分，是指企业根据消费者需求的差异性，把整体市场按照一定标准划分为若干个消费者群体，从而确定企业目标市场的过程。

市场细分的目的在于发现市场机会，从一系列细分中选择出最适合企业经营的市场，它是企业实施目标市场营销战略的出发点和基础。

每一个细分市场都是由需求倾向类似的消费者构成的群体，所有细分市场之总和便是整体市场。由于在消费者群体内，大家的需求和欲望大致相同，企业可以用一种商品和营销组合策略加以满足。因此，市场细分实际上是一种求大同、存小异的市场分类方法，它不是对商品进行分类，而是对需求各异的消费者进行分类，是识别具有不同需求和欲望的购买者或用户群的活动过程。

二、市场细分的依据和作用

（一）市场细分的依据

产品属性是影响顾客购买行为的重要因素，根据顾客对不同产品属性的重视程度，可以分为三种偏好模式。这种需求偏好差异的存在是市场细分的客观依据。

1. 同质偏好

同质偏好指市场上所有的顾客有大致相同的偏好。

2. 分散偏好

分散偏好是指市场上的顾客对两种属性的偏好散布在整个空间，偏好相差很大。

3. 集群偏好

集群偏好指市场上出现几个群组的偏好，客观上形成了不同的细分市场。

（二）市场细分的作用

市场细分的作用包括：

（1）有利于企业发现最好的市场机会，选择目标市场。

（2）有利于企业制订和调整市场营销策略组合。

（3）有利于中小企业开发和占领市场。

（4）有利于提高企业的经济效益和社会效益。

案例5—1　"拉链大王"寻找需求的"萌芽"

被喻为"世界拉链大工"的日本人吉田忠雄，于1934年创建了吉田工业公司。经过几十年的发展，到20世纪70年代末销售额高达20亿美元。可是到了20世纪80年代，产品出现滞销，不少人断言，拉链业已到尽头，必须马上转产。面对严峻的现实，吉田忠雄不但没有做出转产的决定，更没有一点倒闭的恐慌。吉田认为，拉链业是一个潜力巨大的市场，需求的"萌芽"是存在的，关键在于能不能不断地发现它、认识它和掌握它。吉田认为，拉链的用途不能只限于行李袋。他把常人所能理解到的拉链推广到生活的每一个角落：一顶顶野外帐篷，用拉链拼装；一片片渔船上的围网，用拉链连接；一张张拖网，靠拉链把它们无限延长；就连小巧玲珑的化妆盒，也由精致的拉链来封口。耐酸的、抗火的、透风的、密封的，五颜六色，应有尽有，使以"YKK"命名的拉链风靡世界。

资料来源　杨如顺：《市场营销案例》，北京，中国商业出版社，2001。

【案例思考】吉田忠雄是如何进行拉链市场细分的？通过拉链的市场细分吉田忠雄是如何寻找到市场机会的？

三、市场细分的标准

细分市场，确定标准是关键。市场细分的基础是消费者需求的差异性，所以凡是使消费者需求产生差异的因素都可以作为市场细分的标准。由于各类市场的特点不同，因此，市场细分的标准也有所不同。

（一）消费者市场的细分标准

消费者市场的细分通常是求大同，存小异。一般从事消费品市场细分的人员，通常把消费品市场的细分标准概括为地理因素、人口因素、心理因素和行为因素四个方面。

1. 按地理因素细分

按地理因素细分就是按消费者所处的地理位置、地理环境等变数来细分市场。处在不同地理环境下的消费者，对于同一类商品往往会有不同的需求和偏好。具体包括以下内容：

（1）地理位置。可以按行政区域细分，在我国可以划分为华北、东北、华东、中南、西北、西南等几个地区；也可以按照地理区域细分，如划分为省、自治区、市、县等，或内地、沿海、城市、农村等。不同地理位置的消费者的需求存在着差异。

（2）城镇大小。按城镇大小可划分为大城市、中等城市、小城市和乡镇。处在不同规模城镇的消费者，在消费结构方面存在较大的差异。例如，大城市的居民受到用地的制约，大多数只能购买商品房，而小城镇的居民则大多数可以自己建房。

（3）地形和气候。按地形可分为平原、丘陵、山区和沙漠地带等；按气候可分为热带、寒带、亚热带、温带等。不同的地理环境下的消费者，对同一类商品往往会出现差别较大的需求特征。例如，在饮食上素有"南甜、北咸、东酸、西辣"之说。

2. 按人口因素细分

（1）年龄。不同年龄的消费者，由于生理、性格、爱好和经济状况的不同，对消费品的需求往往存在很大的差异。因此，可按年龄将市场划分为各具特色的消费者群体。例如，儿童市场、青年市场、中年市场和老年市场等。

（2）性别。按性别可将市场分为男性市场和女性市场。不少商品在用途上有明显的性别特征。例如，男装和女装、男表和女表。在购买行为、购买动机等方面，男女之间也有很大的差异。例如，妇女是服装、化妆品、节省劳动力的家庭用具、小包装食品等的主要购买者；男士则是香烟、饮料、体育用品等的主要购买者。

（3）收入。收入的变化将直接影响消费者的需求欲望和支出模式。根据平均收入水平的高低，可将消费者划分为高收入、次高收入、中等收入、次低收入、低收入等五个群体。收入高的消费者比收入低的消费者更有可能购买高价格的商品。

（4）民族。世界上大部分国家都拥有多个民族，我国更是一个多民族的大家庭，共有56个民族。这些民族都各有自己的传统习俗和生活方式，从而呈现出各种不同的商品需求。

（5）职业。不同职业的消费者，由于知识水平、工作条件和生活方式等不同，其消费需求存在很大的差异。例如，教师比较喜欢购买书籍。

（6）教育状况。受教育程度不同的消费者，在兴趣、生活方式、文化素养、价值观念等方面都会有所不同，因而，会影响他们的购买种类、购买行为、购买习惯等。例如，购买电脑的消费者多数是受教育程度较高的消费者。

（7）家庭人口。据此可分为单身家庭（1人）、单亲家庭（2人）、小家庭（2~3人）、大家庭（4~6人或6人以上）。家庭人口数量不同，在对住宅大小、家具、家用电器乃至日常消费品的包装大小等方面的需求都会出现差异。

3. 按心理因素细分

按心理因素细分，就是将消费者按其生活方式、性格、购买动机和态度等变数分成不同的群体。

（1）生活方式。生活方式是消费者对自己的工作、休闲和娱乐的态度。人们的生活方式不同，对商品的爱好和要求就有所差异。一个消费者的生活方式一旦发生变化，就会产生新的需要。生活方式可细分为"传统型"、"社交型"等类型。现在越来越多的企业按照消费者不同的生活方式来细分市场，并设计制造与之相适应的产品和推出针对性较强的营销组合。例如，有些汽车制造商为"奉公守法"的消费者设计经济、安全、污染少的汽车，为"玩车者"设计生产华丽的、操纵灵敏度高的汽车。

（2）性格。消费者的性格对商品的偏爱有很大的关系。性格外向、感情容易冲动的消费者往往好表现自己，因而他们喜欢能表现自己个性的商品；性格内向的消费者则比较大众化，往往购买比较朴素的商品；富于创造性和冒险心理的消费者，则对新奇、刺激性强的商品特别感兴趣。企业应根据消费者性格上的差异，努力赋予其产品与某类消费者性格相投的"品牌个性"。例如，我国的奇瑞QQ车以"秀我本色，个性共鸣"来吸引消费者，就是考虑到消费者性格的特点。

（3）购买动机。消费者对所购商品追求的利益主要有求实、求廉、求新、求美、求名等，这些都可作为细分的变量。例如，有人购买服装为了遮体保暖，有人是出于美的追求，有人则为了体现自身的经济实力。

4. 按行为因素细分

（1）购买时间。许多商品的消费具有时间性。例如，烟花爆竹的消费主要在春节期间；月饼的消费主要在中秋节以前等。因此，企业可以根据消费者产生需要、购买或使用商品的时间细分市场。例如，航空公司、旅行社在寒暑假期间大做广告，实行优惠票价，以吸引师生外出旅游；商家在酷热的夏季大做空调广告，也是为了对销量有所帮助。

（2）购买数量。据此可分为大量使用用户、中量使用用户和小量使用用户。大量使用用户人数不一定多，但消费量大，许多企业以此为目标，当然，反其道而行之也有取得成功的。例如，文化用品的大量使用者是知识分子和学生，而化妆品的大量使用者是青年妇女等。

（3）购买频率。许多商品的市场可以按照使用频率来对消费者进行细分，例如，经常使用者、初次使用者、潜在使用者和非使用者。原则上，实力雄厚的大企业应着重吸引潜在使用者，以扩大市场；中小企业相对而言力量较弱，应注意吸引经常使用者，以巩固市场。

（4）对品牌的忠诚度。可以按照消费者对品牌的忠诚度来对市场进行细分，因为消费者对很多商品都存在"品牌偏好"。一般地，可以分为四种类型的消费者：一是单一品牌忠诚者，他们坚定地忠诚于某种品牌，在任何时候都只购买一种特定的品牌商品；二是几种品牌忠诚者，他们同时忠诚于两三个品牌，交替购买自己偏好的几个固定品牌的商品；三是转移的忠诚者，这类消费者经常由偏好一种品牌转变为喜欢另一种品牌；四是非忠诚者，这种消费者在购买某类商品时，并无一定的品牌偏好，购买行为常有很大的随意性。前两类消费者占市场的比重较大，其他企业很难进入，即使进入也很难提高市场占有率。在转移的忠诚者比重较大的市场，企业应深入分析消费者品牌忠诚转移的原因，及时找出营销工作中的缺陷，采取适当措施，提高顾客的品牌忠诚程度。

案例5—2　美国虎飞自行车公司的市场细分战略

美国虎飞自行车公司在进入国外市场前，对国外自行车市场进行了如下细分：

欧洲市场：

1. 俄罗斯和东欧市场。这些国家的自行车基本自给，仅进口高档自行车和赛车。

2. 英国市场。英国是自行车的创始国之一，20 世纪 80 年代以后，英国自行车的不景气使英国改变了原有自行车生产体系，开始从日本、中国台湾等国家和地区购买大量零部件组装成车，以降低成本，提高产品竞争力。

3. 德国市场。德国是欧洲最大的自行车市场，其特点是：适销品种以 BMK 车和十速运动车为主；要求产品物美价廉，款式多变，从低档到高档，从童车到赛车，品种齐全，重视安全；市场上出售的自行车必须符合国家安全标准，否则不准出售。

4. 意大利市场。意大利自行车制造业已有百余年的历史。随着收入的增加，童车和少年车成了越来越多家庭的必需品，运动车、折叠轻便车和旅游车的需求量大幅增加。

北美市场：

1. 高档市场。该市场以高档赛车为主，约占北美市场销售额的 5% ~ 10%，售价在 300 ~ 1 200 美元。整个市场由英、美、日、德、意的几家大公司占领。

2. 中档市场。该市场占整个北美市场销售额的 45%，售价在 200 ~ 300 美元。这个细分市场上品种广泛，集中了世界大多数信誉良好的企业的产品。

3. 低档市场。该市场以 BMK 等低档童车为主，占整个北美市场销售额的 40% ~ 45%。进入 20 世纪 80 年代以后，该市场逐渐被韩国、中国台湾的制造商所占领。市场内竞争激烈，价格不断下跌，致使一些厂家不得不撤出该区域而转向其他区域。市场售价一般在 50 美元以下，其中占该市场主要份额的 BMK 车价格大约在 70 ~ 80 美元。

资料来源　刘洋：《市场营销学》，北京，中国铁道出版社，2004。

【案例思考】美国虎飞自行车公司是怎样对市场进行细分的？市场细分对该公司有何意义？

（二）生产资料市场的细分标准

生产资料市场的细分标准包括七个方面的内容，除消费者市场细分的四个标准外，还要根据生产资料市场的特点，增加最终用途、用户的规模和购买力、用户地点三个因素作为生产资料细分的标准。

1. 最终用途

最终用途是生产资料市场细分最常用的标准。不同用户购买同一种商品的使用目的往往是不同的。因而，会对商品的规格、型号、品质、功能和价格等方面提出不同的要求，追求不同的利益。例如，对钢材的需求，有些企业用钢材来制造机器设备，有的用钢材来建筑楼房。最终用途的不同，对商品的规模、型号、质量和价格等方面的需求也就不同。

2. 用户的规模和购买力

在生产资料市场，客户购买行为的差异很大，购买数量、付款方式、购货条件等远比消费者市场的差别显著。通常，大客户个数少，但购买力大；小客户个数多，但购买力较差。西方国家，很多公司建立适当的制度来分别与大客户和小客户打交道。

3. 用户地点

用户地点涉及当地资源条件、自然环境、地理位置及生产力布局等因素。这些因素决定地区工业的发展水平、发展规模和生产布局，形成不同的工业区域，产生不同的生产资料需求特点。工商企业按用户的地点来细分市场，选择用户较为集中的地区作为自己的目标市场，不仅联系方便，信息反馈快，而且可以更有效地规划运输路线，节省运力与运费，同时，也能更加充分地利用营销力量，降低营销成本。

四、市场细分的方法与步骤

（一）市场细分的方法

1. 单一标准法

单一标准法是指根据市场主体的某一因素进行细分，如按品种来细分粮食市场，按性别细分服装市场或按用途细分钢材市场等。

2. 主导因素排列法

主导因素排列法是指一个市场存在多个选择因素时，可以从消费者的特征中寻找和确定主导因素，然后与其他因素有机结合，确定细分的目标市场。例如，职业与收入一般是影响女青年服装选择的主导因素，文化、婚姻、气候则居于从属地位。

3. 系列因素法

当细分市场所涉及的因素是多项的，并且各项因素之间先后有序，可由粗到细，由浅入深，由简至繁，由少到多，逐步进行细分，使目标市场越来越具体。例如，皮鞋市场的细分就可以利用系列因素法，具体内容如图5—2所示。

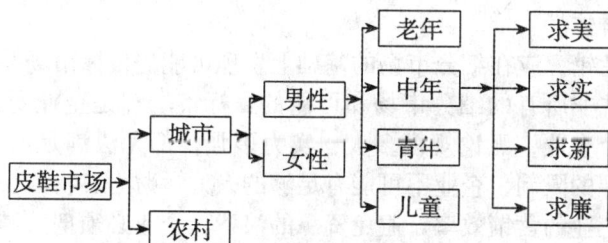

图5—2　利用系列因素法细分皮鞋市场

（二）市场细分的步骤

市场细分由七个步骤组成，通常称为"细分程序七步法"。

1. 选择应研究的产品市场范围

企业在确定经营目的之后，就必须确定市场经营范围，这是市场细分的基础。企业在选择市场范围时，应注意这一范围不宜过大，也不应过于狭小。

2. 罗列所选择市场范围内所有潜在消费者的全部需求

进行市场细分时，应罗列所选择市场范围内所有潜在消费者的全部需求，以便针对消费需求的差异性，决定实行何种细分市场的变数组合，为市场细分提供可靠的依据。

3. 分析可能存在的细分市场，并进行初步细分

企业通过分析不同消费者的需求，可找出各类消费者需求类型的地区分布、人口特征以及购买行为等方面的情况，再加上营销决策者的经营经验，便可做出估计和判断，进行正式市场细分。

4. 确定在细分市场时所应考虑的因素，并对初步细分的市场加以筛选

企业应分析哪些需求因素是重要的，并将其与企业的实际条件进行比较，然后删除那些对各个细分市场无关紧要的因素。

5. 为细分市场定名

企业应根据各个细分市场消费者的主要特征，用形象化的方法，为各个可能存在的细分市场确定名称。

6. 分析市场营销机会

在细分市场过程中，分析市场营销机会，主要是分析总体市场和每个子市场的竞争情况，以及总的市场或每一个子市场的营销组合方案，并根据市场研究对需求潜力的估计，确定总的或每一个子市场的营销收入和费用情况，估计潜在利润，作为最后选定目标市场和制订营销策略的分析依据。

7. 提出市场营销策略

最后，企业可以根据市场细分结果来决定目标市场，并制订目标市场的营销策略。

第二节　确定目标市场

一、目标市场的含义

所谓目标市场，是指企业在细分市场的基础上，经过评价和筛选所确定的作为企业经营目标而开拓的特定市场，即企业可望能以某种相应的商品和服务去满足其需要，为其服务的那几个消费者群体。

企业进行市场营销，应在细分市场的基础上发现可能的目标市场并对其进行选择。首先，对企业来说，并非所有的细分市场和可能的目标市场都是企业所愿意进入和能进入的；其次，作为一个企业，无论规模多大，实力多强，都无法满足所有消费者的所有需求；再次，由于资源的限制，企业不可能有足够的人力、财力、物力去满足整体市场的需求。因此，为保证企业的营销效率，避免资源的浪费，企业必须把营销活动局限在一定的市场范围之内，否则，势必会分散企业的力量，达不到预期的营销目标。

二、目标市场应具备的条件

企业选择的目标市场是否适当，直接关系到企业的营销成败以及市场占有率大小。一般说来，一个细分市场要能成为理想的市场，必须具备以下条件：

（一）有足够的市场需求

一定要有尚未满足的现实需求和潜在需求。理想的目标市场应该是有利可图的市场，没有需求又不能获利的市场谁也不会去选择。

（二）市场上有一定的购买力

市场仅存在未满足的需求，不等于有购买力和销售额。如果没有购买力或购买力很低，就不可能构成现实市场。因此，选择目标市场必须对目标市场消费者的购买力、购买欲望进行分析和评价。

（三）企业必须有能力满足目标市场的需求

在市场细分的子市场中，可以发现有利可图的子市场有许多，但它们不一定都能成为企业的目标市场，企业必须选择自己有能力去占领的市场作为自己的目标市场。同时，开发任何市场都必须花费一定的费用，只有当企业收入大于企业费用时的目标市场，才是有效的目标市场。

（四）在选择的目标市场上本企业具有竞争优势

竞争优势主要表现为：该市场上没有或者很少有竞争；如有竞争也不激烈并有足够的能力击败对手；该企业可以取得较大的市场占有率。

三、目标市场的评估

企业选择目标市场，是在细分市场的基础上进行的。因此，目标市场的评估也是在细分市场的基础上进行的。

对细分市场进行价值分析。每一个企业在细分市场时，都要对它的经济价值进行评价，然后才能决定是否值得去开发。要对细分市场做出正确的评价，最根本的是对企业能在哪个市场获得多少未来收益，做出比较可靠的判断。

案例5—3 宏达服装公司细分市场价值分析

市场细分与目标市场：首先，宏达服装公司通过对市场状况和本公司的经营特点进行分析和研究，决定用产品类别和消费者收入两个标准来细分市场。产品类别标准分为男装、女装两种；消费者收入标准分为低收入顾客、中等收入顾客和高收入顾客三种。根据公司当年的营销业绩，就有六个细分市场，具体内容如表5—1所示。

表5—1　　　　　　　宏达服装公司细分市场价值分析　　　　　　单位：万元

项目	低收入顾客销售额	中等收入顾客销售额	高收入顾客销售额	总销售额
男装	20	40	30	90
女装	20	18	22	60
小计	40	58	52	150

其次，宏达服装公司进一步了解了每一个细分市场的盈利能力、竞争状况以及本公司的能力，以决定市场取舍。宏达服装公司根据主、客观条件，初步选定以中等收入顾客为营销对象的女装市场作为目标市场，经过进一步分析，得出的结果如表5—2所示。

表5—2　　　　　　　宏达服装公司女装细分市场价值分析

中等收入顾客	今年销售业绩	明年预期销售业绩	年增长百分比
行业销售额	100万元	110万元	10%
公司销售额	18万元	20.7万元	15%
公司的市场占有率	18%	19%	1%

从表5—2可知，在这个细分市场中，公司今年的市场销售额为18万元，明年经过努力，预期销售额可增长15%，公司的市场占有率也将增长1%。而全行业明年的预期销售额将只增长10%。从这个分析中可以看出，选择该目标市场是明智的。

目标市场策略选择：公司为了实现上述销售预测目标，还必须针对目标市场研究和拟定营销策略，具体内容如表5—3所示。

表5—3 宏达服装公司女装细分市场营销策略（中等收入顾客）

项目	广告宣传	人员推销	公共关系	营业推广
生产者				
批发商		20 000 元		
零售商		35 000 元		60 000 元

在分销渠道方面，公司选择了"生产者—批发商—零售商"这一传统渠道。在促销宣传方面，计划花20 000元从事对批发商的推销工作，花35 000元从事对零售商的推销活动，花60 000元举办以零售商为对象的展销会。

【案例思考】通过市场细分是不是一定能找到目标市场？企业确定的目标市场必须具备哪些条件？

四、目标市场的选择模式

企业选择目标市场的模式或目标市场的覆盖模式，主要有五种类型。具体内容如图5—3所示（M表示不同的市场，P表示不同的产品）。

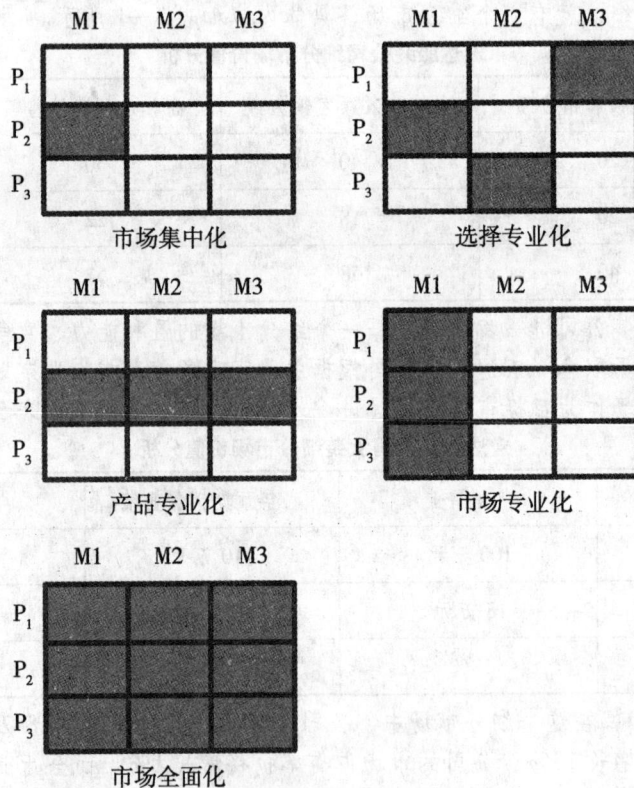

图5—3 目标市场的覆盖模式图

（一）市场集中化

这是一种最简单的目标市场选择方式，即企业只选取一个细分市场，只生产一类产品，供应某一单一的顾客群，进行集中营销。例如，某服装公司只生产儿童服装。

（二）选择专业化

是选择若干个细分市场作为企业的目标市场，其中每个细分市场在客观上都有吸引力，符合公司的目标和资源，且与其他细分市场之间较少联系，每个细分市场都有可能盈利。

（三）产品专业化

产品专业化是企业只生产一种产品，向各类顾客销售这种产品。例如，饮水器厂只生产一个品种，同时向家庭、机关、学校、银行、餐厅等各类用户销售。产品专业化模式的优点是：企业专注于某一种或一类产品的生产，有利于形成与发展生产和技术上的优势，在该领域树立形象。其局限性是：当该领域被一种全新的技术与产品所代替时，产品销售量有大幅度下降的危险。

（四）市场专业化

市场专业化是指企业专门经营满足某一顾客群体需要的各种产品。例如，公司专门向政府机构提供所有办公设备，包括电脑、传真机、复印机和打印机等，并成为这类客户所需各种新产品的销售代理商。如果政府部门突然削减经费，就会产生危机。

（五）市场全面化

市场全面化是指企业想用各种产品满足各种顾客群体的需求。事实上，这是实力雄厚的大公司的目标市场选择战略。例如，美国 IBM 公司在全球的计算机市场和丰田汽车公司在全球的汽车市场等。

五、目标市场策略的选择

（一）目标市场策略选择的种类

企业在选择目标市场策略时，通常包括三种主要策略：

1. 无差异性市场策略

无差异性市场策略试图仅推出一种产品，以单一的营销策略来满足购买群体中的绝大多数人的需求。企业视市场为一个整体，认为所有的消费者对这一产品都有共同的需要，因而，希望凭借大众化的分销渠道、大量的广告宣传及相同的主题、便宜的价格，在大多数消费者心中建立品牌形象。

例如，美国可口可乐公司常被作为无差异性营销的典型。这家世界著名的公司，由于拥有世界性专利，即在 20 世纪 60 年代推出的瓶装饮料，长期采用一种口味，一种瓶装，甚至连广告词都是统一的"请饮可口可乐"，长期独霸世界饮料市场，赚取了巨额利润。

无差异性市场策略的理论基础是成本的经济性，大量生产与标准化生产大大降低了生产成本，广告类型和市场研究也因简单化而节省了费用。

2. 差异性市场策略

采用此种策略时，企业承认不同细分市场的差异性，并针对各个细分市场的特点，分别设计不同的产品市场营销计划，利用产品与市场营销的差别化，占领每一个细分市场，从而获得最大销量。差异性的市场营销，能分别满足不同顾客群的需要，因而，能提高顾客对产品的信赖程度和购买频率。在差异性市场策略下，企业试图以多产品、多渠道和多种推销方式，去满足不同细分市场消费者的需求，力求增强企业在这些市场中的地位和顾客对该类产品的认同。

3. 密集性市场策略

面对众多细分市场，而企业资源又有限，企业只能集中全力去争取一个或少数几个细分市场，在一个或几个细分市场占据优势地位，这就是"集中优势兵力打歼灭战"的战略。

无差异性市场策略或差异性市场策略，以整个市场为目标，而密集性市场策略则是选择一个或少数几个子市场为目标，企业可集中精力在目标市场获得较有利的地位和特殊的信誉。

当然，密集性市场策略也有较大的风险性，因为，把企业的前途和命运全系于一个细分市场，若该特定的目标市场遭遇不景气时，则企业将会受到很大的影响，甚至大伤元气。即使在市场景气时，有时也会招来有力的竞争者进入同一目标市场而引起营销状况的较大变化，致使在总需求增长不变或增长不快的情况下，原企业的盈利会大幅度降低。

（二）目标市场策略的选择

不同的目标市场策略，各有其优点与缺点，也有其市场适应性。不同营销观念的企业，对待目标市场的态度不同，市场营销策略组合的手段也不同。在生产观念指导下，企业大量生产单一品种的产品，推行无差异性市场策略，力求降低成本和售价。在营销观念指导下，企业从消费者需要出发，较多地采用差异性市场策略和密集性市场策略，有针对性地提供不同的产品，运用不同的分销渠道和广告宣传方式，力求满足不同消费者的不同需求。在营销实践中，企业在选择目标市场策略时，应考虑以下因素：

1. 企业资源实力

企业资源实力主要指人力、物力、财力和技术状况。企业实力雄厚，供应能力强，可采用无差异性或差异性市场策略；如果资源少，无力兼顾整个市场，则可采用密集性市场策略，进行风险性营销。

2. 市场同质性

不同的市场具有不同的特点，各类市场消费者的文化、职业、兴趣、爱好、购买动机等都有较大的差异。如果消费者的需要、兴趣、爱好等特征大致相同或较为接近，类似程度大、同质性高，可采用无差异性市场策略。如果市场需求差别大，消费者的挑选性又强，则宜采用差异性市场策略或密集性市场策略。

3. 产品同质性

产品同质性指消费者所感觉的产品特征相似的程度。产品的特征不同，应分别采用不同的市场策略，选择不同的目标市场。有些产品，如米、面、油、盐等日常生活消费品，虽然事实上存在品质差别，但多数消费者都很熟悉，认为它们之间并没有十分明显的特征差别，可实施无差异性市场策略。但另外一些产品，如家用电器、机械设备以及高档耐用消费品，其品质、性能差别较大，消费者选购时十分注意其功能和价格，并常以它们所具有的特性为依据进行选购，对这类同质性低的产品，宜采用差异性市场策略或密集性市场策略。

4. 产品生命周期

产品生命周期一般有投入期、成长期、成熟期和衰退期四个阶段。企业应随产品生命周期的发展而变更目标市场策略，尤其要注意投入期及衰退期这两个极端时期。当新产品处于投入期时，重点在于发展顾客对产品的基本需求，宜采取无差异性市场策略，以探测市场需求与潜在顾客。当然，企业也可发展只针对某一特定市场的产品，采取密集性策略，尽全力于该细分市场。当产品进入衰退期，企业想要维持或进一步增加销售量，更宜直接采用差异性市场策略，开拓新市场；或采取密集性市场策略，强调品牌的差异性，建立产品的特殊地位，延长产品生命周期，避免或减少企业的损失。

5. 竞争者的市场策略

目标市场策略的选择，往往视竞争者的策略而定。当竞争者在进行市场细分并采用差异性市场策略时，企业可采取无差异性市场策略，与竞争者抗衡。而当强有力的竞争者实施无差异性市场策略时，因可能有较次要的市场被冷落，这时本企业若能采用差异性市场策略，乘虚而入，定能奏效。

6. 竞争者的数目

市场竞争的激烈程度，常迫使企业不得不采用适应竞争格局的策略。当竞争对手很多时，消费者对产品的品牌印象便很重要，为了使不同的消费者群体都能对本企业产品建立强烈的品牌印象，增强该产品的竞争力，宜采用差异性市场策略或密集性市场策略。

案例5—4 **有特色才能出色，特色造就了毛家饭店的成功**

案例背景

1987 年，汤瑞仁以摆小摊卖茶水、汽水等积攒的 1 万多元钱，在韶山毛主席故居对面办起了毛家饭店。自 1993 年到北京开了第一家分店后，毛家饭店的事业迅速发展、壮大。如今，已在全国开设了 30 多家分店，毛家饭店也成长为以汤瑞仁为董事长的"毛家饭店发展有限公司"。十多年来，汤瑞仁资助过 300 多名贫困儿童上学，累计为社会捐款100 多万元，安排了 2 000 余名下岗职工的就业，年上缴税费 500 多万元。该公司被评为全国私营企业"双十佳"。"毛家饭店"如今是中国餐饮行业的一个知名品牌。

经营特色

汤瑞仁经营毛家饭店取得的成功，当然有"沾了伟人的光"的因素，有天时、地利、人和的独特资源，更重要的是它与众不同的饮食特色文化，有特色才能出色。

特色1：饮食文化。毛家饭店的整体装潢风格、店堂布置，充分融入了特定的历史文化元素。例如，饭店的中南海厅富丽堂皇、高贵典雅；井冈山厅简素、质朴。环境给人以历史的回顾与遐想。走入毛家饭店，品味的不仅是精彩的美食，更能体味到让人难忘、让人思念的一段历史、一个时代。

特色2：企业文化。毛家饭店的经营理念是以政治优势宣传历史，以毛家食谱连接四海，以百姓情结服务大众，以爱心经营永恒毛家。它的文化理念为：传导历史，辉映美食；毛家食谱，百姓情怀。

特色3：CI形象。首先是视觉识别。毛家饭店的标志、职员服饰、店面、店外装饰都以红色为基调，体现了中国特定历史时期的特色，让人感到别具一格，也可以让一些有怀旧心理的人士体味当年的历史风情。

其次是行为识别。毛家饭店编创店歌、举办行业歌手赛、定期进行职员培训和教育，从而得以展现店内职员健康、活泼、奋发向上的工作心态，同时也使顾客在这种精神和文化的氛围中得到感染。

最后是理念识别。毛家饭店的经营理念、文化理念、公司宗旨、主体广告所体现的思想内涵主要是秉承和发扬毛家文化，服务百姓，从而树立起饭店的价值观与服务特色。

特色4：公关促销。毛家饭店注重饭店与名人之间的关系，饭店盛情邀请影视和体育明星、政界人士、公众人物到饭店做客、题词、摄影留念并进行宣传报道。

【案例思考】特色是怎样形成的？如何在经营中不断强化、营造特色？毛家饭店给我们什么样的启发？

第三节 市场定位

一、市场定位的含义

市场定位就是要向消费者充分展示鲜明而有特色的企业形象、产品特色，以求在消费者心目中形成一种稳定的认知和特殊的偏爱。有人称之为"抓心策略"。

市场定位包括产品定位、品牌定位和企业定位三个方面：

（一）产品定位

产品定位是将某个具体产品定位于消费者心中，让消费者产生类似的需求就会联想起这种产品，产品定位是市场定位的基础。

（二）品牌定位

简单地说，品牌就是用于识别产品或服务的一种文字和标识的组合。品牌定位必须以产品定位为基础，并通过产品定位来实现，而品牌定位一旦成功，便成为一项无形资产，且能与产品脱离而独立显示其价值。

（三）企业定位

企业定位是企业组织形象的整体或其代表性的局部在公众心目中的形象定位，它的着眼点不是具体的产品或品牌，而是其组织形象整体或局部的特点与优点。

产品定位、品牌定位和企业定位这三个层面的定位是相互制约、相互影响、互动互进的。产品定位是基础，品牌定位是保障，企业定位是根本。三者的关系如图5—4所示。

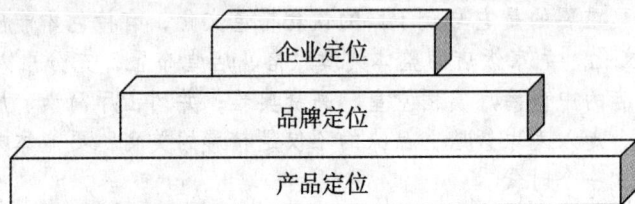

图5—4 市场定位的三个层次

二、市场定位的作用

市场定位是企业市场营销战略体系中的重要组成部分，对于树立企业及产品的特色和优势，满足顾客需求以及提高企业竞争力均有十分重要的作用。它有助于企业明确市场营销组合的目标，而且有利于树立企业及产品的特色优势。

三、市场定位的步骤

市场定位的关键是企业要设法在其产品上找出比竞争者更具有竞争优势的特性。市场定位一般需经过以下三大步骤。具体内容如图5—5所示。

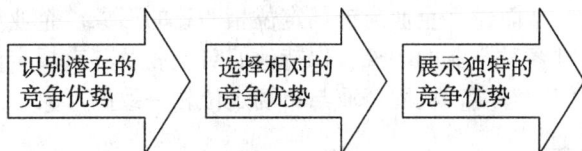

识别潜在的竞争优势　选择相对的竞争优势　展示独特的竞争优势

图5—5　市场定位三部曲

（一）识别潜在的竞争优势

这是市场定位的基础，企业的竞争优势可从以下几方面来考虑：

1. 产品差异

深加工产品往往存在差异，企业可以通过设计参数，提供竞争对手所没有的选择性特征，使产品在适用性、耐用性、可靠性、持久性等属性上不同于其他产品。

2. 服务差异

服务差异指企业通过提供比竞争对手更好的服务而形成优势。与产品有关的服务，如送货、安装、维修、咨询和培训等，有相当大的差别空间。如果企业能提供比竞争对手更优质、更积极、更适合顾客需要的服务，就能使自己明显区别于竞争对手。

麦当劳快餐在最初十年与其他无数的汉堡包店并无区别，后来麦当劳靠向前来就餐的顾客提供满足基本需要和延伸欲望的一切服务，包括快速、整洁、卫生、高质量、雅致、高尚、有家庭风格等，坐上了世界快餐业的头把交椅。

3. 人员差异

人员是企业最基本的资源，人员差异能够支持企业取得极强的竞争优势。例如，IBM的职员专业水平高、知识性强，其销售人员机智、自觉、有奉献精神和富于竞争力，为公司赢得了很高的声誉。

4. 形象差异

形象是信息时代、情感时代最重要的资源。即使各公司的产品、服务、人员因素看起来很相似，购买者还是会根据它们的形象看出差别来。

（二）选择相对的竞争优势

相对竞争优势是由于与主要竞争对手在产品开发、服务质量、销售渠道及品牌知名度等方面存在差别利益而体现出来的一种优势。评价一种差异是否有意义或有价值，应看它是否符合以下要求：

（1）重要性。重要性指能给目标顾客带来足够的利益。

（2）优越性。优越性指能够给顾客提供更优越的利益。

（3）可感知性。可感知性指确实能为购买者感知。

（4）专有性。专有性指竞争对手无法获得。

（5）可支付性。可支付性指购买者有能力支付其价格。

（6）可赢利性。可赢利性指能为企业带来赢利。

（三）展示独特的竞争优势

企业在确定了自己的市场定位之后，必须通过一系列的促销活动，展示自身与众不同的独特优势，并将其独特的竞争优势准确传递给目标市场的顾客。企业要积极、主动、经常而又巧妙地与顾客沟通，以引起顾客的注意和兴趣，使顾客了解企业的市场定位，并且产生认同感和偏爱感，从而建立企业与市场定位相一致的形象。企业可以通过精心设计的营销组合，强化目标顾客对企业的印象，保持他们对企业及其市场定位的了解，加深他们的感性倾向，稳定他们的态度，巩固企业与市场定位相一致的形象。

四、市场定位的方法

随着市场经济的发展，产品间的差异性越来越小，同质性越来越高。在日益激烈的市场竞争中，企业只有突出自身产品的特色与优势，创造差异化，才能吸引更多的消费者。通常情况下，企业可以通过以下市场定位的方法来获得差异化优势，从而树立独特的产品形象和企业形象。

（一）质量定位

质量是消费者最关心的内容，也是产品在竞争之中能否立稳脚跟的首当其冲的关键因素。一般说来，高质量产品都包含一些共同的特性，如性能、寿命、经济性、安全性、可靠性及外观等。但是，不同产品的具体质量特征是不同的，如电视机的图像清晰和手表的走时准确等。企业应根据产品的某些质量特性，区分出各种产品的不同用途和特色，从而形成质量上的差别优势和竞争优势。

一般来说，质量定位较适合用于质量差别较大的产品，而对于那些质量差别不大的产品用质量进行定位往往不能收到良好的效果。企业以质量优势来定位产品，必须清楚了解目标顾客的需求以及他们是怎样评价产品质量的，要通过市场调查系统地了解顾客的需求和意见，不断地改进产品质量，从而吸引更多的消费者。

（二）情感定位

情感定位是从消费者购买商品时所具有的购买动机来对产品进行分析定位的。现代商家已越来越清楚"你推销的不单是商品本身，而且还有一份情感"。所以，许多商家纷纷地开始尝试这种超越商品本身的情感定位。

企业可以通过多个方面来实现情感定位，如可以通过商品的命名、设计及宣传、独特的销售方式等多种手段体现出来，这其中成功的案例不胜枚举。例如，"红豆"衬衫，人们穿上它，就会自然而然地想到王维的千古佳句"愿君多采撷，此物最相思"。

在一定水平的产品功能和属性的支撑下，情感已经超过产品属性成为消费者购买决策的主要推动力。因此，在各种定位要素中融入某种让人心动的人情味是情感定位的关键，它会使消费者在感情上产生共鸣。许多大众化日用消费品，如液体奶、牙膏、香波等，产品属性之间的差别空间很小，只有赋予品牌情感上的内涵才能停止其继续流于大众化的趋势，并维系住消费者的注意力。

（三）自我形象定位

企业常常试图根据消费者存在的自我形象意识选择广告宣传的诉求点，把某些产品指引给适当的消费者或某个子市场，以便根据那个细分市场的特点创建起恰当的定位形象。例如，各种品牌的香水是针对各个不同细分市场的，有些香水定位于雅致的、富有的、时髦的妇女，而有些则定位于活跃、时尚的年轻女性。

（四）服务定位

服务价值是对产品价值的延伸。在产品同质化时代，消费者往往难以分辨出核心产品与服务之间的差异，所以只能把预期得到的服务以及服务的价值作为选购的标准之一。因此，在日益激烈的市场竞争中，服务因素已取代了产品品质与价格，成为竞争的新焦点。

（五）功能定位

一般说来，产品的功能从心理与行为的角度可以分为两大类：一类是产品的基本功能；另一类则是产品的心理功能，即产品唤起消费者高层次需求或满足消费者高层次需求的功能。随着市场经济的发展，人们对产品的心理功能越来越重视。因为，它能满足人们对于审美的需要，能提高消费者个人的身份感，起到一种象征社会地位和个人品格的作用。常用的功能定位主要有单一功能定位、延伸功能定位、组合功能定位。

（六）多重因素定位

这种方式是将产品定位在几个层次上，或者依据多重因素对产品进行定位，使产品给消费者的感觉是产品的特征很多，具有多重作用或效能。例如，一些名牌饮品以质量定位（天然原料）、用途定位（饮用、佐餐均相宜）、使用者定位（适用于儿童、少年及成年人）等综合方法来进行市场定位。

■ 本章提要

企业市场营销活动首先面临的问题是：本企业产品的市场在哪里？产品在哪里最畅销？是哪些顾客愿意购买本企业的产品？他们的需要、爱好和购买行为的特点是什么？这些就是现代营销所关心的核心问题：STP 战略，即市场细分（Segmenting）、目标市场（Targeting）和市场定位（Positioning）。任何企业不论其资源如何雄厚，都不可能满足整个市场的所有需求。因此，每个企业都必须根据自身的具体条件，选择那些能发挥自己优势的市场作为企业经营和服务的对象，这种抉择就是 STP 战略，即从市场细分到目标市场，从目标市场到市场定位的全过程。

■ 练习与思考

1. 什么是市场细分？市场细分的依据是什么？
2. 消费者市场的细分标准是什么？生产资料市场的细分标准又是什么？
3. 市场细分可以划分为哪几个步骤？
4. 什么是目标市场营销？企业应怎样选择目标市场和制定目标市场战略？
5. 什么是市场定位？企业应怎样进行市场定位？

■ 案例教学

"柳特"的定制营销模式

"柳特"原是中国有色金属工业总公司直属的一家汽车修理厂，它于 1994 年并入中国一汽集团。"柳特"的定制营销模式重点抓住了一个"特"字，在"特定的市场和顾客"和"特别的产品和服务"方面做足了文章，走出了一条"人无我有、人有我优、人优我新、人新我特"的产品开发模式。"柳特"在其发布的 POP 招贴广告中"请用户点菜"的广告词，准确而形象地概括了"柳特"的定制营销模式。顾客买车可以像在饭店点菜一般轻松定制自己称心如意的汽车产品。

"柳特"推行的营销理念是：顾客需要什么，我们就生产什么。因此，"柳特"推出了以客户为主导的"点菜制"的定制营销模式。用户可根据厂家提供的"菜单"对汽车进行选装，如选装发动机型号、品种、品牌、动力要求等。用户还可以选用驾驶室的内饰件，如个子矮的用户可考虑降低方向盘，也可以加装空调，或加高和加长车厢、加强传动轴、加厚弹簧钢板、加厚层轮胎等。工厂提供的"菜单"中有七八种发动机、十几种轮胎和多样的特殊装置，用户可像去饭店点菜一样随意挑选。

"请用户点菜"的宣传单，在"柳特"随处可见。"柳特"的用户进工厂，就像上饭店，可以按"菜单"点菜，又好比回到了自家厨房，可以"加油、加盐、选配菜"。一位福建客户在"柳特"足足呆了 15 天，终于买到了自己心满意足的产品。他在交钱时感叹道："这辈子我怎么忘得掉'柳特'！"

1998 年"柳特"已入库的车辆根据用户的"点菜"返回生产车间重新作业的有 1 140 辆，作业项目 1 766 项，占销量的 34%。实行"点菜"售车，满足了用户的要求，有力地促进了汽车销售，增加了企业销售的附加值。

资料来源　佘伯明：《企业管理案例》，南宁，广西人民出版社，2002。有改编。

问题：什么是定制营销？定制营销对消费者需求和商家营销带来了哪些变化？定制营销对企业管理提出了哪些新要求？

实训教学

【实训项目】香水的市场细分方法与技巧。

【实训目的】1. 以年龄和性别为市场细分指标，通过市场调查，确定市场上各种品牌的香水在细分市场的位置，以培养学生通过市场调查细分市场的能力。

2. 分析上述调查结果，探讨在同一细分市场的各品牌香水的竞争态势，以及细分市场空缺中开发新产品的可能性和可行性，培养学生优选目标市场的能力。

【实训内容】本实训由三个部分组成：

1. 香水细分市场的调查

（1）以性别、年龄为市场细分指标，把整个市场划分为 6 个细分市场，具体内容如表 5—4 所示。

表 5—4　　　　　　　　　　　　**香水细分市场类别表**

项目	0~18 岁	19~35 岁	36~55 岁
男	M1	M2	M3
女	M4	M5	M6

（2）开展市场调查活动，调查内容为：

①香水品牌的不提示知名度、提示知名度及品牌的知名来源；

②香水品牌的美誉度和原因；

③香水品牌的购买倾向、购买时间和场合、购买数量和频率、购买心理价位；

④香水品牌的使用倾向、使用时间和使用频率；

⑤香水品牌的购买原因及对香水香型的喜好程度和原因；对香水色泽的喜好程度和原因；对香水喷洒方法的喜好程度和原因；对香水容器造型的喜好程度和原因；被访者的背景资料，包括性别、年龄。

（3）对调查结果进行数据统计，统计的主要方法为：

①对上述调查指标进行频数、频率分析；

②对上述指标按性别、年龄分层分析。

在每一细分市场统计各种品牌消费者的使用频数。频数较高者表示对这一细分市场的占有程度高，反之则低。

2. 香水品牌的竞争态势分析

把在同一细分市场具有较高频数的品牌作为竞争品牌。可以从消费者的消费心理、消费行为、消费习惯等诸多方面分析其竞争态势，探讨每一品牌可以采取的市场策略。

3. 香水品牌的细分市场开拓探讨

尚无香水品牌占领的细分市场或各种品牌香水占领倾向都较低的细分市场即为市场空缺。探究这一细分市场消费者的未被满足之需要，分析其成为企业目标市场的可能性和可行性。

【实训组织】实训分三个阶段进行组织：

1. 市场调查阶段

（1）由教师任主指导，另聘4位副指导；

（2）在学生中选用10位监导人员；

（3）把其余学生分成10组，每组4人左右；

（4）选定10个商业中心或商业街为访问地点，每组学生在一个访问点访问；

（5）每个访问点分散排列访问员，每位访问员采取拦截行人的方式进行访问；

（6）每个访问点设督导1人，巡视访问现场，监控访问质量；

（7）每位访问员访问11～13个样本，总的有效样本应达到400个；

（8）数据统计由计算机信息处理人员负责；

（9）数据统计结果供每位学生使用。

2. 数据分析阶段

可把全班分成四个小组进行市场调查统计数据的分析和研究，其中两组探讨香水品牌的竞争态势，另两组探讨市场空缺转化为企业目标市场的可能性及可行性。然后，各组选派代表发言，并且全班交流，教师讲评。

3. 撰写报告阶段

每位学生要完成"香水品牌细分市场探讨"的研究报告。

【实训要求】1. 每位学生要撰写"香水品牌细分市场探讨"的研究报告，由教师批阅评分。

2. 每位学生应填写实训报告，内容包括：（1）实训项目；（2）实训目的；（3）实训内容；（4）本人承担的任务及完成状况；（5）本人小结；（6）实训考核（由教师填写）。

第六章 市场竞争战略与战术

> **经典语录：在认识过程中，战术决定战略；**
> **在实践过程中，战略决定战术。**
>
> 毛泽东

■ 学习目标和实训要求

【理论学习目标】通过本章学习，应了解企业的竞争环境；能够分析和判断谁是我们的竞争者、竞争者对我们构成怎样的威胁及竞争者的战略、战术是什么；掌握市场领导者、市场挑战者、市场跟随者及市场补缺者等四种类型竞争者的特征、竞争战略与策略。

【实践训练要求】通过本章学习，学会观察、了解、分析竞争对手的竞争战略和战术，并判断竞争对手的竞争优势和劣势，并据此制订企业长远的发展战略和适宜的营销战术。

■ 重点与难点

【重点】弄清谁是我们的竞争者；理解识别竞争者的战略和战术对企业参与市场公平竞争有哪些意义。

【难点】掌握针对不同市场竞争者的竞争战略与战术；知道企业怎样展开有效竞争，谋求竞争优势，打造企业核心竞争力，提升企业素质。

引例 蓝海战略

所谓的蓝海战略，是把企业已拥有的市场和即将拥有的市场空间比喻成红色海洋和蓝色海洋，即红海和蓝海。红海是正在运作的市场空间，而蓝海则是开创新的市场空间，创造无人竞争的市场。蓝海与红海最大的不同在于一个是要通过艰苦的努力，通过一系列措施打败对手，与别人抢蛋糕吃，而另一个是甩脱对手，自己一个人吃一块蛋糕，即开创一个无人竞争的市场环境。

综观激烈的竞争市场，大家天天拼广告、拼价格、拼促销、拼规模、拼成本、拼功能、拼服务等，所有这些都是在已知市场空间的红海里"血拼"，大家都拼得头破血流，两败俱伤。为什么会这样呢？因为，大家的产品同质化、服务同质化、技术同质化、销售同质化、功能同质化。怎样才能不随波逐流，找到属于自己的梦寐以求的蓝海？

宝马、奔驰、沃尔沃，同样是车，为什么这三大汽车巨头各自拥有自己的市场份额？因为，他们找到了各自的蓝海：宝马的蓝海是速度，而奔驰的蓝海是舒适，因此就流行"开宝马，坐奔驰"。一辆汽车的前座和后座都卖完了，那么沃尔沃怎么办？难道是卖汽车的后备箱？如果卖后备箱就变成了货车，不符合沃尔沃轿车的定位。后来，沃尔沃想出了自己的蓝海——安全，因为开车的人都有这样的担心：怕出事。沃尔沃抓住这一点就准确定位于安全，告诉顾客我的车是最安全的，各项性能好，不容易发生交通事故，即使发生交通事故人同样会安全。结果大获成功。同样都是汽车，却卖出了各自的不同。

【引例思考】谁都想拥有属于自己的蓝海，谁都无法回避自己的红海，要使企业进入自己的"蓝色海洋"，应该具备怎样的条件？企业营销人员要做好哪些准备？

第一节　竞争者分析

企业在开展市场营销活动的进程中，仅仅了解其顾客是远远不够的，还必须了解其竞争者，才能做到"知己知彼，百战不殆"。企业要制订正确的竞争战略和策略，就要深入地了解竞争者，就必须明确谁是自己的竞争者，他们的战略和目标是什么，他们的优势与劣势是什么，他们的反应模式是什么，从而确定自己应当攻击谁、回避谁。具体内容如图6—1所示。

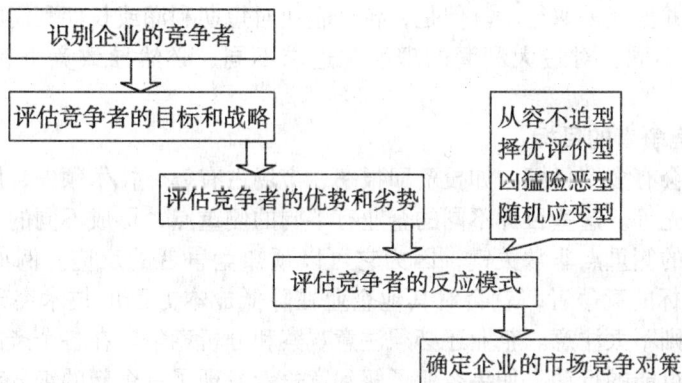

图6—1　竞争者分析步骤示意图

一、识别企业的竞争者

识别企业的竞争者常常被当作是一项简单的任务。例如，"可口可乐"知道"百事可乐"是其竞争对手，"丰田"知道它与"日产"的竞争不可避免等。但是，在识别竞争者时，很多企业并不是十分准确、全面，它们往往只注意到最接近的、提供价格相当的相同产品或服务给消费者的竞争者。其实，企业的竞争范围非常广泛，它们包括愿望竞争者、平行竞争者、产品形式竞争者和质量竞争者。例如，网上书店的发展使得传统书店的市场缩小；提供房地产服务及汽车在线服务的网站使传统的报刊业在市场上失去了巨大的份额。因此，识别竞争者应从市场和行业两个方面来分析。

（一）行业竞争方面

许多企业从行业竞争方面识别其竞争对手。一个行业是由一组生产相同产品或可替代的同类产品的企业组成。例如，汽车行业、石油行业、制药行业、饮料行业等。在同一行业内，若某一种产品的价格上升将直接导致另一些产品的需求增加。例如，某个摩托车生产商将该企业生产的摩托车价格大幅度提高，则不少顾客将转而购买其他摩托车生产商的产品。所以，企业若想在整个行业中处于有利地位，就必须充分了解本行业的竞争模式，以确定自己的竞争者。

（二）市场竞争方面

另外一些企业不是从行业竞争方面去识别竞争者，而是从市场竞争方面，即企业不是在行业内识别竞争者，而是把所有那些力求满足相同顾客需要，或服务于同一顾客群的企业视为竞争者。

从行业竞争方面看，摩托车生产商只把其他摩托车生产商看作是他的竞争者。然而，从市场竞争方面看，顾客真正需要的是"代步工具"。这种需要也可以由汽车、电动自行车、自行车等予以满足。从市场方面分析竞争者，可使企业拓宽眼界，更全面地看清自己的现实竞争者和潜在竞争者，从而有利于企业制订长期的发展规划。

二、评估竞争者的目标和战略

确定了谁是企业的竞争者之后，还要进一步搞清每个竞争者在市场上追求的目标和实施的战略是什么，每个竞争者行为的动力是什么。可以假设，所有竞争者努力追求的都是利润的极大化，并据此采取行动。但是，各个企业对短期利润或长期利润的侧重不同，对市场收益的期望不同，对最大利润的理解和追求不同，必然导致竞争者目标和行为的差异。

（一）确定竞争者的目标

竞争者通常会有多个目标，如投资回报率、市场占有率、技术领先、服务领先、低成本领先、信誉领先等。这些目标不同的企业有不同的侧重点，形成不同的目标组合。了解竞争者目标组合的侧重点非常关键，因为它可以预知竞争者的反应。例如，一个以"低成本领先"为目标的竞争者，就会对其他企业在降低成本方面的技术突破十分重视，而对增加广告预算则不太注意。企业还必须注意观察和分析竞争者在各个产品和顾客细分市场方面的目标和可能的行动。如果企业了解到竞争者发现了一个新的细分市场，那么这可能就是一个营销机会，或者发觉竞争者计划进入目前属于本企业的细分市场，这时就应当抢先下手，予以回击。

（二）分析竞争者的战略

各企业采取的战略越相似，它们之间的竞争就越激烈。在多数行业中，根据所采取的主要战略的不同，可将竞争者划分为不同的战略群体。例如，在美国的主要电器行业中，通用电器公司、惠普公司和施乐公司都提供中等价格的各种电器，因此，可将它们划为同一战略群体。

除了在同一战略群体内存在激烈竞争外，在不同战略群体之间也存在竞争。因为：第一，某些战略群体可能具有相同的目标顾客；第二，顾客可能分不清不同战略群体的产品的区别，如分不清高档货与中档货的区别；第三，某些战略群体可能转产，如提供中档货的企业可能转产高档货。

三、评估竞争者的优势和劣势

对竞争者优势和劣势的评估，是竞争者分析的重要方面，它主要包括以下两方面内容：

（一）对竞争者优劣的分析

竞争者的优势和劣势，通常只有在与本企业的比较中才能确认。为此，需搜集过去几年中关于竞争者的情报和数据，如销售额、市场占有率、边际利润、投资收益、现金流量、发展战略等。通过对比，在产品、分销、促销、定价、企业信誉、成本、技术、组织与管理、人员素质、财务实力等方面指出竞争者的优势和劣势。

（二）对竞争者假设的分析

每一个企业都有一套关于自己和市场的假设。例如，它可能把自己看作是行业领导者，或者是本行业最低成本者，或者有最强的销售能力，或者有较高的顾客忠诚度等；它可能认为"顾客偏爱产品线齐全的企业"、"顾客欢迎价廉物美的产品"、"顾客认为服务比价格更重要"等。竞争者的这些假设可能是准确的，也可能是不准确的。当它们不准确的时候，就为企业提供了可乘之机。对竞争者假设的分析，也就是识别其在认识环境中的偏见与盲点，以便捕捉到市场机会。

四、评估竞争者的反应模式

竞争者的目标、策略、优势决定了它对市场竞争的反应，如降价、强化促销、推出新产品等策略的实施。每个企业都有自己的经营哲学和指导思想，当企业采取某些措施和行动之后，竞争者会有不同的反应。竞争者的反应模式分为以下四种类型：

（一）从容不迫型

从容不迫型指对某一特定竞争者的行动没有迅速反应或者反应不强烈，其原因可能是：认为自己产品的顾客忠诚度高，或者是敏感度不高，或者没有发现对手的新举措，或是缺乏有效的奖励机制等。

（二）择优评价型

择优评价型指可能对竞争者某些方面的进攻做出反应，而对其他方面的进攻不加理会。例如，对降价竞销会做出反应，但对竞争者增加广告费用则不加理会。

（三）凶猛险恶型

凶猛险恶型指对任何方面的进攻都迅速强烈地做出反应，如美国宝洁公司（P&G）就是一个强劲的竞争者，一旦受到挑战就会立即发起猛烈的全面反击。因此，同行企业都避免与它直接交锋。

（四）随机应变型

随机应变型指不会表现出可预知的反应行为，反应模式难以捉摸。

五、确定企业的市场竞争对策

企业辨明了主要竞争者并分析了他们的优势、劣势和反应模式之后，就要决定自己的对策：进攻谁，回避谁。具体可根据以下几种情况做出决定：

（一）竞争者的强弱

以较弱的竞争者为进攻目标，可以节省时间和资源，事半功倍，但是获利较小；以较强的竞争者为进攻目标，则可提高自己的竞争能力且获利较大，而且即使是强者也总会有弱点。

（二）竞争者与本企业的相似程度

多数企业主张与相似的竞争者竞争，但同时又认为应避免摧毁相似的竞争者。因为，其结果很可能反而对自己不利。例如，美国博士伦眼镜公司在20世纪70年代末与其他同样生产隐形眼镜的公司竞争，大获全胜，导致竞争者完全失败而相继并入更强的大公司，使博士伦公司面临更强大的竞争者。

（三）竞争者表现的好坏

有时竞争者的存在对企业在战略上是必要和有益的。首先，竞争者可能有助于增加市场的总需求；其次，竞争者为吸引力较小的细分市场提供产品，可导致产品差异性的增加；最后，竞争者还可使企业减少触犯反垄断法的风险，并可增强企业同政府管理者谈判的力量。

六、企业竞争情报系统

企业为了及时、准确地掌握竞争者的情报，除了要按以上几个步骤分析竞争者外，还需要建立竞争情报系统。具体步骤如下：

（一）建立系统

这个系统首先要明确市场营销管理者所需要的主要情报及其最佳来源是什么。

（二）收集数据

通常推销人员、经销商和代理商、市场咨询机构和有关的协会、相关的报刊等，都可成为情报来源。

（三）评价和分析

评价和分析指对所收集到的资料进行分析和评估，做出必要的解释，并整理和分类。

（四）传播反应

传播反应指通过电话、报告、通讯、备忘录、布告等形式，将情报资料及时送给企业有关的情报管理部门。

企业在进行市场分析之后，还必须明确自己在同行业竞争中所处的位置，进而结合自己的目标、资源、环境及在目标市场上的地位等来制订市场竞争战略。现代市场营销理论根据企业在市场上的竞争地位，把企业分为四种类型：市场领导者、市场挑战者、市场跟随者和市场补缺者。

第二节　市场领导者策略

市场领导者（或称市场领袖者 Market Leader）是指某一品牌的产品在某行业市场占有最大份额的企业，它通常在价格变化、新产品引进、分销覆盖和促销强度上，对其他公司起领导作用。例如，电脑软件市场上的微软公司、软饮料市场上的可口可乐公司和快餐市场上的麦当劳等。市场领导者可能受赞赏和尊敬，也可能不会，但其他公司都承认它的统治地位。市场领导者是竞争者的一个导向点，竞争者可以向其挑战、模仿之或者避免与之竞争。

市场领导者要继续保持其第一的位置，必须采取三方面的行动：扩大总需求；保护市场份额；扩大市场份额。具体内容如图6—2所示。

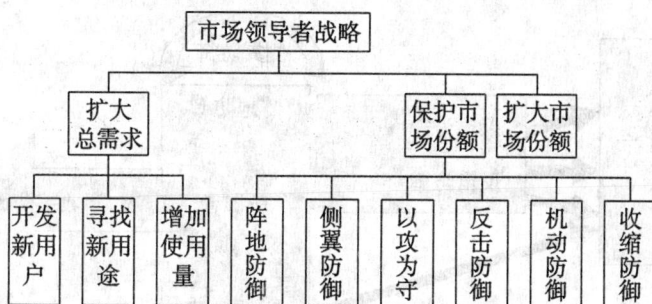

图6—2　市场领导者（领袖者）的营销战略

一、扩大总需求

当一种产品的市场需求量扩大时，收益最大的往往是处于领先地位的企业。所以，促进产品总需求量不断增长，扩大整个市场容量，是市场领导者维持竞争优势的积极措施。市场领导者一般通过开发新用户、寻找新用途和刺激使用者增加使用量来扩展整个市场。

（一）开发新用户

每种产品都有吸引新用户和增加用户数量的潜力。因为，可能有些消费者对某种产品还不甚了解，或产品定价不合理，或产品性能还有缺陷等。企业可以从三个方面找到新的用户：市场渗透；市场开发；地理扩展。例如，香水企业可设法说服不用香水的妇女使用香水（市场渗透战略）；说服男士使用香水（市场开发战略）；向其他国家推销香水（地理扩展战略）。

（二）寻找新用途

不少产品的用途不仅仅只是一种，当新的用途被发现且又被顾客认同时，这一产品的市场会因此而扩大。例如，凡士林最初只不过被作为一种简单的机器润滑剂，但若干年后凡士林的用途增多了，如可用作护肤膏、痊愈剂和发蜡等，于是凡士林的销量大增。

（三）增加使用量

说服消费者更多地使用该产品，从而使得在消费群体规模不变的情况下增加产品的销量。

二、保护市场份额

处于市场领先地位的企业，必须时刻防备竞争者的挑战，保卫自己的市场阵地。《孙子兵法》中说道："故善战者，求之于势，不求于人"。意思是善战者不是依靠对手不进攻，而是靠自己具有不可被攻破的实力。因此，市场领导者应该在不断提高服务质量的同时，抓住对手的弱点主动出击。为了保护现有的市场份额，可以采用多种防御方法。防御战略的目标是减少受攻击的可能性，使攻击转移到危害较小的地方，并削弱其攻势。虽然任何攻击都可能造成利润的损失，但防御者的防御措施和反应速度的快慢，会使后果大不一样。防御战略一般有以下几种方式，具体内容如图6—3所示。

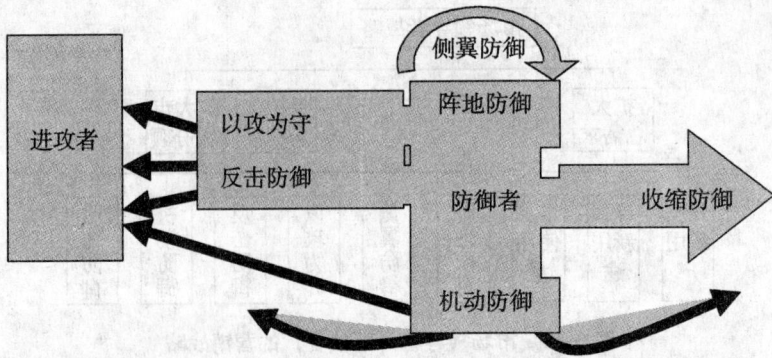

图6—3　市场领导者（领袖者）的防御示意图

（一）阵地防御

阵地防御就是在现有阵地周围建立防线。这是一种静态的防御，是防御的基本形式。但是，不能作为唯一的形式，如果将所有力量都投入到这种防御，最后很可能导致失败。

（二）侧翼防御

侧翼防御是指市场领导者除保卫主要阵地外，还应建立某些辅助性的基地作为防御阵地，或必要时作为反攻基地。特别是注意保卫自己较弱的侧翼，防止对手乘虚而入。

（三）以攻为守

这是"先发制人"式的防御，即在竞争者尚未进攻之前，先主动攻击它。这种战略主张预防胜于治疗，事半功倍。具体做法是当竞争者的市场占有率达到某一危险的高度时，就对它发动攻击；或者是对市场上的所有竞争者全面攻击。

（四）反击防御

当市场领导者遭到对手发动的降价或促销攻势，或改进产品、占领市场阵地等进攻时，不能只是被动应战，应主动反攻入侵者的主要市场阵地，可实行正面反攻、侧翼反攻或发动钳形攻势，以切断进攻者的后路。

（五）机动防御

这种战略不仅防御目前的阵地，而且还要扩展到新的市场阵地。

（六）收缩防御

在所有市场阵地上全面防御有时会得不偿失，在这种情况下，最好是实行收缩防御，即放弃某些疲软的市场阵地，把力量集中用到主要的市场阵地上去。

三、扩大市场份额

即使在市场规模不变的情况下，市场领导者也可以尝试通过其市场占有率的再度扩张而成长。著名的"经营战略对利润的影响"研究报告指出，获利率（以税前的投资回报率衡量）随着市场份额增长而直线上升。

但是，也有些研究者对上述观点提出不同意见。通过对某些行业的研究发现，除了市场领导者以外，有些市场占有率低的企业依靠物美价廉和专业化经营，也能获得很高的收益。只有那些规模不大不小的企业收益最低，因为，它们既不能获得规模经济的效益，也不能获得专业化竞争的优势。所以，企业扩大市场份额时应考虑以下三个因素：

（1）导致反垄断的可能性。

许多国家有反垄断法，当企业的市场占有率超过一定限度时，就有可能受到指控和制裁。

（2）为扩大市场份额付出的边际成本。

当市场份额已达到一定水平时，再要求进一步的扩大就要付出很大代价，结果可能得不偿失。

（3）扩大市场份额采取的市场营销组合策略。

有些市场营销手段对扩大市场份额很有效，却不一定能增加收益。只有两种情况下的市场份额同收益率成正比：一是单位成本随市场份额的扩大而下降；二是在提供优质产品时，销售价格的提高大大超过为提高质量所投入的成本。

总而言之，市场领导者必须善于扩大市场需求总量，保卫自己的市场阵地，防御挑战者的进攻，并在保证收益增加的前提下，扩大市场份额，才能持久地占据市场领先地位。

第三节　市场挑战者策略

一、市场挑战者地位

市场挑战者（Market Challenger）是指市场占有率仅次于市场领导者，并有实力向领导者发动全面攻击的企业。例如，美国汽车行业的福特公司、软饮料行业的百事可乐公司等。市场挑战者战略首先必须确定自己的战略目标，然后再选择适当的进攻策略。

二、挑战者的战略目标

战略目标与进攻对象密切相关。一般来说，挑战者可在下列三种企业中选择攻击对象，并确定相应的战略目标。

（一）攻击市场领导者

这是风险和吸引力都很大的举措，一旦成功，收益极为可观。挑战者应仔细调查和研究领导者的弱点和缺陷，以作为自己进攻的目标。此外，还可开发出超过领导者的新产品，以更好的产品夺取市场的领导地位。

（二）攻击与自己实力相当者

规模相仿的企业可以说是挑战者最主要的敌手，两者之间相互争夺地盘的斗争直接关系到各自的命运。市场挑战者要选择其中经营不善、发生亏损的公司作为进攻对象，设法夺取它们的市场。

（三）攻击地方性小企业

对当地小企业中经营不善、资金困难者，夺取它们的顾客，甚至收购这些小企业。

三、挑战者的进攻策略

确定了战略目标和进攻对象之后，挑战者还需要考虑采取何种进攻策略。挑战者有五种策略可供选择，具体内容如图6—4所示。

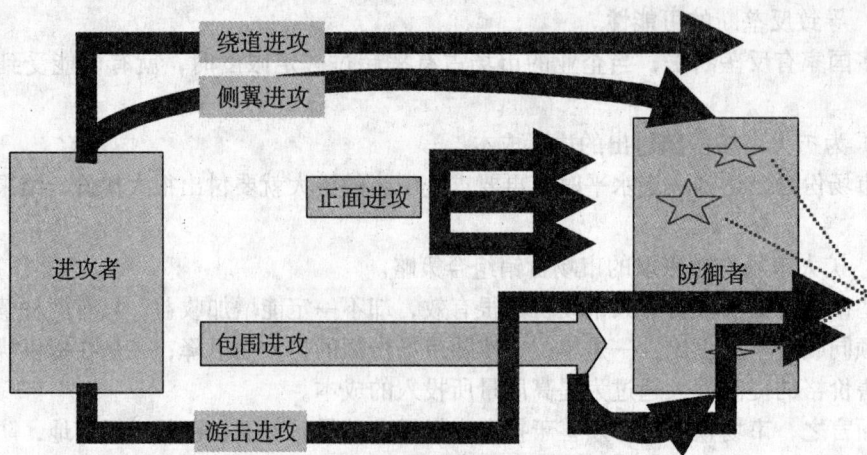

图6—4　挑战者的进攻策略示意图

（一）正面进攻

正面进攻即进攻者集中全力向对手的主要方面进攻，也就是攻击对手的强项，而不是弱项。这要求进攻者必须在产品、广告、价格等主要方面超过对手，否则不宜采用这种策略。另外，进攻者可投入大量研究与开发经费，使产品成本降低，从而以降低价格的手段向对手发动进攻，这是正面进攻最可靠的基础之一。

（二）侧翼进攻

侧翼进攻指进攻者集中优势力量攻击对手的弱点，攻击其侧面或背面。这又分为两种情况：一种是地理性的进攻，即在国际市场上寻找对手力量薄弱的地区，在这些地区发动进攻；另一种是细分性进攻，即寻找主导企业尚未为之服务的细分市场，在这些小市场上迅速填补空缺。

一场漂亮的侧翼战应是如入无人之境。你不可能把自己的伞兵投到敌人机关枪阵地上，也不能把侧翼战的产品直接送入对手已在市场上站稳脚跟的"虎口"。例如，数字设备公司利用一种小型电脑向IBM公司发起侧翼进攻，与IBM公司的大型电脑正好相反。

侧翼战应是一场奇袭战。成功的侧翼战是完全不可预测的，其突袭性越强，行业领先者反击和收复失地所需要的时间越长。突然袭击还可以打击竞争对手的士气，使其销售队伍暂时受挫。例如，福特公司准备进攻通用汽车公司，就必须先进攻雪佛莱和卡迪拉克之间的某些地带。

侧翼战的追击与进攻同等重要。有些企业实现了营销目标后，就把各种资源投到其他地方，不再继续努力，这是一种失策之举。

（三）绕道进攻

这是一种间接的进攻策略，它避开了对手的现有阵地，通过多角化经营发展自己的市场、积累自己的财源，而向竞争对手展开间接攻击。具体办法是：发展无关产品，实行产品多元化；以现有产品进入新地区，实行市场多元化；发展新技术、新产品，取代现有产品。

（四）包围进攻

包围进攻指针对几个方面同时进攻，让竞争者必须同时提防它的前方、边线和后方。

当挑战者具有占优势的资源，而且相信包围进攻策略能迅速和完全突破竞争者所拥有的市场时，该策略就有用了。

（五）游击进攻

游击战适用于那些规模较小的挑战者，它们通过发动小规模和间歇性的攻击，去骚扰竞争者，并希望建立永久的据点。在军事史上，中国、古巴、越南的经验都证实了游击战的威力。在商战上，游击战也具有一种保存实力的战术优势，它使得小公司也有可能在大公司的领地上一显身手。

金山公司和微软的竞争就是一场典型的游击战。中国的软件企业起步较晚，且饱受"两座大山"的压迫，被称作"两座大山"的是"前有微软，后有盗版"。在微软这样有强大的垄断市场的竞争对手面前，金山在和微软的竞争中要保持不败，要保证生存和发展，就一定要打游击战。金山开发了金山词霸和杀毒软件，因为，这些都是微软这样的大公司不做的，而且这些业务不容易形成垄断。面对微软操作系统的强大竞争，金山的WPS在国内市场上积极寻求差异化的市场，满足了部分用户的特殊需求，取得了丰硕的成果。

上述市场挑战者的进攻策略是多样的，一个挑战者不可能同时运用所有这些策略，但也很难单靠某一种策略取得成功。通常是设计出一套策略组合即整体策略，借以改善自己的市场地位。美国"百事可乐"对"可口可乐"来说是一个举世瞩目的典型挑战者，它在1950至1960年之间，发动了多样的巨大攻势，取得了很大成功，销售量增长了4倍。但是，并非所有居于次要地位的企业都可充当挑战者，如果没有充分的把握不应贸然进攻领导者，最好是跟随而不是挑战。

第四节　市场跟随者和市场补缺者策略

一、市场跟随者策略

扮演市场跟随者（Market Follower）与挑战者角色的企业实力往往难分伯仲，他们的主要区别在于对待市场领导者的态度不同。挑战者采取积极进攻的姿态，而追随者则默认领导者的地位，只求维持自己的现有市场份额。

美国管理学专家李维特（Levitt）曾著文认为，产品模仿有时像产品创新一样有利。因为，一种新产品的开发者要花费大量投资才能取得成功，并获得市场领先地位。而市场跟随者从事仿造或改良这种产品，虽然不能取代市场领导者，但因不需大量投资，也可获得很高的利润，其盈利率甚至可超过全行业的平均水平。

市场跟随者与挑战者不同，它不是向市场领导者发动进攻并图谋取而代之，而是跟随在领导者之后自觉地维持共处局面。这种"自觉共处"状态在资本密集且产品同质的行业（钢铁、化工等）中是很普遍的现象。在这些行业中产品的差异性很小，而价格敏感度甚高，随时都有可能发生价格竞争，结果导致两败俱伤。因此，这些行业中的企业通常彼此自觉地不互相争夺客户，不以短期的市场占有率为目标，即效法领导者为市场提供类似的产品，因而，市场占有率相当稳定。

但是，这不等于说市场跟随者就无所谓策略。每个市场跟随者必须懂得如何保持现有顾客，并争取一定数量的新顾客；必须设法给自己的目标市场带来某些特有的利益，如地点、服务、融资等；还必须尽力降低成本并保持较高的产品质量和服务质量。

市场跟随者也不是被动地单纯追随领导者，它必须找到一条不致引起竞争性报复的发展道路。

（一）紧密跟随策略

这种策略是在各个细分市场和市场营销组合方面尽可能地仿效领导者。这种跟随者有时好像是挑战者，但只要它不从根本上侵犯到领导者的地位，就不会发生直接冲突，有些甚至被看成是靠拾取领导者的残余谋生的寄生者。

（二）有距离的跟随策略

市场跟随者与领导者保持一定的差异，但在主要市场的产品创新、价格调整、配销道路上追随领导者。这样做不妨碍领导者市场计划的执行，也可通过兼并小企业使自己发展壮大。

（三）有选择的跟随策略

这种跟随者在某些方面紧跟领导者，而在另一些方面又自行其是。也就是说，它不是盲目地跟随，在跟随的同时还要发挥自己的独创性，但不进行直接的竞争。这类跟随者之中有些可能发展成为挑战者。

二、市场补缺者策略

（一）市场补缺者市场

市场补缺者也称拾遗补缺者或市场利基者，指专门为规模较小的或大公司不感兴趣的细分市场提供产品和服务的公司。规模较小且大公司不感兴趣的细分市场称为补缺市场。理想的补缺市场应具备以下特征：

（1）具有一定的规模和购买力，能够盈利。

（2）具备发展潜力。

（3）强大的公司对这一市场不感兴趣。

（4）本公司具备向这一市场提供优质产品和服务的资源和能力。

（5）本公司在顾客中建立了良好的声誉，能够抵御竞争者入侵。

（二）市场补缺者策略

市场补缺者取得补缺市场主要的策略是专业化市场营销，企业可在市场、顾客、产品或渠道等方面实行专业化。

（1）最终用户专业化。专门致力于为某类最终用户服务。

（2）垂直层面专业化。专门致力于分销渠道中的某些层面。

（3）顾客规模专业化。专门为一种规模（大、中、小）的客户服务，如有些小企业专门为那些被大企业忽略的小客户服务。

（4）特定顾客专业化。只对一个或几个主要客户服务。

（5）地理区域专业化。专为国内外某一地区或地点服务。

（6）产品或产品线专业化。只生产一大类产品。

（7）客户订单专业化。专门按客户订单生产预订的产品。

（8）质量和价格专业化。专门生产经营某种质量和价格的产品。

（9）服务项目专业化。专门提供某一种或几种其他企业没有的服务项目。

（10）分销渠道专业化。专门服务于某一类分销渠道。

市场补缺者是弱小者，面临的主要风险是当竞争者入侵或目标市场的消费习惯变化时有可能陷入绝境。因此，作为市场补缺者要完成三个任务：创造补缺市场、扩大补缺市场、保护补缺市场。例如，著名的运动鞋生产商耐克公司，不断开发适合不同运动项目的特殊运动鞋，如登山鞋、旅游鞋、自行车鞋、冲浪鞋等，这样就开辟了无数的补缺市场。每当开辟出这样的特殊市场后，耐克公司就继续为这个市场开发出不同的款式和品牌，以扩大市场占有率，如耐克充气乔丹鞋、耐克哈罗克鞋。最后，如果有新的竞争者闻声而来的话，耐克公司还要全力以赴保住其在该市场的领先地位。

本章提要

"知己知彼，百战不殆"，企业经营要了解消费者的行为，同时也要了解竞争者的行为。企业要在竞争中处于不败之地，就要获取竞争优势，而要获得竞争优势，就必须展开竞争，形成企业自己的核心竞争力，通过进攻、防守、跟进、转移等战略性决策来实现企业的竞争力。本章介绍了可选择的市场竞争策略包括市场领导者策略、市场挑战者策略、市场追随者策略或市场补缺者策略四个方面的内容。

练习与思考

1. 研究竞争者战略的意义与作用是什么？
2. 什么是市场领导者？领导者的市场营销策略有哪些？
3. 什么是市场挑战者？挑战者的市场营销策略有哪些？
4. 什么是市场追随者？追随者的市场营销策略有哪些？
5. 什么是市场补缺者？补缺者的市场营销策略有哪些？

案例教学

你打你的仗 我守我的城——珍极酿造集团商战案例

酱油虽是小食品却是大市场。据有关方面统计，中国年消费酱油量在 500 万吨以上，而人均消费量却只有日本人均消费量的三分之一。从需求来看，中国酱油市场潜力巨大。

1. 竞争对手情况

★对手1：日本酱油。90 年代初，日本酱油开始进入中国市场，在北京、上海和广州各大超市，其产品以精美的包装和不菲的价格，赢得宾馆、饭店及高消费一族的喜爱。

优势分析：日本酱油采用现代化发酵酿造技术，实行全密封化、机械化生产，卫生可靠，劳动生产率、原料利用率高，成本较低，而且营养、口感、品质上成。日本制造商早在 1899 年就成立了世界上第一个研究所，培养了一大批酱油硕士、博士。他们在对中国制酱技术进行了系统的理论研究后，把其与现代科技结合，使日本酱油的质量在全球处于领先地位，产品销量居世界第一位。

劣势分析：日本精制酱油刚刚进入中国市场的时候，50 元一大瓶、27 元一小瓶的超高价，令消费者望而却步。

★对手2：小作坊酱油。优势分析：小作坊生产的酱油成本很低，价格低廉，赢得低收入消费者的欢迎。劣势分析：小作坊酱油营养价值低，产品质量没有保证。

★**对手3：造假酱油。**优势分析：造假者以极低的成本向市场倾销，有极强的隐蔽性，打一枪换一个地方，让竞争者打假无从下手。由于价格低廉，容易出售，对市场的破坏性极大。劣势分析：销售渠道狭窄，躲在暗处从来不敢公开叫卖。

★**对手4：同质酱油。**同质酱油来自同行业的竞争对手。珍极酱油与北京名牌产品"金狮"酱油、外地的"陶大"、"老抽"等酱油品牌形成市场竞争态势。优势分析：知己知彼，大家都在同一起跑线上。劣势分析：技术落后、资金短缺、企业包袱过重。

2. 市场战略和战术

面对来自各方竞争对手的激烈竞争，河北珍极酿造集团采取"你打你的仗，我守我的城"的堡垒式的营销应对策略。坚持以打科技战、质量战、引导战、转防战为主，以科技创造名牌，以名牌保证质量，以质量引导市场，以市场转换攻防。

★**科技战略：**以科技创造名牌。引进制酱设备、工艺，兴建的我国第一条大规模、高品质的酱油生产线，酱油及其他调味品的生产能力、技术装备、产品质量等居全国前列。

★**质量战略：**以名牌保证质量。坚持质量第一的战略，降质量、拼价格不是企业发展的长远之计。拼价格只能导致价格越来越低，质量也越来越次，最终毁了自己好不容易创建的品牌。

★**引导战略：**以质量引导市场。经过对伪劣品的认真调查和研究，珍极酿造集团总结了经验，在报纸、电台上多次宣传识别真假产品的知识，提高了消费者对伪劣产品的鉴别力和警惕性。通过以上对市场和消费者的积极引导，起到了很好的市场拓展作用。许多消费者已经从过去漫不经心的随意购买进步到了认真选择购买，消费水平、消费意识明显提高。

★**转防战略：**以市场转换攻防。在市场竞争中，有时积极的进攻正是更好的防守。珍极集团在积极拓展国内市场的同时，把眼睛瞄准了美国市场，开始了跨国营销。

问题：珍极酿造集团在市场竞争中采用了哪些战略和战术来保证企业的生存和发展？

■ 实训教学

【实训项目】制订企业的营销战略及营销战术。

【实训内容】美国著名市场营销战略家艾尔·里斯和杰克·特劳特的力作《营销战》（Marketing Warfare）一书中明确地提出：在每100家公司中，有1家应打防御战，2家应打进攻战，3家应打侧击战，其余94家应打游击战。

【实训材料】游击营销的100种武器参考（如表6—1所示）

表6—1　　　　　　　　　　**游击营销的100种武器参考**

1. 营销设计图	51. 整洁的营业环境
2. 营销日程表	52. 顾客推荐计划
3. 利基市场和定位	53. 与有共同目标的企业结盟
4. 企业名称	54. 产品和服务的担保
5. 企业身份识别	55. 电话销售
6. Logo（品牌和企业的）	56. 赠品凭证

续表

7. 企业和品牌的主题	57. 产品和企业形象宣传册
8. 带有企业标志的文具	58. 电子版宣传册
9. 企业的名片	59. 地点
10. 企业内部的装修和标志	60. 广告
11. 企业外部的装修和标志	61. 销售培训
12. 每天的营业时间	62. 病毒营销
13. 营业日程	63. 产品和服务质量
14. 橱窗布置和展示	64. 产品的再版或放大
15. 企业的灵活性和机动性	65. 活动挂图
16. 口头传播和口碑	66. 产品升级的机会
17. 与社区、团体的紧密联系	67. 在线营销
18. 物品交换	68. 竞赛和抽奖
19. 俱乐部和协会的会员资格	69. 分类广告
20. 分期支付计划	70. 报纸广告
21. 与消费者动机相关联的营销	71. 杂志广告
22. 电话问候	72. 广播广告
23. 免费咨询和服务电话	73. 电视曝光
24. 免费咨询	74. 垃圾时段的电视长篇广告
25. 免费研讨会和培训	75. 电影广告
26. 免费示范	76. 直邮信件
27. 免费样品	77. 直邮明信片和贺卡
28. 给予者和接受者的姿态	78. 在公开场合的表演
29. 熔合式营销（Fusion Marketing）	79. 海报、招贴画
30. 热线电话转接或等待期间的营销行为	80. 交互式自动传真回复系统（Fax-on-demand）
31. 成功的案例和故事	81. 特别事件
32. 雇员的服饰	82. 展览和陈列
33. 街头戏剧	83. 音响和视觉辅助手段
34. 接待人员的服务、笑容和语气等	84. 顾客的消遣时间
35. 售后追踪	85. 顾客的邮件列表
36. 赠品、广告的特点和特质	86. 潜在顾客的邮件列表
37. 产品目录册	87. 企业为公众提供的免费往返班车

38. 黄页广告	88. 竞争优势
39. 出版物专栏	89. 对竞争对手营销计划的观察
40. 出版物的文章	90. 产品和服务提供的速度
41. 俱乐部的演讲人、演说者	91. 推荐书、感谢信
42. 企业的新闻通讯	92. 企业和品牌的声誉
43. 企业间的业务通信	93. 积极性和激情
44. 受众和顾客的传播	94. 品牌可信度
45. 顾客权益清单（Benefits List）	95. 暗中监视和侦察自己的竞争对手
46. 精选产品	96. 成为一个轻松的商业伙伴
47. 与消费者沟通的时机	97. 品牌知名度
48. 怎样和消费者开始接触，怎样与消费者道别	98. 企业指派的游击营销队伍
49. 公关	99. 企业和品牌的竞争力
50. 怎样与媒体接触	100. 让顾客感到满意，让顾客感到无比幸福

资料来源　游击营销培训集团。

【实训要求】以某一行业为例，参考"游击营销的100种武器"，讨论并设计几种游击营销的战略和战术，说明其预见性效果，并讨论游击战要不要讲究竞争规则。

第七章　营销组织结构与营销人才培养

经典语录：组织的目的，就是要使平凡的人做出不平凡的事。

彼得·F. 德鲁克（Peter F. Drucker）

学习目标和实训要求

【理论学习目标】通过本章学习，应了解市场营销组织的含义；了解营销控制、营销审计的内容；掌握市场营销组织的不同类型结构和特点；了解营销人员的从业心理和顾客心理的关系；掌握营销人员的甄选、培训、激励与考核方法；掌握销售活动中营销人员和顾客的心态。

【实践训练要求】通过本章学习，应掌握营销组织结构的描述与设计方法；学会协调组织结构中各部门之间的关系。

重点与难点

【重点】市场营销组织的类型及组织设计。

【难点】不同营销组织类型的营销职能及以营销为导向的企业营销组织结构设计与运行。

引例 "三株"的营销组织与市场攻略

1. "三株神话"

三株口服液是济南三株药业有限公司的起家产品，在热热闹闹、争议不断的保健品市场中，没有一个产品像三株口服液一样在短短几年内创造出不可思议的销售奇迹。三株口服液在 1994 年实现规模生产，销售收入首次超亿元，1995 年销售收入达 33.5 亿元，1996年销售收入达 80.6 亿元。1997 年"三株"的目标居然是保 200 亿，争 260 亿，冲刺 300亿。"三株"要在中国市场创造营销的"神话"。

2. "三株"的组织

三株的市场扩张，与三株的营销网络密切相关，与建立在庞大的营销网络上的营销职能的发挥和营销人员的工作密不可分。"三株"营销公司设总经理、副总经理、人事部、终端部、财务部、市场部。其中市场部负责"三株"近 20 万营销人员的管理。"三株"的营销网络共有 4 级，在省一级建立营销指挥部，在市、地级设营销公司，在区、县级设办事处，在乡镇及城市区内设工作站。1996 年"三株"在全国设有 219 个营销公司、1 600 个办事处。检查大队负责违纪、违规的检查，充当宪兵的角色，有权检查所有人的工作。

3. "三株"的准军事化管理

（1）准军事化的营销思想

商场如战场，管理者热衷于从政治家的政治谋略和军事家的军事谋略中汲取可用的成分，将孙子兵法、吴子兵法、司马兵法、姜尚兵法、诸葛亮兵法以及三十六计等运用到市场营销中，并把它演化成三十八条工作方法和十八种工作艺术，传授给数百名高级干部。

克劳·塞维茨（德国军事家，代表作品是《战争论》）的军事理论和毛泽东军事思想中诸如"农村包围城市"、"集中优势兵力，各个击破敌人"、"伤其十指，不如断其一指"及人民战争、游击战争等经典战略被广泛用于营销实践。

（2）准军事化组织

企业准军事化机构从设立军事委员会、市场前线总指挥委员会、战区"总指挥部"，到华北、华南、华中、东北、华东、西南、西北等各方面军和"野战军"、"独立兵团"、"联合纵队"，将独立分公司改为军、师建制。管理者改称"司令员"或"军长"、"师长"甚至"旅长"、"团长"、"营长"、"连长"、"排长"、"班长"等。1996年"三株"为实现100亿的宏伟目标发动了春季、秋季、冬季三大战役。

（3）准军事化管理

各级组织每天要开晚会总结评比，宣传员要填写反馈单，检查员要填写检查单。每阶段要进行评比，评比结果与奖惩挂钩。在管理形式上实行流动红旗、总结大会、培训大会、员工胸卡制度。员工要学习"三老"、"四严"、"四个一样"，并要学习毛泽东的《反对自由主义》等文章。

【引例思考】"三株"的营销组织结构体系有什么与众不同的地方？这种组织结构对市场营销有什么帮助？同时，这种管理模式有何硬伤？

第一节　营销组织结构

一、市场营销组织的含义

管理的实质在于使人们为了共同的目标而有效地合作。组织决策是市场营销管理的一项重要的职能。市场营销组织就是对企业内部涉及营销活动的各个职位、部门及其相互关系的设计。市场营销组织的任务就是在明确营销目标的基础上，根据人员、环境和任务的具体要求，进行工作任务的分类和相应部门、职务结构的设计，并通过组织内信息的沟通、协调和配合提高组织工作的效率，使整个市场营销组织结构成为一个严密而有活力的整体，以保证企业营销目标的顺利实现。

二、市场营销组织的目标

市场营销组织的目标包括：

（1）对市场需求做出快速反应。市场营销组织应不断适应外部环境，并对市场变化做出积极反应。

（2）使市场营销效率最大化。企业内部存在许多专业化部门，为避免这些部门间的矛盾和冲突，市场营销组织要充分发挥其协调和控制的职能，确定各自的权利和责任。

（3）代表并维护消费者利益。企业一旦奉行市场营销观念，就要把消费者利益放在第一位，代表并维护消费者利益。

三、市场营销组织的效率与效果

营销组织运作的好坏可以从效率与效果两个方面来考察。从组织的角度来看，效率要通过企业内部的专业化和程序化来实现，只要组织的目标及所面临的外部环境不发生变化，专业化和程序化必然会大大提高企业的效率。效果反映的是实现目标的程度，它是实际结果与预期结果的对比。效率与效果的区别在于迅速取得的结果不一定能有效地满足目标。对于大多数企业来讲，往往"鱼"和"熊掌"不能兼得，有的企业试图不断创新，倾向于提高效率，而有的企业则愿意维持现有的市场份额，表现为倾向于最终结果。正如美国著名管理学家彼得·F. 德鲁克所说的那样："效率是正确地做事情，而效果是做正确的事情"。

四、市场营销部门的演变

企业的市场营销部门是随着市场营销管理哲学的不断发展演变而来的。大致经历了单纯的销售部门、兼有附属职能的销售部门、独立的市场营销部门、现代市场营销部门、现代市场营销企业五个阶段。

（一）单纯的销售部门

20 世纪 30 年代以前，西方企业以生产观念作为指导思想，大部分都采用这种形式。一般说来，所有企业都是从财务、生产、销售和会计这四个基本职能部门展开的。财务部门负责资金的筹措，生产部门负责产品制造，销售部门通常由一位副总经理负责管理销售人员，并兼管若干市场营销研究和广告宣传工作。在这个阶段，销售部门的职能仅仅是推销生产部门生产出来的产品，对产品的种类、规格、数量等问题，几乎没有任何发言权。具体内容如图 7—1 所示。

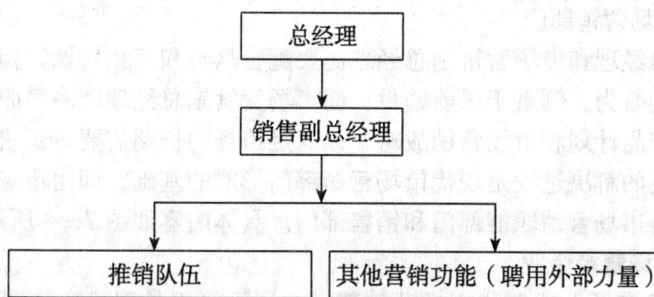

```
                      总经理
                        │
                        ▼
                    销售副总经理
                        │
          ┌─────────────┴─────────────┐
          ▼                           ▼
       推销队伍              其他营销功能（聘用外部力量）
```

图 7—1　单纯的销售部门组织结构图

（二）兼有附属职能的销售部门

20 世纪 30 年代大萧条以后，市场竞争日趋激烈，企业大多数以推销观念作为指导思想，需要进行经常性的市场营销研究、广告宣传以及其他促销活动，这些工作逐渐变成专门的职能，当工作量达到一定程度时，便会设立一名市场营销主任负责这方面的工作。具体内容如图 7—2 所示。

```
┌─────────────┐
│    总经理    │
└─────────────┘
       │
┌─────────────┐
│  销售副总经理 │
└─────────────┘
       │
   ┌───┴───────────────┐
┌─────────┐      ┌─────────┐
│ 推销队伍 │      │ 营销主任 │
└─────────┘      └─────────┘
```

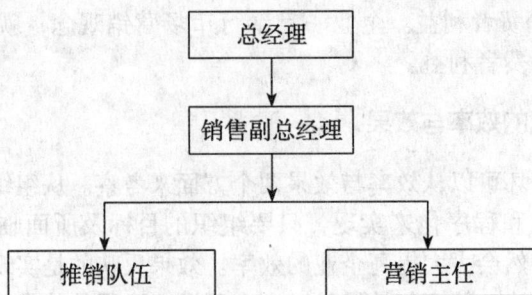

图7—2 兼有附属职能的销售部门组织结构图

（三）独立的市场营销部门

随着企业规模和业务范围的进一步扩大，原来作为附属性工作的市场营销研究、新产品开发、广告促销和为顾客服务等市场营销职能的重要性日益增强。于是，市场营销部门成为一个相对独立的职能部门，作为市场营销部门负责人的市场营销副总经理同销售副总经理一样直接受总经理的领导，销售和市场营销成为平行的职能部门。具体内容如图7—3所示。

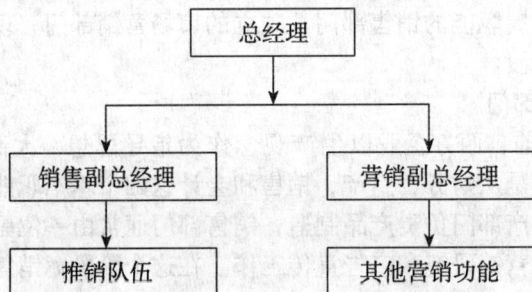

```
┌─────────────┐
│    总经理    │
└─────────────┘
       │
   ┌───┴───────────────┐
┌───────────┐    ┌───────────┐
│ 销售副总经理 │   │ 营销副总经理 │
└───────────┘    └───────────┘
      │                │
┌─────────┐      ┌───────────┐
│ 推销队伍 │      │ 其他营销功能 │
└─────────┘      └───────────┘
```

图7—3 独立的市场营销部门组织结构图

（四）现代市场营销部门

尽管销售副总经理和市场营销副总经理需要配合默契和互相协调，但在实际工作中销售经理趋向于短期行为，侧重于眼前销量；而市场营销副总经理则多着眼于长期效果，侧重于制订适当的产品计划和市场营销战略，以满足市场的长期需要。销售部门和市场营销部门之间矛盾冲突的解决过程是现代市场营销部门形成的基础，即由市场营销副总经理全面负责，下辖所有市场营销职能部门和销售部门。具体内容如图7—4所示。

（五）现代市场营销企业

一个企业仅仅有了上述现代市场营销部门，还不等于是现代市场营销企业。现代市场营销企业取决于企业内部各种管理人员对待市场营销职能的态度，只有当所有的管理人员都认识到企业一切部门的工作都是为顾客服务，"市场营销"不仅是一个部门的名称而且是一个企业的经营哲学时，这个企业才能算是一个以顾客为中心的现代市场营销企业。

五、营销部门与其他部门的关系

为确保企业整体目标的实现，企业内部各职能部门应密切配合。但实际上，各部门间

总经理

↓

营销和销售执行副总经理

销售经理　营销经理

销售队伍　其他营销职能

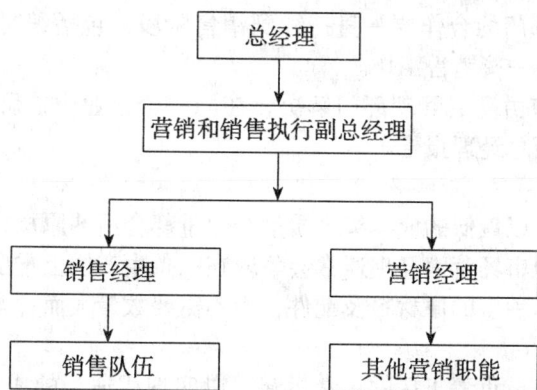

图7—4 现代市场营销部门组织结构图

的关系常常表现为激烈的竞争和明显的不信任，其中有些冲突是由对企业最高利益的看法不同引起的，有些是由部门之间的偏见造成的，而有些则是由于部门利益与企业利益相冲突所造成的。

在典型的组织结构中，所有职能部门应该说对顾客的满意程度都有或多或少的影响。在市场营销观念下，所有部门都应以"满足消费者需求"这一原则为中心，致力于消费者需求的满足，而市场营销部门则更应在日常活动中向其他职能部门灌输这一原则。市场营销经理有两大任务：一是协调企业内部的市场营销活动；二是在顾客利益方面，协调市场营销与企业其他职能部门的关系。然而，很难确定应给予市场营销部门多少权限来与其他部门进行协调合作。一般而言，市场营销部经理主要依靠说服而不是权力来进行工作。

（一）与新产品研究开发部门

企业希望开发新产品，但常因研究开发部门和市场营销部门关系不好而告失败。从许多方面，这两个部门在企业中代表着两种截然不同的文化观念。研究开发部门由科学技术人员构成，他们为生产技术的奇特性和超前性而骄傲，擅长解决技术问题，而不关心眼前的销售利润，喜欢在较少人监督或较少顾虑研究成本的情况下开展工作。而市场营销与销售部门则由具有商业头脑的人员组成，他们精于对市场领域的了解，喜欢那些对顾客有促销作用的新产品，有一种注重成本的紧迫感。由此带来的结果是：企业不是技术导向型的，就是市场导向型的，或二者并重的。

在技术导向型的企业中，研发人员力求寻求重大突破，产品设计尽善尽美，研究与开发费用高，而新产品成功率较低。在市场导向型的企业里，研发人员为专业市场的需要而设计新产品，绝大多数是对产品的改进和对现有技术的应用，新产品的成功率较高，但产品的生命周期短。在技术、市场二者并重的企业中，市场营销部与研究开发部已形成有效的组织关系，它们共同负责进行卓有成效的市场创新，研发人员不仅负责发明，也负责有希望成功的创新，销售人员不只是注意新的销售特色，也协调研究人员寻找能满足要求的新途径。

研究开发部门与市场营销部门的合作，通常可采用下列几种简便易行的方式：

（1）联合主办研讨会，以便加强对对方工作目标、作风、问题的理解和尊重。

（2）每个新项目要同时派给研究开发人员和市场营销人员，他们将在整个项目的执行过程中合作，同时，研究开发部门与市场营销部门应共同确定市场营销计划与目标。

（3）与研究开发部门的合作要一直持续到销售阶段，包括编写技术手册、合办贸易展览、售后调查或参与一些销售工作。

（4）产生的矛盾应由高层管理部门解决，在同一个企业中，研究开发部门与市场营销部门应同时向一个副总经理报告。

（二）与采购部门

采购主管人员负责以最低的成本买进质量和数量都合适的原材料与零配件。他们的购买量大且种类较少，但市场营销经理通常会争取在一条生产线上推出几种型号的产品，这就需要采购数量小而品种多的原材料及配件，而不需要数量大而种类少的配件。

（三）与制造部门

制造部门的生产人员负责工厂的正常运转，以实现用适当的成本，在适当的时间内，生产适当数量的产品的目的。他们成天忙于处理机器故障、原料缺乏、劳资纠纷及怠工等问题。他们认为，市场营销人员在不了解工厂的经济情况及战略的前提下，只会一味地埋怨工厂生产能力不足、生产拖延、质量控制不严、售后服务不佳等。

企业可采用不同的方法来解决这些问题，包括召开联合研讨会、设置联合委员会和联络人员、制订人员交流计划及采用分析方法等，以确定最有利的行动方案。

（四）与财务和会计部门

财务主管人员擅长评估不同业务活动的盈利能力，但每当涉及市场营销经费时就不得不喊"头痛"。市场营销主管人员在要求将大量预算用于宣传、促销活动和推销人员的开支的同时，却不能具体说明这些费用能带来多少销售利润。财务主管人员怀疑，市场营销人员所做的预测是自己随意编制的，并没有真正考虑经费与销售的关系，以便能把预算投向获利更多的领域。他们认为，市场营销人员急于大幅度削价是为了获得订单而不是真正为了盈利。反之，市场营销主管人员则认为，财务人员控制资金太紧，拒绝把资金投入长期的潜在市场开发中去，他们把所有的市场营销经费看作一种浪费，而不是投资。财务人员过于保守，不愿冒风险，从而与许多好的机遇失之交臂。

解决这个问题的办法是要加强对市场营销人员的财务训练。同时，要加强对财务人员的市场营销训练。财务主管人员要运用财务工具和理论，支持对全局有影响的市场营销工作。

小资料7—1 营销导向型的企业文化

只有为数不多的亚洲企业，如香港的佐丹奴、印度的利华、日本的索尼、菲律宾的生力、新加坡的航空企业、韩国的三星、中国台湾的宏基和泰国的东方大酒店等可称得上是营销导向型企业。在这些企业里，人们已达成如下共识：市场营销不仅是市场营销部门的职能，而且是所有部门都应有的职能。营销导向型企业的各部门具有如下意识：

1. 研究开发部门：（1）请消费者开会并倾听他们的意见；（2）在每一个新项目的研究开发期间，欢迎市场营销部门、制造部门和其他部门提出中肯的意见；（3）视竞争者的产品为"基准点"，寻找更好的产品；（4）在项目进行中倾听和吸收消费者的反馈意见；（5）在市场反馈的基础上，不断完善和改进产品。

2. 采购部门：（1）主动地寻找最好的供货商而不仅仅只是"守株待购"；（2）与少数值得信赖的高品质产品供货商建立长期的合作关系；（3）在价格优惠和高质量之间他

们首选高质量。

3. 生产部门：（1）邀请消费者对工厂进行参观和游览；（2）注意消费者如何使用企业的产品；（3）为满足已承诺的订单，宁愿超时工作；（4）不断寻找提高生产速度和降低生产成本的方法；（5）不断提高产品质量并致力于无质量缺陷。

4. 服务部门：（1）建立提供服务的高标准，并长期不懈地坚持这一标准；（2）富有知识且友善，负责回答消费者的问题，处理抱怨，并用一种令人满意的态度及时解决问题。

5. 财务部门：（1）定期提供产品市场、地理区域的盈利能力报告；（2）随时备有不同发票，以满足消费者的需要，并礼貌而迅速地回答消费者所提出的各种咨询问题；（3）理解并支持市场营销的费用支出，以支持市场营销部门的长期市场营销计划；（4）根据消费者的财务状况制订不同的财务标准；（5）在消费者信用程度上很快做出决定。

6. 公关部门：（1）宣传有利于企业的信息，控制损害企业形象的消息的传播；（2）充当企业内部的消费者和公众，并不断倡导更佳的企业市场营销战略与实践。

小思考7—1

推行营销导向型的企业文化对提升企业竞争力有什么意义？推行营销导向型企业文化的难点和阻力在哪里？

六、市场营销组织类型

（一）专业化组织

1. 职能型营销组织

职能型营销组织是最常见的营销组织形式，它是将营销职能加以扩展，选择营销各职能专家组合在一起来组建营销各职能部门，使之成为公司整个组织的主导形式。这种职能型营销组织有五种专业职能部门，而事实上职能部门的数量可以根据公司经营的需要增减，如客户管理经理、物流管理经理等。具体内容如图7—5所示。

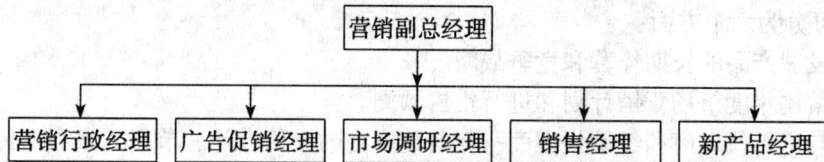

```
                    ┌──────────────┐
                    │  营销副总经理  │
                    └──────────────┘
        ┌──────────┬──────────┼──────────┬──────────┐
   ┌─────────┐┌─────────┐┌─────────┐┌─────────┐┌─────────┐
   │营销行政经理││广告促销经理││市场调研经理││ 销售经理 ││新产品经理│
   └─────────┘└─────────┘└─────────┘└─────────┘└─────────┘
```

图7—5　职能型营销组织结构图

职能型营销组织的主要优点在于它从专业化中获得的优越性，这种优越性主要表现在：

（1）将同类型的营销专家归在一起，易于管理，可以产生规模经济。

（2）按功能分工，可以避免重复劳动，减少人员和设备的重复配置，提高工作效率。

（3）由于专业人员在同一个职能部门的相互影响，可以产生系统效应。

（4）通过给员工们提供与同行们"说同一种语言"的机会而使他们感到舒适和满足。

随着公司产品品种的增多和市场的扩大，这种职能型营销组织越来越暴露其效益低下的弱点。其突出的弱点为：

（1）各部门常常会因为追求本部门目标，而看不到全局的最佳利益。

（2）这种按功能划分的结构通常是比较刻板的，随着公司业务量的增大，职能部门之间的协调难度也会日趋增加。

（3）由于没有一个部门对一项产品或一个市场负全部责任，因而，没有按每项产品或每个市场制订完整的计划，于是有些产品或市场就容易被忽略。

（4）各职能部门都争相要求使自己的部门获得比其他部门更多的预算和更重要的地位，使得营销副总经理经常疲于调解部门纠纷。因此，这一组织形式适用于那些产品种类不多、目标市场相对集中的中小企业。

2. 产品型营销组织

产品型营销组织是指在企业内部建立产品经理组织制度，以协调职能型组织中的部门冲突。在企业所生产的各产品差异很大、产品品种繁多，以致按职能设置的市场营销组织无法处理的情况下，建立产品经理组织制度是适宜的。其基本做法是由一名产品营销经理负责，下设几个产品经理，产品经理之下再设几个具体的品牌经理去负责各产品的营销。具体内容如图7—6所示。

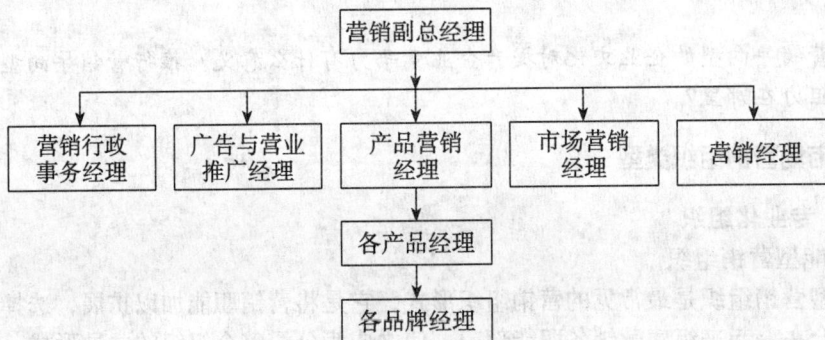

图7—6　产品型营销组织结构图

产品营销经理的职责是制订产品开发计划，付诸执行，并监测其结果和采取改进措施。具体可分为六个方面：

（1）发展产品的长期经营和竞争战略。

（2）编制年度市场营销计划和进行销售预测。

（3）与广告代理商和经销代理商一起研究广告的文稿设计、节目方案和宣传活动。

（4）激励推销人员和经销商经营该产品的兴趣。

（5）搜集产品、市场情报，并进行统计分析。

（6）倡导新产品开发。

产品型营销组织始创于1927年，最先为美国宝洁公司所采用。当时，宝洁公司的一种新产品佳美香皂的市场销路欠佳。对此，一位名叫麦克埃尔罗伊的年轻人提出了品牌管理思想，并受命担任佳美香皂这一产品的经理（后来升任宝洁公司总经理），专管该产品的开发和推销，将品牌作为一项事业来经营。结果他获得了成功，公司随之又增设了其他的产品经理，从此改写了宝洁公司的发展史。

产品型营销组织的优点在于产品营销经理能够有效地协调各种市场营销职能，并对市场变化做出积极反应。同时，由于有专门的产品经理，那些较小的品牌产品可能不会受到忽视。不过，该组织形式也存在不少缺陷：

（1）缺乏整体观念。在产品型营销组织中，各个产品经理相互独立，他们会为保持各自产品的利益而发生摩擦，事实上，有些产品可能面临着被收缩和淘汰的境地。

（2）部门冲突。产品经理们未必能获得足够的权威，以保证他们有效地履行职责。这就要求他们得靠劝说的方法取得广告部门、销售部门、生产部门和其他部门的配合与支持。

（3）多头领导。由于权责划分不清楚，下级可能会得到多方面的指令。例如，产品广告经理在制订广告战略时接受产品营销经理的指导，而在预算和媒体选择上则受制于广告协调者。

3. 市场型营销组织

当企业面临如下情况时，建立市场型营销组织是可行的：拥有单一的产品线；市场偏好和消费者群体分散。企业可以按市场系统地安排其营销机构，使市场成为企业各部门为之服务的中心。市场型营销组织的基本形态如图7—7所示。

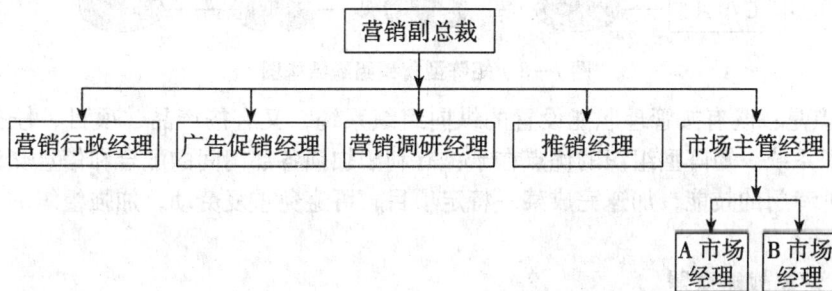

图7—7 市场型营销组织结构图

一名市场主管经理管理几名市场经理（市场经理又称市场开发经理、市场专家和行业专家）。市场经理开展工作所需要的职能性服务由其他职能性组织提供并保证，其职责是负责制订所辖市场的长期计划和年度计划，分析市场动向及企业应该为市场提供什么新产品等。他们的工作成绩常用市场占有率的增加情况来判断，而不是看其市场现有的盈利情况。市场型营销组织的优点在于，企业的市场营销活动是按照满足各类不同顾客的需求来组织和安排的，这有利于企业加强销售和市场开拓。其缺点是，存在权责不清和多头领导的矛盾，这和产品型营销组织类似。

（二）结构化组织

1. 金字塔型营销组织

金字塔型营销组织是各类组织中最常采用的一种结构模式，多是按职能专业化设置的组织结构，它以企业及其产品为中心，以市场为终点，以推销产品为目的。

这种组织结构模式的特点是：在总经理领导下设置相应的职能部门形成垂直的专业管理。其优点是：指挥权集中，决策迅速，管理到位，分工细密，职责分明；由于各职能部门仅对自己应做的工作负有责任，既可减轻管理人员的负担，又可充分发挥专家特长。不足之处在于：各部门责权范围有限，往往缺乏对企业整个市场营销状况的了解；企业内部规章多，反应较慢，不利于企业适应新的变化。

2. 矩阵型营销组织

矩阵型营销组织是一种新型的企业组织结构设置模式，它适用于在一个组织内部同时有几个项目需要完成，而每个项目又需要具有不同专长的人共同工作才能完成的情况，也适用于创新性任务较多、生产经营复杂多变的组织。矩阵型营销组织的具体结构如图7—8所示。

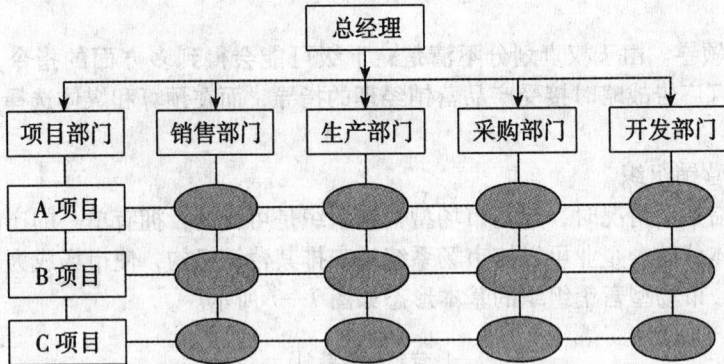

图7—8　矩阵型营销组织结构图

其特点是：既有按管理职能设置的纵向组织系统，又有按产品、项目、任务等划分的横向组织系统。矩阵型组织的优点在于：有利于加强各部门间的配合和信息交流；有利于集中各种专门的技能，加速完成某一特定项目；可避免重复劳动，加强组织的机动性和灵活性。

（三）营销战略联盟

营销战略联盟目前已成为许多企业，特别是跨国企业的一种基本战略。具体的营销战略联盟可能是纵向的伙伴关系（如制造商与分销商间的伙伴关系），也可能是横向的伙伴关系（如制造商之间在新产品开发、分销上的合作），还可能是混合的伙伴关系（如跨行业的营销合作）。

"合作营销"就是一种横向的营销战略联盟，安德森和拉鲁斯曾将其定义为"相互承认和了解任何一方的成功都部分地依赖于对方企业"。它是产品具有互补性的企业间缔结的一种合约关系，其目的在于建立或增加用户对这些互补性的利益的认知。它涉及伙伴间在一个或更多的营销领域的协作，并且可能将协作扩展到研究、产品开发甚至生产领域。

这种战略联盟的前景有时是非常诱人的。例如，在20世纪80年代早期，微软利用与IBM的联盟开发了MSDOS操作系统，从而使它成为个人计算机软件行业的主要企业；苹果公司和Adobe Systems公司在1984年合作开发了桌面出版工具，这个市场的开辟主要是由苹果与Adobe间的伙伴关系所推进的。但是，并不是所有的合作营销联盟都能取得成功。因此，如何组织成功的合作营销联盟也就成了许多营销战略研究的一个主题。

七、市场营销组织结构设计

（一）分析组织环境

任何一个市场营销组织都是在不断变化着的社会经济环境中运行的，必然要受这些环境因素的影响和制约。因此，市场营销组织必须根据这些环境因素设计和调整其组织结构与功能。市场营销组织建立时应考虑的因素包括：

1. 市场特点

市场是建立营销组织时应考虑的最主要的因素。若企业所面临的市场由几个较大的、基本独立的目标市场组成时，常采用按目标市场（顾客）划分的营销组织；如果目标市场是按照地理因素细分而成的，市场分布的地理特点较明显时，地理因素就成为划分销售人员业务区域的标准。

2. 企业规模

一般来说，企业规模越大，营销组织越复杂，职能划分越细，部门设立越多，组织层次也划分较多，营销事务越复杂，管理幅度也越小。

3. 产品类型

产品的类型也影响到营销组织的形式，尤其是在工作侧重点上有所不同。产业用品倾向于对推销人员的组织，而消费品则重视广告、分销部门等。

4. 企业所处的行业和市场阶段

原材料加工企业的营销职能主要是物流、存储、运输；服务企业的营销职能主要是同顾客的沟通和形象塑造。创业阶段的营销组织一般集权程度较高，进入规范化后则多采用分权制的组织结构。

（二）确定组织内部活动

市场营销组织内部的活动有两种类型：职能性活动及管理性活动。

1. 职能性活动

它涉及市场营销组织的各个部门，范围相当宽泛。企业在制订战略时要确立各个职能在市场营销组织中的地位，以便开展有效的竞争。

2. 管理性活动

它涉及管理任务中的计划、协调和控制等方面。

（三）确定组织职位

在确定组织职位时，企业要考虑三个要素：职位类型、职位层次和职位数量，以弄清各个职位的权力、责任及在组织中的相互关系。

1. 职位类型

每个职位的设立都必须与市场营销组织的需求及内部条件相吻合。通常有三种划分方法：直线型和参谋型；专业型和协调型；临时型和永久型。

2. 职位层次

职位层次指每个职位在组织中地位的高低。

3. 职位数量

职位数量指企业建立组织职位的合理数量，它同职位层次密切相关。

（四）设计组织结构

在确定了组织职位的基础上，随后就应该对组织结构进行设计了。在设计组织结构时必须注意两个问题：一是把握好分权与集权的关系，即权力分散到什么程度才能使上下级之间更好地沟通；二是确定合理的管理幅度，即确定每一个上级所能控制的合理的下级人数。人们普遍认为，假设每一个职员都是称职的，那么，分权化程度越高，管理幅度越大，则组织效率也就越高。

（五）配备组织人员

配备组织人员即根据各职位所从事营销活动的要求，以及组织所拥有营销专业技术人员的素质、知识和技能状况，将适当的人员安置在组织适当的工作岗位上，力求做到"人当其事，事当其人，人尽其才，才尽其用"。

（六）组织评价与调整

市场营销组织建立后，市场营销经理就要经常检查、监督组织的运行状况，并及时加以调整，使之不断得到发展。

市场营销组织也需要根据环境变化进行必要的调整：

（1）外部环境的变化。外部环境的变化包括商业循环的变化、竞争加剧、新的生产技术出现及工会政策、政府法规、财政政策、产品系列、销售方法的改变等。

（2）组织主管人员的变动。新的主管人员试图通过改组来体现其管理思想和管理方法。组织内部主管人员之间的矛盾，有时也会通过营销组织来解决，进而需要市场营销组织随之进行调整。

第二节　营销人员的培养及管理

一、营销队伍的规模

营销人员是企业最重要的资产，也是花费最多的资产，营销人员的规模与销售量和成本具有密切的关系。因此，确定营销队伍的规模是营销管理中的一个重要问题。营销队伍规模的确定有以下几种方法：

（一）销售百分比法

企业根据历史资料计算出销售队伍的各种耗费占销售额的百分比，以及销售人员的平均成本，然后对未来销售额进行预测，从而确定销售人员的数量。

（二）销售能力法

这种方法首先要决定预测的销售额，然后要估计每位销售员每年的销售额。销售人员的规模可由预测的销售额除以销售员的销售额而得。

（三）工作量法

这种方法是根据营销人员需要完成的工作量来确定人员需求，即按需定人。例如，销售代表的确定，按工作量法可以分为以下五个步骤：

（1）按年销售量的大小将顾客分类。

（2）确定每类顾客所需要的访问次数。

（3）每类顾客的数量乘以各自所需的访问次数就是整个地区的访问工作量。

（4）确定一个销售代表每年可进行的平均访问数。

（5）将总的年访问次数除以每个销售代表的平均年访问数即得出销售代表规模。

二、营销人员的甄选

甄选营销人员的程序因企业而异。最复杂的甄选程序包括八个步骤：先行接见；填申请表；面谈；测验；调查；营销部门初步决定；高层主管最后决定；正式录用。每个步骤的考核合格后才能进入下一个步骤。

（一）先行接见

初步接见由负责派发申请表的职员主持，该职员凭对申请人员的初步印象，如年龄、性别、外貌、体格等，决定是否给予申请表。

（二）填申请表

发给申请表让申请人据实填写，必要时需要出示有关证件和资料。申请人填写申请表后，负责招聘的人可根据申请表的资料进行初步淘汰。

（三）面谈

面谈是整个甄选工作的核心部分，是一种有目的的谈话，其目的是要增进相互了解。

（四）测验

目前许多大公司及要求招募素质较高的营销业务人员的单位都采用测验这一形式。测验的内容包括：

1. 专业知识测验

专业知识测验主要是对应聘者进行营销知识方面的测验，旨在衡量应聘者是否具备所需的推销基本知识。

2. 心理素质测验

心理素质测验主要是对应聘者进行智力、个性、兴趣等心理特征的测验。这些心理特征对销售工作具有重要影响，有时能关系到销售工作的成败。心理素质测验又包括智力测验、个性测验、兴趣测验及素质测验。

3. 环境模拟测验

采取模拟工作环境的方法，看应聘者在若干销售工作压力之下怎样做出反应；同时，应聘者也可由此推测自己能否适应这种工作环境。主要的测验方法有推销实习法、挫折处置法和实地试验法。

（五）调查

在测验合格后，就可对应聘者所提供的资料进行查证，以确认资料的真实性。调查可通过申请人所提供的咨询人或其他与他有关的单位及个人进行。

（六）营销部门初步决定

营销部门根据产品特征和市场销售要求，对应聘者是否具备营销知识和技能、是否适合营销员的岗位进行初审，提出初步意见。

（七）高层主管最后决定

企业高层主管根据营销部门的意见，根据企业发展目标和任务，结合应聘者综合测试表现，包括笔试和面试结果，做出最后决定。

（八）正式录用

新员工入职后，与企业办理用工协议，签订劳动合同，参加企业的入职培训。

三、营销人员的培训

营销人员的培训计划内容一般包括培训目标、培训时间、培训地点、培训方式、培训师资、培训内容等具体项目。

四、营销人员的激励

激励是一种精神的和物质的力量或状态，起加强、激发和推动作用，并指导和引导行为指向目标。企业可以通过环境激励、目标激励、物质激励和精神激励等方式来提高营销人员的工作积极性。

(一) 环境激励

环境激励是指企业创造一种良好的工作氛围，尤其是企业营销的人文环境。要使营销人员能心情愉快地开展工作。例如，企业可以召开定期的销售会议或非正式集会，为销售代表提供一个社交场所，给予销售代表与公司领导交谈的机会，给予他们在更大群体范围内结交朋友、交流感情的机会，从而进行环境激励。

(二) 目标激励

1. 业绩目标

目标激励是指为销售代表确定一些拟达到的目标，以目标来激励销售人员上进。企业应建立的主要目标有销售定额、毛利额、访问客户数、新客户数、访问费用和货款回收等。其中，制订销售定额是企业的普遍做法。

2. 销售定额

销售定额有高定额学派、中等定额学派和可变定额学派。高定额学派认为，定额应高于大多数销售代表所能达到的水平，这样可刺激销售代表更加努力地工作；中等定额学派认为，定额应是大多数销售代表所能达到的，这样销售人员会感到定额是公平的，易于接受，并增加信心；可变定额学派认为，定额应根据销售代表的个体差异分别设定，某些人适合高定额，某些人则适合中等定额。

(三) 物质激励

物质激励是指对做出优异成绩的营销人员给予晋级、奖金、奖品和额外报酬等实际利益，以此来调动营销人员的积极性。物质激励往往与目标激励联系起来使用。研究人员在评估各种可行激励的价值大小时发现，物质激励对营销人员的激励作用最为强烈。

(四) 精神激励

精神激励是指对做出优异成绩的营销人员给予表扬、颁发奖状和奖旗、授予称号等，以此来激励营销人员。对于多数销售人员来讲，精神激励也是不可少的。精神激励是一种较高层次的激励，通常对那些受正规教育较多的年轻营销人员更为有效。

任何一个销售集体，不论其成员多少，都是由一些同时具有优点和缺点的人所组成的。所以，集体成员可能不时会出现这样或那样的问题。营销主管必须密切注意下属人员的动向，并运用正确、适当的人员激励措施和方法。

(一) 激励问题成员的方法

问题成员是指有较明显的毛病，不能独立完成目标任务，需要帮助的人员。问题成员的特征主要有恐惧退缩、缺乏干劲、虎头蛇尾、浪费时间、强迫推销、惹是生非、怨愤不平、狂妄自大等。可以考虑的解决办法一般有以下几种：

(1) 对恐惧退缩型成员。帮助他建立信心，消除恐惧。

(2) 对缺乏干劲型成员。外在激励和内在激励双管齐下；陪同销售并予以辅导；更换业务销售区域；提高业务配额；以增加薪水和提供奖品做特别挑战；让其短暂休假，调养精神。

(3) 对虎头蛇尾型成员。带动或陪同销售；要求其参加销售演练或资料的收集和整理工作；分段式考核；多做心理建设；规定各时段各作业区域的销售目标。

（4）对浪费时间型成员。晓之以理，告之时间就是金钱，效率就是生命；动之以情，帮助他制订拜访客户的时间表及路线、拜访客户的次数、对客户解说的最低时间；严格要求，要求他制定工作时间表及时间分配计划书。

（5）对强迫推销型成员。指出强迫推销的弊端及渐进式方法的好处；加强服务观念的教育，教授更多的推销技巧；改变只计业绩的计酬方式，开展多项目、多层次的竞赛。

（6）对惹是生非型成员。指出谣言对个人及团体的危害；追查谣言的起源及用意，孤立造谣者，并予以教育；尽量避免无心的玩笑。

（7）对怨愤不平型成员。给予劝导及安抚，将心比心；引导他多参加团体活动并充分发表意见；用事实说话，销售绩效上比高低，使其心悦诚服。

（8）对狂妄自大型成员。告之山外有山，天外有天，强中更有强中手，不可学井底之蛙，夜郎自大；以事例说明骄兵必败；提高销售配额，健全管理制度。

（二）激励明星成员的方法

顶尖业务高手难以驾驭是营销主管所普遍遇到的问题。明星成员一般都有些特长，或善于处理与客户的关系，或精通推销技巧，这些明星成员虽然绝技各异，但他们也需要激励。例如，可以通过对其形象的树立，给予他尊重，赋予他成就感，或提出新挑战、健全制度和完善产品。

第三节　市场营销人员心态与顾客心态

一、市场营销人员心态（推销方格）

美国著名管理学家布莱克（Blake）和蒙顿（Moton）教授根据推销员在推销过程中对买卖成败及与顾客的沟通的重视程度，将推销员在推销中对待顾客与销售活动的心态划分为不同类型。推销方格中显示了由于推销员对顾客与销售关心的不同程度而形成的不同的心理状态。具体内容如图7—9所示。

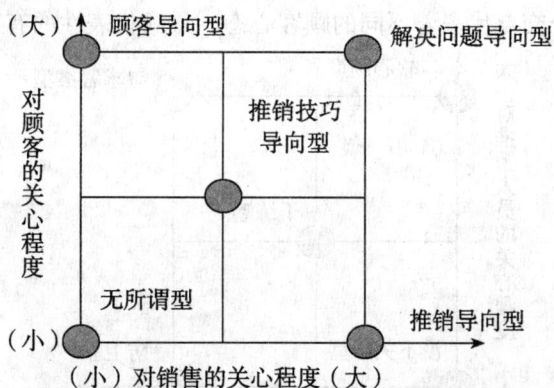

图7—9　推销方格

图7—9推销方格中横坐标表示推销人员对销售的关心程度，纵坐标表示对顾客的关心程度。坐标值越大，表示关心程度越高。图中各个交点代表着不同的推销心态，最具代表性的有五种基本心态。

（一）无所谓型

无所谓型指推销员既不关心顾客，也不关心销售的心态。这是不合格的推销员，这样的推销员的业绩最差。

（二）顾客导向型

这是一种较为极端的心态，忽视了推销活动是由商品交换与人际关系沟通两方面内容结合而成的事实，单纯重视并强调人际关系，对顾客以诚相待，重视生意不成仁义在，但忽视推销技巧，不关心或羞于谈起货币与商品的交换。

（三）推销导向型

推销导向型指只单纯关心销售任务与买卖本身，忽视商品交换背后的人际关系沟通，从而走向重买卖、轻人情的另一个极端。为了达到推销的目的，甚至可以败坏职业道德，不择手段地推销商品，但却很少了解顾客的需要和分析顾客的心理，这种心态不可取。

（四）推销技巧导向型

这种心态较为折中，既关心销售，又不是只重视推销；既关心与顾客的沟通，但不求完全为顾客服务，注意两者在一定条件下的充分结合，易成为推销专家或取得突破性进展。

（五）解决问题导向型

这是理想的推销心态，全力投入对推销技巧的研究中，既关心推销效果，又重视最大限度地解决顾客的困难，注意开拓潜在需求和满足顾客需要，在两者结合的基础上保持良好的人际关系，使商品交换关系与人际关系有机地融为一体。

二、顾客心态（顾客方格）

不同的顾客对待推销和商品购买也有着不同的心态。从顾客的心态看，至少存在两种念头：其一是希望购买到称心如意的商品；其二是希望得到推销人员诚恳、热情、周到的服务。依据顾客对这两方面问题的关心程度不同，我们建立了顾客方格，具体内容如图7—10所示。图中各个交点代表着不同的顾客心态，最具代表性的有五种基本心态。

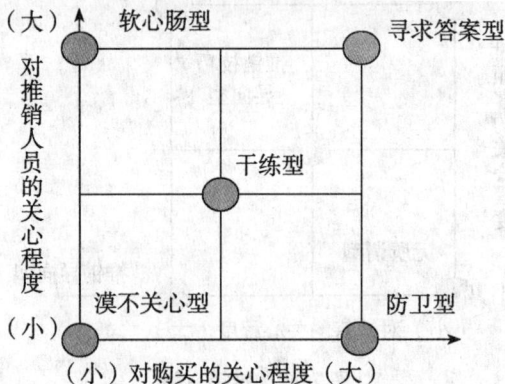

图7—10 顾客方格

（一）漠不关心型

这种顾客既不关心推销人员，也不关心商品购买。多数情况下是受人委托购买，而且不愿意承担责任。

（二）软心肠型

存在这种心态的顾客不能有效地处理人情与交易两者的关系，他们更关心推销人员对他们的态度。只要推销人员对他们热情，表示好感，他们便感到盛情难却，即使是一时不太需要的商品，也可能购买。这是由于他们对所采购商品本身的重视不够，这种顾客较容易被说服。

（三）防卫型

这种顾客对所购买的商品非常重视，百般挑剔，但对推销人员并不重视，大多不相信推销人员的话。任凭你花言巧语，他们只相信自己对商品的判断，甚至对推销人员怀有较强的防范心态，怕由此而上当受骗。

（四）干练型

这种顾客采购商品时，既注重商品本身，又重视推销人员的态度和服务。他们常常凭借自己的知识和经验来选择商品，对购买决策深思熟虑。同时，他们也愿意听取推销人员的经验介绍而选择商品。

（五）寻求答案型

其特点是既关心购买，又明确知道自己的需要；既能和推销人员保持良好的关系，又能与其进行真诚的合作。

三、推销方格与顾客方格的关系

在现实的推销过程中，存有各种心态的推销人员会遇到具有各种心态的顾客。推销过程中，推销人员与顾客双方心态的有效组合是使推销工作顺利进行的重要条件。

布莱克和蒙顿教授设计了一个简单的有效组合表，初步揭示了推销人员与顾客两种心态的组合与推销能否顺利完成的关系及基本规律。表中"√"表示可以完成销售任务；"×"表示不能完成销售任务；"⊙"则表示处于含糊状态，既有可能顺利成交，也有可能达不成任何交易，需要结合其他条件进一步分析。具体内容如表7—1所示。

表7—1 推销有效组合表

推销人员类型 ＼ 顾客类型	漠不关心型 (1，1)	软心肠型 (1，9)	干练型 (5，5)	防卫型 (9，1)	寻求答案型 (9，9)
解决问题导向型 (9，9)	√	√	√	√	√
推销导向型 (9，1)	⊙	√	√	⊙	⊙
推销技巧导向型 (5，5)	⊙	√	√	×	⊙
顾客导向型 (1，9)	×	√	⊙	×	⊙
无所谓型 (1，1)	×	×	×	×	×

解决问题导向型推销人员的推销效果比推销技巧导向型推销人员高3倍，比推销导向型推销人员高7倍，比顾客导向型推销人员高9倍，比无所谓型推销人员高75倍。

第四节 市场营销控制

现代营销管理越来越重视营销控制的作用。在营销计划实施过程中总会发生许多意外事件，需要营销部门进行连续不断的监督和控制，以确保企业营销活动获得预期效率与效益。概括地说，营销控制是企业用于跟踪营销活动过程每一环节，确保其按计划目标运行而实施的一套工作程序或工作制度。营销控制可帮助管理者及早发现问题，采取措施防患于未然，并对营销人员起着监督和激励的作用。市场营销控制主要有四种类型，即年度计划控制、盈利能力控制、效率控制和战略控制。

一、年度计划控制

所谓年度计划控制，是指企业在本年度内采取控制步骤，检查实际绩效与计划之间是否有偏差，并采取改进措施，以确保市场营销计划的实现与完成。其目的在于保证企业实现它在年度计划中所制订的销售、利润以及其他目标，年度计划控制的中心是目标管理。

（一）年度计划控制的主要步骤

年度计划控制包括以下四个主要步骤，具体内容如图7—11所示。

1. 分解目标

分解目标即将年度计划指标按月或季分解为次一级指标，如销售目标、利润目标等。

2. 绩效衡量

绩效衡量即管理者随时掌握营销活动的进程、绩效，并将实际成果与预期成果相比较。

3. 因果分析

因果分析即研究所发生的偏差，找出造成严重偏差的原因。

4. 校正行动

校正行动即针对问题采取修正措施，以减小实际业绩与计划之间的差距，或者是改变行动方案，或者是修改计划。

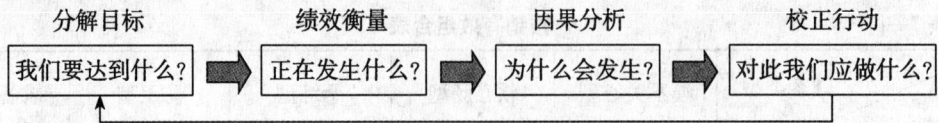

分解目标	绩效衡量	因果分析	校正行动
我们要达到什么？	正在发生什么？	为什么会发生？	对此我们应做什么？

图7—11　年度计划控制步骤图

（二）年度计划控制的方法

企业经理人员常用五种方法来检查计划的执行情况，即销售分析、市场占有率分析、市场营销费用与销售额比率分析、财务分析和顾客满意度追踪。

1. 销售分析

销售分析主要用于衡量和评估计划销售目标与实际销售之间的差距。主要有销售差异分析和微观销售分析两种。

（1）销售差异分析。销售差异分析用于测量不同的因素对销售绩效的不同作用。例如，假设年度计划要求第一季度销售 8 000 件产品，每件 10 元，即预期销售额 80 000 元。在该季度结束时，只销售了 6 000 件产品，每件 9.80 元，即实际销售额 58 800 元。那么，这个销售绩效差异为 21 200 元，占预期销售额的 26.5%。问题是绩效的差异有多少归因于价格下降？有多少归因于销售数量的下降？根据因素分析法分析如下：

因价格下降所造成的差异：（10-9.8）×6 000＝1 200（元）

因销售数量下降所造成的差异：10×（8 000-6 000）＝20 000（元）

（2）微观销售分析。微观销售分析可以从产品、地区方面来检查未能达到预期销售额的原因。假设企业在甲、乙、丙三个地区销售，其预期销售量分别为 1 500 单位、500 单位和 2 000 单位，总额 4 000 单位。实际销售量分别为 1 400 单位、525 单位和 1 075 单位。就预期销售量而言，甲地区有 7% 的未完成额，乙地区有 5% 的超出额，丙地区有 46% 的未完成额。丙地区是引起问题的主要原因。营销管理部门可以从三方面找出造成丙地区不良绩效的原因：一是该地区的销售代表工作不努力或有个人问题；二是有主要竞争者进入该地区；三是该地区居民收入下降。

2. 市场占有率分析

企业的销售绩效并未反映出相对于其竞争者的经营状况如何。可能是整个经济环境引起销售绩效的变动，也可能是其市场营销工作较其竞争者有相对改善。如果企业的市场占有率上升，表明它较其竞争者的情况更好；如果下降，则说明其相对于竞争者绩效较差。有效的市场占有率分析是通过以下四个指标来比较的：

（1）总体市场占有率。总体市场占有率即以企业的销售额占全行业销售额的百分比来表示的市场占有率。

（2）有限地区市场占有率。有限地区市场占有率指企业在某一有限区域内的销售额占全行业在该地区市场销售额的百分比。

（3）相对市场占有率（相对于三个最大的竞争者）。相对市场占有率即以企业销售额相对于最大的三个竞争者的销售额总和的百分比来表示的市场占有率。

（4）对比市场占有率（与市场领导者对比）。对比市场占有率即将本企业的销售额与行业内领先的竞争对手的销售额进行对比，对比市场占有率超过 100%，表明该企业是市场领导者。

企业可从产品类型、顾客类型、地区以及其他方面来考察市场占有率的变动原因。一种有效的分析方法是从顾客渗透率、顾客忠诚度、顾客选择性及价格选择性四个方面进行分析，即总体市场占有率＝顾客渗透率×顾客忠诚度×顾客选择性×价格选择性。顾客渗透率是指从本企业购买某产品的顾客占该产品所有顾客的百分比。顾客忠诚度是指顾客从本企业所购产品数量占其所购同种产品总量的百分比。顾客选择性是指本企业顾客的平均购买量相对于某一企业顾客的平均购买量的百分比。价格选择性是指本企业的平均价格同所有其他企业的平均价格的百分比。

3. 市场营销费用与销售额比率分析

年度计划控制也需要检查与销售有关的市场营销费用，以核算企业在达到销售目标时的费用支出。

4. 财务分析

市场营销管理人员应就不同的费用对销售额的比率和其他的比率进行全面的财务分析，以决定企业如何寻找盈利性策略，尤其是要利用财务分析来判别影响企业资本净值收益率的各种因素。

5. 顾客满意度追踪

年度计划控制所采用的分析都是采用定量分析的控制手段，为此，企业还需要一些定性标准，向管理部门提供市场份额变化的早期警告。

二、盈利能力控制

除了年度计划控制之外，企业还需要运用盈利能力控制来测定不同产品、不同区域、不同顾客群体、不同渠道以及不同订货规模的盈利能力。尤其当企业在若干地区的市场上经营多种不同产品时，这种微观的盈利能力分析将帮助公司就哪些产品或市场该扩展，哪些该缩减以至放弃等问题做出正确决策，因此极具实用价值。下面就市场营销成本及盈利性的控制进行阐述。

（一）市场营销成本

市场营销成本直接影响企业利润，它由如下项目构成：

1. 直接推销费用

它包括直销人员的工资、奖金、差旅费、培训费、交际费等。

2. 促销费用

它包括广告媒体的成本、产品说明书的印刷费用、赠奖费用、展览会费用、促销人员工资等。

3. 仓储费用

它包括租金、维护费、折旧费、保险费、包装费、存货成本等。

4. 运输费用

如托运费等，如果是自有运输工具，则要计算折旧费、维护费、燃料费、牌照税、保险费、司机工资等。

5. 其他市场营销费用

它包括市场营销管理人员工资、办公费等。

（二）盈利性的控制

假定某企业分别在 A、B、C 三个城市销售其产品，根据资料可编出下述各城市经营情况的损益平衡表。具体内容如表 7—2 所示。

表 7—2 　　　　　某企业在 A、B、C 三个城市的经营损益平衡表 　　　　　单位：万元

项目	A 城	B 城	C 城	总额
销售收入	3 000	2 500	2 000	7 500
销售成本	2 000	1 700	1 400	5 100
毛利润	1 000	800	600	2 400
推销费用	100	250	250	600
广告费用	500	400	100	1 000
包装和运输费用	100	300	150	550
总费用	700	950	500	2 150
净利润	300	-150	100	250

从损益平衡表中可以看到：A 城不仅销量最大，而且为企业贡献的利润也最多；C 城虽总销售收入低于 B 城，但由于费用低，特别是广告费用、包装和运输费用大大低于 B 城，故也为企业贡献了可观的利润；B 城费用高，特别是在包装和运送费用以及推销费用上，前者可能因距离较远或交通不便引起，后者则说明了促销效率低，销售收入较 C 城仅高 500 万元，而营销费用却高出 450 万！原因可能是 B 城的市场潜力比 C 城小；也可能是因为企业在 B 城的促销策略有问题，需作调整；或是因为负责 B 城销售工作的人员不得力。

三、效率控制

盈利能力分析可以显示出企业关于某一产品、地区或市场所得的利润多少，效率控制则是一种从营销活动是否更有效的角度来管理销售人员、广告、促销及分销的。

（一）销售人员效率控制

企业进行销售人员效率控制时，各地区的销售经理需要记录本地区内销售人员效率的几项主要指标。这些指标包括：每个销售人员每天平均的销售访问次数；每次会晤的平均访问时间；每次销售访问的平均收益；每次销售访问的平均成本；每次销售访问的招待成本；每一百次销售访问所订购的百分比；每一期间的新顾客数；每一期间丧失的顾客数；销售成本对总销售额的百分比。

（二）广告效率控制

企业进行广告效率控制时，应至少做好如下统计：各种广告媒体接触每位目标顾客的相对成本；顾客对每一媒体工具注意、联想和阅读的百分比；顾客对广告内容和形式的看法；顾客在广告前后对产品态度的衡量；受广告刺激而引起的询问次数。企业高层管理者可以采取若干方法来提高广告效率，包括进行更加有效的产品定位、确定广告目标、利用计算机来指导广告媒体的选择、寻找较佳的媒体及进行广告后效果测定等。

（三）促销效率控制

为了改善销售促进的效率，企业还需进行促销效率控制。为此，管理层应该对每项促销的成本及其对销售的影响作记录，注意做好如下统计：按优惠办法售出的产品占销量的百分比；每一销售额的陈列成本；赠券收回的百分比；因示范而引起顾客询问的次数等。

（四）分销效率控制

分销效率控制主要是通过对几种分销渠道模式的研究，对企业的存货水平、仓库位置及运输方式等进行分析和改进，以达到最佳配置，并寻找出最佳运输方式和途径。

四、市场营销审计

市场营销审计是指定期对企业的营销环境、营销战略、目标、计划、组织、方法、程序和整体营销效果进行全面、系统的审查和评价的过程，是最高等级的控制。审计的内容可分为以下六个主要方面：

（一）营销环境审计

主要分析宏观和微观环境中与企业目标相关的因素，如竞争对手、经济形势、消费者行为、中间商等。

（二）营销战略审计

考察企业的营销战略、目标与当前及预期环境变化相适应的程度。

（三）营销组织审计

考察营销组织结构、工作效率及实施企业战略、计划的能力和对市场营销环境的应变能力。

（四）营销系统审计

企业市场营销系统包括市场营销信息系统、市场营销计划系统、市场营销控制系统和新产品开发系统。对市场营销系统的审计，主要是审计企业是否有足够的信息来源、畅通的信息渠道、充分的市场营销研究及科学的市场预测等。

（五）营销盈利能力审计

市场营销盈利能力审计是指通过企业盈利能力分析和成本效益分析审核企业的不同产品、不同市场、不同地区以及不同分销渠道的盈利能力。

（六）营销职能审计

市场营销职能审计是指对企业的市场营销组合因素（即产品、价格、渠道、促销）效率的审计。主要是审计以下几个方面：企业的产品质量、特色、式样、品牌受顾客欢迎的程度；企业定价目标和战略的有效性；市场覆盖率；企业分销商、经销商、代理商、供应商等渠道成员的效率；广告预算、媒体选择及广告效果；销售队伍的规模、素质及能动性等。

■ 本章提要

企业的各项市场营销活动是由企业中的营销人员来完成的，没有有效组织起来的营销人员是不能协同为同一目标奋斗的，而合理的市场营销组织可以有效地促进营销人员的协调与合作。因此，企业必须建立一套有效的营销组织体系，为完成企业的各项营销工作提供有力的保证，为营销人员搭建良好的平台，促进企业营销人员的成长与发展。

■ 练习与思考

1. 什么是营销组织？什么是组织效率与效果？营销组织的演变经历了哪几个过程？

2. 现代企业中，营销部门具有什么样的地位？如何处理营销部门与其他业务部门的关系？

3. 营销组织结构有哪几种类型？它们各有什么特点？营销组织结构设计分为哪几个步骤？

4. 营销人员的工作心态对从事营销工作有什么具体的影响？营销人员的心态与顾客心态有什么关系？

5. 企业应如何对营销人员进行有效激励？

6. 如何对市场营销活动进行有效的控制？各种控制方法有什么特点？它们起到了什么样的作用？

■ 案例教学

组织结构设计，其实合适的就是最好的

金花公司是一家以外贸出口业务为主的生产脱水蔬菜的小企业，员工总数约 60 人，

公司的客户群相对集中。早期公司的管理机构包括总经理、办公室、财务科、保卫科、储运科，其组织结构如图7—12所示。

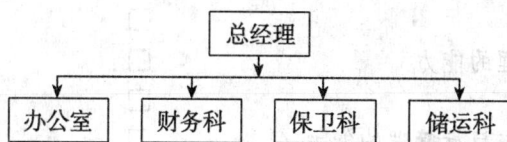

图7—12　金花公司的组织结构图1

原有的组织结构导致很大的成本浪费和人浮于事，成为企业发展的桎梏。在"学院派"的建议下，该公司对现有的组织结构进行了大幅度整改，将原来设置的办公室、储运科、保卫科及财务科等机构按照新的事业部制模式设置成了以下新的组织结构，具体如图7—13所示。

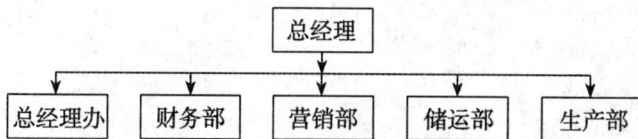

图7—13　金花公司组织结构图2

改变后新成立的总经理办公室负责金花公司的日常办公接待以及保卫等工作，财务部则行使原财务科的职权，营销部负责该公司产品的销售和出口，储运部则负责产成品以及原料的储运，生产部主抓整个公司生产任务的落实。

新组织结构设立后，实施的结果事与愿违。据财务部统计，在新组织结构设立后的4个月内公司整体开支增长了10%，公司每月运转开支要比原来增加2万元，这意味着该公司每月要多做20万的销售额才能达到原来的盈利水平。

资料来源　刘胜：《组织结构，合适的就是最好的》，营销传播网，http：//www. emkt. com. cn，2003-03-05。有改编。

问题：（1）金花公司4个月内开支增加了8万元，这与金花公司的组织结构是否存在必然的联系？为什么？

（2）根据金花公司的情况和所学到的知识，为金花公司设计新的组织结构，并说明设计的理由。

实训教学

【实训项目】营销人员的全方位销售职能测试。

【实训内容】做一做下面的12道题目，测试你的个人发展程度，每题满分10分。

请在相应题号的"□"位置给自己打分，并将每题所得分数相加。

1. 积极的心理态度　　　　　　　　　　　　　□
2. 人际关系及被同仁喜欢的程度　　　　　　　□
3. 身体健康以及给人的外表感觉　　　　　　　□
4. 对产品的认识与了解　　　　　　　　　　　□
5. 顾客开发的能力　　　　　　　　　　　　　□
6. 接触客户的技巧　　　　　　　　　　　　　□

7. 产品介绍的技巧　　　　　　　　　　□

8. 处理异议的技巧　　　　　　　　　　□

9. 结束销售的技巧　　　　　　　　　　□

10. 客户服务及管理的能力　　　　　　□

11. 收款的能力　　　　　　　　　　　□

12. 自我时间管理与目标管理的能力　　□

【实训要求】1. 你的测试结果怎样（最高分为120分）？

2. 做过这个全方位的销售素质测试后，若是你的能力不足就应该想尽办法来提升；如果感到你的分数很高的话，就应该继续保持并使其更加稳固。总之，努力让你的"车胎"鼓起来！

第二篇　营销策略与管理篇

第八章 产品营销管理

第二章 营销策略与品牌管理

经典语录：一家企业要在市场中总是占据主导地位，那么它就要永远做到第一个开发出新一代产品，并第一个淘汰自己的产品。

威廉·H. 达维多（William H. Davidow）

▓ 学习目标和实训要求

【理论学习目标】通过本章学习，应了解整体产品及产品组合的概念；掌握产品组合策略；掌握产品各生命周期的特点及营销策略；掌握新产品开发策略及推广策略。

【实践训练要求】通过学习产品生命周期理论，应学会判断和分析不同产品的生命周期，学会根据不同周期采取不同的营销策略；学会新产品概念的设计与测试方法；熟练掌握新产品扩散与推广的方法与技巧。

▓ 重点与难点

【重点】整体产品的概念、产品组合策略、产品生命周期策略及新产品开发与推广策略。

【难点】产品概念的创意、新产品开发策略及产品组合策略。

引例 产品组合与品牌的困惑

"奥奇丽，迷人的魅力"，这是梧州"奥奇丽"常在电视屏幕里出现的一句广告台词，为了洞察"奥奇丽"迷人的魅力，我有幸到"奥奇丽"探个究竟。进入公司大门，我就看见了大门两侧的围墙上是色彩浓郁的"奥奇丽家族"产品宣传。进入厂内，"奥奇丽"时时刻刻伴你左右。工厂的宣传栏、标语、路标、POP招贴，处处都找得到"奥奇丽"（AOQILI）的身影，我知道我进入了"奥奇丽"的世界。

进入公司的产品陈列室，牙膏、香皂、肥皂、洗衣粉、洗发精、洗洁精、化妆品等一应俱全，粗略一算，不下100种，好一个"奥奇丽家族"。

公司董事长兼总经理周振龙如数家珍地给我们讲了"奥奇丽"的艰辛历程。"奥奇丽"发展至今，产品覆盖五大系列80多个品种100多种规格。产品的五大系列分别为牙膏、肥皂、香皂、洗发精、洗涤剂。"奥奇丽"实施了多品牌战略，牙膏系列使用"田七"品牌、"卫齿宝"品牌；肥皂用"建国"、"桂花"和"奥奇丽"品牌；洁厕精、香皂和洗发水使用"奥奇丽"品牌。

周总继续说："'奥奇丽'前身是梧州日用化工股份公司，在其产品的大家族中，其推出的牙膏品牌均采用'田七'商标，很少用'卫齿宝'商标；其香皂及洗发精、洗洁精等液体洗涤剂均采用'奥奇丽'商标；其中高级香皂也采用'田七'商标；一般的肥皂采用'建国'、'桂花'商标；高级洗衣皂采用'奥奇丽'商标。在产品广告及品牌运作方面，'奥奇丽'商标的渲染度超过'田七'商标；即使是'奥奇丽'商标，其英文标示'AOQILI'的宣传力度又超过其中文商标。但在销售收入方面，仅'田七'牙膏一项的收入占公司总收入的60%以上。公司的不足之处在于外包装不上档次，广告效应不强，所以多年的发展不够快，生产规模还不够大，产量和效益方面与'两面针'的差距较大。"周总正在思考"奥奇丽"的品牌战略。

资料来源　佘伯明：《企业管理案例》，南宁，广西人民出版社，2002。

【引例思考】

(1)"奥奇丽"的品牌策略有什么特点？

(2)"奥奇丽"的品牌策略有什么需要改进的地方？公司应该如何处理"奥奇丽"品牌和"田七"品牌的关系？

第一节　整体产品及产品组合

一、产品及整体产品

(一) 传统的产品概念

传统的观念认为产品是一种具有某种特定物质形状和用途的物品，这个概念仅强调了产品的物质属性。而现代市场营销观念则从消费者的需要出发定义和概括产品，现代营销学认为，产品是指能够提供给市场被人们使用和消费，并满足人们某种需要的有形物质或无形物质的有机体，包括产品的功能、利益、质量、形状、服务、人员、组织、观念等要素及它们的整合。产品被赋予了整体概念的意义，产品整体概念有着十分丰富的内涵。

(二) 现代整体产品的概念

美国著名市场营销专家菲利普·科特勒把整体产品概念扩展为五个层次，即核心产品、形式产品、期望产品、延伸产品和潜在产品。具体内容如图8—1所示。

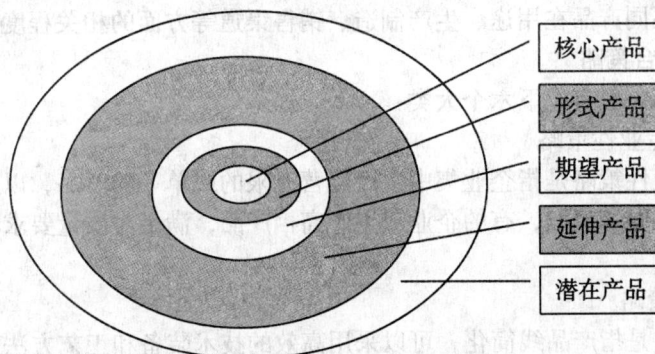

核心产品
形式产品
期望产品
延伸产品
潜在产品

图8—1　整体产品概念示意图

1. 核心产品

核心产品指消费者购买商品时所追求的实质利益，即顾客真正所需要的获得某种商品的效用和利益。例如，化妆品从工厂加工出来，是有形的实物，但顾客在购买时，首先考虑购买的不是化妆品的外形，而是它能给顾客带来的美的利益。

2. 形式产品

形式产品指核心产品借以实现的形式，即向市场提供的产品实体和服务，主要包括质量水平、外观特色、款式、品牌名称及包装等。

3. 期望产品

期望产品指购买者在购买该产品时期望得到的与该产品密切相关的一整套属性和条件。例如，旅客在住宿时，期望旅馆能提供安全的环境、舒适与干净的客房、便利的交通等。

4. 延伸产品

延伸产品指伴随着核心和形式产品所提供的全部附加服务和利益，包括信贷、送货、安装、调试、售后服务、培训等。

5. 潜在产品

潜在产品指现有产品包括所有附加产品在内的，可能发展成为未来最终产品的潜在状态的产品，即指出了现有产品的可能演变趋势和前景。

二、产品组合

（一）产品组合的含义

产品组合指企业生产经营的全部产品的有机结合形式。

（1）产品项目。产品项目是指产品目录上列出的每一个规格或型号的产品。

（2）产品线。产品线是指具有相同使用功能，能满足同类顾客的需求，但规格不同的一组类似的产品项目。

（3）产品组合结构。产品组合结构是指产品组合所形成的产品广度、深度、长度和关联度。

产品组合的广度是指生产经营的产品系列（产品线）的数目；产品组合的深度是指产品线上每一类产品的项目数；产品组合的长度是指产品组合里产品项目的总数；产品组合的关联度是指不同产品在用途、生产制造、销售渠道等方面的相关程度。

（二）产品组合策略

产品组合策略一般有以下六个大类：

1. 有限产品专业性策略

有限产品专业性策略是指企业集中生产经营有限的或单一的产品，以适应和满足有限的或单一的市场需要。例如，有的企业只生产高档产品，满足对质量要求较高而不在乎价格的顾客的需要。

2. 单一产品策略

单一产品策略是指产品线简化，可以采用高效的技术装备和工艺方法，提高自动化程度，提高劳动生产率，提高产品质量，降低成本，节省销售费用。但是生产经营单一的产品时，企业对产品的依赖性太大、适应性弱、风险大。

3. 产品系列专业性策略

产品系列专业性策略是指企业重点生产经营某一类产品。例如，某日用化工厂根据市场不同的需要，生产女士润肤霜、男士润肤霜和婴儿润肤霜等护肤产品。

4. 市场专业性策略

市场专业性策略是指企业向某个专业市场（某类顾客）提供所需的相关商品。例如，工程机械厂向建筑企业提供挖掘机、搅拌机、推土机、起重机等；化妆品厂向妇女提供护肤品、清洁用品、彩妆用品等。

5. 特殊产品专业性策略

特殊产品专业性策略是指企业生产经营某些具有特定需要的特殊产品项目。例如，为某些医疗专用设备提供配件，生产经营治疗艾滋病用的药品等。由于产品特殊，市场开拓范围不大，而且竞争少，有助于企业利用自己的专长，树立企业和产品的形象，长期占领市场，获取竞争优势。

6. 多系列全面型策略

多系列全面型策略是指企业着眼于向顾客提供他们所需要的一切产品。这种策略将尽可能地增加产品组合的宽度和深度。企业可根据自身内部条件，考虑产品组合的关联性。例如，美国奇异电气公司的产品线很多，其产品都和电气有关。也可以不受产品系列之间关联性的约束，如某钢铁公司不仅生产钢铁，还生产耐火材料。

（三）产品组合的扩充与缩减

1. 扩大产品组合

扩大产品组合是指扩大产品组合的广度，即通过增加一个或几个产品线来扩大经营范围。增加的产品线既可以与现有产品线关联度强，也可以与现有产品线关联度弱。比如，海尔实现了从单一产品向多个产品、产业发展的多元化战略。

2. 缩减产品组合

缩减产品组合是指企业为了更好地利用现有资源，向市场提供所需的产品，可采用缩减产品组合，取消获利很少的产品，从较少的产品中获得较多利润的策略。这样，企业可以将有限的人、财、物用于发展有前途的产品上，从而提高生产效率和产品质量。

3. 产品延伸

（1）向上延伸。向上延伸指企业原来生产低档产品，后来决定增加高档产品。例如，吉利汽车一开始是生产让中国老百姓都能够买得起的汽车，后来随着企业的不断发展，企业也开始生产中档汽车。

（2）向下延伸。向下延伸指企业原来生产高档产品，后来决定增加中、低档产品。采取此方案可给企业带来三点好处：第一，可使企业获得更大的市场占有率；第二，企业从高档产品市场进入中、低档产品市场的成本较低；第三，在短期内可获得较明显的经济利益。例如，美国宝洁公司的"汰渍"洗衣粉，为了与国内的"雕牌"和"奇强"洗衣粉竞争，也生产3元左右的"汰渍"洗衣粉。

（3）双向延伸。双向延伸即原定位于中档产品市场的企业掌握了市场优势以后，决定向产品大类的上下两个方向延伸，一方面增加高档产品，另一方面增加低档产品，扩大市场阵地。这种策略在一定条件下有助于加强企业的市场地位，特别适合新兴行业中的企业采用。

（四）最佳的产品组合

制订产品组合的目的就在于寻求最佳形式。最佳形式的选择要考虑企业的经营目标、企业优势和资源条件等方面的因素，还要分析产品组合中各个项目的销售增长率、利润和市场占有率等，从而判断各产品项目的销售潜力或发展趋势，随时调整产品组合。

波士顿咨询组（Boston Conculting Group）是美国著名的咨询机构。该机构创立的方法是以一个方阵的形式衡量几种产品在市场上的机会优势。这个方阵分别以四种名称表示：问题产品（Question Marks）、明星产品（Stars）、现金牛产品（Cash Cows）、瘦狗产品（Dogs）。具体内容如图8—2所示。

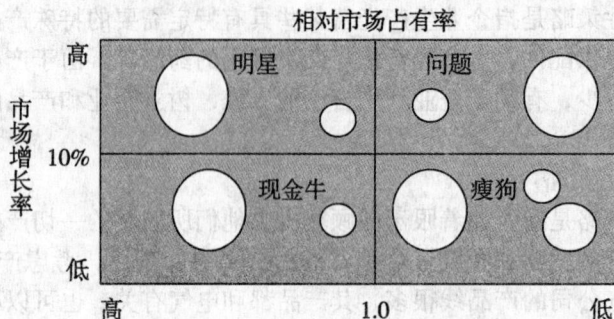

图8—2　波士顿产品组合矩阵图

1. 问题产品

问题产品是指市场增长率高、相对市场占有率低的产品。对该类产品是扶持还是抛弃，应慎重对待。一般来说，如果该产品具有生命力和发展前景，就投入大量资金积极扶持，使其向新产品过度；如果该产品没有发展前途，可做出果断决定，让其退出市场。

2. 明星产品

明星产品是指市场增长率高、相对市场占有率也高的产品。显然，该产品处于成长期，需要进行大量投资来扶持，希望它随着市场增长率的下降变成现金牛产品。

3. 现金牛产品

现金牛产品是指市场增长率低、相对市场占有率高的产品。该产品处于产品生命周期的成熟期。高市场占有率能为企业提供大量的现金和利润，可以用来支持其他需要现金的产品。此类产品可以说是企业的"摇钱树"，我们形象地称之为"现金牛"产品。

4. 瘦狗产品

瘦狗产品是指市场增长率低、相对市场占有率也低的产品。这种产品也许刚刚维持收支平衡，也可能连这一点都无法维持。因此，瘦狗产品不可能成为企业现金和利润的主要提供者。对该产品，可以考虑退出市场或任其发展，不再投资。

第二节　产品生命周期

一、产品生命周期的含义

产品生命周期指的是产品的市场寿命，而不是指产品的使用寿命。产品的使用寿命是指一种产品从进入消费领域被使用，到失去其使用价值的时间间隔，一般称为产品自然寿命。而产品的市场寿命是指一种产品从进入市场开始，到被淘汰退出市场的时间间隔，包括导入期、成长期、成熟期和衰退期四个阶段。因此，有些产品的使用寿命很短，而市场寿命很长。例如，食品、鞭炮等。而有些产品品种却相反，本身的使用寿命可以延长，但市场寿命很短，如时装。产品生命周期的过程如图8—3所示。

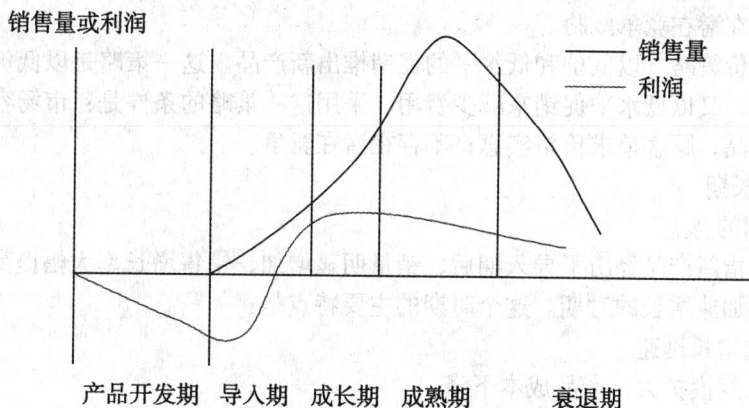

图8—3 产品生命周期图

二、产品生命周期各阶段的特点及营销策略

（一）导入期

1. 导入期的特点

导入期是指新产品首次投放市场，这一时期的主要特点是：

（1）新产品刚投入市场，不为消费者所了解，销售渠道也难以马上打开，因此销售量很小，增长缓慢。

（2）生产批量小，制造成本高，销售价格也偏高。

（3）需要大量的广告宣传，而且促销、分销费用大。

（4）由于销量少而成本、费用高，企业利润很低，甚至亏损。

（5）市场上竞争者很少。

2. 导入期的营销策略

导入期的营销策略包括：

（1）控制投资规模。可以通过试验性销售广泛收集顾客使用产品后的信息，尽快修正新产品的缺陷，保证新产品的质量，待销量有明显增加时才逐步扩大投资。

（2）投入期产品的上市范围要根据企业条件和潜在市场对新产品的需求程度等具体情况而定。可全面铺开，推向市场；也可先向区域市场推出，然后逐步扩大。

（3）根据新产品的定价与促销力度组合，可形成以下四种策略选择：

①快速高价策略。以高价推出新产品，并以大规模的促销活动配合。采用这一策略的条件是：市场容量大，但竞争者很少；产品的独特性吸引顾客急需购买该产品，而不在乎高价格；面临潜在的竞争。

②缓慢高价策略。以高价推出新产品，但以低水平的促销活动相配合。缓慢高价策略适用于：市场容量小；大多数顾客了解该产品；产品有创新；能吸引目标消费者并使其愿意高价购买；潜在竞争威胁小。

③快速低价策略。以低价推出新产品，并配合以大规模的促销活动。这是一种渗透式的竞争策略，它期望达到快速占领市场和取得最大市场占有率的目的。采取该策略的条件

是：市场容量大；顾客对新产品还不了解；价格弹性大，薄利多销；通过扩大产量能有效降低成本；存在潜在竞争威胁。

④缓慢低价策略。以低价和低水平的促销推出新产品。这一策略是以低价刺激市场尽快接受该产品，又以低水平促销来减少费用。采用这一策略的条件是：市场容量大；顾客容易熟悉该产品；顾客追求价格实惠；不存在潜在竞争。

（二）成长期

1. 成长期的特点

成长期是指新产品经历了导入期后，销量明显增加，销售增长率大幅提高，新产品进入了一个全新加速增长的时期。这个时期的主要特点是：

（1）销量增长迅速。

（2）生产规模扩大，产品成本下降。

（3）销量激增和单位生产成本及促销费用的下降，使得利润迅速增加。

（4）市场竞争日益加剧。

2. 成长期的营销策略

成长期的营销策略包括：

（1）扩展新产品的消费市场。例如，推出多种包装、推广新用途、利用折扣价格等增加产品的使用率；在适当时机减价，适应大量市场的购买能力，限制竞争者加入。

（2）改良产品品质。从质量、性能、式样、功能等方面，努力加以改进，扩大产品用途，对抗竞争产品。

（3）加强品牌地位。这一时期因竞争产品增多，为了吸引消费者购买该产品，广告文案应强调品牌，突出产品有别于竞争产品的特点，树立产品品牌形象，使其在消费者心目中与众不同。

（4）加强产品在渠道中的地位。例如，提供零售商以各种销售协助，包括承担全部或部分广告费，提供各种陈列资料；建立经销制度，与中间商签订经销协议，鼓励他们积极努力地销售。

（三）成熟期

1. 成熟期的特点

成熟期是指产品经历了成长期后，销售增长率明显放缓，而市场占有率达到最大，产品进入了一个稳定发展的时期。这个时期的主要特点是：

（1）产品的销量增长缓慢，逐步达到最高峰，然后缓慢下降。

（2）生产批量很大，生产成本降到最低程度，价格开始有所下降。

（3）很多同类产品进入市场，竞争最激烈，并出现价格竞争。

（4）利润已达到最高点，并开始下降。

（5）产品的服务、广告和推销工作十分重要，销售费用不断提高。

2. 成熟期的营销策略

成熟期的营销策略包括：

（1）市场改良。市场改良包括寻找尚未采用本产品的新市场，发展市场中新的顾客群，增加产品新的用途，引导和创造新的消费方式。

（2）产品改良。产品改良包括品质改良，如提高耐用性、可靠性等；性能改良，挖掘产品新特性，如扩大产品的适应性、方便性、多功能性等；风格改良，使产品外形更加美观，提高对产品审美上的评价，力争使产品成为市场上独具特色的产品。

（3）营销组合改良。改变某些市场组合因素，以刺激销售量的增加。可采取的方法有降低价格、改进包装、扩大分销渠道、促销等方式，进行具有吸引力及扩张性的开拓。

（四）衰退期

1. 衰退期的特点

衰退期是指产品经历了成熟期后，销量急剧减少，市场出现了更好的替代品，产品即将被淘汰出局。这个时期的主要特点是：

（1）销量急剧下降。

（2）利润持续减少甚至出现亏损。

（3）库存猛增。

（4）新产品开始进入市场，正逐渐替代老产品。

（5）促销无效果，大多数消费者态度已发生转变。

2. 衰退期的营销策略

衰退期的营销策略包括：

（1）持续营销策略。继续沿用过去的策略，直到这种产品完全退出市场为止，适用于企业处于有吸引力的行业并有竞争实力的情况。

（2）集中营销策略。把企业的能力和资源集中在最有利的细分市场和分销渠道上，从而为企业创造更多的利润。

（3）收缩营销策略。大幅度降低促销水平，尽量减少销售和推销费用。

（4）放弃策略。放弃策略适用于以下情况：市场上有新产品出现，企业的资金、设备和技术人员等可以马上转移到新产品上来；价格急剧下降，导致再经营就会亏损；该产品的存在不利于企业的发展。

案例 8—1 农夫山泉的生命周期策略

1. 导入期营销：产品差异化

在产品导入期，强调其产品的类别、水源、设备、包装、价格、口感和市场定位与同行其他企业的差别。主要措施：（1）农夫山泉是以取自千岛湖水面下 70 米无污染活性水为原料，并经先进工艺净化而成。在这一水源差异上，以国家一级水资源的保护区"千岛湖的源头活水"来强调其水源的优良，诉求"好水喝出健康来"的产品主题。（2）在包装上，1997 年在国内首先推出了 4 升包装，1998 年初又推出了运动瓶盖，并把运动瓶盖解释为一种独特的带有动作特点和声音特点的时尚情趣，在其"课堂篇"的广告中："哗扑"一声和那句"上课时不要发出这种声音"，让人心领神会。（3）在市场定位上，"这水，有我小时候喝过的味道"以一个中年人对幼年回忆的情景交融来衬托产品的文化内涵，以历史的纵深感勾连起人们浓重的情感认同；用"农夫山泉有点甜"来说明水的甘甜清冽，采取口感定位，就"有点甜"便占据了消费者巨大的心理空间。

2. 成熟期营销：产品新定位

在产品成熟期，农夫山泉开始寻求新的定位。

以农夫山泉运动瓶盖为契机，农夫山泉开始贯彻其与体育事业相结合的策略，着力传播善待生命、关注健康、重视运动的理念和品牌形象。1998 年赞助世界杯足球赛；1999 年成为中国乒乓球队唯一指定用水；2 000 年被国家体育总局选为第27 届奥运会中国体育代表团唯一饮用水赞助商；2001—2004 年成为中国奥委会的长期合作伙伴和荣誉赞助商。一系列的公关活动使农夫山泉与体育结下了不解之缘。

农夫山泉的广告诉求也紧扣体育主题，推出了"奥运军团喝什么水"的主题竞猜，高举"关心金牌从关心运动员开始"的旗帜，发起"为中国体育健儿选择一种天然、健康、安全的好水"的"寻水"活动。在关心运动健儿的同时，传达和引导着一种健康的时尚。

【案例思考】农夫山泉在生命周期的不同阶段采取了哪些不同的营销策略？为什么生命周期的阶段不同，采取的营销策略会有差异？

第三节　新产品开发策略

一、新产品概述

（一）新产品的含义及分类

从营销的角度看，只要在功能和形态上发生改变与原产品有差异的产品均称为新产品。它包括全新型新产品、换代型新产品、改进型新产品和仿制型新产品。

1. 全新型新产品

全新型新产品是指应用新原理、新技术、新结构、新材料研制成功的前所未有的新产品。例如，电灯、电话、汽车、飞机、电视机、抗生素等。

2. 换代型新产品

换代型新产品是指在原有产品的基础上，部分采用新技术、新材料、新元件等，使结构性能有显著提高的产品。例如，计算机问世后已经经过多次换代，从电子管、晶体管、集成电路到大规模集成电路，目前已是人工智能的第五代新产品。

3. 改进型新产品

改进型新产品是指对老产品在质量、结构、功能、花色品种等方面做出改进的产品。主要谋求性能更加精良，结构更加合理，功能更加齐全，式样更加新颖，材料更易获取，成本能有较大降低。例如，电风扇改用遥控控制和铅笔上加装橡皮等。

4. 仿制型新产品

仿制型新产品是指市场上已经存在，而本国、本地区或本企业初次仿制并投入市场的产品。

（二）开发新产品的意义

开发新产品的意义在于：

（1）避免产品老化，适应需求变化。

（2）有利于采用新技术、新材料，降低成本，增强竞争力，提升企业地位。

（3）有利于充分利用企业资源和发挥企业潜能，提高企业的经济效益。

（4）有利于生产经营的稳定性，减轻因产品滞销而引起的效益下滑。

（5）有利于提高企业的实力与核心竞争力。

（三）开发新产品的原则

新产品开发具有难度大、费用高、周期长、失败率高等特点，因此，为了保证新产品开发的成功，应该遵循以下原则：

（1）有需求。新产品要有足够大的市场需求，产品应适销对路。

（2）有潜力。新产品要具有很好的发展前景，应属于朝阳类产品。

（3）有特色。新产品要优点明显，别具一格。

（4）有竞争力。企业要具有研发、生产、营销新产品的实力与优势。

（5）有效益。新产品要能够为企业带来可观的经济效益和社会效益。

（6）有依据。新产品开发必须要符合国家的产业政策及相关法律法规的要求。

二、新产品开发的程序

企业要做到可持续发展，在竞争中保持优势，并具有较强的核心竞争力，就必须不断开发新产品。产品营销要做到"生产一代、储备一代、研发一代、构思一代"。为提高新产品开发的成功率，认真策划新产品的开发计划和遵循新产品开发的程序是非常必要的。新产品开发的程序如图8—4所示。

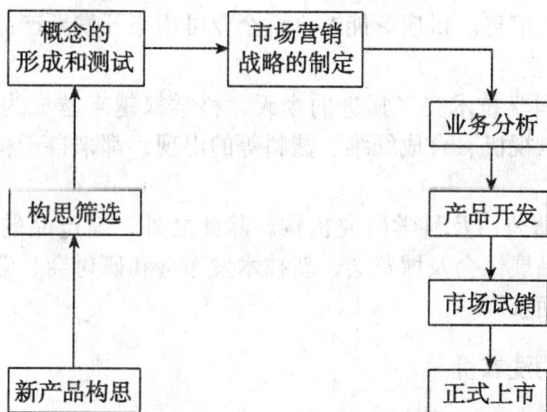

图8—4 新产品开发的程序图

（一）新产品构思

1. 新产品构思的含义

新产品开发始于构思的形成（Idea Generation），即系统化地搜寻产品新创意。构思不是凭空瞎想，而是有创造性的思维活动。新产品构思实际上包括了两个方面的思维活动：一是根据得到的各种信息，发挥人的想象力，提出初步设想的线索；二是考虑市场需要什么样的产品及其发展趋势，提出具体的产品设想方案。

一个好的构思必须同时兼备两方面的要求：一是构思要有创意，即通过创造性的思维和富有想象力的构思，形成具有生命力的新产品；二是构思要可行，如技术上的可行性。据有关调查发现，100个新产品构思中，有39个能进行新产品开发，有17个能通过开发程序，有8个能真正进入市场，而只有1个能最终实现商业目标。

2. 新产品构思的来源

（1）企业内部员工。企业可通过正规的调研活动找到新构思，还可撷取企业内部员工，包括企业销售人员、管理人员、工程技术人员、制造人员的智慧。丰田声称公司的职员每年提出 200 万项构思，每个职员大约 35 条建议，其中的 85% 都得到了贯彻和执行。据调查，在美国有 55% 的新产品构思来源于企业内部。

（2）对顾客的观察和聆听。顾客的需要是新产品创意的出发点。通过观察顾客对现有产品的购买、使用，分析顾客提出的批评和建议，可以形成创意，改进现有产品存在的问题。企业可通过调查或集中座谈的方式来了解顾客的需要和欲望，通过分析顾客的提问和投诉发现更好地解决消费者问题的新产品。通用电器公司电视产品部门的设计工程师就是通过与最终消费者会谈的方式来得到新的家用电器产品构思的。

（3）竞争对手。企业观察竞争者的广告及其他信息，从而获取新产品的线索。有些企业通过购买竞争者的新产品，把产品分解，观察产品结构，预测产品未来，最后决定企业是否应该研制出一种自己的新产品。例如，福特在设计捷豹牌汽车时，拆看了 50 多种竞争品牌的汽车，一步一步寻找可以复制或改善的地方。捷豹牌汽车最终采用了奥迪的加速器踏板"触角"、丰田 Supra 车的油耗表、宝马 528e 的轮胎和千斤顶储存系统，以及其他 400 种类似优点，结果是捷豹牌汽车大获成功，得到了消费者的青睐。

（4）销售商及供应商。由于销售商更接近市场，能够传递有关需要处理的消费者问题以及新产品可能性的信息。供应商能够告诉企业可用来开发新产品的新概念、新技术和新材料。

（5）科学家。在科学技术突飞猛进的今天，科学家越来越成为新产品创意的主要来源。例如，电子表、电视机、合成纤维、塑料等的出现，都来自于科学家对基础科学的研究成果。

（6）专业市场调研公司及科学研究机构。除此之外，新产品的构思还可以通过行业学会、传播媒体、产品展销会及博览会、新技术发布会和研讨会、营销广告公司、高等院校及专业实验室等方面获取。

案例 8—2 会洗地瓜的洗衣机

在海尔开发的新产品中，有相当部分的创意灵感直接源于顾客反馈，满足顾客需求和顺应市场发展，是海尔技术创新、产品创新的基础。比如，海尔瞄准顾客需要，研制生产了"小小神童"洗衣机、"手搓式"洗衣机、"双动力"洗衣机、"保健双动力"洗衣机、不用洗衣粉的"环保双动力"洗衣机、"变频 A8 双动力"洗衣机、能让衣服跳舞的"仿生双动力"洗衣机、洗干一体机"阳光丽人"洗衣机、会洗地瓜的洗衣机等。海尔用行动生动地诠释了"将用户的潜在需求和抱怨变成创新产品"的诺言。

1996 年，一位四川农民投诉海尔洗衣机的排水管老是被堵。服务人员上门维修时发现，这位农民居然用洗衣机洗地瓜、泥土豆。服务人员没有责备，没有推卸责任，依然帮顾客加粗了排水管。农民感激之余说："如果能有洗地瓜的洗衣机就好了。"

技术人员一开始是把此事当笑话讲出来的，但是，海尔集团的董事局主席兼首席执行官张瑞敏听了之后却不这样认为。张瑞敏对科研人员说："满足用户需求是产品开发的出发点与目的。"技术人员对开发能洗地瓜的洗衣机想不通，因为按"常理"论，客户这一要求太离谱乃至荒诞了！但张瑞敏说："顾客的需要是我们开发创新产品思路的重要源泉，给我们开辟了又一个全新的市场。"终于，"会洗地瓜的洗衣机"在海尔诞生了！它不仅具有一般双桶洗衣机的全部功能，还可以洗地瓜、水果。

【案例思考】海尔的洗衣机"家族成员"众多，海尔洗衣机新产品创新的源泉在哪里？海尔新产品的构思对我们有什么启发？

（二）新产品构思筛选

构思筛选（Idea Screening）是从各种新产品设想的方案中，挑选出一部分有价值的进行分析、论证。筛选时要区别优势，决定取舍，努力避免两种偏差：其一，不能把有开发前途的产品设想放弃了，即避免"误舍"；其二，不能把没有开发价值的产品设想误选了，即避免"误用"。应全面衡量与分析，审慎地决定取舍。

绝大多数企业要求管理人员用标准的格式写出新产品构思，以便提交给新产品委员会审阅。该书面报告描述了产品、目标市场及竞争状况，并对市场规模、产品价格、开发时间和成本、制造成本和回收率做出一些初步估计。接着，委员会将针对一些通用标准对构思做出评价。例如，在 Kao 公司（日本一家大型消费品公司），委员会提出如下问题：产品对消费者和社会真正有用吗？对本公司有没有好处？是否符合公司的目标和战略？我们有成功实行这个构思所需的人员、技术和资源吗？它提供给顾客的价值是否多于竞争者的产品？广告和销售是否容易？许多企业都有设计得很好的系统来评定和筛选新产品构思。

（三）新产品概念的形成和测试

1. 新产品概念的形成

新产品概念（Product Concept）是新产品开发的重要内容，产品概念不同于产品构思，也不同于产品形象，产品概念是联系产品构思和产品形象的重要桥梁，是实现产品构思的重要手段。产品构思是指企业可以考虑向市场提供的一种可能产品的主意，产品概念是用有意义的消费者术语对构思做出详尽描述，而产品形象则是指消费者可以观察到的实际产品或潜在产品实体。

2. 新产品概念的测试

概念测试（Concept Testing）是指选取几组目标消费者对新产品概念进行测试。新产品概念的传递可以用符号或实物形象表示，使消费者能感觉到新产品概念的具体内容和表现形式。

企业根据消费者的要求把产品创意发展为产品概念，进而确定最佳产品概念，在进行产品和品牌的市场定位后，就应当对产品概念进行测验。所谓测验是指将产品概念找一群目标顾客加以测试，进而得到市场反应。

许多企业在试图把新产品概念转变成实际新产品之前，总是会用消费者来测试一下新产品概念。例如，理查德·桑德斯公司（Richard Saunders Inc.）的艾可民意测试（Acu-Poll）调查系统，会在全国有代表性的100家杂货店中对顾客就35种新产品概念进行个人提问。该民意测验每个月进行一次，了解参加者对购买新产品的兴趣，对新的不同产品构思的认识以及对产品价值与价格的比较判断等。

案例8—3 通用汽车公司实验电车的概念形成与测试

1. 概念形成

通用汽车公司想正式上市它的实验电车。这种汽车时速为每小时80英里，在再次充电之前可走90英里。通用汽车公司估计这种电车的使用成本大约为普通汽车的一半。

通用汽车公司的任务是把这种新产品演变成可供选择的产品概念，找到每种概念对顾客的吸引程度，并选择最佳的一个。通用汽车公司可为电车设立以下几种产品概念：

概念1：不昂贵的超小型汽车，作为在镇上使用的第二类家庭汽车。该车是一种效率高、开起来有趣、利用电能的4座超小型汽车，是去商店购物和访友的最佳工具。使用成本仅为汽油汽车的一半。时速达到每小时80英里，可连续开90英里之后再充电。全套设备的总价格为18 000美元。

概念2：中等价格、中等型号的汽车，作为各种用途的家庭汽车。

概念3：中等价格的运动小型车，用来吸引年轻人。

概念4：不昂贵的超小型汽车，用来吸引认真、谨慎的人，这些人要求基本的交通功能、低燃料成本和低污染。

2. 概念测试

(1) 概念描述。根据概念1的描述，将实验电车新产品简述为：不昂贵、超小型、第二类家庭汽车、效率高、有趣、用电、4座、去商店购物和访友、使用成本低、时速快、连续开90英里、总价格为18 000美元。

(2) 概念测试。概念测试是要了解消费者对新产品概念的认识和理解。我们可以通过提问进行新产品概念测试，通过消费者的回答可以测试出消费者对新产品概念的认可程度。提问的内容包括：

① 你理解电动汽车的概念吗？

② 你相信关于电动汽车性能的说法吗？

③ 与传统汽车相比，电动汽车有什么主要益处？

④ 在汽车特色方面你会建议做哪些改进？

⑤ 因为什么用途使你喜欢电动汽车甚于喜欢传统汽车？

⑥ 电动汽车的合理价格应为多少？

⑦ 谁会参与你买这种车的决定？谁会驾驶这种车？

⑧ 你会买这种车吗？（肯定、可能、可能不、肯定不）

【案例思考】根据案例的思路和方法，以电动汽车为例进行产品概念设计及测试。

(四) 市场营销战略的制定

假设通用汽车公司发现消费者对电动汽车概念的测试结果最满意，下一步则进入了市场营销战略的制定（Marketing Strategy Development）阶段，即制订新产品市场开发的战略计划。市场开发的战略计划包括以下三个方面的内容：

1. 描述目标市场、产品定位和市场规模

公司的目标市场是那些需要用第二辆车来采购、代步或访友的家庭。这种车的市场定位是比目前市场上的小汽车价格低廉、使用经济、驾驶有趣。第一年，公司预计销售200 000辆，亏损不超过3 000万美元。第二年，公司预计销售220 000辆，盈利5 000万美元。

2. 描述产品第一年的计划价格、销售及营销预算

公司计划生产的电动汽车有三种颜色，并有空调和动力驱动装置可供选择。预计每辆车的零售价为18 000美元，经销商可享受15%的折扣。经销商月销售量在10辆以上者，该月内每销售一辆者便可享受5%的附加折扣。广告预算为2 000万美元，其中一半用于全国广告，另一半用于当地广告。广告的重点是电动汽车的经济和有趣。第一年用100 000美元搞市场调研，进一步明确谁会在第一时间购买新产品以及测定他们对新产品的满意程度。

3. 描述公司的长期销售额、利润目标及营销组合战略

公司的战略目标是取得整个汽车市场3%的长期份额，并实现15%的税后投资收益率。为了实现这一目标，产品质量起点要高，并且要不断改进。如果竞争允许，第二年和第三年应适当提高价格。广告总预算每年应提高10%。一年之后市场营销调研费用将减至每年60 000美元。

（五）业务分析

管理部门一旦对产品概念及营销战略做出了决策，接下来便可以估计这项建议的商业价值。业务分析（Business Analysis）指考察新产品的预计销售量、成本和利润，以便查明它们是否满足企业的目标。如果满足，产品就能进入产品开发阶段了。

为了估计销售量，企业应观看类似产品的销售历史，并对市场意见进行调查。企业应估计最大和最小销售量，从而估计风险大小。在预计好销售量之后，管理部门可估算出产品的期望成本，包括市场营销、市场研究、开发、制造、会计以及财务成本。接着，企业便可用这些销售量和成本数据来分析新产品的经济效益。

（六）产品开发

到此为止，就新产品开发概念而言，产品还只是一个口头描述、一幅图画或者一个粗糙的模型。如果产品概念通过了市场测验，就可以进入产品开发（Product Development）阶段。概念研究与开发部门希望设计出一个能满足和刺激消费者需求，并且生产起来快、不超过预算成本的样品。设计一个成功的样品需要几天、几周、几个月甚至几年。新产品要通过严格的性能测试，以便确信产品安全、有效。

小资料8—1 新产品测试

肖工业公司（Shaw Industries）以每小时5美元的报酬雇用实验者在5卷长地毯样品上来回走动，每天8小时，每人平均走14英里。在走动时，每人每周固定读三本侦探小说，两年之内可读完40磅的书籍。肖工业公司计量出行走者的脚步数，并计算出20 000步相当于几年平均地毯的损耗量。

在吉列公司，每天都有来自各个部门的200名志愿者没有刮胡子就去上班。他们列队来到公司南波士顿制造和调查工厂的二楼，进入有一只水槽和一面镜子的小隔间。在小窗另一边的技术人员指令他们用某把刮胡刀、某种刮胡膏和刮胡后用品，然后让他们填写问卷。吉列公司的一位雇员说："我们在这儿流血，是为了你们能在家刮好胡子。"

小思考8—1

如何保证新产品的质量和品质？可以通过哪些方式和方法对新产品的质量进行检测？

（七）市场试销

如果新产品的质量及性能通过了消费者测试，接下来一步便是市场试销（Test Marketing）。在这一阶段产品及营销方案被放入到更加逼真的市场环境中去。市场试销使厂商在全面市场推广之前，通过小范围销售获取营销经验，以减低市场风险。试销可以测

试产品和整个营销方案的有效性，包括市场定位、广告、销售、定价、品牌和包装、预算标准等方面是否适应市场及消费者的需要。

市场试销所需的时间因新产品的不同而不同。市场试销的成本可能会很大，但是与错误造成的损失相比就算不了什么。例如，伦敦的联合利华（Unilever）公司被强力洗衣粉中获得专利的催速剂（一种二氧化锰催化剂）冲昏了头，以至于跳过了市场试销步骤，也不理睬主要对手宝洁公司的警告，导致新的去渍洗衣粉损害了顾客的衣服，结果新产品推广成了一场灾难。

（八）正式上市

市场试销为管理部门提供所需信息，并促使公司做出是否要推出新产品的重大决策。如果公司进一步让产品正式上市，即把新产品推向市场，则企业将面临很高的成本。企业将不得不建造或租用生产设施。

公司决定生产和销售新产品后，该何时将新产品推出呢？销售的时机非常重要。如果电动汽车会影响到公司其他汽车的销售量，则该电动汽车的推出时间将会延迟。新产品推出的时间确定后，新产品推出的地点就成为决策的重点，是在单一的地点，还是在一个地区，还是在全国市场或者国际市场？企业一般都会进行有计划的市场扩展。小企业会选择有吸引力的城市或地区，一次只进入一个。而大一些的企业会迅速地把新产品推向几个地区或全国市场。

三、企业开发新产品的方式

（一）独立研制

独立研制包括三种情况：第一种是全部自己进行；第二种是借用已有的研究成果，进行应用开发；第三种是委托开发。

（二）技术引进

技术引进主要是指引进国外先进产品线或者生产技术。

（三）技术协作

技术协作是指与其他企业或国外企业通过技术交流、协作、合作等方式来研发新产品。

四、新产品的推广

新产品开发并推向市场之际，就是新产品的采用与扩散的开始。

（一）新产品采用过程

所谓新产品采用过程，是指消费者个人由接受创新产品到成为重复购买者的过程。迄今为止，有关采用过程的研究当首推美国著名学者埃弗雷特·罗杰斯，他在1962年出版的《创新扩散》一书中把采用过程看作创新决策过程，并据此建立了创新决策过程模型。他认为，创新决策过程包括五个阶段，即认识阶段、说服阶段、决策阶段、实施阶段和证实阶段。这五个阶段又受到一系列变量的影响，它们不同程度地促进或延缓了创新决策过程。

1. 认识阶段

在认识阶段，消费者要受个人因素、社会因素和沟通行为因素的影响。他们逐步认识到创新产品，并学会使用这种产品，掌握其新的功能。研究表明，较早意识到创新的消费者同较晚意识到的消费者有着明显的区别。一般地,前者较后者有着较高的文化水平和社会地位,他们广泛地参与社交活动,能及时、迅速地获取有关新产品的信息资料。

2. 说服阶段

有时,消费者尽管认识到了创新产品并知道如何使用,但一直没有产生喜爱和占有该种产品的愿望。而一旦产生这种愿望,决策行为就进入了说服阶段。在认识阶段,消费者的心理活动尚停留在感性认识上,而在说服阶段,其心理活动就具备影响力了。消费者常常要亲自操作新产品,以避免购买风险。不过,即使如此也并不能促使消费者立即购买。市场营销部门要让消费者较快地认识到新产品的特性,包括相对优越性、适用性、复杂性、可试性、明确性。

3. 决策阶段

通过对产品特性的分析和认识,消费者开始决策,即决定采用还是拒绝采用该种创新产品。

4. 实施阶段

当消费者开始使用创新产品时,就进入了实施阶段。在决策阶段,消费者只是在心里盘算究竟是使用该产品,还是仅仅试用一下。到了实施阶段,消费者就考虑以下问题了:"我怎样使用该产品"和"我如何解决操作难题"。这时,企业市场营销人员就要积极主动地向消费者进行介绍和示范,并提出自己的建议。

5. 证实阶段

人类行为的一个显著特征是:人们在做出某项重要决策之后,总是要寻找额外的信息来证明自己决策的正确。消费者购买决策也不例外。

(二)新产品扩散过程

所谓新产品扩散,是指新产品上市后随着时间的推移不断地被越来越多的消费者所采用的过程。扩散与采用的区别,仅仅在于看问题的角度不同。采用过程是从微观角度考察消费者个人由接受创新产品到成为重复购买者的各个心理阶段;而扩散过程则是从宏观角度分析创新产品如何在市场上传播并被市场所采用的更为广泛的问题。

1. 新产品采用者的类型

在新产品的市场扩散过程中,由于个人性格、文化背景、受教育程度和社会地位等因素的影响,不同的消费者对新产品接受的快慢程度不同。罗杰斯根据这种接受程度快慢的差异,把采用者划分成五种类型,即创新采用者、早期采用者、早期大众、晚期大众和落后采用者。具体内容如图8—5所示。

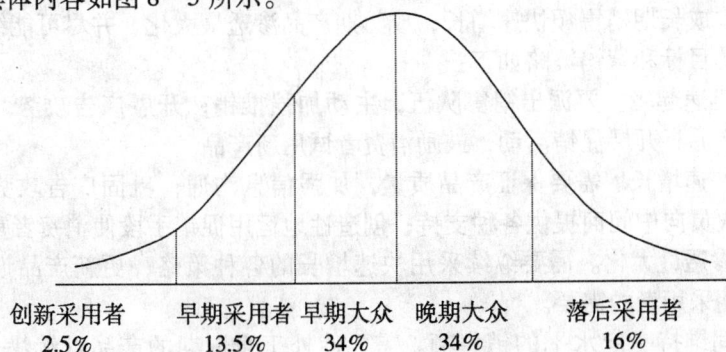

| 创新采用者 | 早期采用者 | 早期大众 | 晚期大众 | 落后采用者 |
| 2.5% | 13.5% | 34% | 34% | 16% |

图8—5 新产品采用者示意图

（1）创新采用者。该类采用者约占全部潜在采用者的 2.5%。任何新产品都是由少数创新采用者率先使用。他们具有冒险精神，收入水平、社会地位和受教育程度较高，一般为年轻人，交际广泛且信息灵通。营销人员在向市场推出新产品时，应把促销手段和传播工具集中于创新采用者身上。如果他们的采用效果较好，就会大力宣传，影响到后面的使用者。

（2）早期采用者。早期采用者是第二类采用新产品的群体，占全部潜在采用者的13.5%。他们大多是某个群体中具有很高威信的人，受到周围朋友的拥护和爱戴。正因为如此，他们常常去收集有关新产品的各种信息资料，成为某些领域的舆论领袖。这类采用者多在产品的导入期和成长期采用新产品，并对后面的采用者影响较大。所以，他们对创新扩散有着决定性影响。

（3）早期大众。这类采用者的采用时间较平均采用时间要早，占全部潜在采用者的34%。其特征是：深思熟虑，态度谨慎；决策时间较长；受过一定教育；有较好的工作环境和固定收入；对舆论领袖的消费行为有较强的模仿心理。他们虽然也希望在一般人之前接受新产品，但却是在经过早期采用者认可后才购买，从而成为赶时髦者。由于该类采用者和晚期大众占全部潜在采用者的68%。因而，研究其消费心理和消费习惯对于加速创新产品扩散有着重要意义。

（4）晚期大众。这类采用者的采用时间较平均采用时间稍晚，约占全部潜在采用者的34%。其基本特征是多疑。他们的信息多来自周围的同事或朋友，很少借助宣传媒体收集所需要的信息，其受教育程度和收入状况相对较差。所以，他们从不主动采用或接受新产品，直到多数人都采用，而且反映良好时才行动。

（5）落后采用者。这类采用者是采用新产品的落伍者，占全部潜在采用者的16%。他们思想保守，拘泥于传统的消费行为模式。他们与其他的落后采用者关系密切，极少借助宣传媒体，其社会地位和收入水平最低。因此，他们在产品进入成熟期后期乃至进入衰退期时才会采用。

2. 新产品扩散过程管理

新产品扩散过程管理是指企业通过采取措施使新产品扩散过程符合既定市场营销目标的一系列活动。企业之所以能对扩散过程进行管理，是因为扩散过程除受到外部不可控因素如竞争者行为、消费者行为、经济形势等的影响外，还要受企业市场营销活动如产品质量、人员推销、广告水平、价格策略等的制约。新产品扩散要达到的目标是：导入期销售额迅速起飞；成长期销售额快速增长；成熟期产品渗透最大化，并尽可能维持一定的销售水平。具体的目标和营销策略如下：

（1）实现迅速起飞。要派出销售队伍，主动加强推销；开展广告攻势，使目标市场很快熟悉创新产品；开展促销活动，鼓励消费者试用新产品。

（2）实现快速增长。需要保证产品质量，加强信息沟通；巩固广告攻势，影响后期采用者；推销人员向中间商提供各种支持；创造性地运用促销手段使消费者重复购买。

（3）实现渗透最大化。需要继续采用快速增长的各种策略；更新产品设计和广告策略，以适应后期采用者的需要。

（4）长时间维持一定水平的销售额。需要使处于衰退期的产品继续满足市场需要；扩展分销渠道；加强人员推销。

五、新产品开发的风险

（一）新产品开发的风险

革新往往具有很大风险，新产品的持续高失败率令人不安。根据美国的市场调查资料：在过去的 10 年中，美国企业新产品的开发成功率只有 20%，失败率高达 80%。福特在爱德塞尔（Edsel）汽车上损失了 3.5 亿美元；RCA 公司在它的赛莱克塔（Selecta）录像机上损失了 5.8 亿美元；得克萨斯仪器公司从家庭电脑行业撤退时已损失了 6.6 亿美元。其他一些损失惨重的产品则来自非常有经验的企业，如可口可乐公司。

但是，营销专家们发现，企业 28% 的利润来自向市场推出的新产品。专家预测，在今后的市场竞争中，企业利润的大部分将来自企业的最新产品。就像目前的电视机市场，传统电视机与大屏幕高清晰液晶电视机的利润水平已无法比拟。这样看来，对新产品的营销与管理始终是企业生存和发展的新动力，也是企业核心竞争力的体现。

（二）新产品开发失败的原因

研究表明：如果一个新产品在生产过程中发现了问题，其损失是 100 美元的话，那么，在生产前发现问题的损失是 1 美元，在上市前发现问题的损失是 1 000 美元，在上市后发现问题的损失则是 10 000 美元。及早发现新产品开发过程中的问题，是规避创新风险、减少失败的最重要的工作。根据已往的经验，新产品开发失败的原因主要有以下几个方面：

（1）尽管主意不错，但是对市场规模估计不够，对新产品市场前景过于乐观。

（2）新产品设计达不到预期的要求，销售大打折扣。

（3）新产品市场定位不正确，产品定价过高，广告效果差。

（4）公司高级管理人员无视不利的市场调研结果，而一意孤行。

（5）新产品开发费用比预计的要高，成本失控。

（6）竞争对手的反击比预计的要猛烈，新产品市场推进阻力巨大。

（7）新产品市场推广渠道不畅，没有得到足够的渠道覆盖的支持。

根据对新产品开发失败的案例统计，新产品失败的原因及比例大体如下：对市场判断失误，占总失败案例的 30%；产品本身有缺陷，占 23%；成本过高，造成市场价格太高，占 14%；未能把握好上市时机，占 10%；竞争障碍，占 8%；分销渠道障碍，占 13%；其他因素，占 2%。

（三）提高新产品开发成功率的途径和措施

新产品开发的风险性和由此带来的巨大损失，使企业把新产品营销管理作为企业的头等大事。大家都在尽全力避免进入"搞技改找死，不搞技改等死"的怪圈。

1. 新产品要有特色和竞争力

有一项研究曾调查了 200 种中等技术到高技术的新产品，寻找成功产品而不是失败产品所共有的因素，结果发现第一大成功因素是独一无二的优秀产品，即质量好、特色新、使用价值高的产品。具体来说，具有很大优势的产品的成功率达 98%，而中等优势的产品成功率为 58%，具有很小优势的产品的成功率仅为 18%。新产品成功的企业都有一个相似的产品谋略，即"人无我有，人有我优，人优我新，人新我特"。

2. 新产品的概念比新产品实物更重要

新产品概念的设计是新产品开发成功与否的重要内容。新产品概念的评价与选择必须系统地分析一般评价要素，认真考察吸引力指标和理念化程度，提供足够数量的备选概念。在新产品销售中，"卖概念"有时比卖产品更重要。

案例8—4 可口可乐的新产品危机

1. 大胆的创新决策

1985年4月23日，可口可乐公司董事长罗伯特·戈伊朱埃塔在可口可乐公司全球经理会议上，宣布了一项惊人的决定：经过99年的发展，可口可乐公司决定放弃它那一成不变的传统配方，全面开发 New Coke（新可乐）。

2. 决策的背景过程

直到20世纪70年代中期，可口可乐公司一直是美国饮料市场上无可争议的领导者。然而，从1976—1979年，可口可乐在市场上的增长速度从每年递增13%猛跌至2%。与此形成鲜明对比的是，百事可乐来势汹汹，先是推出了"百事新一代"，又展开了"百事挑战"的广告攻势。百事可乐的进攻收效明显，使之在美国饮料市场所占的份额从6%狂升至14%。可口可乐的市场占有率从50年代的20%一路下滑至1984年的2.9%。

3. 全面的市场调查

经调查，口味是造成可口可乐市场份额下降的一条最重要的原因。这个99年秘不示人的配方似乎已经不适合今天消费者的口味了。于是，可口可乐公司在1982年实施了"堪萨斯工程"。

"堪萨斯工程"是可口可乐公司秘密进行的市场调查行动的代号。在这次市场调查中，可口可乐公司出动了2 000名调查员，在10个主要城市调查顾客是否愿意接受一种全新的可口可乐。根据调查结果，可口可乐公司市场调查部门得出了如下数据：只有10%~12%的顾客对新口味可口可乐表示不安，而且其中一半的人认为以后会适应新可口可乐。

可口可乐公司的技术部门决意开发出一种全新口感的、更惬意的可口可乐。1984年9月，他们终于拿出了样品。可口可乐公司组织了品尝测试，测试结果令可口可乐公司兴奋不已，顾客对新可口可乐的满意度超过了百事可乐。可口可乐公司的市场调查人员认为，这种新配方的可口可乐至少可以将公司在饮料市场所占的份额向上推动一个百分点，这意味着多增加2亿美元的销售额！为了万无一失，可口可乐公司又倾资400万美元进行了一次规模更大的口味测试。13个大城市的19.1万名顾客参加了这次测试。在众多未标明品牌的可乐饮料中，品尝者们仍对新可口可乐青睐有加，55%的品尝者认为新可口可乐的口味胜过传统配方的可口可乐。

4. New Coke（新可乐）粉墨登场

新可口可乐马上就要投产了，但此时可口可乐公司又面临着一个新问题：是为"新可乐"增加一条生产线呢，还是用"新可乐"彻底取代传统的可口可乐呢？决策层认为，新增加生产线会加大瓶装商的成本，肯定会遭到遍布世界各地的瓶装商们的反对。经过反复权衡后，可口可乐公司决定用"新可乐"取代传统可乐，停止传统可乐的生产和销售。

1985 年 4 月 23 日，戈伊朱埃塔在纽约市的林肯中心举行了盛大的新闻发布会，正式宣布"新可乐"取代传统的可口可乐上市了。可口可乐公司向美国所有新闻媒介发出了邀请，共有 200 余位报纸、杂志和电视记者出席了新闻发布会。消息闪电般传遍了美国。在 24 小时之内，81% 的美国人都知道了可口可乐改变配方的消息，这个比例比 1969 年 7 月阿波罗登月时的 24 小时内公众获悉比例还要高。

"新可乐"上市初期，市场反应非常良好。15 亿人在"新可乐"问世的当天品尝了它，历史上没有任何一种新产品会在面世当天拥有这么多买主。发给各地瓶装商的可乐原浆数量也达到 5 年来的最高点。

5. 损失惨重

虽然可口可乐公司事先预计会有一些人对用"新可乐"取代传统可乐有意见，但却没想到反对的声势如此浩大。在"新可乐"上市 4 小时之内，可口可乐公司接到了 650 个抗议电话。到 5 月中旬，公司每天接到的批评电话多达 5 000 个，而且更有雪片般飞来的抗议信件。可口可乐公司不得不开辟 83 条热线，雇用了更多的公关人员来处理这些抱怨与批评。有的顾客称可口可乐是美国的象征，是美国人的老朋友，可如今却突然被抛弃了。还有的顾客威胁说将改喝茶水，永不再买可口可乐公司的产品。在西雅图，一群忠诚于传统可口可乐的人们组成了"美国老可乐"组织，准备在全国范围内发动抵制"新可乐"的运动。许多人开始寻找已停产的传统可口可乐，"老可乐"的价格一路看涨。

到 6 月中旬，"新可乐"的销售量远低于可口可乐公司的预期值，不少瓶装商强烈要求改回销售传统可口可乐。可口可乐公司的市场调查部门再次出动，对市场进行了紧急调查。结果他们发现，在 5 月 30 日前还有 53% 的顾客声称喜欢"新可乐"，可到了 6 月，一半以上的人说他们不喜欢"新可乐"。到了 7 月，只剩下 30% 的人说"新可乐"的好话了。愤怒的情绪继续在美国蔓延，传媒在推波助澜。对 99 年历史的传统配方的热爱被传媒形容成为爱国的象征。堪萨斯大学的社会学教授罗伯特·安东尼奥说："许多人认为可口可乐公司把一个神圣的象征给玷污了。"就连戈伊朱埃塔的父亲也站出来批评"新可乐"，甚至他还威胁说要不认这个儿子。可口可乐公司的决策者们不得不认真考虑问题的严重性了。

6. 关键时候，"姜还是老的辣"

同年 6 月底，"新可乐"的销量仍不见起色，而公众的抗议却愈演愈烈。可口可乐公司决定恢复传统配方的生产，其商标定名为 Coca-Cola Classic（可口可乐古典）。7 月 11 日，戈伊朱埃塔率领可口可乐公司的高层管理者站在可口可乐标志下向公众道歉，并宣布立即恢复传统配方可口可乐的生产。消息传来，美国上下一片沸腾。ABC 电视网中断了周三下午正在播出的节目，马上插播了可口可乐公司的新闻。所有传媒都以头条新闻报道了"老可乐"归来的喜讯。民主党参议员大卫·普赖尔还在参议院发表演讲称："这是美国历史上一个非常有意义的时刻，它表明有些民族精神是不可更改的。"华尔街也为可口可乐公司的决定欢欣鼓舞，"老可乐"的归来使可口可乐公司的股价攀升到 12 年来的最高点。

【案例思考】New Coke（新可乐）计划为什么在如此短的时间内就夭折了？

六、国内外市场新产品的发展趋势

（一）高性能化

采用高新技术开发有时代超前特征的新产品，实现产品的高性能化，引导消费潮流，是现代产品开发的一大趋势。例如，日本研制的智能化机器人和美国研究开发的无人驾驶汽车等产品都属于高性能的产品。

（二）多功能化

所谓多功能化就是由原来单一功能的产品发展成为多用途、多功能的产品。例如，手机除了基本的通话功能外，还增加了摄像、上网、音乐、游戏等功能。

（三）微型化

现代产品由于采用了新技术、新材料、新工艺等，使产品的体积越来越小、重量越来越轻，而性能又好。例如，微型计算机、手提式电脑、掌上电脑等。

（四）方便化、简便化

现代消费者更重视产品使用的方便性。傻瓜照相机和模糊洗衣机等产品的发展正好说明了这一点。

（五）艺术化、品位化

产品的艺术化、品位化的研究已经成为产品研究与发展的重要组成部分。例如，服装、汽车、家具这些产品要具有观赏性。

■ 本章提要

产品是买卖双方从事市场交易活动的物质基础。在市场营销活动中，企业满足顾客需要要通过一定的产品来实现。企业和市场的关系也是通过产品来连接的。企业在制订营销组合策略时，产品策略是最重要和最基础的因素，它是整个营销组合策略中的基石。产品策略直接影响和决定着对其他营销组合因素的管理，对企业营销的成败关系重大。

■ 练习与思考

1. 什么是整体产品？什么是产品组合？
2. 什么是波士顿矩阵法？波士顿矩阵法是如何进行产品组合分析的？
3. 何谓新产品？开发新产品的步骤有哪些？
4. 何谓产品的生命周期？试说明产品生命周期各阶段的主要特征及相应的营销策略。
5. 如何表述新产品的概念？新产品概念如何进行测试？
6. 新产品开发失败的主要原因有哪些？
7. 新产品采用和扩散的过程包括了哪些内容？新产品采用者有哪几种？

■ 案例教学

"由繁到简，再由简到繁"的产品组合策略

1. 改写历史

柳州两面针股份有限公司是1980年在柳州市日用化工厂一个牙膏生产车间的基础上建立起来的。建厂初期仅有职工120名，流动资金10多万元，固定资产不足60万元，牙

膏产销量全国倒数第一。到1999年初，"两面针"已成为了中国驰名商标。企业已拥有员工近千名，固定资产3.5亿多元，年产牙膏6亿支、牙刷2 000万支、妇女卫生巾3亿片、香皂8 000万块。

2. "繁"的产品组合

建厂之初，两面针公司生产经营的产品有花露水、珍珠霜、洗发精、去污粉、工艺蜡、牙膏等。仅牙膏类产品就有"白鹭"、"翠竹"、"宝石花"、"仙葫"等二十多个品种。品种多、品牌杂、档次低、批量小、成本高、效益差是当时产品组合的真实写照。1989年，企业亏损达百万余元。

3. "简"的产品组合

企业根据民间用"两面针"药液治疗牙疾的偏方而开发出的"两面针"牙膏，确立了牙膏的绝对主导地位。在资金有限的情况下，进行单一经营，砍掉除牙膏以外的所有产品。实施名牌战略，打响了"两面针"品牌。

4. 喜获硕果

实施新的产品组合战略后，"两面针"中药牙膏保持了产销量在同类产品的绝对领先地位。公司年税利超亿元。"两面针"成为了市级名牌、自治区名牌和国家名牌。

5. "多"的产品组合

企业没有陶醉于现状，而是走上了创名牌、保名牌、扩大名牌效应之路。狠抓产品更新换代，针对不同的消费群体推出了彩条、全能、纯白、强效等各种口味、型号、功能的牙膏新品种，形成了"两面针"牙膏系列产品，扩大了名牌的外延。企业将产品概念由"口腔清洁卫生"产品链，扩大为"清洁卫生"产业链，形成了口腔保健品、洗涤用品、妇女卫生用品等三大系列产品，培植了群体系列的经济增长点。

"由繁到简，再由简到繁"，一个以产品为中心的创业路很好地诠释了企业产品组合策略的内容和要求。

资料来源　佘伯明：《企业管理案例》，南宁，广西人民出版社，2002。有改编。

问题："两面针"的成功与其产品组合策略有什么必然联系？

实训教学

【实训材料】某生产自行车的企业，由于产品老化，生产经营每况愈下，难以为继。公司管理层开会研究公司出路，分析自行车产品的创新与改进。大家一致认为，要开发技术含量高、经济效益好的新产品。大家提出电动自行车是一个好项目。由于目前市场缺乏电动自行车的技术规范和标准，电动自行车的品种、规格、型号繁多，竞争激烈。

【实训要求】根据目前电动自行车的市场状况和消费者的需求状况，请你设计一款具有竞争力的电动自行车产品概念，并对该产品概念进行必要的测试，说明新产品开发的价值及可能性，并预测新产品今后的发展趋势。

第九章　产品营销策略

经典语录：品牌是一种错综复杂的象征，它是品牌属性、名称、包装、价格、历史声誉、广告方式的无形总和。品牌竞争是企业竞争的最高层次。

大卫·奥格威（David Ogilvy）

▨ 学习目标和实训要求

【理论学习目标】通过本章学习，应了解品牌的含义及作用；掌握品牌命名的方法与技巧；掌握品牌使用与维护的方法；了解商品包装的方法及包装促销策略。

【实践训练要求】通过本章学习，应掌握如何设计、使用、维护企业品牌；掌握品牌的使用方法和商品包装方法；掌握企业创名牌的方法和途径。

▨ 重点与难点

【重点】品牌策略和包装策略。

【难点】品牌的设计、使用、维护和品牌战略问题；包装设计的方法。

引例　国货为何老穿"洋马甲"？

明明是国产品牌，却起个洋名字冒充外国品牌；明明是国产货，偏要打着"进口"的招牌四处宣传。

国货穿"洋马甲"的现象在什么领域最严重？

调查显示，排第一的是"服装"（78.8%），其次是"化妆品"（66.0%）。接下来依次是：家具（48.3%）、汽车（35.2%）、日常用品（34.5%）、食品（34.3%）、餐饮（29.2%）、公共设施（11.8%）、房产（10.5%）。

在房地产领域，"洋马甲"同样大行其道。丹佛尔湾、蒙地卡罗别墅、麦格理花园、塞纳维拉、纳帕溪谷……这些地方其实都在北京。"温哥华森林"位于昌平区北七家镇东沙各庄，"温莎大道"地处朝阳区国贸的光华路，"DBC加州生活区"则在通州。有人统计，房地产商热衷的洋地名主要来自美国、意大利、加拿大、英国、德国、法国等国，来自发展中国家的地名几乎没人挪用。

为什么国货喜欢穿"洋马甲"？

专家认为，给品牌取什么名字，和这个领域的消费群体也有关系。服装之所以成为最严重的领域，可能是因为它主要针对的群体是讲究档次或时尚的中青年人群，他们尤其喜欢洋品牌。在大众眼中洋品牌意味着：质量好、有档次、奢侈。

调查显示，70.0%的人认为原因是社会崇洋媚外心理严重；62.9%的人认为是因为国产品牌对自己没有信心；52.2%的人认为原因是对虚假夸大宣传缺乏有效监管；47.3%的人认为是因为一些人财富来得太容易，"只买贵的不选对的"；43.4%的人认为是因为本土品牌总出问题，只好改头换面。

在大众眼中，洋品牌意味着什么？调查中，排名前三的分别是：质量好（46.8%）、有档次（42.8%）、奢侈（33.2%）。接下来依次是：时尚（33.0%）、技术含量高（31.2%）、身份地位的象征（27.4%）、安全放心（27.0%）、规范（24.9%）。

资料来源 黄冲：《国货为何老穿"洋马甲"？》，载《中国青年报》，2011-07-28，作者整理。

【引例思考】国货为什么喜欢用"洋名"？而洋货为什么反而喜欢用"土名"？比如宝洁公司生产的香皂取名为"舒肤佳"。

第一节 品牌策略

一、品牌的含义

品牌就是产品的名称，是识别某个销售者或某个群体销售者的产品或劳务，并使之同竞争对手的产品或劳务相区别开来的商业名称，通常由文字、标志、符号、图案和颜色或是它们的组合构成。

（一）品牌的内涵

品牌是一个集合的概念，是一种企业独特的、被法律保护的标示系统。与品牌相关的概念有品牌名称、品牌标志和商标等。品牌名称是指品牌中可以用语言来表达即可发音的部分，如海尔、联想、两面针等；品牌标志是指品牌中可以识别但不能用语言发音表达的特定的视觉标志，如符号、图案、专门设计的颜色和字体，比较著名的标识有麦当劳的黄色大拱门"M"和可口可乐的红白飘带等。

品牌从本质上讲就是代表着厂商对销售给购买者的产品特征、利益和服务的一贯性的承诺，最佳的品牌就是产品质量的保证。一般说来品牌是一个复杂的象征，它由以下六个层次的内容所组成：

1. 属性

品牌首先使人们想到某种属性，例如，海尔使消费者感受到稳重、信赖、零缺陷、星级服务和真诚到永远的赤诚之心。

2. 利益

品牌体现着能够给消费者带来的某种利益和满足。这种利益和满足往往源于属性的演变。例如，奔驰的属性是安全、舒适和高贵，因而让消费者在情感上感到被人重视和尊重。

3. 价值

品牌也代表一些制造商的价值，例如，摩托罗拉带给消费者随时随地的通讯方便和自由感，不受地域、时间的约束。

4. 文化

品牌一般都能代表一种文化。例如，奔驰汽车代表德国文化的高度组织、高效率和高品质；海尔家电则蕴含着中国儒家文化真诚到永远的价值观。

5. 个性

品牌也可能代表一定的个性，不同的品牌让人产生不同的品牌个性联想，如农夫山泉让人想到中国的地大物博、山清水秀。

6. 用户

品牌还可能暗示购买者或使用该品牌的消费者的类型。例如，奔驰会让人联想到事业上的成功人士和较高的社会阶层。

（二）商标

1. 商标的含义

商标是经过政府相关部门注册登记的品牌或品牌中的一部分。品牌经注册成为商标后，将获得注册的品牌名称和品牌标识，并享有独占权和专用权，受法律保护。

当前，国际上对于商标权的认定有两个通行的原则：一是使用在先，即品牌的专用权归属于该品牌的首先使用者；二是注册在先，即品牌的专用权归属于最先申请注册并获准的企业。我国奉行的是注册制度，即法律只保护注册品牌，未经注册的品牌不受法律的保护，不享有法律赋予的商标专用权。

2. 品牌与商标的关系

品牌和商标都是用以识别不同企业生产的不同种类、不同品质产品的商业名称及其标志，二者既有联系，又有区别。

品牌与商标的联系主要表现为：

（1）两者实质作用相同，都是无形资产，其目的都是区别于竞争者，有助于消费者进行识别。

（2）表现形式基本一致，商标是品牌的一部分，甚至是全部。

品牌与商标的区别表现为：

（1）品牌是商业概念，无须进行注册，其实质是企业对消费者在产品特征、服务和利益等方面的承诺。而商标是法律概念，一般都要进行注册，是受到法律保护的品牌。

（2）品牌主要表明产品的生产和销售单位，而商标则是区别不同产品的标记。

（3）品牌比商标有更丰富的内涵，品牌代表一定的文化，有一定的个性，而商标则是一个标记。

（三）名牌与驰名商标

1. 名牌

名牌就是著名的品牌，或在市场竞争中的强势品牌。例如，同仁堂、麦当劳、海尔、雅戈尔等。名牌有着悠久的历史和雄厚的实力，有较高的知名度和美誉度，体现了上乘的品质和良好的信誉，因而，容易赢得消费者的普遍信赖和认可。

2. 驰名商标

驰名商标是指经商标主管机关或法院依法认定，在市场上享有较高声誉并为相关公众所熟知的商标。它是国际社会通用的法律术语。

小资料9—1 中国名牌与中国驰名商标的由来

中国名牌是国家质检总局授予内地优秀企业的一个奖项，其标志为圆形，中间有两个S形，"中国名牌"标志自2001年启用。质检总局开始每年举办一次"中国名牌产品"

评选，并于 2005 年推出"中国世界名牌产品"的评选。但 2008 年随着质检总局职能调整，不再直接办理与企业和产品有关的名牌评选活动。根据《中国名牌产品管理办法》规定，名牌标志将被陆续禁用，最晚的将于 2012 年期满。届时，"中国名牌产品"标志将走入历史。

中国驰名商标（well-known marks of China）是指经过国家工商行政管理总局商标局依照法律程序认定为"驰名商标"的商标。根据国家工商行政管理总局 2003 年 4 月 17 日颁布的《驰名商标认定和保护规定》，其含义可以概括为：驰名商标是指在中国为相关公众广为知晓并享有较高声誉的商标。对于什么是"相关公众"，《驰名商标认定和保护规定》是这样规定的：相关公众包括与使用商标所标示的某类商品或者服务有关的消费者，生产前述商品或者提供服务的其他经营者以及经销渠道中所涉及的销售者和相关人员等。而对什么叫做"广为知晓"和"享有较高声誉"，《驰名商标认定和保护规定》并没有明确的界定。

小思考9—1

一个地区名牌和驰名商标的数量与当地经济发展水平有什么关系？做广告与成为名牌或驰名商标有何关联？

二、品牌的作用

（一）品牌是产品或企业核心价值的体现

消费者或用户通过对品牌产品的使用，形成满意，就会围绕品牌形成消费经验，存储在记忆中，为将来的消费决策形成依据。比如，"麦当劳"，人们对于这个品牌会感到一种美国文化、快餐文化，会联想到质量、标准和卫生，也能由"麦当劳"品牌引起儿童在麦当劳餐厅里尽情欢乐的回忆。

（二）品牌有利于消费者识别商品，方便选购

品牌具有鲜明的独特性，品牌的图案、文字等代表本企业的特点。通过品牌人们可以认知产品，并依据品牌选择购买。例如，人们购买汽车时会想到这几个品牌：奔驰、沃尔沃、大众等。每种品牌汽车代表了不同的产品特性、不同的文化背景、不同的设计理念、不同的心理目标，消费者和用户便可根据自身的需要，依据产品特性进行选择。

（三）品牌是质量和信誉的保证

企业设计品牌，创立品牌，培养品牌的目的是希望此品牌能变为名牌。品牌代表企业的质量和信誉。例如，"耐克"运动鞋，作为世界知名品牌，其人性化的设计、高科技的原料、高质量的产品为人们所共睹。"耐克"代表的是企业的信誉和产品的品质。

小资料9—2 中国地理标志产品认证

中国地理标志是为保护源产地优质产品，而向经过有关部门认证的源产地产品颁发的产品地理标志。中国地理标志产品的保护，源于 1999 年推出的原产地域产品保护制度。我国目前存在三套地理标志保护制度：

1. 根据《中华人民共和国农业法》、《中华人民共和国农产品质量安全法》、《农产品地理标志管理办法》由中华人民共和国农业部批准登记的农产品地理标志；

2. 根据《中华人民共和国商标法》、《中华人民共和国商标法实施条例》、《集体商标、证明商标注册和管理办法》由国家工商行政管理总局批准作为集体商标、证明商标注册的地理标志;

3. 根据《中华人民共和国产品质量法》、《中华人民共和国标准化法》、《中华人民共和国进出口商品检验法》、《地理标志产品保护规定》由国家质量监督检验检疫总局批准实施保护的地理标志产品。

小思考9—2

取得中国地理标志认证有何意义和作用? 各认证机构的认证有何不同?

三、品牌的命名

(一) 品牌命名的原则

成功的品牌首先得益于成功的品牌设计。品牌名称和标志设计的基本要求包括:

1. 符合法律规范

品牌只有符合法律的要求,才能向有关部门申请注册,取得商标专用权,受到法律的保护,这是品牌命名的首要前提。再好的名字,如果不能注册,得不到法律保护,就不是真正属于自己的品牌。

2. 符合传统文化与跨越地理限制

由于世界各国、各地区消费者,其历史文化、风俗习惯、价值观念等存在一定差异,因此他们对同一品牌的看法也会有所不同。在某个国家是非常美好的意思,到了另一个国家其含义可能会完全相反。比如,蝙蝠在我国,因蝠与福同音,被认为有美好的联想,因此在我国有"蝙蝠"电扇;而在英语里,蝙蝠的英语翻译 Bat 却是吸血鬼的意思。

我国的绝大多数品牌,由于只以汉字命名,在走出国门时,便让当地人莫名其妙,还有一些品牌采用汉语拼音作为变通措施,更是让人匪夷所思。因为,外国人并不懂拼音所代表的含义。例如,长虹以其汉语拼音 CHANGHONG 作为附属商标,但 CHANGHONG 在外国人眼里却没有任何含义;而海信则具备了全球战略眼光,注册了"HiSense"的英文商标,它来自 high sense,是"高灵敏、高清晰"的意思,这非常符合其产品特性,同时,high sense 又可译为"高远的见识",体现了品牌的远大理想。

3. 简明易记

简明是指语言形式简单,便于消费者识别和记忆。一般品牌名称的音节不要太长,中文品牌名称最好不要超过3个字。

4. 上口易传播

品牌传播一要靠媒体宣传,二要靠消费者口耳相传。好的品牌名称不但不让你躲避,还让你自己去记。

5. 独特、有创意

独特是指与众不同,只有独特才会有创意,才能满足消费者求新、求异的心理。

6. 暗示产品性能特点

品牌名称如能反映产品的性能特点,就能有效地引导消费和促进购买。虽然我国法律不允许商标直接反映商品的质量、主要原料、功能、用途及其他特征,但不少企业通过巧妙的创意，简洁、含蓄地反映了产品的性能特点。例如，五粮液酒是由五种粮食酿造而成。

（二）品牌命名策略

1. 以产品带给消费者的不同利益命名

（1）功效性品牌。这类品牌以产品的某一功能效果作为品牌命名的依据，如奔驰汽车、飘柔洗发水、佳能相机、美加净香皂、舒肤佳香皂、汰渍洗衣粉、护舒宝卫生巾、固特异轮胎、金嗓子喉片、锐步运动鞋等。

（2）情感性品牌。这类品牌以产品带给消费者的精神感受作为品牌命名的依据，如金利来服装、美的家电、喜临门酒、七喜饮料、富豪汽车、吉利刀片、万事达信用卡等。

（3）中性品牌。这类品牌无具体意义，呈中性，如海尔家电和戴尔电脑等。

2. 以产品来源渠道命名

（1）以姓氏人名命名。以姓氏人名作为品牌名的多为传统型商品，如李宁牌服装、福特汽车、沃尔玛超市等。

（2）以地名命名。在烟酒等产品中，这种以地名命名的现象非常普遍。例如，青岛啤酒、燕京啤酒、哈尔滨啤酒、茅台酒等。根据我国《商标法》规定，县级以上行政区的地名或公众知晓的外国地名，不得作为商标。

（3）以物名命名。以物名命名主要指以动植物名称命名的方式，如熊猫电视、猎豹汽车、小天鹅洗衣机、牡丹香烟等。以动植物命名可以将人们对动植物的喜好转嫁到品牌身上。

（4）以其他词汇命名。其他词汇主要是形容词、动词及其他可以从词典中找到的词汇，如联想电脑。

（5）自创命名。有些品牌名是词典里没有的，它是经过创造后为品牌量身定做的新词。这些新词具备了独特性，使得品牌容易识别，也比较容易注册。例如，柯达（kodak），它的创始人喜欢字母 k，故决定首末字母用 k，中间随意收集了几个字母，最终定下了 kodak 这个驰誉世界的品牌。

3. 以品牌的文字类型命名

（1）以汉字命名。以汉字命名的品牌名即中文品牌，这类品牌不仅是国内企业最主要的命名方式，而且也是一些国际品牌进入中国后实施本地化策略的命名方式。例如，惠而浦、桑塔纳、劳斯莱斯、奥林巴斯、欧宝等。

（2）以拼音命名。以拼音为品牌命名是国内企业的独特做法，如 Haier、CHANGHONG 等，拼音品牌一般与汉字品牌组合使用。

（3）以数字命名。因容易出现雷同，这类品牌比较少。例如，999 药业、555 香烟等。

小资料9—3 iPad 的品牌命名

iPad 是一款苹果公司于 2010 年 1 月 27 日面市的平板电脑，定位介于苹果的智能手机和笔记本电脑产品之间，提供浏览互联网、收发电子邮件、观看电子书、播放音频或视频等功能。

对于字母 i 的含义，乔布斯解释为：我们虽是个人电脑公司，但产品因网络而生，产品名称"i"是指苹果的产品能在网络（Internet）上获得大量的信息（Information），它还可以激发（Inspire）我们在未来创造出更优秀的产品。

而"pad"有"垫子"的意思，比如"鼠标垫"，所以"pad"给人的感觉是非常非常薄。"iPad"给人的感觉就是——这就是我心目中的iPad！我的超薄电脑！

iPad的书写也是有讲究的。字母"p"本来是小写的，但是如果是小写的"p"按照英语的书写规则，就会看到"p"伸出了一条腿，像是多出了一块，不整齐。所以iPad就把原本小写的"p"换成了大写的"P"，视觉上更加美观。

注重细节，重视用户体验，是伟大品牌的共同特质。

小思考9—3

iPad是消费者趋之若鹜的时尚科技产品，其成功的秘诀是什么？与其品牌命名有关系吗？

四、品牌策略

品牌是产品整体概念的重要组成部分，是一种有效的市场竞争手段。在实施市场营销过程中，应采用适当的品牌策略，强化企业品牌的市场竞争力。一般来讲，品牌策略包括以下几种类型，具体内容如图9—1所示。

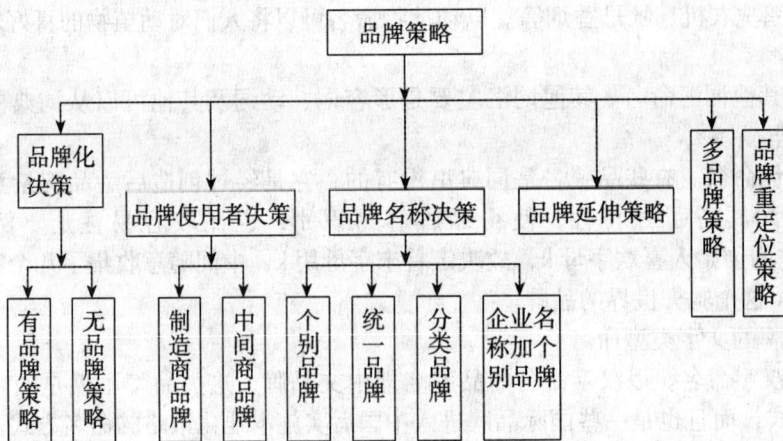

图9—1　品牌策略的类型图

（一）品牌化决策

所谓品牌化决策，就是企业决定是否要给产品加上品牌名称。通常情况下，可分为有品牌策略和无品牌策略。

1. 有品牌策略

使用品牌对企业的好处是：有利于订单处理和对产品的跟踪；保护产品的某些独特特征不被竞争者模仿；为吸引忠诚顾客提供了机会；有助于市场细分；有助于树立产品和企业形象等。

2. 无品牌策略

尽管品牌化是商品市场发展的大趋向，但对于单个企业而言，是否要使用品牌还必须考虑产品的实际情况，因为在获得品牌带来的上述好处的同时，建立、维持、保护品牌也要付出巨大的成本，如包装费、广告费、法律保护费等。所以，在欧美的一些超市中又出现了一种无品牌化的现象，如细条面、卫生纸、鞋垫等一些包装简单、价格低廉的基本生活用品。一般情况下，对于同质性产品人们不习惯认牌购买。对于生产简单且无一定技术标准的产品、临时或一次性生产的产品，品牌化的意义较小，可考虑采用无品牌策略。

（二）品牌使用者决策

对于大多数产品来说，企业都要使用品牌，这时企业要进一步决定使用谁的品牌，即品牌使用者决策。这时企业有以下三种可供选择的策略：

1. 制造商品牌

制造商品牌指企业决定使用自己的品牌。长期以来制造商品牌一直支配着市场，制造商生产产品，决定产品的设计、质量、特色等，大多数制造商都创立了自己的品牌。此外，享有盛誉的制造商还将其商标租借给其他中小制造商，收取一定的特许使用费。

2. 中间商品牌

中间商品牌包括制造商使用中间商的品牌和中间商自己建立品牌。当制造商资金力量薄弱，市场经验不足时，为更有效地运用其生产资源与设备能力，可以将其产品大量地卖给中间商，中间商再用自己的品牌将产品转卖出去。

3. 混合使用品牌

采用这种品牌策略的方式有三种：

（1）生产者部分产品使用自己的品牌，部分卖给中间商，使用中间商品牌，既保持了本企业品牌的特色，又扩大了销路。

（2）为进入新市场，先使用中间商品牌，取得一定市场地位后改用自己的制造商品牌。

（3）两种并用。制造商品牌与中间商品牌同时用于一种产品。

（三）品牌名称决策

企业决定所有的产品使用一个或几个品牌，还是不同产品分别使用不同的品牌，这就是品牌名称决策。在这个问题上，大致有以下四种决策模式：

1. 个别品牌

个别品牌即企业决定每个产品使用不同的品牌。例如，宝洁公司的洗衣粉使用了"汰渍"、"碧浪"；香皂使用了"舒肤佳"；牙膏使用了"佳洁士"。采用个别品牌策略为每种产品寻求不同的市场定位，有利于增加销售额和对抗竞争对手，还可以分散风险，使企业的整个声誉不致因某种产品表现不佳而受到影响。但缺点是要为每个品牌分别做广告宣传，费用开支较大。

2. 统一品牌

统一品牌即所有产品都使用同一种品牌。例如，美国通用电气公司的所有产品都用"GE"作为品牌名称；海尔所有的产品都使用"海尔"品牌。对于那些享有高声誉的著名企业，全部产品采用统一品牌名称策略可以充分利用其名牌效应，使企业所有产品畅销。同时企业宣传介绍新产品的费用开支也相对较低，有利于新产品进入市场。但是，任何一种产品的失败都会使整个企业的产品遭受损失。因此，使用统一品牌的企业，必须对所有产品的质量严加控制。

3. 分类品牌

分类品牌即不同类型的产品使用不同的品牌。企业使用这种策略，一般是为了区分不同大类的产品，一个产品大类下的产品再使用统一的品牌，以便在不同大类产品领域中树立各自的品牌形象。例如，美国斯威夫特公司生产的一个产品大类是火腿，还有一个大类是化肥，就分别取名为"普利姆"和"肥高洛"。分类品牌策略的优势是避免了产品线过宽和一品一牌策略造成的品牌过多的问题，其缺点是营销及传播费用无法整合。

4. 企业名称加个别品牌

企业名称加个别品牌即一种产品使用一个品牌，同时在每个品牌之前都加上企业的名称。企业使用这种策略的好处主要是：在新产品的品牌名称前加上企业名称，可以使新产品享受企业的声誉；采用不同的品牌名称，又可使各种新产品显示出不同的特色。例如，海尔集团就推出了海尔"探路者"彩电、海尔"大力神"冷柜、海尔"大王子"洗衣机、海尔"小王子"洗衣机和海尔"小小神童"洗衣机。

（四）品牌延伸策略

品牌延伸策略是将现有成功的品牌，用于新产品或修正过的产品上的一种策略，包括推出新的包装规格、式样等。例如，两面针牙膏成功后，顺势推出香皂等多种产品。企业采用这种策略，可节省宣传和介绍新产品的费用，使新产品迅速被市场认同和接受，有助于减少新产品的市场风险。但是，如果延伸不当或新产品失败，则会淡化品牌特性，损害原有的品牌形象。

（五）多品牌策略

多品牌策略是指同一企业在同一种产品上设立两个或多个相互竞争的品牌。这种策略是美国宝洁公司首创的，它的洗发水产品就有"海飞丝"、"飘柔"、"潘婷"、"沙宣"、"伊卡璐"等多个品牌。这虽然会使单一品牌的销量略减，但几个品牌加起来的总销量却比原来一个品牌时多，从而加强了企业在这一市场领域的竞争力。

一般说来，企业采用多品牌策略的原因是：零售商的商品陈列位置有限，多一个品牌可多占一个货位；许多消费者是品牌转换者，有好奇求新的心理，喜欢试用新产品，多种品牌可吸引更多顾客；多品牌有助于企业内部竞争，提高效率；多品牌可使企业进入多个不同的细分市场，扩大企业产品的市场占有率。但是，多品牌也可能因互相蚕食市场和资源分散而无利可图。因此，多品牌的收益应大于互相蚕食的损失，要防止得不偿失。

（六）品牌重定位策略

也许一种品牌在市场上最初的定位是适宜的、成功的，但由于市场环境变化，品牌往往需要重新定位。例如，竞争者推出新的品牌，打入本企业产品的市场；或是顾客偏好改变，使其对企业品牌的需求减少；或者公司决定进入新的细分市场。

在做出品牌重定位决策时，首先应考虑将品牌转移到另一个细分市场所需要的成本，包括产品品质改变费、包装费和广告费。一般来说，重定位的跨度越大，所需成本越高。其次，要考虑品牌定位于新位置后可能产生的收益。收益大小是由以下因素决定的：某一目标市场的消费者人数；消费者的平均购买率；在同一细分市场竞争者的数量和实力，以及在该细分市场中为品牌重定位要付出的代价。

娃哈哈童装能否"水到渠成"？

　　娃哈哈经过多年的市场历练，已由一家校办企业成长为连续数年的饮料行业冠军企业。按董事长宗庆后的说法，"娃哈哈要大力扩张，5年目标是业务增长3倍，但饮料需求增长有限，于是要进入其他行业，寻求增长点。"而选择童装领域的原因是，"娃哈哈以生产儿童保健食品起家，被称为'中国儿童第一品牌'，童装可以发挥我们的品牌优势。"

　　娃哈哈进军童装市场的底气源于"娃哈哈"品牌价值和渠道优势。

　　娃哈哈"一手卖水、一手卖童装"，能否"水到渠成"？

五、品牌管理

（一）品牌个性化管理

　　品牌个性化就是品牌所具有的独特气质和特点，是品牌人性化的集中体现。我们可以像描述人的个性一样来描述品牌的个性，如亲和、热情、时尚、前卫等。品牌不仅代表了某种产品，实际上也是消费者微妙的心理需求的折射。鲜明的品牌个性，让消费者接受和欣赏，更能显示品牌的价值，不容易被品牌的汪洋大海所淹没。

　　1. 品牌个性化的要求

　　（1）差异化。品牌个性化实质就是指企业品牌与其他企业品牌的差异性和独特性。由品牌个性建立起来的差异是专属性的，归企业自己专有，别人很难模仿。

　　（2）人性化。品牌个性化使企业所提供的产品或服务具有活生生的人的性格，消费者觉得不是和冷冰冰的无生命的物品打交道，而是和一个有血有肉、感情丰富的朋友交往，从而使消费者消除戒备心理，较易接受企业的产品或服务。

　　（3）购买的冲动性。品牌个性化可以使消费者产生购买冲动，产生强烈的购买欲望和动机。对具有个性化的品牌，消费者购买意向明确，购买态度坚决。品牌赋予消费者逼真的感觉，使品牌在消费者眼中活了起来，超越了产品的物理性能。正是品牌个性所传递的人性化的内容，使消费者下意识地把自己与一个品牌联系起来。品牌个性切合了消费者内心最深层次的感受，以人性化的表达触发了消费者的潜在动机，从而选择那些独具个性的品牌。所以，品牌个性是消费者购买动机的加速器。

　　（4）行为的情感性。品牌个性化还具有强烈的情感感染力，它能抓住潜在消费者的兴趣，深深地感染消费者，品牌个性这种品牌的感染力随着时间的推移会形成强大的品牌动员力，使消费者成为品牌的忠实顾客。例如，万宝路香烟，其粗放、豪放、沉稳、果断、自信不羁的品牌个性深深地感染着消费者，激发了消费者作为男子汉的一种自豪感，因而深受烟民的推崇，以至有消费者用万宝路香烟作为展示其男子汉气概的重要"道具"。

可口可乐与百事可乐的人性化争夺

　　热情似火的可口可乐：可口可乐人性化的目标消费群体定位为年轻人，其品牌核心价值是"活力、奔放、激情的感觉以及精神状态"。可口可乐针对年轻人的特点，结合核心价值的理念，设计出火红色的包装，给人一种"火热、活力、运动"的感觉，再加上那舞动的飘带，以及个性化的瓶子，潜移默化地告诉消费者，它是属于年轻人的产品。其次，它在品牌个性的塑造过程中，无论是广告，还是公关活动，在不同时期、不同主题里，可口可乐始终贯彻着品牌的核心，给人那种"活力、奔放、激情"的感觉，不断地演绎着它那"洒脱、自由、快乐"的品牌个性。

超越时尚的百事可乐：百事可乐人性化的目标消费群体定位也是年轻人，其品牌核心价值是年轻人的个性：年轻有活力、特立独行和自我张扬。新一代年轻人饮用百事可乐不仅仅是喝饮料，而是认可、接受百事可乐的品牌个性，把百事可乐当作他们的朋友，他们通过百事可乐展示他们与上一辈不一样的个性。

小思考9—5

借鉴可口可乐和百事可乐品牌的人性化战略，结合娃哈哈非常可乐的目标顾客群体，分析和设计非常可乐的个性化战略。

2. 品牌个性化的形成

品牌个性化的形成是长期有意识培育的结果，它的形成源于多方面因素。

（1）产品自身的表现。产品是品牌行为的重要载体，企业产品本身的发展随着在市场上的展开而逐步广为人知，从而形成自身鲜明的个性。例如，西门子的高品质、高技术含量造就了它沉稳、负责的品牌个性。

（2）品牌的使用者。由于一群具有类似背景的消费者经常使用某一品牌，久而久之，这群使用者共有的个性就被附着在该品牌上，从而形成该品牌稳定的个性。例如，摩托罗拉是中国手机市场的开拓者，一开始有能力购买手机的消费者大多是成功的商务人士，因此，摩托罗拉的使用者集中在商务人士，渐渐的商务人士共有的行为特征就凝聚在摩托罗拉手机上，从而形成摩托罗拉成功、自信、注重效率的品牌个性。而摩托罗拉公司也有意识地加强这种品牌个性，它的系列手机都以成功的商务人士作为使用者形象，使其品牌个性得到强化，形成摩托罗拉与其他手机的显著差别。

（3）品牌的代言人。通过借用名人，也可以塑造品牌个性。通过这种方式，品牌代言人的品质可以传递给品牌。例如，耐克公司从波尔·杰克逊到迈克尔·乔丹、巴克利、格里菲，一直以著名运动员作为自己品牌的代言人。

（4）品牌的创始人。一家企业由于不断发展，其创始人的名声渐渐广为人知，如此创始人的品质就会成为该品牌的个性。例如，联想的柳传志在中国几乎是家喻户晓，他身上那些独具特色的魅力品质就会被传递到联想品牌上，从而形成联想的品牌个性，使得联想与其他电脑品牌区别开来。

3. 品牌个性化塑造策略

（1）一切从品牌的核心价值出发，不断地塑造和演绎品牌个性。

（2）考虑品牌定位及消费者期望。

（3）锁定及满足目标消费者需求。

（4）设计出品牌的人格化形象。

（5）塑造积极、正面的品牌象征。

（6）深化消费者情感关系。

（7）追求品牌个性简单化。

（8）加强品牌个性的投资及管理。

（二）品牌维护

品牌维护是指品牌经营者在具体的品牌运营中所采取的一系列维护品牌形象、品牌市场地位的活动。

1. 品牌维护的基本内容

（1）维护品牌商标、产品包装。

（2）维护品牌形象。

（3）维护品牌个性特征。

2. 品牌维护策略

（1）进行商标注册。进行商标注册是品牌保护的一个基本手段。品牌只有经注册之后才受到法律保护。为此，品牌企业要及时办理商标注册申请，注册商标时要防止近似商标注册和行业注册。例如，海尔的两个小兄弟、麦当劳叔叔等，这些形象的使用成为品牌识别的标志之一，对其进行注册保护，可以维护品牌的完整性。

（2）运用专业防伪技术。现代防伪技术如激光全息图像防伪、金属隐形防伪、特种印刷防伪等，已在市场上广泛应用，并成为保护品牌的主要手段之一。

（3）独特的品牌设计。独特性强的品牌设计比无独特性或独特性差的品牌更易于得到法律配合，从而获得更好的保护效果。

（4）满足消费者需求。品牌的经营保护与消费者兴趣、偏好密切相关。消费者的"口味"是不断变化的，这就要求品牌内容也要随之做出调整。

（5）维护良好的信誉。企业需要不断提升产品形象，维护品牌资产，尤其是提升品质的感知度。比如，可以通过改进产品"背景"来实现品质感知度的维护或者提升。例如，一家一线品牌西服制造商可定期召开时装发布会或开设品牌旗舰店创建西服品牌领导者形象来维护品牌形象。

（6）实施 CIS 战略。利用 CIS 战略保护品牌，以企业精神和价值观念为中心，对企业的标志、标准字、标准色、相片图案、企业造型、宣传标语及口号等进行统一定位，并将这些统一的定位通过公关活动、市场行销、展示、广告宣传等一系列活动向消费者和用户进行传播。

第二节　产品包装决策

一、包装概述

包装是指为产品提供生产容器或包裹物及其设计装潢的一系列活动。大多数有形产品在从生产领域转移到消费领域的过程中，都需要有适当的包装。因此，包装是整个产品构成的重要组成部分。在现代经济生活中，产品的包装日趋重要，包装对产品的促销具有十分重要的意义。美国杜邦公司的一项调查表明：63%的消费者是根据产品的包装来选择产品的。另据英国市场调查公司报道，一般上超级市场购物的妇女，由于受精美包装的吸引，所购物品通常超过进门时打算购买数量的45%。

包装根据作用不同一般包括以下形式：

（1）首要包装。首要包装是指直接与产品接触的包装，也叫单个包装或小包装，它起着直接保护商品的作用，保证产品正常存放及其功能正常发挥。

（2）销售包装。销售包装通常是指将若干个商品或将内包装的商品组成一个小的整体。销售包装主要是为了加强对商品的保护，便于再组装，同时也是分拨、销售商品时便于计量的需要。

（3）运输包装。运输包装又称外包装或大包装，是指在商品首要包装或销售包装外面再增加的一层包装。由于它的作用主要是用来保障商品在流通中的安全，便于装卸、运输、贮存和保管，所以又叫运输包装，主要的外包装有纸箱、木箱等。

二、产品包装的作用

产品包装的作用如下：

（1）保护产品。保护产品是包装最重要的功能。包装要防止产品在运输、流通过程中遭受挤压或碰撞的损坏及受气候、温度、干湿度等自然因素的侵蚀。

（2）便于储运。制造者、营销者及顾客要把产品从一个地方搬到另一个地方，经过适当的包装能为搬运提供方便。

（3）促进销售。作为形式产品的重要组成部分，包装具有识别、美化产品的作用，可以吸引购买、指导消费，提高产品的竞争能力，并形成与竞争者之间的产品差别。在销售现场，包装是"无声的推销员"。

（4）增加利润。好的包装，能满足消费者的某种心理要求，消费者愿意按较高的价格购买包装精美的商品，同时商家也能增加盈利。

三、包装设计的原则

产品包装设计的原则包括：

（1）安全卫生。产品包装选用的包装材料以及包装物的制作，都必须适合被包装产品的物理、化学、生物性能，以保证产品及环境安全。

（2）适于物流运输及使用。产品包装应便于保管与陈列，同时便于消费者携带和使用。

（3）美观大方、有特色。销售包装具有美化商品的作用，因此，在设计上要求外形新颖、大方、美观，具有较强的艺术性。

（4）经济原则。包装在设计时要注重成本节约，不宜成本过高，加重消费者不必要的负担。

（5）包装与产品价值相统一。包装应与所包装产品的价值和质量水平相匹配。一般说来，包装物不宜超过产品本身价值的 13% ~ 15%。

（6）尊重消费者的宗教信仰和风俗习惯。包装设计，尤其是包装的颜色、图案和文字不能有损消费者的宗教情感和本地的风俗习惯，不与民族习惯、宗教信仰相抵触。出口产品，更应尊重出口国和地区文化对包装的要求。

（7）环保原则。包装设计时应尽量地选择易于分解的材料作为包装物的载体，同时，倡导绿色、自然、简捷，有的产品会在包装上注明"爱护环境卫生"等文字及标识。

四、包装策略

制造商为了发挥包装的促销作用，在包装设计上采取了各种各样的措施，形成了不同的包装策略，主要有以下几种：

（一）类似包装策略

企业生产的各种产品在包装上采用相同的图案、色彩或其他相似的特征，会使顾客注意到这是同一家企业的产品。类似包装策略具有与统一商标策略相同的好处，如节约包装设计费用与制作费用，增强企业声势，有利于介绍新产品。

（二）多种包装策略

多种包装策略是指企业把互相有关联的多种商品纳入一个包装容器之内，同时出售。这种策略为消费者购买、携带、使用和保管商品提供了方便，又利于企业扩大销路、推广新产品。

（三）再利用包装策略

这种策略亦称双重用途包装策略，即在原包装内的商品用完后，包装容器还可以有其他的用途。

（四）附赠品包装策略

这是目前国内外市场上较流行的包装策略。这种策略是企业在某商品的包装容器中附加一些赠品，以吸引消费者的兴趣，激发消费者的购买欲望。

（五）改变包装策略

改变包装策略即改变或放弃原有的产品包装，改用新包装。如果与同类竞争产品的内在质量近似，而销路不畅，就应注意改进包装设计。一种产品的包装已采用了较长时间也应考虑推出新包装，达到刺激消费的目的。

（六）等级包装策略

等级包装策略是指把企业所生产经营的产品，按质量等级的不同实行不同的包装，把高档、中档、低档产品分别采用相应的包装。例如糖果，可采用盒装、袋装、散装等多种形式，以适应顾客不同的购买力水平或不同的购买目的。

■ 本章提要

品牌与包装是产品整体概念中的有形部分，对商品的生产者与经营者都具有十分重要的作用。对企业营销活动来说，品牌策略与包装策略是产品决策中不可或缺的组成部分。掌握制订和实施产品品牌、商标与包装策略的原则与方法，有利于优化产品组合，提高企业营销效率和社会效益，进一步提高企业的竞争能力。

■ 练习与思考

1. 品牌的含义是什么？品牌与商标有何区别？
2. 品牌策略主要有哪几种？应如何选择和使用？
3. 什么是品牌的个性？如何塑造品牌个性？
4. 品牌命名的方法有哪些？
5. 产品包装有哪些作用？常见的包装策略有哪些？

■ 案例教学

"康师傅"成功的品牌打造与包装

在我国方便面市场上，"康师傅"似乎成了方便面的代名词。据报道，首创"康师傅"方便面的是坐落在天津经济开发区内的一家台资企业。其投资者是台湾的顶宏集团，他们中90%是彰化县永靖镇人，大多数股东在台湾生产、经营工业用蓖麻油，并不熟悉食品业，而且在岛内也不那么风光，是一批所谓"名不见经传"的小业主。

顶宏集团的一位董事透露，1987年年底，他们原本计划到欧洲投资。动身前，台湾当局宣布开放大陆探亲，他们灵机一动，立即改变行程，决定在大陆市场寻求发展的契机。开始，他们并不清楚搞什么行当最能走红。经过大陆之行的实地调查后，发现改革开放后的大陆，经济建设搞得如火如荼，"时间就是金钱"的口号遍地作响，人们的生活节奏日趋加快。于是，一个新点子涌入他们的脑海：为什么不去适应大陆的快节奏，在快餐业上寻求发财的机会呢？

俗话说，名不正则言不顺。极富商品意识的台商，冥思苦想要给新口味的方便面取个吉利的名字。思来想去，淘汰了不少品牌。后来有人建议用"康师傅"，因为，"师傅"是大陆人对专业人员的尊称，使用频率和广度不亚于"同志"。此外，"康师傅"方便面有个"康"字，也容易引起人们对"健康"、"安康"、"小康"等的心理联想。"康师傅"方便面经广告媒体一阵爆炒，便不胫而走。

为了使"康师傅"在大陆市场畅通无阻，必须要在口味上下工夫。"最原始"的办法就是试吃，"康师傅"以牛肉面为首打面，先请一批人试吃，不满意就改，直到有1 000人吃过后，他们才将"大陆风味"确定下来。当新口味的"康师傅"方便面正式上市销售时，人们才知道了原来方便面的大包装里还有小酱料包，一层层打开，配料在泡面里，味道原来这么地道；吃方便面还可以这样吃，一杯、一碗或一桶。因此，方便面的包装就有了杯面、碗面、桶面之说，"面霸120"成为了方便面包装的经典；"小虎队"则让孩子们爱不释手，因为，每一包方便面包装内附小虎队旋风卡，而且每包里的人物都不同，味道各异的"康师傅"方便面，随着五彩缤纷的旋风卡走进了千家万户；而"亚洲精选"则在每种口味产品的包装设计上都反映出此口味的地域文化特征，其中"书法和龙纹"、"四川脸谱"、"台湾版画"等都分别成为包装设计的元素，让人在品尝方便面的同时也品味各地的风情文化。

问题：透过"康师傅"的品牌包装策略，讨论"康师傅"的品牌设计和包装策略有哪些特别的地方。

■ 实训教学

【实训项目1】什么是你的最爱？

【实训要求】你最喜欢的品牌是什么？举一个你最喜欢的品牌，说明你喜欢的理由。

【实训提示】不仅要说明产品的物理属性，更要说明其品牌内涵和包装属性。例如，商标好在哪儿？品牌命名好在哪儿？品牌有什么个性？你与品牌有什么故事？产品的包装又好在哪儿？包装的促销效果如何？环保性如何？展示和演讲要生动，要以事实说话，论证要充分全面，要使听众产生共鸣。

【实训项目2】包装大"PK"。

【实训要求】根据本章学习的内容，以某一商品实物做展示，将本班同学分为三组。第一组同学分别就该商品的品牌、包装提出其优点；第二组同学分别就该商品的品牌、包装提出其不足；第三组同学进行评判。教师最后做总结。

第十章 价格策略

经典语录：**没有降价两分钱抵消不了的品牌忠诚。**

菲利普·科特勒（Philip Kotler）

■ 学习目标和实训要求

【理论学习目标】通过本章学习，应了解影响产品定价的因素及产品成本的构成；掌握定价的程序和方法；学会运用价格策略及价格调整策略。

【实践训练要求】通过本章学习，应掌握定价的一般方法及技巧，能根据企业的定价目标、产品成本、竞争者价格策略、外部环境等因素确定企业的价格水平及价格策略；学会通过竞争者的价格了解竞争者的价格策略，并相应调整和制定本企业对应的价格策略。

■ 重点与难点

【重点】影响定价的因素及企业的定价目标；成本导向、需求导向及竞争导向的定价方法；价格策略及价格调整策略。

【难点】竞争者价格因素及市场需求因素对企业定价的影响；不同的定价方法如何使用；新产品的定价策略及产品组合定价策略；价格变动反应及价格调整。

引例 谁决定了价格？

有一位消费者去发廊剪发，一不留神没能经受住发型师的劝诱，本是去剪发，却萌生了烫发之念。剪发师拿着一本装帧挺漂亮的产品价格目录单给消费者，让她选择烫发水。她翻开产品目录单，看后吓了一跳，价格从300多元至1 800多元不等，犹豫了一会儿，只听旁边那个发型师说："1 800多元价格太高了，没必要用那么好的，300多元的这款使用后头发易脆和断裂，你的发质本身不太好，我建议你选用580元的那款。"最终，消费者选择了一款580元的烫发水。

【引例思考】消费者为什么会选择580元的烫发水？发型师用了什么定价策略和技巧？

第一节 产品价格的形成

一、定价的重要性

（一）定价高低影响着顾客的接受程度

购买作为一种经济行为，消费者必然会考虑行为发生后对自己是否有利以及利大还是利小。物美价廉，消费者购买后能够获得较大的利益，从而愿意购买；质次价高，消费者购买后难以获利，从而拒绝购买。

（二）定价水平高低决定着企业的竞争力

价格竞争是企业竞争的重要手段，价格水平高低在很大程度上影响和决定着企业的竞争实力。

（三）定价水平高低决定企业的盈利水平

利润的多少与企业销售收入密切相关，而销售收入又受价格水平高低的影响。因此，价格在企业经营活动中作为一个可控变量直接决定着企业的盈利和亏损。

二、影响定价的因素

在市场经济条件下，企业作为独立的商品生产者和经营者，可以独立自主地自由定价。但是，这种自由定价并不是随心所欲、不受任何制约的。价格的制订要受一系列因素的影响。

（一）产品成本

成本是产品在生产与流通过程中所耗费的物化劳动和活劳动的总和。产品成本是产品价格的下限，即最低限度。产品价格必须能够补偿产品生产、分销和促销的所有支出，并补偿企业为产品承担风险所付出的代价。因此，成本是产品价格构成中最基本、最重要的因素。成本的构成及其表现形态，一般包括以下几种：

1. 生产成本

生产成本是企业生产过程中所支出的全部生产费用，是从已经消耗的生产资料的价值和生产者所耗费的劳动的价值转化而来。企业产品成本由两部分组成，即固定成本和变动成本。固定成本是指短期内并不随产量变动而变动的成本费用，如折旧费、房租费、办公费用、管理人员报酬等；变动费用是指随产量变动而变动的成本费用，如原材料费、动力费、生产工人的工资等。

2. 销售成本

销售成本是商品流通领域中的广告、推销费用。广告、推销等是商品实现其价值的重要手段，用于广告、推销的费用在商品成本中所占的比重日益增加。

3. 储运成本

储运成本是商品生产者所必须支付的运输和储存费用。

4. 机会成本

机会成本是企业从事某一项经营活动而放弃另一项经营活动的机会，从而丧失了从事另一项经营活动所应取得的收益。

（二）需求弹性

产品价格除受成本影响外，还受市场需求的影响，即受产品供给与需求的相互关系的影响。当产品的市场需求大于供给时，价格就高；当产品的市场需求小于供给时，价格就低。反过来，价格变动也会影响市场需求。价格上升，需求减少；价格下降，需求增加。

不同产品的价格对需求量的影响程度是不同的，反映这种影响程度的一个重要指标就是产品的价格需求弹性系数。

价格需求弹性系数是指由于价格的相对变动，而引起的需求相对变动的程度。通常用需求弹性系数 E 表示，计算公式如下：

价格需求弹性系数 E＝需求量变动百分比÷价格变动百分比

不同产品的价格需求弹性系数不同，包括缺乏弹性和富有弹性两种情况：

第一种是当 E ＞1 时，叫富有弹性或弹性大。这类产品价格的变动会引起需求较大幅度的变化，如时装可以通过降低价格、薄利多销达到增加盈利的目的。

第二种是当 E＜1 时，叫弹性不足或弹性小。这类产品价格的变动只会引起需求量微小的变化。例如食盐，较高水平的价格往往会增加盈利，低价对需求量刺激效果不强，薄利不能多销，反而会降低收益水平。

需求价格弹性的强弱主要取决于以下影响因素：

（1）产品与生活密切程度。关系密切的必需品，需求弹性小；反之则大。

（2）产品的独特性。产品独特稀有，需求弹性小；反之则大。

（3）替代品和竞争者。替代品少、竞争者也少的产品，需求弹性小；反之则大。

（4）支出比重。产品占消费支出比重小，需求弹性小；反之则大。

（三）市场竞争状况

产品价格要受市场竞争环境的影响。按照竞争的程度，市场竞争可以分为完全竞争、完全垄断、垄断竞争和寡头垄断四种形态，在不同竞争态势下，企业的定价策略是不同的。

1. 完全竞争

完全竞争是指在一种不受任何阻碍和干预的市场竞争状态下，价格完全由供求关系决定，企业几乎没有定价的主动权，各个卖主都是价格的接受者而不是决定者。这种情况一般只是一种理论假设，在现实生活中很难出现。

2. 完全垄断

完全垄断是指一种商品完全由一家或几家企业所控制的市场状态。在完全垄断状态下，企业没有竞争对手，市场价格由一家或极少数几家企业控制。这种情况只有在特定的条件下才能形成。

3. 垄断竞争

垄断竞争是指既有垄断又有竞争，是一种介乎完全垄断和完全竞争之间的市场结构，是在市场经济体制下普遍存在的典型竞争状态。在这种状态下，市场上的买主和卖主的数量比较多。由于产品差别的存在，每一个生产者对自己的产品有垄断权，但同时可替代的同类产品的生产者又为数众多，彼此之间展开激烈的竞争，价格就是在这种竞争中形成的。

4. 寡头垄断

寡头垄断是介乎垄断竞争与完全垄断之间的一种市场结构。为数不多的几家大企业供给该行业的大部分产品，因而，它们对市场价格和供应量具有决定性的作用。在这种条件下，价格往往不是由供求关系直接决定，而是由少数寡头垄断者操纵的。操纵价格的方式有三种：一是由垄断者在定价上攻守同盟；二是由垄断者在定价策略上形成默契；三是由最大寡头先行定价，余者遵循。

（四）消费者心理

消费者在选购时，总是要将价格同产品价值相比较。按照消费者对该产品价值的认知来定价，即消费者对产品有认知价值，它是消费者从心理上对产品价值的一种评估和认识，它以消费者的产品知识、后天学习、消费经验及对市场行情的了解为基础。消费者如果认为产品价格高于其实际价值，就不会购买。只有当消费者确认价格合理、物有所值时才会做出购买决策。

（五）国家有关政策法规

由于价格关系到国家、企业、个人三者之间的利益，与人民生活和国家的安定息息相关，因此，政府通过法律法规对价格实行一定的控制或干预。例如，《价格法》规定企业的定价不允许有价格欺诈、价格垄断、价格歧视、暴利或倾销等行为。

三、企业定价的程序

由于影响企业定价的因素众多，因此，在制定价格时遵循定价的程序是十分必要的。企业定价的程序如图 10—1 所示。

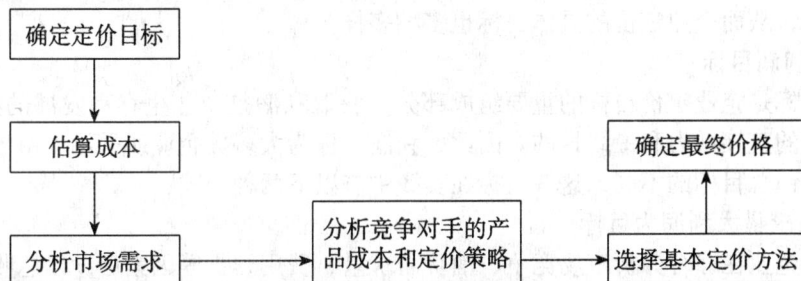

图 10—1　企业定价的程序图

（一）确定定价目标

因为定价目标不同，商品价位的高低和采用的定价方法就会有所不同。例如，以追求产品质量领先为定价目标，就必须把价格定得高一些；以扩大市场占有率为目标，就意味着价格必须比较低。企业确定定价目标时，必须做到具体情况具体分析。

（二）估算成本

不仅要考虑生产总成本，还要考虑交易成本。大多数情况下，随着产量的上升，产品平均成本会相应下降，尤其是在固定成本比重较大时更是如此。如果新产品的目标是替代市场上现有的某种产品，则企业还需制订产品的目标成本，以使新产品能符合目标价格的要求。

（三）分析市场需求

所谓定价就是确定价格的具体数值，因此，要确定合适的价格，就必须对需求做出正确的估计，以便进一步确定购买者的接受程度。一般说来，需求的大小随价格而变。因此，所谓分析市场需求，是指分析某种产品在不同价格下的需求量，或者说，估计需求量与价格之间的函数关系。在此基础上，再进一步分析价格的上限，也就是价格制定多高能被购买者所接受，并能使企业获得最大利润。

（四）分析竞争对手的产品成本和定价策略

如果说产品成本为企业定价确定了下限，市场需求为产品定价确定了上限，竞争对手的定价策略则是为企业树立了一个参考的标准，尤其是在为新产品制定价格时。

（五）选择基本定价方法

成本导向、需求导向和竞争导向是制定价格的基本方法，它们各有其合理性和便利性，也各有其最适合的条件。现实中，三方面因素都要考虑，但具体操作起来只能用一种方法。定价方法确定后，产品的价格就基本确定了。

（六）确定最终价格

最终价格是面对顾客的价格，所以在确定了产品的基本价格后，有时需要使用一些定价策略和技巧来使产品的最终价格更有吸引力。

第二节　定价的方法

一、定价目标

定价目标是指企业通过制订一定水平的价格，所要达到的预期目的。由于定价要考虑的因素较多，从而企业定价的具体目标也多种多样。

（一）利润目标

利润目标是企业定价目标的重要组成部分，获取利润是企业生存和发展的必要条件，是企业经营的直接动力和最终目的。因此，利润目标为大多数企业所采用。由于企业的经营哲学及营销总目标的不同，这一目标在实践中有以下两种形式：

1. 以追求最大利润为目标

它是指企业在综合分析市场竞争、消费需求量、费用开支等因素后，以总收入减去总成本的差额最大化的定价基点，确定单位商品的价格，赚取最大利润。企业也可以直接为产品定一个较高价格。追求利润最大化必须具备一定的条件，即产品声誉卓著，在目标市场上具有竞争优势。

2. 以获取适度利润为目标

它是指企业在补偿社会平均成本的基础上，适当地加上一定量的利润作为商品价格，以获取正常情况下合理利润的一种定价目标。按适度原则确定利润水平，消费品价格适中，消费者愿意接受，也符合政府的价格指导方针，这样企业既能获得长期利润，又可以避免不必要的竞争，协调投资者和消费者的关系，树立良好的企业形象，是一种兼顾企业利益和社会利益的定价方法。但适度利润的实现，必须充分考虑产销量、投资成本、竞争格局和市场接受程度等因素。否则，适度利润只能是一句空话。

（二）产品质量、技术领先目标

采用这种定价目标的企业，一般是在消费者中已享有一定声誉的企业，为维护和提高企业产品的质量和信誉，企业的产品必须有一个较高的价格。这样，一方面可以通过高价格带来较高的利润，使企业有足够的资金发展产品和提高质量，保持技术的领先地位；另一方面高价格本身就是产品质量、信誉的一种体现。这种定价目标利用了消费者的求名心理，制订一个较高的价格，有利于保持产品内在质量和外部形象的统一。

（三）市场占有率目标

市场占有率，又称市场份额，是指企业的销售额占整个行业销售额的百分比，或者是某企业的某产品在某市场上的销量占同类产品在该市场销售总量的比重。

在实践中，市场占有率目标被国内外许多企业所采用，其方法是以较长时间的低价策略来保持和扩大市场占有率，增强企业的竞争力，最终获得最优利润。但是，以市场占有率为目标必须要具备以下条件：企业有雄厚的经济实力，可以承受一段时间的亏损；企业的生产成本低于竞争对手；企业对竞争对手情况充分了解，有从其手中夺取市场份额的绝对把握。

作为定价目标，市场占有率与利润的相关性很强。从长期来看，较高的市场占有率必然带来高利润。美国的营销研究表明：当市场占有率在10%以下时，投资收益率大约为8%；市场占有率在10%～20%时，投资收益率在14%以上；市场占有率在20%～30%时，投资收益率约为22%；市场占有率在30%～40%时，投资收益率约为24%；市场占有率在40%以上时，投资收益率约为29%。因此，以市场占有率为定价目标具有获取长期较大利润的可能性。

（四）稳定价格目标

稳定的价格通常是大多数企业获得一定目标收益的必要条件，市场价格越稳定，经营的风险也就越小。稳定价格目标的实质即是通过本企业产品的定价来左右整个市场价格，避免不必要的价格波动，减少企业之间因价格竞争而发生的损失。

为达到稳定价格的目的，通常情况下是由那些拥有较高的市场占有率、经营实力较强或较具有竞争力和影响力的领导者先制订一个价格，其他企业的价格则与之保持一定的距离或比例关系。对大企业来说，这是一种稳妥的价格保护政策；对中小企业来说，由于大企业不愿意随便调改价格，其利润也可以得到保障。在钢铁、采矿、石油化工等行业内，稳定价格目标得到最广泛的应用。

二、定价方法

产品常用的定价方法包括成本导向定价法、需求导向定价法、竞争导向定价法。具体内容如表10—1所示。

表10—1　　　　　　　　　　**企业常用的产品定价方法一览表**

类型	方法	特点
成本导向定价法	成本加成定价法	价格＝单位产品成本×（1+进价加成率）
	售价加成定价法	价格＝单位产品成本÷（1-售价加成率）
	目标利润定价法	价格＝（总成本+目标利润）÷预计销售量
需求导向定价法	认知价值定价法	价格与顾客感受（预期）的价格水平有关
	需求差异定价法	价格与顾客需求的强度有关
	反向定价法	价格以市场需求为基础
竞争导向定价法	随行就市定价法	价格与行业价格一致
	密封投标定价法	价格以期望利润最高的报价为基础

（一）成本导向定价法

成本导向定价法就是以成本作为定价的基础。这里所讲的成本指产品的总成本，包括固定成本和变动成本两部分。成本导向定价法中最常用的有成本加成定价法、售价加成定价法和目标利润定价法。

1. 成本加成定价法

成本加成定价法是在单位成本基础上加一定百分比的加成率来制定价格，这个加成率相当于成本毛利率。产品单价的计算公式为：

产品单价＝单位产品成本×（1+进价加成率）

例如，某皮鞋公司的单位产品成本为15元，进价加成率为20%，则皮鞋的销售价格为18元。

这种方法的优点是计算简便，因为，各企业的成本和目标利润差不大，制订出的价格也相差不大，成本加成定价法能够避免出现过度的价格竞争。但是，这种定价方法是从企业的角度出发来考虑定价问题的，没有考虑市场需求、竞争者定价及消费者心理，缺乏灵活性，难以适应市场竞争的变化。

2. 售价加成定价法

售价加成定价法是在单位售价基础上加一定百分比的加成率来制定价格，这个加成率相当于销售商品毛利率。产品单价的计算公式为：

产品单价＝单位产品成本÷（1-售价加成率）

例如，某商品进货价为10元，售价加成率（毛利率）为20%，则该商品的销售价格为12.5元。

由于商品零售企业在定价过程中，价格往往取决于毛利率水平，以售价加成率即毛利率为依据定价，便于实际操作，被广大的零售商采用。

3. 目标利润定价法（收益率定价法）

目标利润定价法的要点是使产品的售价能保证企业达到预期的目标利润。企业根据总成本和估计的总销售量，确定期望达到的目标收益率，然后推算价格，即根据估计的总销售收入（销售额）和估计的产量（销售量）来制定价格。产品单价的计算公式为：

产品单价＝（总成本+目标利润）÷预计销售量

假设企业的生产能力为100万个产品，估计未来时期80%的生产能力能开工生产，则可生产、出售80万个产品；生产80万个产品的总成本估计为1 000万元；若公司想得到20%的目标利润率，则目标利润为200万元，总收入为1 200万元，产品价格为15元。

这种方法计算简便，如果企业能按制订的价格实现预计的销售量，就能达到预定的利润目标。在产品销售情况比较稳定的条件下，可以采用这种方法。但这种方法是企业根据销售量倒推价格，而价格又是影响销售量的一个重要因素，销售量的估计缺乏较可靠的依据，这是运用此种定价方法的一个明显缺陷。

（二）需求导向定价法

需求导向定价法是指按照顾客对商品的认知和需求程度制定价格，而不是根据卖方的成本定价。

现代市场营销观念要求，企业的一切生产经营必须以消费者需求为中心，并在产品、价格、分销和促销等方面予以充分体现。只考虑产品成本，而不考虑竞争状况及顾客需求的定价，不符合现代营销观念。需求导向定价法则是根据市场需求状况和消费者对产品的感觉差异来确定价格，主要的方法包括认知价值定价法、需求差异定价法和反向定价法三种。

1. 认知价值定价法

认知价值是指消费者对某种商品价值的主观评判。认知价值定价法是指企业以消费者对商品价值的理解度为定价依据，运用各种营销策略和手段，影响消费者对商品价值的认知，形成对企业有利的价值观念，再根据商品在消费者心目中的价值来制定价格。

认知价值定价法的关键和难点是获得消费者对有关商品价值理解的准确资料。企业如果过高估计消费者的理解价值，其价格就可能过高，难以达到应有的销量；反之，若企业低估了消费者的理解价值，其定价就可能低于应有水平，使企业收入减少。

因此，企业必须通过广泛的市场调研，了解消费者的需求偏好，根据产品的性能、用途、质量、品牌、服务等要素，判定消费者对商品的理解价值，制订商品的初始价格。然后，在初始价格条件下，预测可能的销量，分析目标成本和销售收入，在比较成本与收入、销量、价格的基础上，确定该定价方案的可行性，并制订最终价格。

2. 需求差异定价法

该定价法就是对同一产品或服务定出两种或多种不同的价格，这种差价并不反映产品成本的变化，而是根据不同顾客、不同时间和场所来调整其产品价格。

需求差异定价法的形式主要包括以下几种：

（1）以不同的顾客群为基础。同一种产品，对某些顾客照价收款，而对另一些顾客则给予优惠，如许多公园、影院有儿童票、学生票。

（2）以地点不同而异。例如，娱乐场所与餐饮场所对啤酒的需求是不一样的，前者价格高于后者。

（3）以时间效用为基础。许多产品的需求有时间性，例如，旅行社的旅游产品一般根据旅游的淡、旺季采取不同的定价策略。

（4）以产品特征为基础。同种产品不同的花色、式样定价会不同，或同一产品不同的部位定价也会不同。例如，同一个剧场的座位，前后排的座位定价可能会不同。

3. 反向定价法

所谓反向定价法，是指企业依据消费者能够接受的最终销售价格，计算自己从事经营的成本和利润后，逆向推算出产品的批发价和零售价。

这种定价方法以市场需求为定价出发点，力求使价格为消费者所接受。其特点是：价格能反映市场需求情况，有利于加强与中间商的良好关系，保证中间商的正常利润，使产品迅速向市场渗透，并可根据市场供应情况及时调整定价，定价比较灵活。

（三）竞争导向定价法

竞争导向定价法是指根据竞争者的价格来确定企业的定价，或与主要竞争者价格相同，或高于、低于竞争者的价格。

1. 随行就市定价法

随行就市定价法是指企业产品价格水平与本行业同类产品价格水平保持一致。这种随大流的定价方法，主要适用于需求弹性较小或供求基本平衡的产品。在这种情况下，单个企业提高价格就会失去顾客；而降低价格，需求和利润也不会增加。因此，同行之间能和平共处，市场风险小，也易为消费者接受，是一种较稳健的定价方法，被中小企业所普遍采用。

2. 密封投标定价法

密封投标定价法是指买方在报刊上登广告或发出函件，说明需采购的商品的品种、数量、规格等要求，邀请卖方在规定的期限内按照要求投标。买方在规定的时间开标，并选择与报价最低、最有利的卖方成交，签订采购合同。

第三节　定价策略

一、新产品定价策略

在激烈的市场竞争中，企业开发的新产品能否及时打开销路、占领市场和获得满意的利润，这不仅取决于适宜的产品策略，而且还取决于其他市场营销策略手段的协调配合。其中新产品定价策略就是一种必不可少的营销策略。一般来说，新产品定价有以下两种策略：

（一）撇脂定价策略

撇脂定价又称定高价，是指在产品生命周期的最初阶段，把产品的价格定得很高，以获取最大利润。企业之所以在新产品上市之初制订高的价格，原因有以下三种：

（1）在新产品上市之初，顾客对其尚无理性的认识，此时的购买动机多属于求新、求奇，企业通过制订较高的价格，可以提高产品身份，创造高价、优质、名牌的印象。

（2）在新产品上市之初制订较高的价格，为产品今后的调价留有余地，尤其是可以通过逐步降价保持企业的竞争力。

（3）在新产品开发之初，由于资金、技术、资源、人力等条件的限制，企业难以满足现有消费者的所有需求，利用高价可以平衡需求，并可以通过高价获取的高额利润尽快收回投资。

企业要在新产品上市之初制订高价格，存在诸多的困难：

（1）高价产品的需求规模有限，过高的价格不利于市场开拓、增加销量，不利于占领和稳定市场，不容易让新产品迅速推广和扩散，易导致新产品计划的失败。

（2）高价、高利会导致竞争者的大量涌入，仿制品、替代品迅速出现，从而迫使价格急剧下降，使企业错失良机。

（3）价格远远高于价值，在某种程度上损害了消费者利益，容易招致公众的反对和消费者抵制，甚至会被当作暴利来加以取缔，诱发公共关系问题。

（二）渗透定价策略

渗透定价策略又称定低价，是指企业把新产品价格定得相对较低，以吸引大量顾客，使新产品在短期内迅速占领市场，提高市场占有率。

采用渗透定价策略的条件是：

（1）产品的市场规模较大，有较大的市场潜力。

（2）产品的市场竞争激烈，有强大的竞争对手。

（3）产品的需求弹性够大，低价格会带来需求的高增长。

（4）产品的成本习性明显，销量增加可以促使成本明显的下降。

二、折扣定价策略

折扣定价是指对基本价格做出一定的让步，直接或间接降低价格，刺激中间商和顾客，鼓励顾客及早付清货款、大量购买或淡季购买。折扣定价分为直接折扣定价和间接折扣定价两种。直接折扣定价包括数量折扣、现金折扣、功能折扣、季节折扣；间接折扣定价包括回扣和津贴。

（一）数量折扣

数量折扣指按购买数量的多少，分别给予不同的折扣，购买数量愈多，折扣愈大。其目的是鼓励大量购买或集中向本企业购买。

数量折扣包括累计数量折扣和一次性数量折扣两种形式。

累计数量折扣规定顾客在一定时间内，购买商品若达到一定数量或金额，则按其总量给予一定折扣，其目的是鼓励顾客经常向本企业购买，成为可信赖的长期客户。一次性数量折扣规定一次购买某种产品达到一定数量或购买多种产品达到一定金额，则给予折扣优惠，其目的是鼓励顾客一次大批量购买，促进产品多销、快销。

数量折扣定价策略的难点是如何确定合适的折扣标准和折扣比例。折扣的比例低，不能打动顾客，顾客不能享受优待，定价策略无法实施。折扣的比例高，企业又无法实现盈利目标。因此，企业应结合产品特点、销售目标、成本水平、资金利润率、需求规模、购买频率、竞争者手段以及传统的商业惯例等因素来制订科学的折扣标准和比例。

（二）现金折扣

现金折扣是对在规定的时间内提前付款或用现金付款者所给予的一种价格折扣，其目的是鼓励顾客尽早付款，加速资金周转，降低销售费用，减少财务风险。采用现金折扣一般要考虑三个因素：折扣比例、给予折扣的时间限制、付清全部货款的期限。西方国家，典型的付款期限折扣表示为"3/20，0/60，n/60"。其含义是：在成交后20天内付款，买者可以得到3%的折扣；超过20天，在60天内付款不予折扣；超过60天付款要加付利息。

（三）功能折扣

中间商在产品分销过程中所处的环节不同，其所承担的功能、责任和风险也不同，企业据此给予不同的折扣称为功能折扣。对生产性用户的价格折扣也属于一种功能折扣。

功能折扣的主要目标是鼓励中间商大批量订货，扩大销售，争取顾客，并与生产企业建立长期、稳定、良好的合作关系。功能折扣的比例，主要根据中间商在分销渠道中的地位、对生产企业产品销售的重要性、购买批量、完成的促销功能、承担的风险、服务水平、履行的商业责任及产品在分销中所经历的层次和在市场上的最终售价等决定。

（四）季节折扣

季节折扣是企业对于购买非应季产品或劳务的用户的一种价格优惠。一些常年生产、季节性消费的产品，宜采用此策略。季节折扣的目的是鼓励买方在淡季提前订购和储存产品，使企业生产保持相对稳定，也减少因存货所造成的资金占用负担和仓储费用。例如，啤酒生产厂家对在冬季进货的商业单位给予大幅度让利；羽绒服生产企业则为夏季购买其产品的客户提供折扣。

（五）回扣和津贴

回扣是间接折扣的一种形式，它是指购买者在按价格目录将货款全部付给销售者以后，销售者再按一定比例将货款的一部分返还给购买者。津贴是企业为特殊目的，对特殊顾客以特定形式所给予的价格补贴或其他补贴。比如，当中间商为企业产品提供了包括刊登地方性广告、设置样品陈列窗等各种促销活动时，生产企业给予中间商一定数额的资助或补贴。

三、心理定价策略

每一件产品都能满足消费者某一方面的需求，其价值与消费者的心理感受有着很大的关系。这就为心理定价策略的运用提供了基础。心理定价策略一般包括以下几种：

（一）整数定价

企业有意将产品价格定为整数，以显示产品具有一定质量。整数定价常常以偶数，特别是"0"作尾数。例如，精品店的服装定价1 000元，而不是998元，这样可以满足购买者炫耀富有、显示地位、崇尚名牌、购买精品的心理，使顾客有"一分价钱一分货"的感觉。整数定价多用于价格较贵的耐用品或礼品。

（二）尾数定价

又称奇数定价或非整数定价，即给产品定一个以零头结尾的价格。大多数消费者在购买产品时，乐于接受尾数价格。消费者会认为这种价格经过精确计算，在价格上不会吃亏，消费者对价格有信赖感，符合消费者求廉的心理愿望。同时，价格虽离整数仅相差几分或几角钱，但给顾客一种便宜的感觉。例如，定价99元与定价100元相比，虽然仅少1元，但却是"两位数"和"三位数"的差别，是从量变到质变的转折。这种策略通常适用于基本生活用品。

（三）声望定价

声望定价是根据产品在消费者心中的声望、信任度和社会地位来确定价格的一种定价策略。购买名贵商品的顾客，往往不在意商品价格，而是关心商品能否显示其身份和地位，价格越高，心理满足的程度也就越大。例如，我国的景泰蓝瓷器在国际市场上的价格为2 000多法郎，价格虽然昂贵但比一般的低价品畅销。这一策略往往适用于一些名贵的、可以满足消费者虚荣感的特殊奢侈品。

（四）招徕定价

招徕定价是将少数产品的价格定得很低，甚至低于成本价格，吸引顾客前来购买"便宜货"，并同时带动其他商品的销售。这一定价策略被综合性百货商店、超级市场、高档商品的专卖店经常使用。采用这种策略，商家虽然在几种低价产品上不赚钱，甚至亏本，但由于低价产品带动了其他产品的销售，对扩大销售，实现总体盈利是非常有效的。

在实践中，也有故意定高价以吸引顾客的。在同类产品中，大多数产品定低价，有个别产品却定很高的价格，以吸引消费者注意和好奇。例如，某商场出售3 000元一只的打火机，马上引起了人们的好奇和兴趣，许多人都想看看这打火机是什么样子。其实，这种高价打火机样子极其平常，但它旁边的3元一只的打火机却销量大涨。

四、地区定价策略

许多企业生产的产品不仅销售给当地的顾客，而且也销售给外地的顾客。销往外地的产品，会产生运输、仓储、装卸、保险等费用。这时，企业就面临着地区定价问题。企业地区定价策略有以下五种：

（一）产地交货价格

产地交货价格是指卖方按出厂价格交货或将货物送到买方指定的某种运输工具上交货

的价格。在国际贸易术语中，这种价格称为离岸价格或船上交货价格。交货后的产品所有权归买方所有，运输过程中的一切费用和保险费均由买方承担。产地交货价格对卖方来说较为便利，费用最省，风险最小，但对扩大销售有一定影响。

（二）目的地交货价格

目的地交货价格是指由卖方承担从产地到目的地的运费及保险费的价格。在国际贸易术语中，这种价格称为到岸价格或成本加运费加保险费价格。还可分为目的地船上交货价格、目的地码头交货价格以及买方指定地点交货价格。目的地交货价格由出厂价格加上产地至目的地的手续费、运费和保险费等构成，虽然手续较繁琐，卖方承担的费用和风险较大，但有利于扩大产品销售。

（三）统一交货价格

统一交货价格也称送货制价格，即卖方将产品送到买方所在地，不分路途远近，制订统一的价格。这种价格类似于到岸价格，其运费按平均运输成本核算。这样，可减轻较远地区顾客的成本负担，使买方认为运送产品是一项免费的附加服务，从而乐意购买，有利于扩大市场占有率。同时，能使企业维持一个全国性的市场价格，易于市场维护和管理。

（四）分区运送价格

分区运送价格也称区域价格，是指卖方根据顾客所在地区距离的远近，将产品覆盖的整个市场分成若干个区域，在每个区域内实行统一价格。这种价格介于产地交货价格和统一交货价格之间。

（五）运费津贴价格

运费津贴价格是指为弥补产地交货价格策略的不足，减轻买方的运杂费、保险费等负担，由卖方补贴其部分或全部运费。该策略有利于减轻边远地区顾客的运费负担，使企业保持市场占有率，并不断开拓新市场。

五、产品组合定价策略

对于生产经营多种产品的企业来说，定价需着眼于整个产品组合的利润实现最大化，而不是单个产品。所以，产品定价不应该只考虑单一产品的定价策略，而必须考虑产品组合定价策略。

（一）产品线定价

产品线定价是指对产品线内的不同产品，根据不同的质量和档次、顾客的不同需求及竞争者产品的情况，确定不同的价格。例如，男西装分别定价为 1 280 元、680 元、380 元三个水平，顾客自然会把这三种价格的西装分为高、中、低三个档次进行选购。企业进行产品线定价时，产品线中不同产品的价差要适应顾客的心理要求，价差过大，会诱导顾客趋向于某一种低价产品，价差过小，会使顾客无法确定选购目标。

（二）互补产品定价

互补产品是指两种或两种以上功能互相依赖、需要配合使用的商品，例如，彩色打印机与墨盒。同时生产这两种相关产品的企业，一般会将主体产品价格定得较低，以吸引顾客购买，而将附带产品的价格定得较高。顾客一旦购买了主体产品以后，还需购买附带产品，企业可以通过提高附带产品的价格来弥补主体产品低价造成的损失，并获取长期的利益。

（三）系列产品定价

有时企业向顾客提供一系列相关的产品和服务，如一家宾馆既为顾客提供住宿、餐饮服务，也提供娱乐、健身服务。为了促进销售，企业往往把一组产品连在一起出售。例如，饭店不单独出租客房，而是将客房、膳食和娱乐一并收费，其价格比单独购买要低得多。

案例10—1 10元店的魅力

10元钱，在当今市场能买到什么呢？开一家10元店能赚钱吗？

在武汉最繁华的江汉路，尽管店面的租金不菲，但杨老板的10元店却搞得红红火火。10元店的经营有什么诀窍吗？

杨老板经营10元店有几点经验：

1. 通过低价诱发人们的非理智消费。 由于价格便宜，消费者购买有很大的随意性和情感性。

2. 消费群体定位为年轻时尚的女孩。 这部分消费者有较强的购买欲，但消费能力有限，10元正好可以满足她们的需求。

3. 店面装修要有自己的特色。 全场10元是一个颇具杀伤力的生意噱头，很容易引起路人的高度关注和惠顾。因此，10元店不用太奢华，只要明亮、简洁、时尚就好，要让消费者感觉到10元店非水货店。恰到好处的装修能给予顾客一种品质有保障的心理暗示。

4. 选好货品是10元店成功的核心。 选好货品、紧扣时尚10元店的生命之源。10元店靠薄利多销实现盈利，多销快销是维持10元店的基础。因此，货品一般以饰品、玩具、礼品、用品为主，具有价廉、超值、实用等特点。此外10元店的货品要多、要全、要及时更新，实现最优组合。

5. 店选址要活。 10元店选址比较灵活，可以是闹市区、生活区、大型超市附近或商铺群内部柜台等。要特别注意，销售区域内的人群结构、消费习惯必须与所售商品的特质相吻合。只有地点、人群、商品三者完美结合才能为10元店带来巨大的收益。

【案例思考】 在市场上，除10元店外，还出现过2元店、5元店、8元店等类似的经营模式，但只有10元店能坚持下来，而10元以下的店如昙花一现。这其中的缘由是什么呢？

第四节　价格调整策略

企业确定商品价格后，并不意味着大功告成。随着外部环境和市场形势的变化，企业的价格政策也必将进行适当的调整，降价或提价，或对竞争者的调价做出适当的反应。

一、降价及提价策略

调整价格，可采用降价及提价策略。企业产品价格调整的动力可能来自于内部，也可能来自于外部。如果企业利用自身的产品或成本优势，主动地对价格予以调整，将价格作为竞争的利器，则为主动调整价格。有时，价格的调整是出于应付竞争的需要，即企业被动调整价格。

（一）降价策略

降价是企业价格策略中杀伤力最大的武器，会打乱竞争平衡，引发价格战。其结果是市场重新"洗牌"。所以，企业采取较大幅度的降价策略时，需慎重。

1. 降价的动因

企业选择降价，一般有几方面考虑：急需回笼资金；开拓新市场；排斥现有竞争者；生产能力过剩；满足中间商要求；成本大幅度降低等。

2. 降价策略

（1）降价方式。有直接降价和间接降价两种方式。直接降价是直接降低产品价格，间接降价是在价格不变的情况下，增加额外服务、馈赠物品、改进产品性能等。

（2）降价幅度。降价幅度要适宜，幅度过小，不能引起消费者的注意和兴趣，起不到降价的效果；降价幅度过大，则会引起消费者对产品质量的疑虑，同样达不到降价的目的。一般情况下，降价幅度在10%～30%，效果较明显。

（3）降价频率。降价频率要稳定。降价频率过快，容易使消费者产生不信任的心理效应，不利于销售的稳定增长。

（4）降价时机。由于影响降价的因素较多，企业经营者必须审慎分析和判断，并根据降价的原因选择适当的降价时机。例如，流行性商品，当流行高峰期一过就可以考虑降价，而对于一般性商品，可以选择产品进入成熟期后的峰点为降价的最佳时机。

（二）提价策略

提价虽然可以在短期内提高企业的利润，但却会引起产品竞争力下降、消费者不满、销售量下跌、经销商抱怨，甚至还会受到政府的干预，尤其会直接影响顾客对企业的忠诚度，是一种弊大于利的做法，企业不是万不得已，一般不会选择提价的策略。

1. 提价的原因

通常，企业提价的原因有：产品成本剧增；市场通货膨胀；严重供不应求；竞争者提价。

2. 提价策略

（1）提价方式。可以直接提价或间接提价。直接提价就是把产品的价格直接提高。间接提价是指产品标价不变，通过改变产品内容，如降低服务标准、取消运费补助、降低质量等级等，以达到变相提高价格的目的。

（2）提价时机。提价时机可选择在这样几种情况下：当企业的产品在市场竞争中处于优势地位时；当竞争对手的产品价格上调时；当物价上涨、通货膨胀时；当企业经营成本增加时。

二、消费者对价格变动的反应

企业调价之后，要注意分析各方面的反应，特别是消费者的反应，并采取相应的对策。不同市场的消费者对价格变动的反应是不同的，即使处在同一市场的消费者对价格变动的反应也可能不同。研究消费者对调价的反应，要注重分析消费者的价格意识。

价格意识是指消费者对商品价格高低的感觉程度，直接表现为顾客对价格敏感性的强弱，包括知觉速度、清晰度、准确度和知觉内容的充实程度。它是掌握消费者态度的主要方面和重要依据，也是解释市场需求对价格变动反应的关键变量。

消费者可接受的产品价格界限是由其价格意识决定的。这一界限也就规定了企业可以调价的上下限度。在一定条件下，价格界限是相对稳定的，若条件发生变化，则价格心理界限也会相应改变，因而，会影响企业的调价幅度。

在一定范围内的价格变动是可以被消费者接受的，提价幅度超过可接受价格的上限，则会引起消费者不满，产生抵触情绪；降价幅度低于下限，会导致消费者的种种疑虑，对购买行为产生抑制作用。

在产品知名度因广告而提高、收入增加、通货膨胀等条件下，消费者可接受价格的上限会提高；在消费者对产品质量有明确认识、收入减少、价格连续下跌等条件下，消费者可接受价格的下限会降低。

消费者对产品价格变动的反应有以下两种：

（1）消费者对某种产品降价的可能反应。产品可能因为式样陈旧、质量低劣而被淘汰；企业遇到财务困难，很快将会停产或转产；价格还要进一步下降；产品成本降低了。

（2）消费者对某种产品提价的可能反应。这种产品很紧俏，我也应赶快购买，以免价格继续上涨，即买涨不买落的心理；提价还可能意味着产品质量的改进；因为是名牌所以价格应该高一些；各种商品价格都在上涨，提价很正常。

三、竞争者对价格变动的反应

企业在制定调价策略时，还需考虑竞争对手的反应，考虑降价后竞争者可能会采取的对应的价格策略，以及竞争者的价格策略对企业定价的影响程度。

四、企业对竞争者调价的反馈

在市场竞争尤其是面对价格竞争时，企业经常会面临竞争者调价的挑战。如何对竞争者的调价做出及时、正确的反应，是企业定价战略的一项重要内容。

（一）企业面对竞争者调价的冷静思考

竞争对手在实施价格调整策略之前，一般都要经过长时间的深思熟虑，仔细权衡。但一旦调价成为现实，则这个过程相当迅速，并且在调价之前大多要采取保密措施，以保证价格战的突袭效果。企业面对突如其来的价格调整，正确的做法是尽快搞清以下问题：

（1）竞争者调价的目的是什么？

（2）竞争者调价是长期的还是短期的？

（3）竞争者调价将对本企业的市场占有率、销售量、利润、声誉等方面有何影响？

（4）同行业的其他企业对竞争者的调价行动有何反应？

（5）企业有几种反应方案？竞争者对企业每一个可能的反应又会有何反应？

（二）企业面对竞争者降价的反馈战略

面对竞争者的降价和突发的价格进攻，企业可以考虑的价格反馈战略一般有以下几种：

1. 维持原价，任其自然

维持原价的依据是靠顾客对产品的偏爱和忠诚度来抵御竞争者的价格进攻。

2. 维持原价，加强非价格竞争

比如，企业加强广告攻势，增加销售网点，强化售后服务，提高产品质量，或者在包装、功能、用途等方面对产品进行改进。

3. 相应降价

与竞争对手一样降低价格，但同时保持产品质量和服务水平稳定不变。

4. 提高价格，改善质量

对现有产品实行高价重新定位，同时引进较高价位的新品牌。

5. 推出低价位的新品牌

在产品线中引进低价产品，围攻竞争对手的品牌，以对抗竞争者的降价压力。

（三）企业面对竞争者提价的策略选择

面对竞争者的提价和突发的价格进攻，在价格策略方面要结合企业经营的产品特性来确定对策。一般说来，在同质产品市场上，对竞争者的提价，企业既可以跟进，也可以暂且观望。在异质产品市场，针对竞争者的提价，企业更多则通过非价格手段，如质量、服务、功能、渠道等多方面策略与之抗衡，当然也不排除使用价格策略进行反击的可能性。

■ 本章提要

随着消费者收入水平的提高，非价格因素在买方购买行为中的作用变得越来越重要。但是，对于大多数消费者而言，价格仍然是影响消费者购买的首选因素。价格策略成为市场营销组合中最活跃的一个因素，它不仅影响产品的销售，而且直接影响到企业盈利目标的实现。定价是否适当，往往直接关系到产品能否被市场所接受，直接影响产品在市场上的竞争力，从而影响企业的生存与发展。

■ 练习与思考

1. 企业的价格策略与企业的定价目标有什么关系？哪些因素影响着企业的定价策略？
2. 什么是需求价格弹性？需求价格弹性对产品价格的制订有何影响？
3. 简述企业定价的流程。
4. 什么是成本导向定价法？什么是需求导向定价法？什么是竞争导向定价法？
5. 折扣定价及心理定价各包括哪几种方法？
6. 面对竞争者的降价挑战，企业应该如何应对？

■ 案例教学

达芬奇"洋品牌"天价家具之谜

达芬奇品牌是国内最具影响力的家具高端品牌之一，并以价格昂贵著称。因为，达芬奇品牌的一张床能卖到10多万元，一套沙发能卖到30多万元。据达芬奇品牌的销售人员说是因为他们的家具是100%意大利生产的"国际超级品牌"，而且使用的原料是没有污染的"天然的高品质原料"。

2011年7月10日央视《每周质量报告》播出《身份被指造假》的报道，记者经过了半年多的调查，发现达芬奇品牌不是真正的"洋品牌"，公司销售的天价家具大部分不是意大利产，而是东莞生产；所用原料也不是名贵实木。经过检测，达芬奇家具甚至被判定为不合格产品。

1. 达芬奇专卖店声称天价家具系意大利生产

据达芬奇公司官方网站介绍，达芬奇家居股份有限公司（以下简称"达芬奇公司"）2 000 年在上海成立，创始人是公司总经理潘庄秀华，经过 11 年的发展，现已成为亚洲规模最大、档次最高的家具代理公司，多次获得由《胡润百富杂志》颁发的"最受富豪青睐的家具品牌奖"。目前总公司在北京、香港等多地都设有分公司和专卖店，代理销售的家具有卡布丽缇、珍宝、好莱坞、阿玛尼、范思哲、芬迪和兰博基尼等 100 多个品牌，这些品牌都号称家具中的"国际超级品牌"。

在北京达芬奇家具专卖店二楼，卡布丽缇品牌家具售价惊人，一个酒柜标价 17 万元，一个电视柜标价 18 万元，一张双人床标价 30 多万元。专卖店称，卡布丽缇家具 100% 为意大利生产，家具上的雕花的原料为一种叫白杨荆棘根的名贵木材，这种木材只有意大利的一个偏僻小镇才有。

2. 揭开达芬奇天价家具身世之谜

按销售人员提供的地址，记者在意大利的坎图镇找到了卡布丽缇公司。公司负责人说，他们和达芬奇公司确实有合作关系，但他们生产家具上的雕花并不是实木雕刻的，而是由一种特殊的树脂材料做成的。

此外，记者在东莞长丰家具有限公司（以下简称"长丰公司"）展厅里，发现有一张床和北京达芬奇家具专卖店里的那张卡布丽缇双人床几乎一模一样。该公司称达芬奇公司销售的卡布丽缇家具都是他们公司生产的，公司负责人还说，这张在达芬奇专卖店卖到 30 多万元的双人床，在它们这里只需要 3 万元左右。

据调查，长丰公司为达芬奇公司生产的家具所使用的原料并不是意大利名贵木材，而是一种高分子的树脂材料、大芯板和密度板，家具雕花也非手工雕刻，而是采用模具成型。在达芬奇给长丰公司的电子邮件中，达芬奇公司明确要求长丰公司"能不用实木的地方就不用实木"，"可以采用倒模的方式"。

长丰公司从 2006 年开始就为达芬奇公司生产家具，生产的家具品牌分别有卡布丽缇、好莱坞、瑞瓦，每年交易额大概在 5 000 万元左右。

3. 达芬奇天价家具身份造假略线图

达芬奇公司为掩盖从长丰公司购进家具的事实，可谓是煞费苦心。（1）达芬奇公司专门设计了一整套流程，对双方的交易过程严格保密，双方还专门设定了专用电话、传真，同时指派专人进行沟通和联络。（2）达芬奇公司给长丰公司的"预付款明细账"为购买布板、挂架等小部件，而不是家具。（3）长丰公司将家具交付给达芬奇公司之后，达芬奇公司将这些家具从深圳口岸出港，运往意大利，再从意大利运回上海，再从上海报关进港回到国内。这些家具就成为"洋品牌"家具了。

资料来源　中央电视台《每周质量报告》报道，2011-07-10。

问题：（1）洋品牌为什么总能卖得出好价格？

（2）为什么明明是国产品牌，却要给产品叫一个"洋名字"，并诱导消费者按所谓的"国际名牌"价格进行消费？这是不是一种价格欺诈的违法行为？

（3）所谓的洋品牌市场运作有成功的案例，也有失败的案例，举例分析各自成功与失败的原因。

■ 实训教学

【实训项目】掌握需求导向定价法的运用。

【实训材料】美国卡特匹勒公司用理解价值为其建筑机械设备定价。该公司为其拖拉机定价100 000美元，尽管其竞争对手同类的拖拉机售价只有90 000美元，但卡特匹勒公司的销售量居然超过了竞争者。当一位潜在顾客问卡特匹勒公司的经销商，买一台卡特匹勒的拖拉机为什么要多付10 000美元时，经销商回答说："卡特匹勒的拖拉机价格是这样制订的：90 000美元是拖拉机的基本价格，这点与竞争者的拖拉机价格相同；加7 000美元，这是因为卡特匹勒的拖拉机是最耐用的，所以拖拉机的价格要增加7 000美元，这不算多吧；以此类推，加6 000美元是最佳可靠性的价格加成；加5 000美元是最佳服务的价格加成；加2 000美元是零件较长保用期的价格加成；最后，卡特匹勒的拖拉机价格应该是110 000美元。公司为回报消费者，让利10 000美元，实际成交价为100 000美元。"顾客惊奇地发现，尽管他购买卡特匹勒公司的拖拉机需多付10 000美元，但实际上他却得到了10 000美元的实惠。

【实训要求】如果你开的是一家电动自行车商店，如何运用需求导向定价法给你的产品定价？请做一份产品需求导向定价的计划书。

第十一章　直接销售渠道策略与管理

经典语录：在戴尔，我们很大一部分的使命是提供有竞争力的技术。我们不断打磨我们的商业模式，追求更完美的用户定制技术，并以最优的价值在市场中推广直销服务。

迈克尔·戴尔（Michael Dell）

▧ 学习目标和实训要求

【理论学习目标】通过本章学习，应了解销售渠道的类型和影响分销渠道的因素；掌握直销的类型及特点；掌握直销管理的基本方法；明确直销与非法传销的区别。

【实践训练要求】通过本章学习，应学会直销渠道的设计；掌握直销管理的方法与技巧，尤其是能辨析直销与传销的本质区别；掌握直销在实践中的运用。

▧ 重点与难点

【重点】渠道的类型、直销的种类与特点、直销方式、网络营销的方法。

【难点】直销的管理、直销及网络营销的运用方法和技巧。

引例 广西三生万公司的"消费积分奖励"

公司背景：广西三生万购销服务有限公司注册于 2004 年 4 月，经营范围为营销策划、商品购销服务，属购销中介服务企业。2005 年 12 月，三生万公司发展了近 40 万消费者为持卡会员、1 万多家加盟商家和 1 万多名商务代表，涉及餐饮、娱乐、医药、百货等多个行业。

经营模式："三生万"不销售任何有形实物商品，而是专门为中小企业提供助销服务。根据西方经济学家乔治·阿克尔洛夫荣获诺贝尔经济学奖的"信息不对称"理论和以纳什均衡为核心的"多赢博弈论"，借鉴欧美发达国家运行多年的成熟经验，移植人寿保险行业数百年来行之有效的"大数法则"和精算技术，结合我国市场的实际情况，经潜心研究制订并推出了一套"自生动力良性循环"助销模式，然后依仗一套拥有自主知识产权的电子计算机网络统计核算专用软件将多方信息汇集而变得对称，让价值再现、效益倍增，这就是"三生万购销服务系统"。

这个系统通过"消费积分奖励"制度的奖金，让消费者花出去的钱去而复返：可能复返一部分，也可能全部复返，还可能超额复返，换句话说可以让消费者通过消费也能赚钱，将传统消费者（花钱）转变为生产消费者（花钱中赚钱），从而达到鼓励消费、扩大内需的目的。

操作细则："三生万"的具体做法是把每个城市中80%以上的市民发展为金卡会员（即生产消费者），然后以消费积分奖金引导会员到各行各业约占市场总量1/3的三生万联盟成员商家去正常消费，按与非会员相同或更优惠的价格购买商品或服务，会员会额外免费获得相应的消费积分，累计200积分时可换成一个兑奖券，再于隔月起分期分批领取总额达1 500元的消费积分奖金。

三生万公司由于有效助销，为其商家联盟成员扩大了销售，商家按合同约定的比例付给三生万助销佣金和销售提成。三生万公司按比例返还给会员消费者。消费者、商家和"三生万"的三方互动中，任何一方都只有好处没有坏处，只有利益没有风险，其结果就必然形成了良性循环的三赢局面，从而达到了一个更高层次的良性循环的多赢局面。由于"三生万"兑付每个兑奖券总额1500元的奖金是不设定总期限的，且消费者不必为了得此奖金而付出任何专门代价，故而三生万购销服务系统排除了损害消费者合法权益和发生群众性经济纠纷等不安全或不稳定的因素。

结局：2005年12月，三生万公司被广西壮族自治区工商局查封，定性为违法经营行为，并涉嫌诈骗，吊销营业执照，交公安部门立案侦查。

资料来源 广西桂龙新闻网，http：//www.gxnews.com.cn，2005-12-17。

【引例思考】

（1）三生万公司采取的是一种什么样的经营模式？这种经营模式有什么特点？

（2）三生万公司自称为一种直销服务，这种"直销"是否合法？其欺骗性和隐蔽性体现在哪些方面？类似的经营模式还有哪些？

第一节　分销渠道概述

一、分销渠道的含义

分销渠道是指产品由生产者向消费者转移的过程中由一系列机构和环节所组成的途径和通道组合。分销渠道包括几个方面的内容：分销渠道的起点是生产者，终点是消费者，中间环节是批发商、零售商、代理商、经纪人、企业的营销部门及为销售提供服务的相关中介，包括广告公司、咨询公司、储运公司、银行、保险公司等；分销渠道是一个有机系统，它往往不是单一的渠道，而是由若干个相互补充、相互配合的渠道共同构成的；渠道系统是商流、物流、信息流、资金流、促销流，"五流合一"的系统。具体内容如图11—1所示。其中商流和物流是分销渠道最基本的两个因素。

二、分销渠道的作用

分销渠道是营销组合中不可缺少的因素，也是产品实现其价值效用的必经通路。其作用具体体现在以下几个方面：

（一）信息收集与反馈

收集、传播与反馈营销环境中有关潜在与现实顾客、竞争对手和其他参与者及力量的营销调研信息，有利于制造商把握市场发展趋势，更好地满足市场需求。

（二）促销与广泛分销

中间商尤其是零售商接近消费者，便于与消费者沟通，可传播有说服力的供应品信

物流	供应商	运输者	制造商	运输者	经销商	运输商	顾客

商流	供应商	制造商	经销商	顾客

资金流	供应商	银行	制造商	银行	经销商	银行	顾客

信息流	供应商	运输者	制造商	运输者	经销商	运输商	顾客

促销流	供应商	广告商	制造商	广告商	经销商	顾客

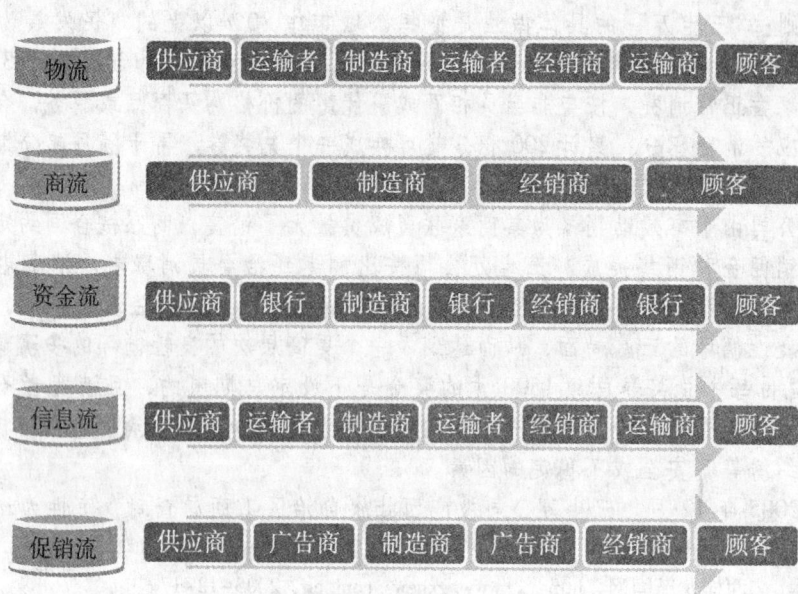

图11—1 分销渠道"五流合一"的系统图

息，协助企业进行广告宣传，促进销售。

（三）谈判代表

代表消费者与制造商尽量达成有关产品的价格和其他条件的最终协议，以实现所有权或持有权的转移。

（四）订货和储存

中间商可以根据消费者需求的差异性，在商品数量、质量、品种、花色等方面进行均衡调节，充当"蓄水池"的作用。

（五）融资

收集和分散资金，以帮助制造商负担渠道工作所需的费用。

（六）承担风险

在执行渠道任务的过程中承担市场销售、商品价格、商品质量等风险。

（七）提高销售效率

由于中间商的参与分摊了产品运输、储存等费用，减少了交易次数，节省了销售费用，加速了资金周转，扩大了销售范围，所以提高了销售效率。

三、分销渠道的基本模式

（一）分销渠道的类型

分销渠道通常按渠道层次的数目进行描述。凡是将产品转移到最终购买者的中间商，均为一个渠道的层次。分销渠道的类型有以下几种划分方法：

1. 根据分销渠道中是否有中间商划分为直接渠道与间接渠道

（1）直接渠道。直接渠道又称零层渠道，是指产品在从生产者流向最终消费者的过程中不经过任何中间商转手的分销渠道。

（2）间接渠道。间接渠道是指含有一层或多层中介机构组成的分销渠道，是消费者市场的主渠道。

2. 根据某个分销渠道中间商的数量多少划分为长渠道和短渠道

（1）长渠道。长渠道是指产品从生产者到最终消费者的转移过程中所经历的中间环节多、层次多。一般经过两层或两层以上中间环节的分销渠道称为长渠道。

（2）短渠道。不经过任何中间环节或只经过一层中间环节的分销渠道称为短渠道。

3. 根据每一个层次使用的中间商多少划分为宽渠道和窄渠道

（1）宽渠道。商品流通过程中每一个层次利用同种类型中间商数量多的渠道为宽渠道。

（2）窄渠道。商品流通过程中每一个层次利用同种类型中间商数量少的渠道为窄渠道。独家分销是最窄的分销渠道。

4. 根据企业的分销战略划分为密集分销、选择分销和独家分销

（1）密集分销。密集分销也叫多家分销，是指制造商尽可能多地通过许多负责任的、适当的批发商、零售商推销其产品。消费者越是要求大量性、高频性和方便性购买，就越有必要和可能选择密集分销的方式，如香烟、香皂、牙膏等日用商品。

（2）选择分销。选择分销是指在市场上选择少数符合本企业要求的中间商经营本企业的产品。它是一种介于宽与窄之间的销售渠道，一般适用于消费品中的选购品和特殊品，以及专业性强、用户比较固定、对售后服务有一定要求的工业产品。

（3）独家分销。独家分销是指企业在一定时期内在某一地区只选择一家中间商销售其产品。这种分销策略往往要求企业在同一地区不能再授权其他中间商，也要求被授权的中间商不能再经营其他企业的同类竞争品。

（二）分销渠道的结构

分销渠道的结构是指营销渠道中各环节之间、各渠道成员之间所形成的纵向（垂直）和横向（水平）的有机联合体。一般可分为四种类型的结构。

1. 传统式渠道结构

传统式渠道结构是一种由独立的生产者、批发商、零售商组成的关系松散的营销渠道。

2. 垂直式渠道结构

垂直式渠道结构是指由专业人员从事全盘设计与管理，事先规定经营目标和经营效果的存在着上下层次的集权式渠道结构。这种结构能有效控制渠道成员的行为，并消除成员之间为追求各自的目标所引起的冲突，因而是营销渠道的主要方式。

3. 水平式渠道结构

水平式渠道结构是指由两个或两个以上的同级企业组成联合关系，共同开拓新的营销机会的渠道结构。

4. 复式渠道结构

复式渠道结构是指生产者通过多条渠道将相同的产品送到不同或相同的市场的渠道结构。

（三）分销渠道的基本模式

1. 消费品分销渠道模式

消费品的分销渠道包括零级、一级、二级、三级等几种长度不同的分销渠道。具体内

容如图 11—2 所示。

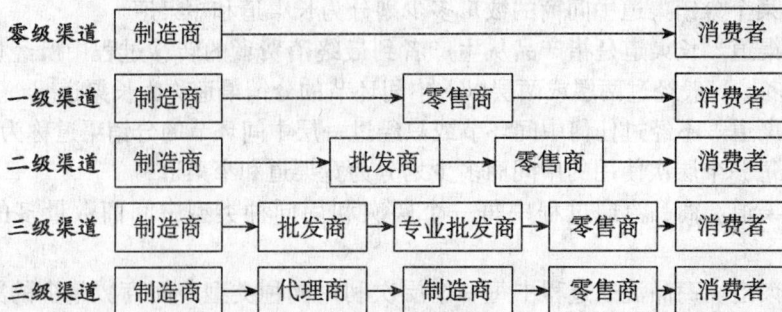

零级渠道	制造商			→ 消费者
一级渠道	制造商		零售商	→ 消费者
二级渠道	制造商	批发商 →	零售商 →	消费者
三级渠道	制造商	批发商 → 专业批发商 →	零售商 →	消费者
三级渠道	制造商	代理商 → 制造商 →	零售商 →	消费者

图 11—2　消费品分销渠道模式图

（1）零级渠道。零级渠道又称直接分销渠道，是指制造商直接将商品出售给消费者，不通过任何中间商。直接营销有许多不同的方式，如直接邮购、电话营销、电视营销、网上购物、企业推销人员走访推销和制造商自营零售等。

（2）一级渠道。一级渠道是指制造商将产品出售给零售商，零售商再将产品转售给消费者。

（3）二级渠道。二级渠道是指制造商通过两个销售中间机构，最终将产品出售给消费者。

（4）三级渠道。三级渠道包括三个营销中间机构，是使用全部中间商类型的分销模式，也是最长的分销渠道。

2. 工业品分销渠道模式

工业品分销渠道包括零级、一级、二级等不同长度的分销渠道。具体内容如图 11—3 所示。

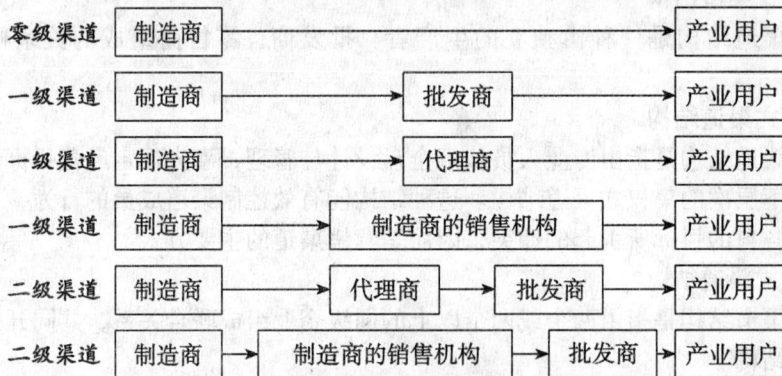

零级渠道	制造商			→ 产业用户
一级渠道	制造商		批发商	→ 产业用户
一级渠道	制造商		代理商	→ 产业用户
一级渠道	制造商		制造商的销售机构	→ 产业用户
二级渠道	制造商	代理商 →	批发商 →	产业用户
二级渠道	制造商	制造商的销售机构 →	批发商 →	产业用户

图 11—3　工业品分销渠道模式图

（1）零级渠道。零级渠道是指制造商直接把产品出售给用户。

（2）一级渠道。一级渠道是指经批发商或代理商一个中间环节将产品转售给最终用户。

（3）二级渠道。二级渠道是指制造商通过代理商经批发商再将产品出售给用户。

案例11—1 雅芳的四种销售渠道

雅芳在中国实施了一个具有高度创意的销售模式——美容专柜、专卖店、零售店和推销员四种销售渠道同时启动。不到一年，雅芳就如春雨般渗透到各种零售渠道：在全国拥有1 700多间专卖店、700多个美容专柜、近1万名零售经销商、2万多名推销员。雅芳美容专柜大举进入全国各大、中城市的著名商厦、大型超市、连锁店。专卖店不仅售卖雅芳产品，还向顾客提供专业的美容服务。雅芳在全国拥有77家分公司，为雅芳销售人员和顾客提供产品和服务。

【案例思考】雅芳从直销模式转变为多种渠道的销售模式，请分析各种渠道有什么特点。它们面对哪些不同的目标顾客？

四、影响分销渠道选择的主要因素

分销渠道决策关系到产品能否以最快的速度、最大的辐射面接近目标顾客，使其做出购买决策。影响企业选择分销渠道的因素主要有以下五个方面：

（一）目标市场因素

目标市场是企业设计分销渠道时首先应考虑的问题，也是影响分销渠道选择的最重要的因素之一。目标市场的规模大且分布分散，宜采取长渠道；目标市场的规模大且分布集中，宜使用直接分销的短渠道；目标市场的用户购买量大且购买频率低，可采取直接分销渠道；目标市场的用户每次购买量小且购买频率高，宜采用长渠道。此外，目标市场类型不同，所选择的分销渠道类型也随之不同。

（二）产品因素

产品因素对销售渠道的选择起决定性的作用，它涉及以下内容：

1. 产品的单价

产品的单价越低，其销售渠道适宜长且宽；反之，则适宜短且窄。

2. 产品的体积和重量

产品的体积和重量直接影响运输与储存的费用。较轻、较小的产品可选择长、宽的渠道；体积和重量大的产品，渠道要尽量短一些，最好是采取直接渠道。

3. 产品的款式

款式容易发生变化的产品，其渠道一定要短，避免产品过时；而款式不易发生变化的产品，销售渠道可适当长一些。

4. 产品的易毁性和易腐性

易毁和易腐的产品都要选择最短的渠道。

5. 产品的技术复杂性

技术越复杂，顾客对产品了解和学习的难度也越大，顾客对服务支持的要求也越高，应尽可能选择较短的渠道。

6. 产品的标准化程度

标准化程度高的产品，其通用性就强，可选择较长、较宽的渠道；反之亦然。

7. 产品的生命周期阶段

随着商品生命周期的演进，分销渠道要经历从短到长、从窄到宽的变化过程。

（三）市场因素

1. 市场容量以及顾客的购买量和购买频率

市场容量大、购买量较少、购买频率较高的产品，应选择较宽、较长的渠道，扩大销售面；而市场容量大、单次购买量也大、购买频率较低的产品，则可采取窄渠道、短渠道和直接销售渠道，以减少流通环节和流通费用，加快资金的周转速度。

2. 市场区域的范围

产品销售的市场区域范围越大，则销售渠道就越长、越宽；如果产品的市场范围很小或只在当地销售，那么最好选择直接销售。

3. 顾客的集中程度

顾客集中程度高，宜选择较短、较窄的渠道；顾客较为分散，则宜选择较长、较宽的分销渠道。

（四）企业因素

1. 企业的商誉和资金

企业的商誉好、资金雄厚，可自主选择销售渠道，甚至可建立自己的销售网络体系，不需要借助中间商的力量；反之，一些知名度较低且资金薄弱的中小企业，则必须依赖中间商提供各种销售服务。

2. 企业的经营能力

企业自身有足够的销售力量，或者有丰富的销售经验，就可以少用或不用中间商；反之，若企业的销售力量不足，或者缺乏产品销售经验，那就要依靠批发商或零售商来帮助推销产品。

3. 企业的服务能力

若生产企业有较强的服务能力，能够为最终消费者或用户提供更多的服务，可以选择较短的分销渠道。

4. 企业的控制能力

要有效地控制分销渠道，应选择较短的分销渠道。

（五）政策因素

政府对各类商品所采取的购销政策与企业销售渠道的选择有重要关系。比如，由政府实施专卖的卷烟、食用盐等，实行的是纵向的封闭型窄渠道；政府实行计划供应的商品，则采取定点的单一渠道；政府采取统购包销的商品，则采取纵向的宽渠道。

第二节　直销渠道

一、直销概述

随着生产企业规模的不断发展，信息沟通的成本不断下降，在日趋激烈的市场竞争中，企业一方面想摆脱日益强大的零售企业集团的控制，另一方面对分销渠道直接管理和控制的愿望越来越强烈。渠道的"扁平化"、"直接化"已经成为企业发展必须去研究的一个重要课题。

（一）直销的含义

美国直销协会对直销的描述为：没有固定的销售场所，而是以销售人员直接面向消费者销售商品或服务的一种销售模式。其形式包括家庭展示会、聚会和面对面销售。世界直销联盟协会把直销定义为：一种动态的、充满活力并快速发展的，直接向消费者销售产品和服务的营销模式。2005年8月23日，我国第一部《直销管理条例》颁布实施，其中对直销的定义为：直销是指直销企业招募直销员，由直销员在固定营业场所之外直接向最终消费者推销产品的经销方式。站在营销的立场，从渠道的角度，直销所涵盖的范围更广泛，它是指生产者不通过中间商或零售店铺，而直接将商品销售给消费者的渠道模式。

（二）直销的形式

直销作为一种古老的销售形式，在现代市场经济条件下，其形式更加丰富，也日益受企业的重视。目前，直销的形式有以下几种：

1. 直接销售

直接销售指生产企业不经过任何中介，只依靠人与人之间的联系，或由这种联系形成的网络直接向消费者出售商品。它包括以下几种类型：

（1）上门推销。上门推销又称为单层次推销，指由销售人员登门拜访，向消费者或客户介绍商品并成交。例如，美国雅芳化妆品公司主要聘请家庭主妇担任雅芳公司的推销员。目前，雅芳（中国）有限公司在国内建立了近6 000家服务网点，近40万名直销员，遍布23个省、5个自治区及4个直辖市开展直销活动。

（2）家庭销售聚会。这一形式是以家庭邻里之间的聚会为媒介，由销售人员在聚会上展示商品，并现场销售。家庭销售聚会在美国社会非常盛行，因为，这一形式符合美国人的生活和社交习惯。

（3）传销。传销又称多层次推销，指销售人员把购买产品的消费者也发展成为其下级销售人员，如此不断的向下扩展，形成一个庞大的传销网络。销售人员的报酬包括他自己的销售提成，同时还可以从下级销售网络的全部销售业绩中按比例提成。由于销售队伍可以按几何级数增长，所以，传销人员的层次越高其所获报酬也就越高，受此因素的刺激传销人员会努力去发展自己的下线或帮助下线扩展销售网络。

小资料11—1 我国出台法律禁止传销活动

我国的《禁止传销条例》中对传销的定义为：组织者或者经营者发展人员，通过对被发展人员以其直接或间接发展的人员数量或者销售业绩为依据计算和给付报酬，或者要求被发展人员以交纳一定费用为条件取得加入资格等方式牟取非法利益，扰乱经济秩序，影响社会稳定的行为。

由于我国的地区间经济发展不平衡，法制环境有待完善，消费者识别产品和各种经济行为的能力有限，少数企业违法运作，使传销变异成为诈骗活动。因此，我国政府从保护公民、法人和其他组织的合法权益，维护社会主义市场经济秩序，保持社会稳定的角度出发，于1998年颁布了《国务院关于禁止传销经营活动的通知》，它规定所有从事直销业的公司必须开设店铺。2005年8月23日，中华人民共和国国务院令第444号正式颁布了《禁止传销条例》。

资料来源 中国商务部网站，http：//www.mofcom.gov.cn，2005-08-23。

小思考11—1

为什么我国政府要坚决严厉打击非法传销行为？为什么非法传销活动屡禁不止？

2. 直复营销

美国直复营销协会对直复营销的定义为：一种为了在任何地方产生可度量的反应和达成交易而使用的一种或多种广告媒体的互相作用的市场营销体系。简而言之，直复营销是指企业利用现代通讯工具、多种广告媒体来传递商品信息，以此来刺激消费者的购买欲望，并提供相应的商品配送和货款结算服务。具体的形式包括以下几个方面：

（1）邮购。企业通过邮寄商品目录、折叠广告、推销信函、视频资料、电脑光盘等宣传品，刺激消费者的购买欲望，消费者可以通过拨打免费电话订购商品，企业会以邮寄或配送的方式送货上门。

（2）电话营销。它包括两种形式：一种是销售人员通过电话直接向消费者销售商品的直销方式；另一种是企业开通免费电话，接受消费者打电话订购商品。随着通讯技术的不断发展，资费不断降低，电话营销已经发展成一种主要的直销方式。据有关资料显示，在美国每分钟有数百人回应电视商业广告的直拨免费电话，美国每年电话销售总额达1 000多亿美元。

（3）电视购物。电视购物是指企业通过在电视媒体上播放产品广告或产品整套宣传节目，吸引电视观众订购产品。目前，我国的电视购物发展前景并不乐观，由于市场缺乏有效监管，企业也缺乏自律，使得广告夸大其词，产品暴利成了危害电视购物发展的主要障碍。

（4）网络营销。网络营销指企业在互联网上发布自己的网站或在网上商城开设店铺，展示商品，接受网民的订单，并通过与金融服务机构合作为消费者提供网上结算服务，通过物流企业配送商品。美国的戴尔公司就是成功地利用了互联网开展网络营销的典范。

3. 生产企业自营店铺销售

生产企业通过投资、购买、控股和租赁等形式，开设主要经营销售自己的产品的商店。如此一来，生产企业能为消费者提供更专业的导购和售后服务，使企业品牌价值得到提升并且延伸到流通领域。

4. 定制产品

生产企业为了满足消费者的个性化需求，通过建立网站、呼叫中心或派出销售顾问，为客户提供产品定制服务。

5. 自动售货机

企业采用自动销售设备进行零售服务。这一形式使得企业因时间和地点限制而不能安排销售人员时也能销售商品或提供服务，具体包括自动售货机售货，如银行的自动柜员机、自动服务机等。

6. 购物服务

购物服务是一种为特定委托人服务的无店铺零售方式。特定委托人主要指一些大型组织如学校、医院、协会和政府机构的雇员，他们作为购物服务组织的成员，有权向一组选定的与购物服务组织有约定的零售商购买，并获得一定的折扣。这种形式因购物服务组织没有店铺而归在无店铺零售商之内。

二、直销的优点和不足

（一）直销的优点

1. 减少流通环节，提高商品流通的效率

厂商通过销售人员或企业的物流配送系统直接将商品送达消费者或用户，减少了商品在渠道里的周转次数和时间，同时也减少了消费者或用户寻找商品的时间和精力。

2. 减少流通成本，降低销售价格

直销减少了流通的中间环节，也同时减少了中间商因承担各项渠道职能所付出的成本和应得利润，产品的流通费用降低，产品价格在市场上更具竞争力。

3. 企业直接控制销售渠道，管理效率高

在现实分销渠道中，厂家的销售政策不能有效执行和落实，渠道成员之间的冲突不断，会使分销渠道的效率大大下降。企业销售代表经常会疲于奔命去解决这些问题，影响渠道管理效率。而在直销模式中，企业管理的是自己的销售团队或自营销售机构，有绝对的控制权力，企业渠道管理效率高。它具体表现为以下几个方面：

（1）企业直接面对市场，及时掌握消费者的需求变化。随着市场竞争越来越激烈，对市场需求变化的掌握情况和快速反应机制的建立，已经成为现代企业在竞争中制胜的法宝，而企业营销人员直接服务于消费者，能快速获取市场的反馈信息。

（2）企业能为消费者提供更专业化、人性化的服务，有利于开发客户的终身价值。对于专业设备、专业产品，企业的技术支持和服务能为客户和消费者提供一整套基于产品的客户解决方案。例如，IBM 公司的电子商务解决方案，除了提供硬件设备，更重要的是提供培训、后期开发、系统实施等系统软件技术支持，IBM 追求的目标是与客户企业的共赢发展。

（3）企业销售人员与消费者的人际交往，也有利于企业留住消费者，培养顾客对企业的忠诚度。

（二）直销的不足

1. 企业资源投入流通领域，削弱了专业化程度

现代社会企业的分工越来越细，越来越专业化，而直销模式要求企业必须将有限的资源分散投入到生产和流通两个领域，企业将失去规模化生产所带来的效益优势。

2. 销售渠道控制和管理难度增加，成本加大

直销模式要求企业直接管理销售团队和自营销售机构，当市场范围不断扩张，销售团队的规模也就不断变大，管理的难度逐渐增加，甚至会有失控的风险。

3. 对企业品牌知名度要求高

消费者对销售人员或产品的信任是建立在企业品牌知名度的基础上的，因此，采取直销模式的企业对建立品牌知名度、美誉度要予以高度重视。

4. 不能有效利用企业外部资源

企业通过中间商分销产品，可以充分利用中间商的企业资源和专业化的能力（如融资、分销网络、仓储、物流及广告），而直销模式使企业仅仅依靠自身的资源来开拓市场，市场开拓的广度和深度受到很大的限制。

5. 对直销企业的自律要求高，企业诚信危机使直销面临挑战

整个社会的诚信体系是否完善决定了直销模式的生存和发展。因此，在企业引进直销模式的过程中应注重自律机制的建设，为构建诚信社会承担应尽的责任和义务。

三、直销管理

直销让企业能以更灵活的销售方式向消费者销售产品，但在交易过程中仅仅依靠销售人员个人或企业的自律，来保障消费者的权益是远远不够的。因此，各国政府应为了规范企业直销行为，加强对直销活动的监管，防止欺诈。为保护消费者的合法权益和社会公共利益，各国政府都制订了相应的法律法规或管理办法对企业开展直销活动进行约束。这些措施一般包括以下几方面内容：

（一）消费者权益保护

1. 消费者退、换货规定

一般各国直销法规或法律条文都对消费者退、换货有明确的规定，消费者有权利在许可期限内无条件退货。例如，我国《直销管理条例》规定，消费者自购买直销产品之日起30日内，产品未开封的，可以凭直销企业开具的发票或者售货凭证向直销企业及其分支机构、所在地的服务网点或者推销产品的直销员办理换货和退货。

2. 产品售后服务规定

企业销售的产品受所在国的消费者权益保护法律或产品质量法等相关法律法规或法律条文的约束，以保证消费者的正当权益得到保护。

3. 禁止企业或销售人员的暴利、误导或欺诈行为

例如，我国《直销管理条例》规定，直销企业应当在直销产品上标明产品价格，该价格与服务网点展示的产品价格应当一致。直销员必须按照标明的价格向消费者推销产品。

（二）直销人员权益保护

1. 直销人员退、换货规定

直销人员与消费者拥有同等的退、换货权利。

2. 直销人员薪酬权利保护

企业要通过劳动合同或公司的薪酬制度来保障直销人员的合法权益。例如，我国《直销管理条例》规定，直销企业至少应当按月支付直销员报酬；直销企业支付给直销员的报酬只能按照直销员本人直接向消费者销售产品的收入计算，报酬总额（包括佣金、奖金、各种形式的奖励以及其他经济利益等）不得超过直销员本人直接向消费者销售产品收入的30%。

3. 直销人员培训和资质认证制度

各国直销法还通过约束企业对直销人员的招聘、培训、考核及资质认证进行了不同的规定。例如，我国《直销管理条例》规定，有7种直销企业不能招募的人员：未满18周岁的人员；无民事行为能力或者限制民事行为能力的人员；全日制在校学生；教师、医务人员、公务员和现役军人；直销企业的正式员工；境外人员；法律、行政法规规定不得从事兼职的人员。

（三）行政监管

1. 设立严格的直销行业准入制度，设立直销门槛，提高企业风险意识

各国的法律和法规也对申请直销资格的企业提出了较高的要求，以此来保证企业有足

够的能力保障消费者、直销人员及社会公共利益。

2. 建立信息报备和披露制度，加强行政监管力度和社会监督力度

政府相关行政部门、行业协会及社会公众通过行政权力、行业自律和社会舆论等方式对直销企业及其销售行为进行有效的监管和监督，是保障整个直销行业健康发展的关键因素之一。另外，严厉的惩罚条款增加了企业违法的成本，也将起到净化市场环境的作用。

3. 社会道德规范的约束也应成为保障直销行业健康发展的积极因素

这些因素包括：政府在诚信社会、和谐社会的建设中起的主导作用；企业自律、行业自律机制的构建；直销人员的职业道德培养；消费者增强自我保护意识和树立健康消费的理念。

四、直销的发展

随着网络技术的不断发展，互联网已经延伸进了社会的每个角落，人们在工作、学习、生活、娱乐等方面越来越依赖互联网络提供的便利、高效、廉价的信息传播方式。一方面，企业纷纷在互联网上发布企业网站，建设信息发布平台；或通过多媒体网页向消费者和用户展示产品；或通过电子邮件与消费者和用户进行沟通；或通过论坛、聊天室与消费者和用户在线互动交流。另一方面，消费者或用户也会主动在互联网上搜索、查询和比较商品的品质、价格、供应商和促销等信息，评价产品，交流消费体验。因此，基于互联网络的电子商务和网络营销将逐渐成为未来直销发展的一种新模式。

（一）网络营销的主要形式

1. 企业自营网站

企业可以通过向ISP（互联网络服务提供商）租用服务器空间、服务器托管和宽带接入等方式建设自己的网站，在网站上以各个栏目全面地展示企业的各种信息，并开设专门的交易平台，为网民提供网上订购商品的服务。目前，大多数企业的自营网站还只能提供企业信息查询、产品信息查询及售后服务咨询等服务，要实现网上直销，还要依赖于网站的全面推广和消费者购买习惯的改变。

2. 在网上商城开设网店

网上商城相当于分销渠道中的零售商，它是电子商务平台的一种。企业在网上商城里租用"场地"，开设专卖店或柜台售卖商品，并进行产品信息的发布。网店的作用为：一方面，为企业提供了网上销售的便利渠道；另一方面，对那些网站没有网上交易功能的企业来说，在知名的网上商城开店，既可以提升企业形象，又可以增加销售机会。例如，淘宝、8848及易趣等知名网站都提供网上开店的服务。

3. 在其他网站发布企业信息

直复式销售区别于其他直销方式的主要特征是用于商品信息传递的媒介不同，而互联网作为第五大传播媒介，它所具有的互动性更优于传统媒介。所以，企业借助互联网发布产品信息，形式更丰富，互动效果更好。例如，行业网站、电子商务平台网站、政府官方网站、新闻网站、网络杂志、网上黄页等都因其访问量大、权威性高而成为企业争相选择的信息发布平台。企业可以通过超链接技术把访问者吸引到企业的网上交易平台，实现交易。

4. 注册搜索引擎

搜索引擎是目前网民最常使用的网上信息搜索工具。为了让自己的公司、品牌或产品

信息能在浩瀚的互联网络被消费者找到或看到，企业可以通过在搜索引擎网站进行注册，并通过竞价，使自己公司的网站或网店能在搜索结果中获得更靠前的排名，从而增加网站的浏览量。

5. 电子邮件营销

它等于是现实中的邮件营销，但是电子邮件里所包含的信息因为万维网技术、超链接技术的应用，而变得更丰富，更具有说服力。由于存在滥发广告邮件的现象，许多国家通过法律禁止企业滥发邮件广告的行为。企业现在更青睐于具有合法性的邮件列表服务，即网站为网民提供各种可供订阅的免费信息，网民通过邮箱来接收这些信息，而广告会随着网民订阅的信息一起发送到网民的邮箱。例如，网民订阅的电子杂志含有企业的广告信息。

6. 网络广告

网络广告不是传统媒体广告在互联网上的简单移植，它能借助于更先进的计算机技术，实现网民与广告主在线的互动交流。

（二）网络营销的优势

1. 网络营销降低了各种营销费用

例如，产品目录、说明书等的制作成本低，并且可以供网民无限次的下载获取；网上商店没有实体店面，节省了大量的租金、水电、人工等运营成本。

2. 网络营销具有极强的互动性

例如，企业可为消费者提供在线的咨询服务、远程技术服务等。

3. 网络营销没有时空的限制

互联网络遍布全球的每个角落，网民可随时上网访问，网站可以实现 24 小时运营。

4. 网络营销可满足消费者个性化的需求

企业可以通过互联网与消费者充分沟通，实现个性订单生产，满足消费者的特殊要求。例如，Dell 电脑可以接受网民在网上自己选配电脑配件的订单，满足每位顾客对电脑的不同要求。

5. 网络营销让消费者充分享有自主地位

消费者在网上选购商品并不受现实中导购员的影响，而是依靠先进的数据库技术，可以让消费者对商品进行充分的对比选择。例如，不同品牌间的对比和价格走势分析等。

案例11—2 O2O 渠道创新

O2O（Online to Offline），是指将线下商务的机会与互联网结合在了一起，让互联网成为线下交易的前台，这样线下服务就可以用线上来揽客，消费者可以通过线上筛选服务，并实现在线结算。

美国知名科技博客 TechCrunch 列出 6 类 O2O 模式新创公司。

1. Uber。这是一个可以通过 iPhone 预订私人轿车接送服务的 App，只要下载 Uber 应用程序，发出请求，数分钟内就会有根据你的位置所在，派出黑头车来接你，所有费用是通过已经设定好的信用卡自动完成扣款。

2. J Hilburn/Trunk Club。J Hilburn 是一家电子商务网站，专门提供男士购买个人化设计的衬衫和西装裤，最大优势就在于可以用低价提供高级设计。这家公司在全美各地聘请了800人时尚顾问团队，这些顾问会帮客户丈量尺寸、拿出布料供客户选择、并且帮忙挑选合适类型。客户只要在网站上输入自己的尺寸、布料等信息，就可以在家里等待定制服装寄来。

3. Getaround。Getaround 以汽车租赁服务为主，让用户可以通过 App 租车，不管你是要租一小时、一天、还是一星期，服务当然很完整，包括保险、24 小时道路救援、汽车工具组、各种网络软件、以及超酷的 Carkit（可以让租车者直接以 iPhone App 解锁，不再需要钥匙）。

4. Jetsetter。Jetsetter 旅游网站主打高价位的精致旅游，例如 3 小时的旅游计划咨询和行程预定就要价 200 美元，不过别被这个价钱吓到了，如果你是通过 Jetsetter 网站预订饭店，还会再退还你 100 美元。

5. Airbnb。Airbnb 住宿旅游网结合社交提供安心住宿服务。

6. Zaarly。Zaarly 可以说是"移动版的 Craigslist（分类广告网站）"，网友只要通过 App 发布"正在找什么东西""打算花多少钱来买这样东西""想要多快找到"，要是有离你很近、也刚好可以符合需求的供应方，就可以通过这个平台开始进行交易。

【案例思考】O2O 模式作为一种渠道运营模式，有何优势和劣势？今后发展的前景如何？

（三）网络营销发展面临的主要问题

1. 网络基础设施薄弱

这点主要表现在宽带狭窄、速度慢、运行不稳、资费高、软硬件设施及服务相对落后等。

2. 企业信息化水平较低

特别是中小企业对信息化从思想和认识角度普遍不够重视，导致投入小，进程慢，缺乏相应的人才和投入。

3. 网络标准和法律环境跟进不够

网络营销、电子签名、电子合同、电子发票等许多环节涉及信息行业、流通行业、金融行业等多个区域，需要这些行业有相关的标准及法律规范才能协调运行。

4. 支付手段不完善

虽然现在网上也出现了企业和银行配套的多种支付手段，但是由于相应的支付体系和信用体系仍有许多不足，消费者仍存在疑虑。

5. 网络营销物流发展不成熟

目前，我国电子商务的供应链、运输链、信息链、服务链等配套环节还很不完善。

6. 网络营销水平全国各地发展不平衡

主要由于我国经济发展的不平衡，因此网络营销和电子商务在北京、上海、广东、浙江等经济发达地区起步早、发展迅速，而在经济相对比较落后的中西部偏远地区则比较滞后。

虽然我国电子商务还存在着许多问题，但是它的发展却是历史潮流，是任何力量都挡不住的，比尔·盖茨就说过，21 世纪要么电子商务，要么无商可务！

■ 本章提要

分销渠道是市场营销组合策略中的四个基本要素之一，而直接销售渠道是营销渠道的重要内容。随着中国商业零售市场的全面开放，各种渠道形式角逐市场，直销变成了一个备受争议和发展最快的营销渠道。尤其是网络渠道的兴起，渠道的变革和创新成为渠道策略的重要内容。建立一个有效的分销渠道，是企业在激烈的市场竞争中脱颖而出，并持续、稳定发展的关键因素之一。我们应通过对直销理论的认识和实践，通过对直销成功企业的分析和研究，进一步认识我国直销渠道今后的发展前景和市场前途，进一步分清直销和非法传销的本质区别，自觉杜绝和坚决打击非法传销行为。

■ 练习与思考

1. 什么是直销？直销有哪些种类和特点？
2. 直销与传销有什么区别？传销有什么具体的危害？
3. 直销在我国今后的发展前景怎样？直销与市场信用有什么关系？
4. 网络销售途径具有哪些优点和缺点？如何加快网络营销的发展壮大？

■ 案例教学

苏宁借电子商务发力

在传统渠道下的电器卖场，苏宁一直落后于国美。电子商务的兴起，给苏宁提供了最好的市场机遇。易购打出了本年冲击 300 亿元销售额的市场目标，并且在几年内要成为与传统渠道体量相当的渠道。

苏宁易购是苏宁电器集团的新一代 B2C 网上商城，于 2009 年 8 月 18 日上线运营。

在 B2C 电商领域，基本分为这么几种类型：平台型，传统企业型，自有品牌型。平台型包括京东和天猫，传统企业型的代表是易购，自有品牌的代表是凡客，这些类型各自有各自的优势。

"天猫"自己不卖货，相当于是个商场，各个商家来入驻，它来收租金，它的优势得益于淘宝多年的用户积累及线上的较大优势，在线上这个横向维度上最为强大。京东目前的流量也相当可观，它同时打造的是线下物流系统，在将品类从 3C 拓展为百货之后，其用心在打造从上游供应链到京东网络平台再到线下配送这个纵向产业链。凡客的模式比较特别，有自有品牌的优势，同时模式又比较新，广告联盟其实一直做得都非常好，如果不是特别急功近利，应该可以稳定成长。

易购的优势其实非常明显，就是原有的线下店面资源，既可以随时改造成物流节点，又可以为 O2O 做一个线下的强有力支撑。根据 SWOT 分析方法，易购的优势是：①强大的线下店面资源，其覆盖力远超京东的物流覆盖力，能达到三四线城市；②3C 领域对上游商家的控制能力，这基于苏宁多年的积累；③团队执行力较强；④资金较为丰富。劣势是：团队互联网基因较弱，相较于京东，仅属于后起之秀。机会：①电商市场在 5 年内还会有 10 倍的市场容量的增长；②行业竞争比较混沌，主要竞争对手都未盈利。风险：①战略的风险；②易购团队与原有业务团队及资源的整合风险；③竞争的风险较大。

问题：20 年来，电子商务发展为我们运营奠定了品牌、供应链、服务的基础。请谈谈电子商务的未来以及电子商务对传统零售企业的影响。

实训教学

【实训材料】木梳原来这样卖。

奇妙公司以生产木梳为主，为销售木梳，该公司采取了以下"营销"手段：

手段1：为木梳包装

奇妙公司为推销其梳子，经理亲自主持产品说明会。首先，他展示了公司的专利产品"奇妙聪明梳"。他介绍说："这把木梳看似普通，其实有着极高的科技含量。它选用云南边境神奇的阳橙树为原材料，经过18道现代化工艺做成的。值得说明的是，作为原材料的阳橙树是一种珍稀树种，很多植物学家都不知道，我们公司特地在云南边境买了7 000多亩山地来培植这种濒危的珍稀树种。此外，这把木梳是用特制药水浸泡过的，木梳的齿儿也是经过特别设计的，通过这38道齿儿对头皮的梳理，能有效刺激大脑，激活脑细胞，达到醒脑益智的保健效果。"

经理很真诚地继续说："考虑到该木梳不是一般的普通木梳，而是采用了当代最新的技术，凝结了许多科学家的心血，而且这把梳子是为人的大脑服务的，大脑的价值可是无限的，所以木梳定价2 880元。为了回报广大消费者对'奇妙聪明梳'的厚爱，现价800元。"

手段2：招兵买马，广罗人才

奇妙公司为推销其梳子，经理亲自主持招聘会，对招聘人才的要求是：只要有事业心，学历差点、能力差点没关系。对应聘者不设门槛，给所有有志人士提供施展才华的舞台，而且待遇从优，公司的薪酬待遇是底薪16 000元，另外还有绩效奖金和在职培训。

手段3：认真挑选、严格培训、提升能力

由于招聘条件优越，报名者络绎不绝。经初试，公司选了100名应聘者为试用员工。

公司为试用员工安排了为期三天的ABC（Assertive、Beautiful、Creative）主题培训，即主见、美丽、创意培训。三天的培训结束后，公司安排了一道实践性"很强"的考题：以一个月为试用期，每人推销100把"奇妙聪明梳"。凡是通过了这道考题的试用员工，就可以证明他是一个有效能的人，并且可以立即成为奇妙公司的正式员工，享受"底薪16 000元+绩效奖金"的薪酬待遇。这也是基于"相马不如赛马"的人才选拔理念而设定考试题的。

一个月卖100把木梳？大家都觉得不可能，大家都是新手，没有经验，一下子要完成100把的任务，那可是80 000元的营业额啊！

于是，经理给大家讲述了"把梳子卖给和尚"的故事。经理说："要完成任务，要说难它就难，要说不难它就不难。我教大家两手绝招。第一招，要学会换位思考，要琢磨顾客在什么情况下会购买我们的产品。第二招，要学会牵引顾客的'牛鼻子'。我在奇妙公司做了8个月的市场部主管之后，就荣升为公司的总经理，并亲自负责人力资源的开发和管理工作。我始终牢记着，我是从一个推销员起步，才走到今天这一步的。同时我也知道，世界上70%的老板都曾经做过推销员。我相信一个具有"ABC"效能的推销员应该有足够的能力，把任何商品卖给任何人。我相信在你们中间将产生这样优秀的推销员。"

大家听完了经理的故事后，个个情绪激昂、摩拳擦掌，跃跃欲试，信心百倍，决心大干一场。

手段4：考核业绩，结果出乎意料

100名试用者中，销售情况大体分为几类：第一种人尽管付出了努力，可是一把梳子都没有卖出；第二种人只卖出了6～10把，往往是自己的姑妈、姨妈、舅妈、堂姐、表妹等碍于面子，每人帮衬1把，能够动用的亲戚基本都在10位以内；第三种人卖出了100把，他们是这样卖木梳的：自己掏腰包把100把梳子全买下来，要一次支付80 000元，但可以成为奇妙公司的正式员工，每月有16 000元的固定月薪，只要在公司工作够5个月，5个月的工资正好是80 000元，5个月后就可以有得"赚"了。

唯有一个学员，一个月创造了1 000把的销售奇迹，成为了当月的冠军。这位销售"奇才"在很久以后才公布了他的秘诀："经理用16 000元的高薪作为诱饵，招收推销员。为了得到这份高薪的工作，很多人都自己垫钱来伪造销售业绩。我也如法炮制，用18 000元的月薪做诱饵，找了一群帮我垫钱的部下。"

听罢，众人惊愕，那些自以为是的推销员万万没有想到，原来他们自己竟然就是故事里的"和尚"。

资料来源　成君忆：《水煮三国》，北京，中信出版社，2004。

【实训要求】1. 奇妙公司的薪酬待遇与业务提成存在什么问题？

2. 奇妙公司的100名业务员中，有哪几种类型的业务员？如何评价他们的业绩？

第十二章　分销渠道策略与管理

经典语录：没有永远的朋友，也没有永远的敌人，只有永远的利益。

帕麦斯顿（Palmerston）

■ 学习目标和实训要求

【理论学习目标】通过本章学习，应了解影响分销渠道设计的因素；了解中间商类型；掌握分销渠道策略；掌握渠道管理的方式和方法；掌握渠道策略的调整方法。

【实践训练要求】通过本章学习，应学会分销渠道设计与评价的方法；掌握渠道管理的方法，尤其是要掌握好窜货的管理方法和对中间商的管理方法。

■ 重点与难点

【重点】中间商的类型，尤其是零售商渠道的种类及特点；销售渠道策略与渠道管理；对中间商的评价与管理；窜货治理的结构设计。

【难点】分销渠道的设计方法；与中间商沟通与协调的方法；窜货的管理方法；渠道策略形成企业核心竞争力的过程；评价企业的渠道策略是否符合企业及消费者的需要。

引例　娃哈哈童装遭遇的渠道尴尬

娃哈哈进军童装的第一炮并没有打响，其专卖店最终只开设了800家，距离娃哈哈集团的最初开2 000家的战略目标差了一大截。更令人感到沮丧的是，尽管开展了一系列的卖点宣传和市场公关活动，可是其"健康童装"品牌对市场依旧未形成杀伤力，不但消费者漫不经心，就连经销商也显得有些三心二意。

娃哈哈之所以豪言进军童装市场，是因为从做钙奶、做水、做饮料到做童装可以实现产业拓展，因此也在情理之中。娃哈哈有几大优势：一是娃哈哈做儿童饮料起家，产品及品牌名称都是定位于儿童的，做健康饮品和做健康童装乃是一脉相承；二是娃哈哈经过18年的市场历练，密布全国各地的销售网络及网络成员个个身经百战，在销售娃哈哈饮料方面的经验老到，这都是童装市场拓展的重要资源；三是不惜千金的广告做派，能保障童装新品的快速渗透。

娃哈哈推广"健康童装"新品，理论上不存在障碍，但市场消费者能否接受又是另一回事了，毕竟卖水和卖服装是有区别的。娃哈哈专卖店的老板们这头要卖饮料，另一头还要卖服装，最终的结果是面对众多品牌的童装，其童装市场自然不会有明显的竞争力。

【引例思考】娃哈哈"健康童装"市场为什么没有"火"起来？童装与饮料可以共用一个渠道吗？

第一节 中间商及其类型

一、中间商的含义与作用

（一）中间商的含义

中间商是指在生产者与消费者之间，参与商品交易业务，促使买卖行为发生和实现的具有法人资格的组织或个人，主要包括批发商和零售商。中间商是商品生产和流通社会化的必然产物。

（二）中间商的作用

中间商在商品由生产领域到消费领域的转移过程中，起着桥梁和纽带的作用。由于中间商的存在，不仅简化了销售手续，节约了销售费用，而且还扩大了销售范围，提高了销售效率。中间商的功能主要体现在以下几个方面：

1. 提高流通效率

中间商有助于减少交易次数，使得产品流通的效率大大提高。例如，有 3 个制造商分别和 4 个顾客进行交易，需要交易 12 次，而通过中间商，中间商与制造商交易 3 次，与顾客交易 4 次，共 7 次，可减少交易 5 次。依此类推，如果实际交易的制造商和顾客越多，流通效率提高得越明显。

2. 调节生产与消费之间的矛盾

中间商起到调节需求平衡的"蓄水池"作用。一方面，中间商的存在可以缓和供需之间在时间、地点和商品数量、种类等方面的矛盾；另一方面，中间商的存在能为生产者和消费者带来方便。对消费者而言，中间商充当了他们的采购代理；而对于生产者或贸易企业来说，中间商的存在使企业的销路有了保证，降低了流通成本。

3. 有效分担了企业的市场营销职能

大多数生产者缺乏将产品直接销售给最终顾客所必需的资源与能力，而这些正是中间商所擅长的。中间商由从事市场营销的专业人员组成，他们更了解市场，更熟悉消费者，对各种营销技巧掌握得更熟练，更富有营销实践经验，并掌握着更多的营销信息和交易关系。

二、中间商的类型

中间商的基本职能是作为生产和消费之间的媒介，促成商品交换。随着社会分工的发展，中间商的内部职能也在细化，形成了批发和零售两大类。

（一）批发商

1. 批发商的含义

以批发经营活动为主业的企业和个人称为批发商。批发的功能是将购进的商品批量转售给各类组织购买者，包括生产企业、服务企业、零售商、其他批发商和各种社会团体机构。是否属于批发商，不在于一次交易的数量，而主要在于买方的购买目的。

2. 批发商的类型

（1）商人批发商。商人批发商又称独立批发商，是指自己进货，取得产品所有权后再批发出售的商业企业，是批发商中最主要的部分。

（2）经纪人和代理商。经纪人和代理商是从事采购或销售或两者兼备，但不取得商品所有权的商业单位。与商人批发商不同，他们对所经营的商品没有所有权，所提供的服务比商人批发商还少，其主要职能在于促成产品的交易，借此赚取佣金作为报酬。与商人批发商相似的是，他们通常专注于某些产品种类或某些顾客群。

经纪人和代理商主要可分为商品经纪人、制造代理商、销售代理商、采购代理商和佣金商。其中以商品经纪人和销售代理商最为常见。

商品经纪人是为买卖双方牵线搭桥，协助双方谈判，买卖达成后向雇用方收取费用，不持有存货，不参与融资和不承担风险的中间人。销售代理商则是在签订合同的基础上，为委托人销售某些特定商品或全部商品的代理商，对价格、条款及其他交易条件可全权处理。这种代理商在纺织、木材、某些金属产品、某些食品、服装等行业中十分常见。

（3）自营批发机构。这是指由制造商和零售商自设机构经营批发业务。它的主要类型有制造商与零售商的分销部和办事处。分销部有一定的商品储存，其形式如同商人批发商，只不过隶属关系不同。办事处没有存货，它是企业驻外的业务代办机构。

（二）零售商

零售商是以零售经营为主业的企业和个人。零售业务与批发业务的本质区别就在于零售是面对个人消费者市场，实行小批量购进、零星售出，网点分散，经营方式灵活多样。其主要功能是收购、储存、拆零、分装、销售、信息传递等。零售商是商品流通的最后环节。随着社会经济的发展和科学技术的进步，零售的组织形式和经营方式千变万化，层出不穷，成为变化最大、最快的行业之一。

1. 零售商的分类

（1）按目标市场及经营策略不同划分为：百货商店、超级市场、便利店、仓储式商店、专业店、专卖店、折扣商店、杂货店、目录展示室、品牌展示店、形象展示店。

（2）按是否设立门店划分为：有店铺零售和无店铺零售，其中无店铺零售包括邮购、上门销售、电话订购、电视销售、网络商店、自动售货机、流动商贩。

（3）按所有权性质划分为：独立商店、直营连锁商店、特许经营店、租赁商品部、垂直营销系统、消费者合作社。

根据国家标准化管理委员会颁布的《零售业态分类》（GB/T18106-2004）标准，中国零售业态应按零售店的结构特点分类，根据其经营方式、商品结构、服务功能、选址、商圈、规模、店堂设施和目标顾客等结构特点，划分为17种零售业态，包括食杂店、便利店、折扣店、超市、大型超市、仓储会员店、百货店、专业店、专卖店、家居建材店、购物中心、厂家直销中心、电视购物、邮购、网上商店、自动售货亭、电话购物。

2. 零售商的特点

不同的零售商在选址、商圈与目标顾客、规模、经营的商品结构、商品售卖方式、服务功能、管理信息系统等方面都有相应的规范。具体内容如表12—1、表12—2所示。

表 12—1　　　　　　　　　　有店铺零售业态分类和基本特点

业态	基本特点						
	选址	商圈与目标顾客	规模	商品（经营）结构	商品售卖方式	服务功能	管理信息系统
1. 食杂店	位于居民区内或传统商业区内	辐射半径为 0.3 公里，目标顾客以相对固定的居民为主	营业面积一般在 100 平方米以内	以香烟、饮料、酒、休闲食品为主	柜台式和自选式相结合	营业时间在 12 小时以上	初级或不设立
2. 便利店	商业中心区、交通要道以及车站、医院、学校、娱乐场所、办公楼、加油站等公共活动区	商圈范围小，顾客步行 5 分钟内到达，目标顾客主要为单身者、年轻人，顾客多为有目的的购买	营业面积在 100 平方米左右，利用率高	以即时食品、日用小百货为主，有即时消费性、小容量、应急性等特点，商品种在 3 000 种左右，售价高于市场平均水平	以开架自选为主，结算在收银处统一进行	营业时间在 16 小时以上，提供即时性食品的辅助设施，开设多项服务项目	程度较高
3. 折扣店	居民区、交通要道等租金相对便宜的地区	辐射半径为 2 公里左右，目标顾客主要为商圈内的居民	营业面积 300～500 平方米	商品平均价格低于市场平均水平，自有品牌占有较大的比例	开架自选，统一结算	用工精简，为顾客提供有限的服务	一般
4. 超市	市区商业中心、居住区	辐射半径为 2 公里左右，目标顾客以居民为主	营业面积在 6 000 平方米以下	经营包装食品、生鲜食品和日用品。食品超市与综合超市的商品结构不同	自选销售，出入口分设，在收银台统一结算	营业时间在 12 小时以上	程度较高
5. 大型超市	市区商业中心、城郊结合部、交通要道及大型居住区	辐射半径为 2 公里以上，目标顾客以居民、流动顾客为主	实际营业面积在 6 000平方米以上	大众化的衣、食、日用品齐全，一次性购齐，注重自有品牌开发	自选销售，出入口分设，在收银台统一结算	设不低于营业面积 40% 的停车场	程度较高
6. 仓储式会员店	城乡结合部的交通要道	辐射半径为 5 公里以上，目标顾客以中小零售店、餐饮店、集团购买和流动顾客为主	营业面积在 6 000平方米以上	以大众化的衣、食、用品为主，自有品牌占相当部分，商品在 4 000 种左右，实行低价、批量销售	自选销售，出入口分设，在收银台统一结算	设相当于营业面积的停车场	程度较高并对顾客实行会员制管理
7. 百货店	市区商业中心、历史形成的商业集聚地	目标顾客以追求时尚和品味的流动顾客为主	营业面积在 6 000～20 000 平方米	综合性，门类齐全，以服饰、鞋类、箱包、化妆品、家庭用品、家用电器为主	采取柜台销售和开架面售相结合的方式	注重服务，设餐饮、娱乐等服务项目和设施	程度较高

业态	基本特点						
	选址	商圈与目标顾客	规模	商品（经营）结构	商品售卖方式	服务功能	管理信息系统
8. 专业店	市区商业中心及百货店、购物中心内	目标顾客以有目的选购某类商品的流动顾客为主	根据商品特点而定	以销售某类商品为主，体现专业性、深度性、品种丰富、选择余地大	采取柜台销售或开架面售方式	从业人员具有丰富的专业知识	程度较高
9. 专卖店	市区商业中心、专业街及百货店、购物中心内	目标顾客以中高档消费者和追求时尚的年轻人为主	根据商品特点而定	以销售某一品牌系列商品为主，销售量少、质优、高毛利	采取柜台销售或开架面售方式，商店陈列、照明、包装、广告讲究	注重品牌声誉，从业人员具备丰富的专业知识，提供专业性服务	一般
10. 家居建材商店	城乡结合部、交通要道或消费者自有房产比较高的地区	目标顾客以拥有自有房产的顾客为主	营业面积在 6 000 平方米以上	商品以改善、建设家庭居住环境有关的装饰、装修等用品、日用杂品、技术及服务为主	采取开架自选方式	提供一站式购足和一条龙服务，停车位300 个以上	较高
11. 购物中心							
社区购物中心	市、区级商业中心	商圈半径为 5 ~ 10 公里	建筑面积为 5 万平方米以内	20~40 个租赁店，包括大型综合超市、专业店、专卖店、饮食服务及其他店	各个租赁店独立开展经营活动	停车位 300~500 个	各个租赁店使用各自的信息系统
市区购物中心	市级商业中心	商圈半径为 10 ~ 20 公里	建筑面积在 10 万平方米以内	40~100 个租赁店，包括百货店、大型综合超市、各种专业店、专卖店、饮食店、杂品店以及娱乐服务设施等	各个租赁店独立开展经营活动	停车位 500 个以上	各个租赁店使用各自的信息系统
城郊购物中心	城乡结合部的交通要道	商圈半径为 30 ~ 50 公里	建筑面积在 10 万平方米以上	200 个租赁店以上，包括百货店、大型综合超市、专业店、专卖店、饮食店、杂品店以及娱乐服务设施等	各个租赁店独立开展经营活动	停车位 1 000 个以上	各个租赁店使用各自的信息系统
12. 工厂直销中心	一般远离市区	目标顾客多为重视品牌的有目的的购买者	单个建筑面积在 100 ~ 200 万平方米	为品牌商品生产商直接设立，商品均为本企业的品牌	采用自选式售货方式	多家店共有 500 个以上停车位	各个租赁店使用各自的信息系统

资料来源　《零售业态分类》，北京，中国标准出版社，2004。

表 12—2　　　　　　　　　　无店铺零售业态分类和基本特点

业　态	基本特点			
	目标顾客	商品（经营）结构	商品售卖方式	服务功能
13. 电视购物	以电视观众为主	商品具有某种特点，与市场上同类商品相比，同质性不强	以电视作为向消费者进行商品宣传和展示的渠道	送货到指定地点或自提
14. 邮购	以地理上相隔较远的消费者为主	商品包装具有规则性，适宜储存和运输	以邮寄商品目录为主向消费者进行商品宣传和展示的渠道，并取得订单	送货到指定地点
15. 网上商店	有上网能力，追求快捷性的消费者	与市场上同类商品相比，同质性强	通过互联网络进行买卖活动	送货到指定地点
16. 自动售货亭	以流动顾客为主	以香烟和碳酸饮料为主，商品品种在 30 种以内	由自动售货机完成售卖活动	没有服务
17. 电话购物	根据不同的产品特点，目标顾客不同	商品单一，以某类品种为主	主要通过电话完成销售或购买活动	送货到指定地点或自提

资料来源　《零售业态分类》，北京，中国标准出版社，2004。

3. 零售商的演变

零售业的发展遵循自身发展的规律性，某种零售业态在一定历史时期出现后，最先进入迅速发展时期，然后趋于成熟，最终衰退，甚至消亡。从表 12—3 中可以看出，传统零售店经过很长时间才发展到成熟阶段，而现代零售店从产生到成熟的时间大大地缩短了。例如，百货商店从产生到成熟花费了 80 年时间，而仓储式商场只用了 10 年时间就发展到了顶峰。

表 12—3　　　　　　　　不同零售业态在西方发达国家的发展状况

零售业态	首次出现时间	达到成熟期花费的年数	目前所处生命周期阶段
杂货店	1800	100	衰退淘汰期
单线专业店	1820	100	成熟期
百货店	1860	80	成熟期
量贩店	1870	50	衰退淘汰期
邮购	1915	50	成熟期
连锁商店	1920	50	成熟期
合作商店	1930	45	成熟期
加油站	1930	45	成熟期
超级市场	1935	35	成熟期
购物中心	1950	40	成熟期
折扣店	1955	20	成熟期
快餐店	1960	15	成熟期
便利店	1965	20	成熟期
家具中心	1965	15	成熟期
仓储零售店	1970	10	成熟期
大型专业店	1975	10	成熟期
电子超市	1980	7	成熟期
工厂门市部	1980	N/A	成熟期晚期
仓储商店	1985	N/A	成熟期晚期
网上商店	1990	N/A	成熟期

资料来源　邓永成：《中国营销理论与实践》，上海，立信会计出版社，2004。

4. 零售业态与 GDP 的关系

零售业态的变化发展与人均 GDP 指标联系紧密。根据国外零售业态发展的经验，当一个地区人均 GDP 达到 3 000 美元时，人们就会要求实惠、便捷的物质生活，超市业态将得到快速发展；而当人均 GDP 达到 12 000 美元时，该地区的居民消费水准和消费行为将呈现多元化的趋势，人们追求高品质的购物环境和更便捷的一站式购物服务，购物中心业态将得到快速发展。表 12—4 反映了人均 GDP 与零售业态发展的关系。

表 12—4　　　　　　　　　零售业态与人均 GDP 的关系

业　态	消费特征	人均 GDP（美元）
百货公司	注重多品种、高质量	1 000
超市	注重便利、快捷	3 000
便利店	要求方便	6 000
仓储商店	追求方便、低价、品种全	10 000
购物中心	多元化购物、注重方便	12 000
精品专卖店	休闲增多、高质量消费	15 000

资料来源　邓永成：《中国营销理论与实践》，上海，立信会计出版社，2004。

第二节　分销渠道设计与评估

一、分销渠道的设计

分销渠道的设计要考虑三方面的内容：确定渠道的长度；确定渠道的宽度；渠道成员的权利和义务。

（一）确定渠道的长度

制造商根据影响渠道选择的因素和渠道目标，决定采取哪种类型的分销渠道，即选择长渠道还是短渠道。现实中，很多企业并不乐于采用自己的销售分支结构，而宁愿选择中间商来分销。这是因为较长的分销渠道或不同类型的中间商，他们可以优势互补，更好地满足目标市场消费者群的需求，会有效地提高营销绩效。

（二）确定渠道的宽度

确定渠道的宽度即确定每个渠道层次使用多少中间商，有以下三种策略可供选择：

1. 密集型分销

密集型分销即制造商选择尽可能多的中间商来销售自己的产品，以期快速进入目标市场或提高产品的市场覆盖率。这种策略适用于日用消费品、工业品和通用程度较高的产品的销售。

2. 独家分销

独家分销即制造商在一定地区仅选择一家中间商来经销或代销企业的产品，并且要求中间商不得再经营其他竞争品牌产品。这种分销渠道最窄，其优点是较容易控制商品的售价、促销、信用和服务，从而提升产品的形象和获得较高的利润。但独家分销存在着过分依赖中间商的缺陷。它适用于名牌产品、新产品和技术性强的产品的销售。

3. 选择性分销

选择性分销即制造商在一定地区内选择若干家适合经营本产品的中间商，它介于密集型分销和独家分销两种形式之间，兼有这两种形式的优点。此策略适用于各类产品，尤其是家用电器、家具、工业品零部件等的销售。

（三）渠道成员的权利和义务

制造商在决定使用间接渠道时，必须同渠道成员在价格政策、销售条件、区域权利和双方履行的义务等方面达成共识。

1. 价格政策

价格直接关系到渠道成员各自的经济利益，制造商在制订价格政策时要充分考虑其敏感性，谨慎从事，本着公平与效率兼顾的原则，制订详细的目录和折扣明细表，以避免渠道冲突，提高中间商的积极性。

2. 销售条件

它主要指付款条件和制造商对产品的保证。例如，制造商对及时付款的分销商予以现金折扣；对不合格产品的退货予以保证；对价格下跌的产品利益损失做出担保。

3. 区域权利

它是指制造商授予中间商在某一区域的专门销售权。中间商希望了解制造商是否将某一区域的特许权授给其他中间商，并希望自己取得某一区域的完全销售权，以期他们的业绩得到制造商的认同。

4. 双方履行的义务

它指双方必须要履行的义务。

二、分销渠道方案评估

分销渠道方案评估是指企业对所选择的几套渠道方案进行分析和评估，以确定一种既能有效地满足企业需要又符合企业的长远目标的最佳渠道方案。评估渠道方案的标准有：经济性、可控性、适应性。

（一）经济性

分销渠道的选择最终是为了使企业获得最大的收益，因此经济性标准也是最重要的标准。判断分销渠道的好坏，应比较和分析不同渠道的可能盈利能力，并估计每个方案的销售水平与成本费用，即在成本费用尽可能低的情况下寻求销售量最大化的渠道。

（二）可控性

由于中间商本身追求利润最大化，这与制造商的目标难免存在着冲突，而且渠道中各环节以及每个环节成员之间彼此利益时有抵触，这些势必会影响到企业对中间商销售期望的实现程度。正因为如此，企业在选择分销渠道时，应尽量能够对分销渠道实现有效的控制。正如营销中的名言所说："谁控制了终端，谁就获得了市场"。

（三）适应性

适应性是指分销渠道应能够适应营销环境的变化，并尽可能地灵活应变。由于企业与中间商建立的是一种较长期的契约关系，在此期间彼此应承担相应的权利与义务，而外部环境总是不断变化的，这就要求中间商反应敏捷，快速应变。倘若反应迟缓，不思变革，就会坐失良机，终被竞争者淘汰。

第三节　分销渠道管理

渠道方案确定后，企业还必须对渠道进行有效的管理，才能更好地发挥渠道的效用。渠道管理包括对渠道成员的选择、激励、绩效评估和渠道调整。

一、渠道成员的选择

渠道成员的选择即中间商选择，渠道成员直接影响企业分销的效率与分销成本，也影响到企业在消费者和用户心目中的品牌形象与产品定位。渠道成员的选择一般要体现以下原则：

（一）实力优先

企业建立分销渠道就是要把自己的产品打入目标市场。因此，渠道成员要拥有较完善的分销网络和较高的市场地位及竞争优势。

（二）业态对路

企业所选择的渠道成员在经营业态方面要符合分销要求，只有业态对路的渠道成员，才能承担高效的分销功能。

（三）形象吻合

渠道成员的实力与形象应与制造商相匹配，这样才能平等合作。因此，有"名品进名店，名店卖名品"之说。

（四）文化认同

只有当渠道成员与制造商有共同的文化观念、价值观念、经营观念时，才能使他们同舟共济，共同开拓市场，求得共赢。

二、渠道成员的激励

渠道成员一经选定，为了使他们有良好的表现，应建立一套相对完善的、长久的激励机制，从而建立一种与中间商荣辱与共的长期合作关系。具体的激励措施有以下几种：

（一）向中间商提供适销对路、价廉物美的产品

适销对路的产品意味着销售成功的一半，符合制造商和中间商的共同利益。

（二）充分尊重中间商的利益

对销量、经营范围、财力不同的中间商区别对待，力求公平，谋求共同发展。

（三）促销支持

促销支持指制造商承担宣传和推广产品的全部或部分费用，协助中间商安排商品陈列、展览，帮助他们培训推销人员。

（四）融资支持

制造商要为中间商提供部分融资服务，灵活运用付款方式，促进中间商努力推销产品。

（五）信息沟通

制造商要将所获得的市场信息及时传递给中间商，同时中间商也应将相关的信息及时反馈给制造商，共同制订应对措施。

三、渠道成员的绩效评估

对渠道成员的绩效评估是为了及时了解中间商的履约情况，肯定并鼓励先进、努力的中间商，鞭策落后的中间商。通过检查，发现问题，分析原因，并采取相应的改进措施。对渠道成员的绩效评估标准有：销售额和销售增长率、平均存货水平、交货速度、对损坏与遗失货品的处理、对顾客服务的表现、对厂商促销等方案的合作程度等。

四、渠道调整

市场总是瞬息万变的，为了保持渠道的高效、畅通，制造商还应根据环境的变化对分销渠道进行调整。具体的调整方式有以下三种：

（一）渠道成员增减

渠道成员增减是指在某一分销渠道模式里增加或减少个别中间商，它是最常见的渠道调整方式之一。

（二）增减渠道

增减渠道指增加或减少某一渠道模式，而不是增减渠道里的个别中间商，它也是最常见的渠道调整方式之一。应以不同分销渠道的绩效评估为基础，增加绩效好的渠道，剔除绩效差的渠道。

（三）调整全部渠道

调整全部渠道指企业对原有的分销体系、制度进行全盘调整。

第四节　窜货管理

一、窜货的含义及原因

（一）窜货的含义

窜货，也叫冲货、倒货，就是由于产品经销网络中的各级经销商和代理商、分公司等受利益驱动，使所经销的产品跨区域销售，造成价格混乱。

（二）窜货的原因

窜货现象产生的原因是多种多样的，但根源还是在于利益驱动和人为因素。

1. 价格体系混乱

由于各区域市场的经济情况、销售数量以及市场规模不同，价格之间存在差异，造成产品由低价格区域向高价格区域流动的现象。

2. 企业盲目为经销商定销售指标

年终奖励是厂家鼓励经销商完成年度经销目标量和遵循厂家各类销售政策，从而规范市场运作的一种有效手段。但是，年终奖励是一把双刃剑，一旦运用得不好，反而会成为越区销售的诱发剂。

3. 企业实行普遍经销制

这里指在同一地区出现两家甚至更多的经销商。在有限的销售区域内，这些经销商就容易进行价格战而向其他区域窜货。

4. 企业的一些营销人员鼓励经销商违规

营销人员的收入是与销售业绩挂钩的。因此，一些企业的营销人员或市场代表为了自己的个人利益，违背企业的销售政策，鼓励经销商违规销售，甚至与经销商串通一气，共同谋取私利。

二、窜货的形式

窜货有许多种。从窜货的性质上看，窜货分为自然窜货、良性窜货和恶性窜货。从窜货的表现上看，窜货可分为经销商之间的窜货、分公司之间的窜货和企业销售总部的违规操作导致的窜货。

三、窜货的危害

（一）窜货会挫伤经销商的积极性

当产品的价格体系被破坏，即商家的利润被掏空后，经销商就会对产品、品牌失去信心。经销商销售某品牌产品的最直接动力是利润，而当渠道受到攻击，经销商的正常销售会受到严重干扰，经营利润也会降到期望值以下，这样就会挫伤经销商的积极性。

（二）窜货会导致产品质量和服务品质的下降

当窜货发生时，受损害的经销商不仅不会对产品的售后承担责任，而且通常会要求从上游渠道得到一些让步，如价格上的保护等，由此将引发一系列的连锁反应。由于没有足够的利润支撑，厂商将不得不从成本控制上作文章，其结果是产品质量得不到保证，最终受害的是消费者。

（三）窜货严重威胁着品牌形象和企业的正常经营

消费者对品牌的信心来自良好的品牌形象和规范的价格体系。当市场秩序被打乱后，各种假货、水货就会开始在市场上泛滥，品牌价值显得苍白无力，厂商也会心灰意冷，继而放松对市场的认真维护。最后，受伤害的还是品牌自身，因为消费者可以选择别的品牌，经销商可以另谋生路，但厂商却没有别的选择。

四、窜货的治理

对于窜货的治理，首先，企业要制定完善的营销政策。

① 制定完善的价格政策。企业的价格政策不仅要考虑出厂价，而且还要考虑一批价、二批价、终端销售价。每一级别的利润设置不可过大，也不可过小，每一级的价格需严格执行。

② 制定完善的专营权政策。企业和经销商签订专营权合同时，要对窜货问题做出明确的规定。例如，在合同中注明区域限定、授权期限及违约处置等。

③ 制定完善的促销政策。在制订促销政策时，大多数厂家过多地看重了结果，而忽视了促销过程和质量，从而造成一促销就窜货，停止促销就销不动的局面。完善的促销政策应考虑合理的促销目标、适度的奖励额度、恰当的促销时间、严格的兑奖措施和有效的市场监控，以确保整个促销活动在计划范围之内进行，防止出现失控。

④ 制定完善的返利政策。在返利方面，厂家应在合同中注明以下条款：返利的标准、返利的时间、返利的形式和返利的附属条件。

其次，企业应建立良性、稳定的营销网络。

①应在相邻区域内分别设立不同的总经销商，从网络体系上堵住可能产生跨区域销售行为的漏洞。

②要以城市市场为中心，建立区域内的销售网络，以此来抵御其他区域总经销商的冲击。

③要维持相关区域营销网络的相对稳定，除非特殊情况，否则不要轻易更换总经销商，避免出现市场真空。

④要求各地经销商采取"高筑墙，不扩张"的相邻市场关系策略，把主要精力放在本地市场的潜力挖掘上，不给其他经销商创造进入本地市场的机会，同时也要严格禁止向其他市场扩张的行为。

再次，企业应培养稳健的经营作风。

① 制定可行的营销目标。稳健的经营作风可以有效地控制窜货现象。稳健就是要制订既有激励效应，又现实可行的营销目标。企业要在对现有市场进行认真总结和对自有资源进行详细清查之后，制订可行的营销目标，不急功冒进，不盲目扩张。只有这样，才能进可攻，退可守。

② 提供良好的售后服务。对于售后服务，一般的企业都是说得多，做得少。企业应该认识到今后的营销竞争中很大的一个因素是服务之争。良好的售后服务才能使经销商对企业有亲近感，在经营时对企业有责任感和忠诚度，不至于主动窜货来破坏这种感情。良好的售后服务是增进厂家、经销商和顾客之间感情的最好纽带。

最后，建立健全的渠道管理体系。

① 加强对销售渠道的管理。一是对企业内部经销商的管理。企业应该规范各项规章制度，使每一项政策的提出和执行都能科学化、制度化，并有一套健全的监督制度。二是对销售终端的管理，因为终端销售是窜货最常见的发生点。

② 设立市场总监并建立市场巡视员工作制度。市场总监的职责就是带领市场巡视员经常性地检查和巡视各地市场，及时发现问题，并会同企业各相关部门予以解决。市场总监是制止跨区销售行为的直接管理者，由公司最高层直接领导，一旦发现跨地区销售行为，他们有权决定处罚事宜。

③ 实行奖罚制。发生窜货的两地，必然有其他经销商由于利益受损而向企业举报。对于举报的经销商，应该给予奖励；对窜货商，应实行四级处罚，即按窜货行为的严重程度给予警告、停止广告支持、取消当年返利和取消其经销权等处罚。对有违规行为的营销人员也要加强教育，杜绝窜货行为，杜绝为个人利益而损害公司整体利益的行为。

④ 实行产品代码制。实行产品代码制，便于企业对窜货做出准确判断和迅速反应。所谓代码制，是指每个销售区域编上一个唯一的号码或标识，印在产品内、外包装上。这样的话，一旦在甲地发现乙地产品，就可以判断出窜货的来源，企业也就能迅速做出反应。

■ 本章提要

现代市场环境的改变，使得营销渠道管理在企业营销运作中的地位日趋重要，成为企业获取竞争优势的一个战略要素。"渠道为王，谁拥有渠道，谁就拥有了市场，谁就占有了顾客。"传统营销渠道成员的冲突在所难免，而现代营销渠道的主题强调的是合作。通过对现代营销渠道管理理论及方法的学习，应了解分销渠道的类型，学会分销渠道设计的原则和方法，能科学地进行分销渠道的选择和对渠道成员进行有效激励，从而实现渠道成员的全面沟通，建立科学合理的渠道冲突协调机制。

练习与思考

1. 什么是中间商？中间商有哪几种类型？

2. 什么是零售商？零售商有哪几种类型？它们各有何特点？零售商的发展演变与市场的发展变化及 GDP 有什么关系？

3. 分销渠道的设计与选择需要考虑哪些因素？怎样选择最佳分销渠道？

4. 如何评价中间商？如何加强中间商的管理与控制？如何处理好与中间商的关系？

5. 什么是窜货？窜货有哪几种类型？窜货的原因有哪些？如何加强对窜货的管理？

案例教学

脑白金"农村包围城市"的渠道战略与战术

一、战略依据

农村包围城市，是毛泽东创立的中国革命路线。它的战略要点有两个：一是依靠农民，因为中国是个农业大国；二是在农村容易生存，因为当时革命的力量还太弱小。它的目的则是为了夺取大城市，解放全中国。

二、战略实践

活学活用毛泽东思想的吴炳新将"农村包围城市"的战略运用于保健品营销，组织几十万营销大军上山下乡，将三株口服液的营销广告贴到了穷乡僻壤的茅厕里，终于得以启动庞大的中国农村市场，创造了 80 亿元的年销售额，被戏称为"农村包围城市"。同样是崇拜毛泽东的史玉柱，为脑白金制定了"从小城市出发，进入中型城市，然后挺进大城市，从而走向全国"的战略路线。

三、渠道战术

1. 启动资金：50 万元。

2. 选择渠道：上海边缘的小城镇江阴。

3. 渠道目标：小城市、中型城市、大城市、全国。三年内进入上海。

4. 选择背景：江阴是江苏省的一个县级市，地处苏南，是中国最富庶的地区之一。其购买力强，人口密集，离上海、南京又很近。在江阴这样的县级市启动，投入的广告成本不会超过 10 万元，划算。

5. 渠道策略：先进行员工强化培训，史玉柱亲自执教，从脑白金的功效、保健品市场的环境一直讲到营销心理学。当然，讲得最多的还是"风雨同舟的团队精神"。培训结束，人员上岗，脑白金以大赠送形式实现市场启动，以点带面，步步为营，稳扎稳打。史玉柱首先向社区老人赠送脑白金，前后送了 10 多万元的产品，慢慢地形成了回头客，不少老人拿着脑白金的空盒跑到药店去买，越买不到，老人们问得越起劲。正当药店为这只见空盒不见经销商上门的脑白金而犯愁时，脑白金的广告在江阴媒体"闪亮登场"了。于是，"款到提货"一开始就成了脑白金销售的市场规矩。江阴市场就这样打开了。

1998 年 5 月，史玉柱把江阴市场赚到的钱投入无锡市场的启动。他先打脑白金的销售广告，然后谈经销商。也是要求一手交钱一手交货，开始时经销商不是很愿意付钱，但史玉柱一边谈，一边不停地打广告，慢慢地也就有经销商开始付款提货了。第二个月，史玉柱在无锡市场又赚了十几万元，史玉柱拿着它去启动下一个城市。几个月里，南京、常熟、常州以及东北的吉林全部成了脑白金的早期根据地。星星之火开始燎原了。

1999 年 1 月，脑白金在上海以外的月销售额达到了近千万元。史玉柱移师南京，大上海近在咫尺。1999 年 7 月，上海健特公司在上海徐汇区注册。史玉柱提前两年达到了既定目标。

问题：（1）"农村包围城市"的战略思想和战术实施对现代营销战略和战术有什么影响？如何实施"农村包围城市"的渠道战略和战术？

（2）以该案例为借鉴，为一家洗衣粉企业做一个"农村包围城市"的渠道策划方案。

实训教学

【实训项目】**请拿出治理窜货的良方。**

【实训材料】钱老板是市级经营食品的经销商，去年好不容易取得了本省一个畅销饮料的市级总经销权。但这个畅销产品并没有为他带来利润，反而带来一大堆麻烦。

这个畅销饮料虽然在本省销售很红火，但只是一个区域品牌，在其他省份才刚刚进入。该饮料厂为了抢在夏季之前加快开拓外省市场的速度，对外省新开发的区域市场在价格政策上给予经销商特别优惠，以此来提高经销商开发新市场的积极性。最终使该产品在本地和外地的价格上形成了很大差别，而享受这些特惠价格政策的外省经销商就利用区域之间的价差大肆向本省低价窜货。

不仅如此，此饮料厂家在价格上还给予那些销量特别大的经销大户以特别优惠，这些经销大户以很低的价格拿到厂家的货后，并不是老老实实在自己的区域内销售，而是到处窜货，导致其他的经销商叫苦连天，钱老板更是深受其害。

钱老板多次向厂家反映，厂家的态度相当暧昧，说这属于经销商的品质问题，这种问题厂家不好解决。于是，低价窜货就愈演愈烈，不断升级，经销商出货的价格越来越低，中间价差越来越小，形成了恶性循环。价格体系遭到了严重破坏，导致经销商的利润越来越薄，不到半年时间，价格就接近"卖穿"，最终导致经销商没有什么钱赚。

钱老板虽有一肚子怨言，却又无可奈何，迫不得已把畅销饮料的价格降下来争夺下线客户。

【实训要求】1. 窜货导致的后果将会是什么？通过该案例，分析企业窜货的原因，并提出解决窜货问题的办法。

2. 有人曾经说过："过度窜货的市场是一个混乱的市场，而没有窜货的市场是一个没人气的市场"。你怎么理解这句话的含义？

第十三章 促销策略与管理

经典语录：为了赚钱而鼓励顾客多买商品，那你只是一个沿街叫卖的小贩；为顾客的利益而宣传商品，那你已是一个推销的行家。

——齐格·齐格勒

■ 学习目标和实训要求

【理论学习目标】通过本章学习，应了解促销及促销组合的含义和内容；掌握人员推销的策略、人员推销的组织结构及人员推销的过程；掌握根据广告目标制订广告策略的方法，尤其是制订广告费用预算、广告费用决策、广告效果评估、广告媒体选择的方法和技巧；了解公关的基本概念及类型，并掌握公关活动策划的基本方法。

【实践训练要求】通过本章学习，应学会人员推销的基本方法和技巧；学会根据市场需求和企业目标确定广告预算；掌握广告投放的基本决策方法以及广告效果的测定方法。

■ 重点与难点

【重点】推销的策略与技巧、广告费用的决策方法、广告媒体的决策方法、广告效果的评估方法、公关活动的策划方法。

【难点】人员推销的方法与技巧、广告费用的确定方法、广告费用的分配方法、广告效果的评估方法、公关活动的策划方法。

引例 爱我，就请我吃哈根达斯

自1996年进入中国，哈根达斯的这句经典广告语像是一种爱情病毒迅速在北京、上海、广州、深圳等城市蔓延开来。一时间，哈根达斯冰淇淋成了城市小资们的时尚食品。

然而，哈根达斯显然还是一种奢侈品。在哈根达斯进入的55个国家中，它都是最昂贵的冰淇淋品牌。哈根达斯从不讳言自己的消费人群是处于收入金字塔尖、追求时尚的年轻人群体。在投入巨资确保产品品质的同时，它的价格也是毫不客气的，最便宜的一小桶也要30多元，而最贵的冰淇淋蛋糕要400多元。说白了，哈根达斯已经不仅仅是一种冰淇淋，它更代表了一种时尚的生活方式和品味。

由于把自己贴上了永恒的情感标签，哈根达斯从未为销售伤过脑筋。对于那些忠实的"粉丝"来说，吃哈根达斯和送玫瑰一样，关心的只是爱情。哈根达斯把自己的产品与热恋的甜蜜连接在一起，吸引恋人们频繁光顾。其店里和店外散发的浓情蜜意，更增添了品牌的形象深度。哈根达斯的产品手册、海报无一不是采用情侣激情相拥的浪漫情景，以便将愉悦的体验这一品牌诉求传达得淋漓尽致。其专卖店内的装潢、灯光和桌椅的线条、色彩的运用也都在极力烘托这一主题。

每一处细节尽显爱意，哈根达斯深知蕴含在冰淇淋其中的情感。自 1921 年在美国纽约布朗克斯市诞生之初，哈根达斯便被赋予了罗曼蒂克的情感元素。来自马达加斯加的香草代表着无尽的思念和爱慕，比利时纯正香浓的巧克力象征热恋中的甜蜜和力量，波兰亮红色的草莓代表着嫉妒与考验，来自巴西的咖啡则是幽默与宠爱的化身。这些取自世界各地的顶级原料，拥有着哈根达斯近百年来忠贞不渝的热爱，结合了卓越的工艺和不朽的情感，独创出各种别具风情的浪漫甜品，从而让唇齿间细腻、香滑的味道营造出恒久的爱的回味。

【引例思考】哈根达斯卖的是冰淇淋吗？如果是的话，卖的是怎样的冰淇淋？如果不是的话，他们卖的是什么？

第一节　促销与促销组合

一、促销的含义

促销（promotion）是促进产品销售的简称。从市场营销的角度看，促销是公司或机构通过人员或非人员方式，沟通企业与消费者之间的信息，引发、刺激消费者的购买欲望和兴趣，使其产生购买行为的活动。它一般包括人员推销、广告、公共关系和营业推广等具体活动。

促销是任何公司营销计划的重要因素，它可以使公司树立良好的形象，增加销售，通过与渠道成员相互配合，给消费者提供售后服务，并开展其他活动。一个好的促销计划可强化市场营销组合产品、分销和价格策略，使营销策略更加完善和有效。

二、促销的实质

促销是一种沟通性的活动，其目的是通过企业的营销活动，以推力和拉力活动的整合沟通作用，促使产品（或服务）沿着分销渠道往前推进。它是说服消费者购买、接受、转销、推荐或使用所促销的产品（或服务）的一种活动。简而言之，企业通过促销试图影响购买者的认识、观念与行为等，并试图说服他们接受这种观念、服务或事物。

企业进行产品销售的最终目的是使消费者购买和使用产品，从而创造出企业的利润收入。因此，仅仅将产品生产出来和摆上柜台还是远远不够的，企业必须通过灵活的促销活动与产品的购买者（渠道成员或消费者等）进行有效的沟通，使他们认识到产品能给他们带来的实际利益，从而达成产品的销售。

三、促销的功能

（一）告知功能

促销活动能把零售商的产品、服务、价格、信誉、交易方式和交易条件等有关信息告诉给广大公众，使他们对零售商由无知转为有知，从知之不多到知之较多，从而能使他们在选择购买目标时，将企业的产品和服务纳入其选择范围。一般来说，消费者比较喜欢购买他们所了解的产品，他们对某一企业的信息知道的越多，选择该企业产品的可能性也就越大。

（二）说服功能

促销活动往往致力于通过提供证明、展示效果、解释疑虑和表示承诺等方法来说服消费者，加强他们对本企业产品或服务的信心，以促使其购买行为的迅速发生。一般来说，消费者在购买决策犹豫不定的时候，很希望能有点新的信息来帮助他做出决策。促销活动在这方面的信息沟通往往能恰到好处地促使消费者做出对本企业有利的购买决策。

（三）影响功能

促销活动通过各种媒介对消费者进行经常性、广泛性的商品广告信息传播，往往能使消费者印象不断加深，甚至形成一种社会舆论，从而通过从众心理的作用对目标市场的消费者产生舆论导向，使他们在不知不觉中接受本企业的各种宣传，建立对本企业的认识，形成对本企业及产品的好感。

四、开展有效沟通的步骤

（一）明确目标受众

营销信息的传播者必须一开始就要有明确的目标视听接受者。目标视听接受者可能是企业产品的潜在购买者、目前使用者、决策者或影响者，也可能是个人、小组、特殊公众或一般公众。

（二）确定沟通目标

目标视听接受者一般要经历认知、感情和行为反应过程，最终的反应是购买。营销信息传播者必须确定寻求什么样的反应，并知道如何把目标视听接受者从他们目前所处的位置推向更高的准备购买阶段。

（三）设计信息

确定信息需要从信息内容、信息结构、信息格式和信息源四个方面进行合理设计，以使信息能引起注意、提起兴趣、唤起欲望、导致行动。

（四）选择信息的传播渠道

信息传播者必须选择有效的信息沟通渠道来传递信息。信息沟通渠道主要有两大类，包括人员的信息沟通渠道和非人员的信息沟通渠道。人员的信息沟通渠道包括两个及以上的人相互之间进行信息沟通。非人员信息沟通渠道就是传递信息无需人员接触，信息反馈的媒介包括大众性的和有选择的媒体、气氛和事件。

（五）制定促销预算

百货业巨头约翰·沃纳梅克说："我认为广告费的一半是浪费的，但我不知道是哪一半。"这充分说明企业面临的最困难的营销决策之一是在促销方面应投入多少费用。

（六）设计促销组合

促销有商业广告、销售促进、直接营销、公关促销和人员推销五种通用的促销工具，也可以说有"推"的策略和"拉"的策略，而且这些促销工具之间具有可代替性。为了更好地协调营销部门中的各营销职能，市场营销者必须对促销工具进行有效地选择和组合。

（七）建立信息反馈渠道

营销沟通者把产品信息传播到目标购买者之后，整个传播过程并未结束，还必须通过市场调研了解信息传递对目标沟通对象的影响，包括他们对产品的态度和购买行为的变化等，并要根据反馈信息决定是否调整整体营销战略或某个方面的营销策略。

（八）营销沟通一体化

在市场经济已发生巨大变化的前提下，大众市场的非整体性已逐步向微型市场的多元化趋势发展，顾客的复杂性日益增加，企业依赖一种或两种沟通工具来完成沟通目标已不合时宜。营销沟通一体化就是要通过各种各样的沟通手段和方式产生一体化效应，从而产生更多的信息一致性和巨大的销售影响，并保持前后的一贯性、适时性和有较高的成本效益。

五、促销组合策略

促销的方式有直接促销和间接促销两种，包括人员推销、广告、公共关系和营业推广四方面的内容。由于各种促销方式都有其优点和缺点，在促销过程中，企业常常将多种促销方式同时并用。所谓促销组合，就是企业根据产品的特点和营销目标，综合各种影响因素，对各种促销方式的选择、编配和运用。促销组合是促销策略的前提，在促销组合的基础上，才能制订相应的促销策略。因此，促销策略也称促销组合策略。

促销策略从总的指导思想上可分为"推"式策略和"拉"式策略两类。"推"式策略是指企业运用人员推销的方式把产品推向市场，即从生产企业推向中间商，再由中间商推给消费者，故也称为人员推销策略。"推"式策略一般适合于单位价值较高的产品、性能复杂和需要做示范的产品、根据用户需求特点设计的产品、流通环节较少和流通渠道较短的产品、市场比较集中的产品。"拉"式策略也称非人员推销策略，是指企业运用非人员推销方式把顾客拉过来，使其对本企业的产品产生需求，以扩大销售。广告、公共关系和营业推广属于"拉"的策略。单位价值较低的日常用品、流通环节较多和流通渠道较长的产品、市场范围较广和市场需求较大的产品常采用"拉"式策略。

第二节　人员推销

一、人员推销的含义及特点

人员推销是指企业通过推销人员直接向顾客推销商品和劳务的一种促销活动。在人员推销活动中，推销人员、推销对象和推销品是三个基本要素。通过推销人员与推销对象之间的接触、洽谈，将推销品推销给推销对象，从而达成交易，既实现销售产品，又满足顾客需求的目的。

人员推销与非人员推销相比，既有优点又有缺点。其优点主要表现在以下四个方面：

（一）信息传递的双向性

人员推销作为一种信息传递形式，它具有双向性的特点。在人员推销过程中，一方面，推销人员通过向顾客宣传和介绍推销品的有关信息，如产品的质量、功能、使用、安装、维修、技术服务、价格以及同类产品竞争者的有关情况等，以此来达到招揽顾客、促进产品销售之目的。另一方面，推销人员通过与顾客接触，能及时了解顾客对商品的评价，通过观察和有意识地调查研究，能掌握商品的市场生命周期及市场占有率等情况。这样不断地收集信息、反馈信息，为企业制订合理的营销策略提供依据。

（二）推销目的的双重性

一重是指激发需求与市场调研相结合，另一重是指推销商品与提供服务相结合。就后者而言，一方面，推销人员施展各种推销技巧，目的是推销商品；另一方面，推销人员与顾客直接接触，向顾客提供各种服务，是为了帮助顾客解决问题，满足顾客的需求。双重目的相互联系、相辅相成。推销人员只有做好顾客的参谋，更好地实现满足顾客需求这一目的，才有利于诱发顾客的购买欲望，促成购买，使商品推销效果达到最大化。

（三）推销过程的灵活性

由于推销人员与顾客直接联系和当面洽谈，可以通过交谈与观察了解顾客，进而根据不同顾客的反应和特点，有针对性地调整自己的工作方法，以适应顾客，引导顾客购买。同时，还可以及时发现、答复和解决顾客提出的问题，消除顾客的疑虑和不满意感。

（四）长期性协作

推销人员与顾客直接见面和长期接触，可以促使买卖双方建立友谊，密切顾客与企业之间的关系，易于使顾客对企业产品产生偏爱。在长期保持友谊的基础上开展推销活动，有助于建立长期的买卖协作关系和稳定地销售产品。

人员推销的缺点主要表现在以下两个方面：

（一）支出较大，成本较高

由于每个推销人员直接接触的顾客有限，销售面窄，特别是在市场范围较大的情况下，人员推销的开支较多，这就增大了产品的销售成本，一定程度地减弱了产品的竞争力。

（二）对推销人员的要求较高

人员推销的效果直接决定于推销人员素质的高低。随着科学技术的发展，新产品层出不穷，对推销人员的素质要求越来越高。推销人员必须熟悉新产品的特点、功能、使用、保养和维修等知识与技术。要培养和选择出理想的胜任其职的推销人员比较困难，而且耗费也大。

二、推销人员的素质

人员推销是一个综合的、复杂的过程。它既是信息沟通的过程，也是商品交换的过程，还是技术服务的过程。推销人员的素质决定了人员推销活动的成败。销售人员一般应具备的素质为：态度热忱，勇于进取；求知欲强，知识广博；文明礼貌，善于表达；富于应变，技巧娴熟。

三、人员推销的策略

（一）试探性策略

试探性策略是指在不了解顾客的情况下，推销人员运用刺激性手段引发顾客产生购买行为。推销人员事先设计好能引起顾客兴趣、能刺激顾客购买欲望的推销语言，通过渗透性交谈进行刺激，在交谈中观察顾客的反应，然后根据其反应采取相应的对策，并选用适应的语言，再对顾客进行刺激，进一步观察顾客的反应，以了解顾客的真实需要，诱发购买动机，引导顾客产生购买行为。因此，试探性策略也称为"刺激—反应"策略。

（二）针对性策略

针对性策略是指推销人员在了解顾客基本情况的前提下，有针对性地对顾客进行宣传、介绍，以引起顾客的兴趣和好感，从而达到成交的目的。因推销人员常常在事前已根据顾客的有关情况设计好推销语言，这与医生对患者诊断后开处方类似，故针对性策略又称为"配方—成交"策略。

（三）诱导性策略

诱导性策略是指推销人员运用能激发起顾客某种需求的方法，诱发顾客产生购买行为。这种策略是一种创造性的推销策略，它对推销人员要求较高，要求推销人员能因势利导，诱发、唤起顾客的需求，并能不失时机地宣传、介绍和推荐所推销的产品，以满足顾客对产品的需求。因此，从这个意义上说，诱导性策略也可称为"诱发—满足"策略。

四、人员推销的组织结构

建立销售人员队伍，要从企业的实际情况出发，按照销售活动的实际需要去加以组织。销售队伍的组织结构一般有以下几种类型：

（一）按地区结构组成的销售队伍

产品组合比较单一和市场分布面比较广的企业通常按地区结构来组织销售人员队伍。其基本做法是将销售人员按所划定的市场区域进行分配。这种结构的好处是：比较容易评价个别销售人员的销售业绩；销售人员容易同顾客建立长期关系；差旅费用相对较少。

（二）按产品结构组成的销售队伍

在企业的产品组合面广和各产品关联性不大的情况下，通常采取按产品线组织销售队伍，即每一组推销员专门负责销售某一种特定的产品。这样做的好处是销售人员可以在技术和业务上十分熟练，并能对该产品的目标市场有全面的了解。但在若两种产品消费关联性比较密切的情况下，则有可能出现同一个企业的两个销售员对同一顾客销售同类产品的情况。

（三）按顾客结构组织销售队伍

也有一些企业按顾客的不同类型来组织销售队伍，即由一组销售人员面对一种类型的顾客群体。例如，有专门对批发商销售的人员，也有专门对零售商销售的人员；有专门对老年顾客销售的人员，也有专门对家庭妇女销售的人员。这样做的好处是销售人员对顾客的特点很熟悉，能有的放矢地开展销售活动。问题是若顾客分布很广，销售人员的差旅费用可能会增加。

（四）复合结构的销售队伍

若将以上几种销售队伍的组织方式结合起来，就能形成一种按复合结构组织的销售队伍。例如，企业可按地区和产品、地区和顾客、产品和顾客的结构来组织销售队伍，也可按地区、产品和顾客的结构组织销售队伍，将销售队伍的结构逐渐分细，这样就有可能克服以上几种组织方法存在的缺点，使销售队伍的结构合理化。复合结构的销售队伍一般要由较多的销售人员组成，所以是一种比较适合大型企业销售队伍的组织形式。

五、人员推销的过程

虽然没有两个完全相似的推销情境，也没有两个推销员能按完全相同的方法去完成自己的推销任务，但大多数推销人员是按以下六步推销程序去执行推销任务的：

（一）确定目标

人员推销的第一个步骤就是要先研究潜在的消费者，选择最有可能成为顾客的消费者，即潜在顾客。这些潜在顾客可直接从消费者、产业会员调研、公共档案、电话号码簿、工商会员名单、公司档案等获得。推销人员应把重点放在那些有资财、愿意和有权力购买产品的潜在顾客上。

（二）接近潜在顾客

接近潜在顾客时，首先要给对方一个良好的第一印象，因为第一印象往往会成为长久的印象，因此推销人员与潜在顾客的第一次接触往往是能否成功推销产品的关键。至于具体的途径，最好的方法就是要立足于对潜在顾客的了解。凡是能了解每个顾客特殊情况的推销人员，大都能给顾客一个良好的印象，并大都能做成交易。

（三）推销介绍

在很多情况下，这一阶段除了对产品进行实际推销介绍外，还包括产品的展示。在这一过程中，推销人员应指出产品的特点和利益，以及它们如何优于竞争者的产品，有时甚至也可指出本产品的某些不足或可能出现的问题以及如何减免或防范。在展示产品时，推销人员还可请潜在顾客亲自使用展示品。这种产品展示和试用，必须把重点放在推销介绍时所指出的特点上。

（四）回答异议

潜在顾客任何时候都可能提出异议或问题，这就给推销人员提供一个机会去消除可能影响销售的那些反对意见，并进一步指出产品的其他特点或提示公司可提供的特别服务。潜在顾客所提的问题可分为两类：第一类异议是必须在成交前加以解决的；第二类异议往往是顾客关心在成交后可能出现的情况，这需要进一步了解和沟通。

（五）成交

一旦对潜在问题做答后，推销人员就要准备达到最重要的目标——成交，即要使顾客同意购买自己推销的产品。此时，推销人员必须确保在成交前再没有遗留重要的问题，而且推销人员不应与消费者再发生争议。许多有经验的推销人员还往往会以顾客已打算购买产品的假设为据向顾客提出"您希望什么时候送货？"和"您要买标准型还是豪华型？"等问题。这就可使犹豫不决的潜在顾客立即做出购买的决定，而不会再说"我将要购买这个产品"。

（六）追踪

对昂贵或重要商品的购买，商品售出后，推销人员必须予以跟踪，以确保产品按时、保质、在良好的状况下送达消费者手中，并确保它能处于正常的使用状态。这种追踪可给顾客留下一个好印象，并为未来的推销铺平了道路，因此，它是推销过程的重要一环。总之，推销人员的职责并不随销售工作的结束而结束，它将随着销售者与顾客之间保持良好、有效的相互关系而延续下去。

第三节 广告策略

广告作为促销方式或促销手段，是一门带有浓郁商业性的综合艺术。虽然说广告并不一定能使产品成为世界名牌，但若没有广告产品肯定不会成为世界名牌。成功的广告可使默默无闻的企业和产品名声大噪，家喻户晓，广为传播。

一、广告的含义

广告（Advertise）一词源于拉丁语（Adverture），它有"注意"、"诱导"、"大喊大叫"和"广而告之"之意。广告作为一种传递信息的活动，它是企业在促销活动中普遍重视且应用最广的促销方式。市场营销学中探讨的广告是一种经济广告，即市场营销学中的广告是广告主以促进销售为目的付出一定的费用，通过特定的媒体传播商品或劳务等有关经济信息的大众传播活动。从广告的定义可以看出，广告是以广大消费者为广告对象，以传播商品或劳务等有关经济信息为内容，通过特定的媒体来实现的大众传播活动。广告的目的是促进商品销售，进而获得较好的经济效益。

二、广告的基本功能

广告的功能是指广告的基本作用与效能。在消费者的行为中，广告的作用是传播使消费者产生特定行为或一定条件下的预期行为的有说服力的产品信息。因此，广告可以成为一种有效的促销手段。广告的基本功能包括以下几个方面：

（一）显露功能

所有的广告都有显露功能。所谓显露，是指广告主通过广告将企业名称、历史以及商品的特征、效用、品牌、价格等信息传达给消费者。广告在消费者心目中留下的某种商品上市或即将上市的印象就是广告的显露功能。

（二）认知功能

广告是消费者初步认识商品的工具。消费者通过广告可以了解商品的质量、特点、用途和价格，并了解购买地点、方式和服务项目等信息。

（三）激发功能

广告是激发消费者购买的诱因。广告作为一种说服性的沟通活动，它能够激发消费者的潜在购买意识，改变偏见和消极态度，影响消费者的购买行为。

（四）引导功能

广告的引导功能有三层含义：广告能使新产品、新款式、新的消费意识迅速流行，形成消费时尚；广告可以使消费者在众多的商品中进行比较，有消费选择、考虑的余地；广告可以引导消费走上文明、健康的道路。

（五）艺术与教育功能

出色的广告本身就是一种美好的艺术作品，它不仅可以美化生活环境，而且还能给消费者以美的享受。健康的广告有利于培养文明、道德的消费观念和消费行为，丰富精神生活。

三、广告目标

所谓广告目标，是指企业借助广告活动在规划期内所期望达到的最终效果。广告目标对广告总体活动具有指导意义，也是制订广告战略和策划的首要步骤及准则。

广告目标的确定首先取决于其经营目标和市场状况，如产品所处的生命周期、竞争对手的战略、企业的市场地位等。据此明确广告活动的目的，然后再根据广告活动的目的来选择和确定广告的目标。在广告活动中，广告活动的目的体现了企业经营目标和市场竞争的要求，相对比较抽象。而广告的目标则是把广告活动的目的进行具体化、数量化。一般而言，完整的广告目标包括五个方面的内容：时间跨度，即广告活动的规划期，从何时起至何时止；地域界限，即广告活动传播的地域范围；目标受众，即面向特定的目标顾客进行的宣传；性质描述，即期望通过广告活动达到什么样的效果；数量指标，这也是广告实施后进行效果评定的重要依据。

一个企业的目标往往不是唯一的，往往可以根据不同的标准进行分类。例如，从时间上可以分为长期目标、中期目标和短期目标；从地区上可以分为全国性目标、区域性目标和地方性目标。最重要、最具实际意义的一种分类方法是按其具体内容进行分类，可以分为以下四种：

（一）销售增长目标

销售增长目标是企业广告活动中较为常见的广告目标，旨在使企业的销售业绩有所增长。它往往通过销售额、销售量等指标来衡量。有广告专家曾说："我们的目的是销售，否则便不做广告"。可见销售增长这一广告目标何等重要。以此为重点的广告战略一般注重对消费者购买欲望的刺激，它适用于在市场上已具备一定影响和销路的商品。但是，由于广告并非是实现销售的唯一手段，它必须与产品、价格、渠道等策略及其他促销方式配合使用，因此对这一广告目标的实现程度就难以单独的评价。

（二）市场拓展目标

以市场拓展为目标的广告战略旨在拓展新的市场，期望通过一段时期的广告活动能使一批新的消费者加入本企业产品的消费行列。所以，以市场拓展为目标的广告战略一般注重于在新的消费群体中加强商品或品牌的知名度及偏好度。由于新的消费群体很可能是竞争对手过去或现在的购买者，因此，以市场拓展为目标的广告战略一般具有较强的竞争性和挑战性。

（三）产品推广目标

以产品推广为目标的广告战略旨在扩大产品的认知度或知名度，期望通过一个阶段的广告活动能使企业的某一种产品或品牌为目标市场的消费者所了解和接受。所以，以产品为目标的广告战略一般注重于对消费者消费观念的改变及品牌知名度的提高，重视广告的覆盖面和目标受众对广告的接触率。这类广告目标比较适用于企业新产品的宣传。

（四）企业形象目标

以企业形象为目标的广告战略旨在扩大企业在社会上的影响，期望通过一段时期的广告活动能使企业整体的知名度和美誉度得到提高。所以，以企业形象为目标的广告战略不仅单纯追求短期内商品销售量的增长，而且注重于同目标受众之间的信息沟通和情感交流，追求目标受众对本企业的文化理念及视觉形象的认同，努力增强目标受众对企业的好感和信任。

四、广告预算

广告是有偿地使用传播媒体进行宣传的手段，因此，广告需投入大量的资金。企业在广告策划时必须根据其广告目标和自身能力对广告费用的提取和使用做出预算。

（一）制订广告预算一般要考虑的因素

1. 产品生命周期的阶段

处于导入期的新产品一般要投入大量的广告费用，以扩大产品的影响。而已经建立了较高的品牌知名度的产品或已处在成长期的产品广告费用的投入就可少一些。

2. 市场份额和顾客忠实度

市场份额已经比较大的企业不需要利用广告去拓展更大的市场，一般比市场份额较小的企业广告的投入要少一些。同样，已建立了一批忠实顾客群体的企业比那些仍需要去建立自己忠实顾客群体的企业广告的投入也会少一些。

3. 竞争与干扰

如果市场竞争者众多，对于企业广告宣传的干扰因素就较多，那么企业就需要投入较多的广告费用。因为，只有加强宣传力度，才可能抵御各种干扰。反之，广告的投入就可能少一些。

4. 广告频率

广告必须达到一定的宣传频率才能给众人留下较深的印象。所以，根据受众的接受规律安排一定的广告宣传频率也就决定了所需投入广告费用的多少。

5. 产品的替代性

往往具有大量同类品牌的产品（如香烟、饮用水、化妆品等）为了突出产品的差异性特征，争取更多的顾客，就需要投入大量的广告费用进行宣传和促销。而对替代产品比较少的产品来说，广告就可能少做一些。

（二）确定广告费用的方法

1. 比率提取法

比率提取法就是企业依据产值、销售额或利润的适当比率提取广告费。例如，某企业全年的销售额是 1 亿元，该企业按 3% 的比率提取广告费，则该企业全年的广告费应为300 万元。比率提取法简便易行，使企业的广告费用能有相应的保证。但是，由于这种提取法是根据已经获得的经济效果而不是根据实现未来经济效果的需要来确定广告费用的，这就同广告费用的功能和作用相矛盾。在实践中有可能销售额下降，广告费用提得少，从而缺乏必要的经济实力来开展能促进销售增长的广告宣传，形成恶性循环的局面。因此，比率提取法主要适用于那些产品组合面较宽、整体经济实力较强的大企业。

2. 贡献提取法

贡献提取法主要指企业的广告费用只能在超出企业目标利润的收入中提取。例如，某企业的产品销售量为 12 万件，全部产品利润为 600 万元，企业目标利润为 500 万元，那么该企业的广告费用最多不超出 100 万元。这种提取方法也是比较保守的，考虑的只是企业的目前利益，而不是长远利益。

3. 目标达成法

目标达成法是根据实现未来经济的需要来提取广告费用的方法，即根据某一广告活动的实际需要进行预算，然后根据预算"盘子"的大小来提取广告费用。这种做法能真正为广告活动的开展提供足够的资金，同时也有助于合理地进行广告预算。但使用这一做法的企业必须有较强的经济实力，实际上一些企业往往将比率提取法和目标达成法结合起来使用。

4. 竞争比照法

竞争比照法是企业根据其主要竞争对手的广告费用支出水平来确定自己相应的广告费用。一般来说，企业应尽可能保持同竞争对手差不多的广告费用水平。这是因为一方面企业不愿意自己的广告费用低于其竞争对手，否则就可能由于广告宣传的差异而使企业处于不利的竞争地位；另一方面，企业也不想使自己的广告费用过多地超出其竞争对手，因为任何企业都明白其竞争对手是不可能容忍自己的广告宣传费用长期低于对手的，只要发现对手的广告费用增加，它就会相应提高自己的广告费用。所以，任何一方增加广告费用所产生的效应不久就会相互抵消，这样竞相提高广告费用的结果只能使各方的广告总成本上升。为了避免这一点，企业除在特殊情况下，一般都不愿意因过多地增加广告费用来刺激其竞争对手，而只希望能使自己的广告费用同竞争对手保持均衡，这就是竞争比照法的依据。

（三）广告费用的具体分配

1. 按地区分配

企业若要在各个不同地区的市场开展广告宣传，在费用安排上就可以按地区来进行分配，即根据不同地区的重要性及广告量和实施宣传的难度，投放不同的广告费用。

2. 按时间分配

由于企业的广告宣传是一个持续性的活动，所以在广告费用的安排上，也要根据不同阶段和时期的广告活动加以统筹，以体现其持续性的特点，即根据不同阶段和时期的广告活动内容分阶段地规划广告费用的投入。

3. 按媒体分配

企业的广告活动通常是一种多媒体的宣传活动，各种媒体的广告费用也有所不同。企业应当根据对各种媒体的使用状况和各媒体的费用水平，将广告费用合理地分配到各种媒体上，以形成最佳的广告媒体组合。

4. 按活动分配

如果企业在规划期内要组织几次大型的广告宣传活动，在广告费用的安排上，则可根据各种活动的需要来加以分配，即在总费用水平确定的前提下，按各个活动的规模、重要性和技术难度投入广告费用。

以上几种广告费用的分配办法和使用方法在实际广告活动中通常是结合在一起的，即在规划广告费用的使用时，要综合考虑到地区、时间、媒体和活动等各方面的因素，使广告费用的使用能体现出最佳的效益。

五、影响广告媒体选择的因素

广告媒体，也称广告媒介，是广告主与广告接受者之间的连接物质，也是广告宣传必不可少的物质条件。广告媒介并非一成不变，而是随着科学技术的发展而发展。科技的进步必然使得广告媒体种类越来越多。

广告媒体的种类有很多，比较常用的广告媒体有报纸、杂志、广播、电视、网络等。此外，还有一些广告媒体被称为其他广告媒体，如壁图、橱窗、车、霓虹灯等。

不同的广告媒体有不同的特性，这决定了企业从事广告活动时必须对广告媒体进行正确的选择，否则将影响广告效果。选择广告媒体时，一般要考虑以下影响因素：

（一）产品的性质

不同性质的产品有不同的使用价值、使用范围和宣传要求。广告媒体只有适应产品的性质，才能取得较好的广告效果。生产资料和生活资料、高技术产品和一般生活用品、价值较低的产品和高档产品、一次性使用的产品和耐用品都应采用不同的广告媒体。通常，对高技术产品进行广告宣传应面向专业人员，多选用专业性杂志；而一般生活用品则适合选用能直接传播的、大众的广告媒体，如广播、电视等。

（二）消费者接触媒体的习惯

选择广告媒体时，还要考虑目标市场上消费者接触媒体的习惯。一般认为，能使广告信息宣传到目标市场的媒体是最有效的媒体。例如，对儿童用品的广告宣传，宜选电视作为其媒体；对妇女用品进行广告宣传，应选用妇女喜欢阅读的妇女杂志或电视，也可以在妇女商店布置橱窗或展销。

（三）媒体的传播范围

媒体传播范围的大小直接影响广告信息传播区域的宽窄。适合全国各地使用的产品，应以全国性发放的报纸、杂志、广播、电视、网络等作为广告媒体；属地方性销售的产品，可通过地方性报刊、电台、电视台等传播信息。

（四）媒体的费用

各广告媒体的收费标准不同，即使同一种媒体，也因传播范围和影响力的大小而有价格的差别。考虑媒体费用时，应该注意其相对费用，即考虑广告的促销效果。如果使用电视做广告需支付 20 000 元，预计目标市场的收视者为 2 000 万人，则每千人的广告费用是 1 元；若选用报纸媒体，费用为 10 000 元，预计目标市场的收阅者为 500 万人，则每千人的广告费为 2 元，相比较而言，应选用电视作为广告媒体。

总之，要根据广告目标的要求，结合各广告媒体的优点和缺点，综合考虑上述各影响因素，尽可能选择使用效果好、费用低的广告媒体。

六、广告的效果评估

就本质而言，广告活动是一种经济活动，它是以大量的广告费用为代价的。因此，任何一位企业主都不可能漠视广告的效果，而应当根据其投入和产出，并对比广告目标来进行综合评价。虽然广告效果评价属于事后评价，但它却可以在总结前期活动的基础上，有效地指导下一步的广告计划和策略。

（一）广告效果的分类

1. 社会效果和经济效果

按照性质划分，广告效果可分为社会效果和经济效果。前者是指广告所引发的社会公众的各种心理反应和行为反应的总和，即对受众的舆论导向和意识形态的影响，又称广告的宏观效果。后者是指广告对目标受众的消费心理和购买行为所产生的与企业经营活动密切联系的效应，也称广告的微观效果。广告的社会效果和经济效果并非毫不相关，假如企业的广告产生了不良的社会效果，有悖于社会消费观念和道德规范，那么这就可能导致企业社会声誉下降，间接破坏了企业的经营环境和效益。所以，企业在进行广告宣传时，必须兼顾社会效果和经济效果，甚至可以通过创造良好的社会效果来提高企业的声誉。

2. 即时效果、近期效果和远期效果

按广告效果的作用期分，可分为即时效果、近期效果和远期效果。即时效果是广告传播时当场就产生的效果。广告受众有时在接收到某一广告信息时，有可能立即就作出反应。例如，POP（销售点广告）对在商场外观光的受众当场就能产生强烈的刺激作用，促使他们走进商场选购商品。近期效果是广告在企业所期望的一个短时期内所能产生的效果。它一般是围绕企业的某一近期目标而言的，如产品月内、季内或年内的销售增长状况等。只要广告能对这些目标的实现直接产生影响就可称其为近期效果。远期效果是广告对将来一个长时期内可能产生的潜在效果。由于广告宣传对广告受众所产生的影响总会有一部分在受众的记忆中保存、积累起来，甚至转化为受众的观念和意识，对其将来的购买和消费行为产生影响。所以，广告的作用不完全是短期的和直线的，可能是长期的、深远的。

3. 传播效果、促销效果和心理效果

从广告效果的目标层次来分析，可分为传播效果、促销效果和心理效果。传播效果是广告被接受的情况，如广告的覆盖面、接触率、注意度、记忆度和理解度等是广告效果的第一层次，只有达到一定的传播效果，广告的其他效果才可能产生。促销效果是广告所引起的产品销售增长情况，这往往是广告最为明显的实际效果，也是大多数企业开展广告活动的最直接目的，这是广告效果的第二层次。心理效果则是广告所引起的广告受众的心理反应，如产品知名度的提高、顾客消费观念的转变、对企业好感的增强或某些误解和疑虑的消除。广告心理效果的理想目标是消费者品牌忠实度的建立，因为，消费者在心理上一旦对企业的产品建立起一定的品牌忠实度，就有可能使企业拥有一个稳固的市场。所以，广告的心理效果可视为广告效果的第三层次，也是最高层次。

（二）广告效果的评价方法

广告效果的评价分为三个方面：一是对广告传播效果的评价，也可称为对广告本身效果的评价；二是对广告促销效果的评价，也可称为对广告经济效果的评价；三是对广告形象效果的评价，也可称为对广告心理效果的评价。

1. 广告传播效果的评价

广告的传播效果可以通过以下指标来分析：

（1）接收率。其计算公式为：

接收率＝接收广告信息的人数÷目标市场总人数×100%

接收率测试是对广告受众接收广告的情况所进行的定量测试，以此来评价广告传播的广度和深度。接收率一般是指接收该媒体广告信息的总人数占目标市场总人数的比率。

（2）注意率。其计算公式为：

注意率＝注意到此广告的人数÷接触该媒体的总人数×100%

这里所谓注意到广告的人包括只对广告有点印象的人和所有粗略或详细阅读过广告的人。注意率说明了广告被接收的最大范围，反映了广告的接受广度。

（3）阅读率。其计算公式为：

阅读率＝阅读过此广告的人÷接触该媒体的总人数×100%

这里所谓阅读过广告的人包括只粗略地阅读过广告的人和详细阅读过广告的人。阅读率在一定程度上说明了广告被接收的深度，但由于大多数人可能只是粗略地阅读广告，所以阅读率基本上还只能算是一个接收广度的指标。

（4）认知率。其计算公式为：

认知率＝理解广告内容的人数÷接收到广告信息的人数×100%

认知率指真正理解广告内容的人所占的比率，这个指标才真正反映了广告被接收的深度。

2. 广告促销效果的评价

广告促销效果的评价是指通过广告活动实施前后销售额的比较，监测广告对产品销售业绩的影响。广告促销效果的评价一般可由以下指标来衡量：

（1）销售增长率。其计算公式为：

销售增长率＝（广告实施后的销售额－广告实施前的销售额）÷广告实施前的销售额×100%

（2）广告增销率。广告增销率指一定时期销售额的增长幅度与同期广告费的增长幅度的比率，它用以反映广告费增长对销售带来的直接影响。其计算公式为：

广告增销率＝销售额的增长幅度÷同期广告费的增长幅度×100%

（3）广告占销率。广告占销率是指一定时期内企业广告费的支出占企业同期销售额的比例。其计算公式为：

广告占销率＝广告费支出÷同期销售额×100%

（4）单位广告费收益。单位广告费收益是以平均每元广告费支出所带来的促销收益评价广告效果的一种方法。其计算公式为：

每元广告费收益＝销售增长额÷同期广告费用×100%

3. 广告形象效果的评价

广告的效果不仅仅反映在产品的促销上，它可能会在消费者心目中建立一定的印象或观念，尽管不会立即形成购买行为，却会在以后根据这些印象去选择和购买。广告效果的一个重要方面就是塑造企业和产品的良好形象，广告形象效果评价就是对广告所引起的企业或产品的知名度和美誉度的变化情况进行的测定和评价。企业形象可分为总体形象和具体形象两个方面。

（1）总体形象评估。总体形象是指企业或产品品牌在公众心目中的综合印象，一般以知名度、美誉度、品牌忠实度三项指标来衡量。知名度反映的是对于企业的名称、品牌、主要产品有多少消费者知晓。美誉度反映的是企业或产品在市场上的地位。品牌忠实度反映的是顾客对于某些品牌的特殊偏好，即在购买此类产品时，不再考虑其他产品，从而达到认牌购买的习惯行为。

（2）具体形象评估。具体形象是指受众对企业或产品的各方面的具体形象评价，如企业的产品、售后服务、效率、创新以及便利性等指标。企业的总体形象往往是建立在这些具体形象之上的。只有进一步了解了受众对企业具体印象的变化，才能掌握影响企业总体形象变化的主要因素。

第四节　公共关系

一、公共关系的含义和特点

公共关系，又称公众关系，是指企业在从事市场营销活动中要正确处理企业与社会公众的关系，以便树立企业的良好形象，从而促进产品销售的一种活动。"公共关系"一词来源于英文 Public Relations，简称"公关"或 PR。公共关系是一种社会关系，但又不同于一般社会关系，也不同与人际关系，因为它有独特的特征。公共关系的基本特征表现在以下几个方面：

（1）公共关系是一定社会组织与其相关的社会公众之间的相互关系。这里包括三层含义：其一，公关活动的主体是一定的组织，如企业、机关、团体等；其二，公关活动的对象既包括企业外部的顾客、竞争者、新闻界、金融界、政府等各有关部门及其他社会公众，又包括企业内部的职工、股东，这些公关对象构成了企业公关活动的客体，企业与他们关系的好坏直接或间接地影响企业的发展；其三，公关活动的媒介是各种信息沟通工具和大众传媒渠道，作为公关主体的企业应借此与客体进行联系、沟通、交往。

（2）公共关系的目标是在社会公众中创造良好的企业形象和社会声誉。一个企业的形象和声誉是其无形的财富。良好的形象和声誉是企业富有生命力的表现，也是公关的真正目的之所在。企业应以公共关系为促销手段，并利用一切可能利用的方式和途径，让社会公众熟悉企业的经营宗旨和了解企业的产品种类、规格、服务方式等有关情况，使企业在社会上享有较高的声誉和较好的形象，促进产品销售的顺利进行。

（3）公共关系活动以真诚合作、平等互利、共同发展为基本原则。公共关系以一定的利益关系为基础，这就决定了主客双方必须均有诚意，平等互利，并且要协调、兼顾企业利益和公众利益，这样才能满足双方需求，从而维护和发展良好的关系。否则，只顾企业利益而忽视公众利益，在交往中损人利己，不考虑企业的信誉和形象，就不能构成良好的关系，也毫无公共关系可言。

（4）公共关系是一种信息沟通，是创造"人和"的艺术。公共关系是企业与其相关的社会公众之间的一种信息交流活动。企业从事公关活动能沟通企业上下、内外的信息，建立相互间的理解、信任与支持，协调和改善企业的社会关系环境。公共关系追求的是企业内部和企业外部人际关系的和谐统一。

（5）公共关系是一项长期活动。公共关系着眼于平时努力和长远打算。公共关系的效果不是急功近利的短期行为所能达到的，需要连续的、有计划的努力。企业要树立良好的社会形象和信誉，不能拘泥于一时一地的得失，而要追求长期的、稳定的战略性关系。

二、公共关系的活动方式和形式

公共关系在企业营销管理中占有重要的地位。在企业内部，公关部门介于决策者和各职能部门之间或介于职能部门与基层人员之间，负责沟通和协调决策者与职能部门之间、各职能部门之间以及职能部门与成员之间的相互关系。在企业外部，公关部门介于企业与公众之间，对内代表公众，对外代表企业，沟通、协调企业与公众之间的相互关系。公共关系部门，无论是独立的职能部门，还是隶属于某一职能部门，它都具有相同的活动方式和工作程序。

（一）公共关系的活动方式

公共关系的活动方式是指以一定的公关目标和任务为核心，将若干种公关媒介与方法有机地结合起来，形成一套具有特定公关职能的工作方法系统。按照公共关系的功能不同，公共关系的活动方式可分为以下五种：

1. 宣传性公关

它是运用报纸、杂志、广播、电视、网络等各种传播媒介，采用撰写新闻稿、演讲稿、报告等形式，向社会各界传播企业的有关信息，以形成有利的社会舆论，创造良好气氛的活动。这种方式传播面广，对推广企业形象效果较好。

2. 征询性公关

这种公关方式主要是通过开办各种咨询业务、编制调查问卷、进行民意测验、设立热线电话、聘请兼职信息人员、举办信息交流会等各种形式，连续不断地努力，逐步形成效果良好的信息网络，并根据获取的信息进行分析和研究，为经营管理决策提供依据，为社会公众服务。

3. 交际性公关

这种方式是通过语言、文字的沟通，为企业广结良缘，巩固传播效果。可采用宴会、座谈会、招待会、谈判、专访、慰问、电话、信函等形式。交际性公关具有直接、灵活、亲密、富有人情味等特点，能深化交往层次。

4. 服务性公关

它是通过各种实惠性服务，以行动去获得公众的了解、信任和好评，以实现既有利于促销又有利于树立和维护企业形象与声誉的活动。企业可以以各种方式为公众提供服务，如消费指导、消费培训、免费修理等。事实上，只有把服务提到公关这一层面上来，才能真正做好服务工作，也才能真正把公关转化为企业全员行为。

5. 社会性公关

社会性公关是指通过赞助文化、教育、体育、卫生等事业或支持社区福利事业或参与国家、社区重大社会活动等形式来塑造企业的社会形象，提高企业的社会知名度和美誉度的活动。这种公关方式公益性强、影响力大，但成本较高。

（二）公共关系的活动形式

1. 新闻

它指公关人员找出一些对公司有利的新闻来宣传企业或产品，以提高自身的知名度和美誉度。在利用新闻作为工具时，要求公关人员做到以下几个方面：

（1）善于发掘有利于公司、产品或人员的新闻素材。

（2）公关人员应熟悉新闻界想要何种题材。

（3）题材和时机应恰当把握，创造并发挥最高效益。

（4）公关人员必须致力于开发与新闻界的关系，并掌握多种媒体渠道。

2. 演说

演说是创造产品或公司通过媒体向公众报道的大好机会，它能够起到提高公司和产品知名度的作用。公司领导人员可以通过圆满地答复新闻媒体提出的问题，或在行业协会上做演讲，或在交易会上讲话以塑造公司形象。

3. 事件

公关人员在营销过程中可以利用特殊事件来引起公众注意，借以扩大公司的影响。

4. 公益活动

借助于公益活动，一个公司很容易树立自身的形象，赢得公众对公司的好感，达到名利双收的效果。

5. 出版刊物

出版刊物是代表企业形象及传递重要资讯的文件，是公司与目标市场长期沟通的桥梁。现在很多单位都利用内部刊物或外部刊物来宣传自身的形象。

6. 免费电话服务

企业可以开设热线服务电话或 800 免费服务电话，免费向人们提供咨询服务。

7. 特别活动

它主要包括新闻发布会、大型的开幕式、焰火展示、激光节目、热气球升空、多媒体展示、展览会等活动。

三、公关活动的策划

公关活动的基本程序包括调查、计划、实施、检测四个步骤。

（一）公共关系的调查

它是公共关系工作的一项重要内容，是开展公共关系工作的基础和起点。通过调查，能了解和掌握社会公众对企业决策与行为的意见。据此，可以基本确定企业的形象和地位，可以为企业监测环境提供判断条件，为企业制订合理决策提供科学依据。公关调查的内容广泛，主要包括企业基本状况、公众意见及社会环境三方面内容。

（二）公共关系的计划

公共关系是一项长期性工作，合理的计划是公关工作持续高效的重要保证。制订公关计划要以公关调查为前提，并依据一定的原则来确定公关工作的目标，从而制订科学、合理、可行的工作方案。

（三）公共关系的实施

公关计划的实施是整个公关活动的"高潮"。为确保公共关系实施的效果最佳，正确地选择公共关系媒介和确定公共关系的活动方式是十分必要的。公关媒介应依据公共关系工作的目标、要求、对象和传播内容以及经济条件来选择。确定公关的活动方式时，要根据企业的自身特点、不同的发展阶段、不同的公众对象和不同的公关任务来选择最适合、最有效的活动方式。

（四）公共关系的检测

公关计划实施效果的检测主要依据社会公众的评价。通过检测，能衡量和评估公关活动的效果，在肯定成绩的同时发现新问题，为制定和不断调整企业的公关目标、公关策略提供了重要依据，也为使企业的公共关系成为有计划的持续性工作提供了必要的保证。

■ 本章提要

促销是 4P 营销组合的重要内容，促销策略是营销活动的一个重要组成部分，它承担唤起和激发需求的功能。促销组合是由广告、人员推销、公共关系、营业推广等多种工具组成的，它通过不同手段的有机结合来高效地传递既定信息。促销活动实质上是一种与目标受众的沟通过程，其根本任务是将有关企业和产品的信息传递给目标市场上的顾客，以达到扩大销售的目的。在当今"信息爆炸"和"促销广告狂轰滥炸"的时代，开展有效的促销活动对企业的生存和发展至关重要。通过本章学习，应了解人员推销的组织结构方法、信息传播的媒体决策方法、制订促销预算的方法、制订促销组合策略的方法、促销效果评估的方法及公关策划方法，从而更好地发挥企业促销组合的威力。

练习与思考

1. 何谓促销？促销组合有哪些内容？制订促销组合策略应考虑哪些因素？
2. 公共关系宣传在营销活动中起什么作用？
3. 公共关系与广告的主要区别是什么？
4. 人员推销的任务和特点是什么？营销人员应具备哪些素质？
5. 广告有哪些功能？怎样选择广告媒体以增强广告效果？

案例教学

脑白金软文促销的魔力——脑白金产品宣传的软文原稿：什么是脑白金体？

人脑占人体重量不足 3%，却消耗人体 40% 的养分，其消耗的能量可使 60 瓦电灯泡连续不断地发光。大脑是人体的司令部，大脑最中央的脑白金体是司令部里的总司令，它分泌的物质为脑白金。脑白金分泌的多少决定着人体的衰老程度。随着年龄的增长，它的分泌量日益下降，于是衰老加深。30 岁时脑白金的分泌量快速下降，人体开始老化；45 岁时分泌量以更快的速度下降，于是更年期来临；60～70 岁时脑白金体已被钙化成了脑沙，于是就老态龙钟了。

如果想尝尝年轻时的感觉，脑白金的确能让人过把瘾。

美国三大畅销书之一的科学专著《脑白金的奇迹》中提到：每天补充脑白金，可使妇女拥有年轻时的外表，皮肤细嫩而且有光泽，消除皱纹和色斑；可使老人充满活力，免疫力 T 细胞数量会达到 18 岁时的水平，并可使肠道的微生态达到年轻时的平衡状态，从而增加每天摄入的营养，避免毒素侵入人体。

美国《新闻周刊》断言："补充脑白金，可享受婴儿的睡眠"。于是让许多人产生了误解，以为脑白金主要是用于帮助睡眠的。其实脑白金不能直接帮助睡眠。夜晚补充脑白金约半小时后，人体各系统就进入了维修状态，修复白天损坏的细胞，将白天加深一步的衰老"拉"回来。这个过程必须在睡眠状态下进行，于是中枢神经接到人体各系统要求睡眠的"呼吁"，从而进入深睡眠。

脑白金可能是人类保健史上最神奇的东西，它见效快，补充 1～2 天，均会感到睡得沉、精神好、肠胃舒畅，但又必须长期使用，补充几十年还要每天补充。

史玉柱要求选择当地 2～3 种报纸（应偏重于党报）作为这样的软文的主要刊登对象，每种媒体每周刊登 1～3 次，每篇文章占用的版面为大开报纸的 1/4 版或小开报纸的 1/2 版，要求在两周内把新闻性软文全部炒完。史玉柱还对文章的刊登方法做了十分仔细的规定。例如，一定不能登在广告版，最好选健康、体育、国际新闻、社会新闻版，文章周围不能有其他公司的新闻炒作稿子，最好是这个版面全是正文、没有广告。文章标题不能改，要大而醒目，文中的字体、字号与报纸正文要一致（让读者看不出商业炒作的痕迹），不能登"食宣"字，不附热线电话，不加黑框，但必须配上报花，如"专题报道"、"环球知识"、"热点透视"、"焦点透视"、"焦点新闻"等，每篇文章都要配上相应的插图，而且每篇软文都要单独刊登，不能与其他文章结合在一起刊登。每炒完一轮软文之后，要以报社名义郑重其事地刊登一则启事，范本如下：

近段时间，自本报刊登脑白金的科学知识以来，收到大量读者来电，咨询有关脑白金方面的知识。为了能更直接、更全面地回答消费者所提的问题，特增设一部热线：×××，希望以后读者咨询脑白金知识打此热线。谢谢！

×× 报社

资料来源　何学林：《两颗生物原子弹：脑白金的软文炒作策略》，中国营销传播网，2002-11-05。

提示：这样的软文仔细读下来，凡是有脑白金诉求愿望的人，要想不在内心产生"震撼"，要想抵御脑白金的诱惑而不去买脑白金，是一件痛苦的事情，因为它抓住了消费者内心的需求，刺激了消费者的神经，使消费者产生信任感。

问题：（1）什么是软文？软文有哪几类？软文写作有什么具体要求？软文有什么特点？软文与通讯、新闻稿有何区别？

（2）脑白金的软文策略有哪些成功的地方？它对消费者的购买心理和购买行为产生了什么影响？

实训教学

【实训项目】制订某保健饮料的促销策略。

【实训材料】保健饮料怎么说别人才信？

银杏的营养和药用价值越来越受到人们的重视：银杏叶片中发现了能有效治疗人类心脑血管疾病的黄酮类化合物、银杏内脂、白果内脂等药用成分；银杏萃取物能清除人体自由基，而人体自由基是使人体器官组织受到损害的罪魁祸首；另外，银杏还具有护肤、美容等诸多功效。

据说，1994 年银杏制品在美国市场的销售额就高达 20 亿美元。如今，外商在我国收购天然有机银杏叶的价格已经超过了 25 000 元/吨。银杏是我国的特产，对银杏产品进行深加工非常符合目前的国内、国际需求。河南漯河长生宝集团顺应市场开发研制出了银杏系列保健饮料，此专利保健饮料解决了长期以来银杏不能"脱毒"的问题。

新产品采用罐装，口味微甜、清爽，因不加任何防腐添加剂，所以入口可以感觉到银杏果肉。在上市以前，长生宝集团希望各界朋友在销售、宣传策划方面为新产品出谋划策，因为他们感觉到目前新上市的保健饮料都在宣传自己独特的药用、保健功能，而消费者面对众多类似的宣传广告已经有些麻木了。

【实训要求】1. 对银杏系列保健饮料的市场环境、购买者行为、竞争者行为进行分析，并通过 SWOT 分析方法对银杏系列保健饮料的机会、风险、优势、劣势进行分析，最终写出市场环境分析报告。

2. 如何针对银杏系列保健饮料的特点，为其量身定制合适的产品促销策略。

第十四章 营业推广策略与管理

经典语录：营销并不是以精明的方式兜售自己的产品或服务，而是一门真正创造顾客价值的艺术。

菲利普·科特勒（Philip Kotler）

▇ 学习目标和实训要求

【理论学习目标】通过本章学习，应了解营业推广的含义及特点；了解营业推广与其他促销方式的区别和联系；熟悉各种营业推广方式的含义及特点；掌握各种营业推广方式的操作和运行方式；掌握营业推广促销方案的制订与实施。

【实践训练要求】通过本章学习，应学会根据不同的产品、市场和消费者选择不同的营业推广方式和方法；学会制订营业推广计划。

▇ 重点与难点

【重点】各种营业推广的种类、特点及运用。

【难点】营业推广方式的选用方法，即根据产品、市场、消费者要求制订营业推广方案的方法。

引例 史无前例的促销——格兰仕钻表促销

买一台 1 088 元的光波炉，送 3 880 元的瑞士钻石名表。这是格兰仕在 2005 年中国家电业最壮观的促销活动，史无前例。类似促销格兰仕做了多次，2001 年，格兰仕推出了"买微波炉送 1 280 元莱茵钻表"；2003 年，又推出"买微波炉送 2 280 元瑞士 MAMONA 麦摩纳钻表"；"售不锈钢豪华空调，送 2 880 元高档名表"等。

超值商品赠送是格兰仕产品促销的常用手法。在强烈的诱惑下，各大卖场的格兰仕专柜前，消费者人头攒动，趋之若鹜。由此，格兰仕赢得了家电营销大鳄的名头，并连续占领微波炉市场 50% 以上的份额，让所有的对手只能望"表"兴叹。

【引例思考】促销要取得成效，强烈的刺激和利益的诱惑是关键。格兰仕免费赠送促销，赠送价值远超过商品本身价值，不能不说是一个大胆之举，这种挑战常理的促销方式的确要冒很大的风险，需要足够的智慧和技巧。格兰仕促销的成功充分展示了营业推广的魅力。格兰仕是如何做到这些的呢？

第一节 营业推广的概念

一、营业推广的含义及特征

营业推广是与人员推销、广告、公共关系相并列的四大基本促销手段之一。随着竞争的加剧，针对消费者的促销活动在营销环节中的地位已越来越重要。据统计，国内企业的促销活动费用与广告费用之比达到 6：4，企业对销售促进的投入超过了对广告的投入。

（一）营业推广的含义

营业推广又称销售促进（Sales Promotion），根据美国销售协会的定义，销售促进是指那些不同于人员推销、广告和公共关系的销售活动，它旨在激发消费者购买和提高经销商的效率，如陈列、展出、展览、表演和许多非常规的、非经常性的销售尝试。营业推广是一种直接的诱惑，它向购买产品的销售人员、分销商或者最终的使用者提供一种额外的价值或者激励，其首要的目标是创造即刻的销售。科特勒认为："营业推广包括各种多数属于短期性的刺激工具，用以刺激消费者和贸易商迅速和较大量地购买某一种特定的产品或服务"。

营业推广根据促销对象可分为对消费者、对制造商、对中间商、对非营利性组织的营业推广。本章主要研究对消费者的营业推广，对消费者的营业推广是应用最广泛的一种促销方式。

（二）营业推广的特征

营业推广的特征包括：

（1）非连续性。营业推广在整个销售过程中并不是持续的、不变的。在运用营业推广时，要给顾客一种"机不可失，失不再来"的感觉，从而打破消费者需求动机的衰变和购买行为的惰性。

（2）形式多样。销售促进的方式十分繁多，对消费者的营业推广包括优待券、折价优待等基本形式。

（3）即期效应。在销售过程中，只要使用合适的营业推广方式，就会很快的收到显著的增销效果，比广告和公共关系的即期促销效果见效快得多。

二、营业推广的目标

营业推广的目标依据推广对象的不同而不同。对消费者，营业推广的目标是：鼓励消费者更多地使用和购买产品或服务；争取以前没有使用过的潜在消费者使用；吸引竞争者品牌的使用者。

第二节 营业推广策略

一、赠送优待券

（一）赠送优待券的定义及类型

1. 定义

赠送优待券是指向顾客用邮寄、在商品包装中或者通过广告等形式附赠一定面值的优待券，持券人可以凭此优待券在购买某种商品时免付一定金额的费用。

2. 类型

赠送优待券可分为两大类，即零售商型优待券和厂商型优待券。

（1）零售商型优待券。零售商型优待券只能在某一特定的商店或连锁店使用，由总经销者或零售店策划，运用在平面媒体广告或店内的小传单和POP上。

（2）厂商型优待券。厂商型优待券是由产品制造商的营销人员规划和散发。通常可在各零售点兑换，并获得购买该品牌商品的折价或特价优待。

厂商型优待券因散发方式的不同又可以分为四大类：

①直接送予消费者的优待券。它指通过挨家挨户递送或用邮寄方式直接送到消费者手中。

②媒体发放的优待券。它指通过媒体散发的优待券。

③随商品发放的优待券。它指通过商品发送，通常是消费者下次购买时可享受优惠。

④特殊渠道发放的优待券。例如，将优待券印在收银机列出的发票背面、商店的购物袋上、车票上、公园门票上等。

（二）优待券的特点

1. 优点

使用优待券，能有效刺激消费者的试用；可使商品试用者转变为长期的忠实用户；能够将促销信息迅速递送至大多数潜在顾客和现有顾客手中；协助增加既有消费群的购买量；推荐新口味、新规格，或其他产品线的延伸；可协助零售商吸引消费者购买更大量或更高价格的商品。所以说，优待券是营销人员有效的销售工具。销售的"拉"力明显。

2. 缺点

易产生误兑情况；商家对使用优待券的消费者人数难于准确预测；部分优待券会延迟兑换；对新产品、未具知名度的产品或是服务促销效果不明显。这些因素会增加优待券的使用难度。

（三）优待券促销方案的要点

在优待券促销方案的设计和实施过程中，以下几个关键的要素必须重视：

1. 优待券的设计

优待券的设计和制作应千变万化，但始终要突出"优待的内容"，同时要体现企业品牌形象的特征。

2. 兑换比率的测定

优待券的兑换比率是影响优待券促销成本的重要因素。优待券的分发方式不同，其兑换比率也不同。有统计资料表明，包装内和包装上优待券的兑换比率为报纸分发的6～10倍。据美国尼尔森促销顾问公司发现，除优待券的递送方式之外，还有11种因素会影响优待券的兑换比率，包括优待券的到达率、消费者对商品的需要度、消费者的品牌认知度、消费者的品牌忠诚度、品牌的经销能力、优待券的面值、新或旧品牌的商品、优待券促销广告的设计与表现、优待券的折价条件、使用的地区范围、竞争品牌的促销活动等。

3. 优待券的兑换

要尽量避免优待券产生误兑的情况。

4. 优待券的使用与渠道相关

一般情况下，当铺货率超过 50% 时，使用优待券促销才会有较好的效果。

5. 促销活动的成本

它一般包括媒体广告费、优待券制作费、兑换费用、人员费用等。

二、折价优待

（一）折价优待的定义及类型

1. 定义

折价优待是指企业在一定时期内调低一定数量商品的售价，也可以说是适当的减少自己的利润以回馈消费者的销售促销活动。其目的是与竞争品牌的价格相抗衡和增加销售，从而扩大市场份额。

2. 类型

（1）标签上的运用。在商品的正式标签上运用锯齿型设计、旗型设计或其他创意。

（2）软质包装上的运用。在包装上注明折价优待的信息。

（3）套袋式包装的运用。将相关几种商品一起包装并合计价格，合计定价金额小于各商品分算的金额，并将少算的金额标示在套袋上。

（4）"买一送一"的优待。"买一送一"即打五折，"买二送一"为 6.78 折，依此类推。

（5）加量不加价的优待。

（二）折价优待的特点

1. 优点

能抓住现有的顾客，促进销售升级；使初次使用者产生购买欲望；提高商品的注目率，鼓励消费者大量购买；可增加经销商的利益；运用弹性强，操作简单，易控制。

2. 缺点

折价处理的结果是易使消费者对商品和品牌产生猜忌；新顾客对折价优待不易产生品牌忠诚度；不易吸引初次购买者；经常折价优待有损产品的价值形象；折价优待需要对商品包装进行特别处理，增加费用开支和工作量；折扣率达不到 10%，促销效果不明显，毛利率低的商品打折效果不佳。

（三）折价优待促销方案的要点

在折价优待促销方案的设计和实施过程中，以下几个关键的要素必须重视：

1. 促销活动费用的测算

折价优待促销方案的费用较简单，主要包括由于折价产生的收入让渡及特殊包装处理的费用。

2. 折价政策

通常情况下，小数量大降价的效果比大数量小降价更能提高市场占有率。当折价只有 6%～7% 时，效果不明显；而当折扣在 10%～20% 时，消费者对折价促销活动的参与性会迅速提升。

3. 折价促销后新增销量的估计

由于采取折价促销方案，导致销售量增加，因而增加销售额，而新增收益与由于通过折扣而减少的收益对比，是商家进行折扣促销最关心的问题。例如，原商场未实行折价策略时，一个月的销售额为 1 000 万元，原毛利率为 30%。现准备推出折价优待促销策略，折扣率为 10%，估计折价后销售额会增长 40%。折价优待的促销效益是多少？销售额增长比例达到多少时，商场的收益是提高的？如果按月销售额为 1 000 万元、毛利率为 30% 计算，则商场的销售毛利为 300 万元。促销后，由于折价优待使销售额增长了 40%，月收入达到 1 400 万元，而毛利率由于扣除 10% 的折扣为 20%，则折价优待后商场的毛利为 280 万元。考虑到促销前后的企业经营费用和管理费用没有明显变化，则折价促销后企业收益减少 20 万元。当商品销售增长率达到 50% 时，促销前后的收益是平衡的；大于50% 时，则促销后的收益超过原来水平；反之亦然。

三、集点优待

（一）集点优待的定义及类型

1. 定义

集点优待又叫商业贴花，指顾客每购买 1 单位商品就可以获得 1 张贴花，若筹集到一定数量的贴花就可以换取某种商品或奖品。

2. 类型

（1）厂商型集点优待。它包括点券式、赠品式和凭证式集点优待。

（2）零售商集点优待。它包括赠品式、积分券式和积点卡式集点优待。

（二）集点优待的特点

1. 优点

鼓励大量重复购买；鼓励非季节购买；通过集点赠品创造竞争差异；促销成本较低；增加消费者购买的"乐趣"；可以突出品牌形象，强化宣传效果；可以培育顾客的忠诚度。

2. 缺点

运行时间长，大多数的消费者缺乏耐心，不愿坚持；适合集点优待促销的商品受限；兑换商品需单独陈列；兑换商品缺乏足够的吸引力。

（三）集点优待促销方案的要点

在集点优待促销方案的设计和实施过程中，有四个关键的要素必须重视：促销目标的设定；确定购物凭证或点券载体的形式；测算赠品的数量及花费；活动起止时间的安排。

案例14—1

某食品集团公司的 A 产品具有市场领导者地位，该集团在推出 B 产品时试图利用 A 产品的影响力来推动消费者对 B 产品的尝试。两个产品的目标消费群是比较接近的。于是，公司设计了一个"集 7 个 A 产品的盒子即可免费换取 1 个 B 产品"的促销活动。当时，公司有很大一部分人相信该活动不但能使 A 产品的消费者得到免费品尝 B 产品的好处，而且也会使 A 产品的销量得到提升。活动开展后，结果让人啼笑皆非。每天来兑奖的人并不是他们期望的 A 产品的忠实消费者，而是收破烂的小贩！问："这些标贴怎么来的？"答："捡来的。"问："换了后准备干嘛？"答："卖给小店。"

资料来源　张卫国：《从几个小案例看消费品的销售促销》，中国营销传播网，2002-10-16。

【案例思考】（1）该公司采取了什么促销方式？这种促销方式有何特点？

（2）该公司的促销方案存在哪些问题？应如何进行改进？

四、退费优待

（一）退费优待的定义及类型

1. 定义

退费优待指企业根据顾客提供的购买某种商品的购物凭证给予一定金额的退费，以吸引顾客，促进销售。

2. 类型

（1）单一商品购买优待。它指为单一商品的购买而举行的退费优待。

（2）同一商品重复购买优待。它指两次或两次以上购买同一种商品时所采用的退费优待。

（3）同一厂商多种产品的购买优待。例如，购买某厂商的 A 商品的退费优待可用于购买同一厂家的 B 商品。

（4）相关性商品的购买优待。它指将相关性商品联合提供退费优待，如购买相机给予照片冲洗的优待。

（二）退费优待的特点

1. 优点

可以促进消费者建立品牌忠诚度；激励消费者购买较高价值的品牌或较大包装的商品；可以促进过季商品的销售。

2. 缺点

消费者参与意愿偏低；对品牌忠诚度高的消费者影响不大；退费优待的促销效果难以评估。

（三）退费优待促销方案的要点

在退费优待促销方案的设计和实施过程中，以下几个关键的要素必须重视：

1. 时机选择

退费优待在很少搞促销活动的产品领域效果明显。相应的，对于促销活动频繁的产品及购买量大、周转快的商品，促销效果不佳。

2. 参与比率测定

退费优待的参与比率与促销信息的传播媒体有关，与退费优待的金额和促销组合手段也有关。

3. 费用估计

退费优待促销活动的费用预算包括退费优待的金额、媒体的广告开支、POP 广告的印刷费、陈列费用等。

五、竞赛与抽奖

（一）竞赛与抽奖的定义及类型

1. 竞赛促销

（1）定义。竞赛促销是企业诱导消费者参加与经营商品、经营活动有关的竞赛活动，消费者发挥自己的才华，解决某一特定问题，根据比赛成绩，领取奖品、奖金的促销活动。

（2）竞赛的类型。

① 有奖征集活动，即设定奖品、奖金，公开向广大公众征集品牌商标、广告标语、广告作品以及经营点子之类的方案。

② 游戏竞赛，即根据某种游戏，诱导公众完成游戏程序，根据游戏程序的完成情况，给予相应的奖金、奖品。

③ 消费竞赛。消费竞赛通常有两种做法：一是定量竞赛法，即在特定场所和特定时间内，要求消费者在限定时间内耗费既定数量的商品，达到指标即可获奖；二是相对竞赛法，即在限定时间内，比较消费者的实际耗费量，从大到小排列耗费量，数量最大者为最高奖获得者，其他依次类推。

④ 体育竞赛，即根据全民健身活动的安排、企业的经营项目和目标公众的体育兴趣，举办具有游戏色彩的大众化体育竞赛活动，以此为载体，开展促销活动。

⑤ 生活情趣竞赛，即充分开发日常生活模式的商务价值，精选较有吸引力的生活情趣，开展比赛（如厨艺比赛）活动，推销商品。

⑥操作技能竞赛，即围绕商品，组织商品操作技能竞赛活动，实现商品与品牌形象的宣传目的。

2. 抽奖促销

（1）定义。抽奖促销是利用公众消费过程中的侥幸心理，设置中奖机会，利用抽奖的形式，来吸引消费者购买商品。

（2）抽奖促销的类型。

① 一次抽奖形式，即消费者凭借购物发票或者其他凭证参加抽奖，发票或凭证在完成抽奖活动后，就失去抽奖效用。

② 多次抽奖形式，即消费者凭借购物发票或者其他凭证，可以多次参加抽奖活动，兼中兼得。

③ 答题式抽奖，即根据广告宣传作品或者其他介绍材料甚至社会读物，回答企业设计的问卷表，回答正确的公众可凭借编号问卷或者电话号码，参加抽奖活动。

④ 游戏式抽奖，即预先设计某种游戏项目，消费者完成游戏项目后，获得参加抽奖活动的资格。

⑤ 连动抽奖，即消费者凭借优惠券、贵宾卡等，自动享有资格参加抽奖活动。

（二）竞赛与抽奖的特点

1. 优点

举行竞赛和抽奖活动的优点在于：可扩大、建立或强化商品形象；促使目标顾客阅读广告；鼓励零售商扩大铺货面；可以针对特定目标市场进行有针对性的广告与促销诉求；吸引消费者试用；可联合数种品牌或商品组织促销活动。

2. 缺点

举行竞赛和抽奖活动的不足在于：不能扩展消费者的参与率和对产品的注意度；让许多职业参与者当作无本生意，志在得奖，而无视商品；需要媒体配合宣传，才能达到目的，促销的宣传费用高；现行的法律法规对竞赛和抽奖活动有一定的限制，尤其是奖金额度方面规定奖金不能超过 5 000 元，奖金不高，消费者参与的积极性就不强。

（三）竞赛与抽奖促销优待方案的要点

在竞赛与抽奖促销方案的设计和实施过程中，有四个关键的要素必须重视：奖项设置及奖品的选择要精心策划，科学安排；要做好促销活动的费用预算，竞赛与抽奖活动的费用预算包括奖品的费用、媒体费用、促销组织活动的费用等；竞赛与抽奖活动必须遵守国家的相关法律法规；竞赛与抽奖的规范性，即企业对竞赛与抽奖活动应做出相关的规定，保证活动的公正性，如规定企业内部人员不能参与竞赛及抽奖活动等。

六、赠送样品

（一）赠送样品的定义及类型

1. 定义

赠送样品是将产品的样品直接送达消费者手中，它是最便捷的一种促销方式。

2. 类型

（1）直接邮寄（Direct Mail）。利用民间专门的快递公司和促销公司将商品直接送至潜在消费者手中。

（2）逐户分送（Door-to-door）。将样品以专人方式送至消费者家中，通常通过配送公司或由专业的样品促销和直销服务公司执行。

（3）定点分送及展示（Central Location/Demonstrators）。这是直接将样品交到消费者手上的另一种运用方式，通常选用零售店里、购物中心、重要街口、转运站或其他人潮汇集的公共场所进行样品分送。

（4）联合或选择分送（Co-op or Selective）。由专业的营销服务公司规划各种不同的分送样品方式，并有效地送到各个精选的目标消费者手中。

（5）媒体分送（Media）。通过报纸、杂志，将免费样品送给消费者。

（6）零售点分送（Sample Pack in Stores）。通过零售点将免费样品派送给消费者。

（7）凭优待券兑换（Free Sample with Coupon）。通过优待券来兑换免费样品。

（8）入包装分送（In-pack or On-pack）。联合包装促销活动，通过主产品的销售，将免费样品赠送给消费者。

（二）赠送样品的特点

1. 优点

赠送样品促销的运用弹性大，对象可选择性高；可快速提供商品信息，吸引消费者立即购买的欲望；促销费用较低；是改变品牌忠实消费者转换品牌的一种方式；零售商对赠送样品促销认同感强，可以促进零售商提高进货量；激励零售点积极配合商品展示及店内宣传强化。

2. 缺点

赠送样品的费用较高，仅适用于大众化的消费性商品，促销面较窄且样品分送极难驾驭，经常遭遇样品失窃、零售商截留赠品等问题。

（三）赠送样品促销优待方案的要点

在赠送样品促销方案的设计和实施过程中，以下几个关键的要素一定要重视：

1. 费用估计

赠送样品的费用包括赠品本身的成本、赠品的分送成本、组织费用和宣传费用等。

2. 赠品选择

赠品选择是赠送样品促销活动能否成功的关键。赠品价值太高，促销的成本高，企业难于承受；价值太低，难于吸引消费者参与。赠品的包装设计要有特色，要突出促销产品的品牌，帮助促销品强化品牌形象。

3. 运用时机

赠送样品促销的时间最好选择在销售旺季来临前，通常在新产品上市广告前四至六星期，这样不仅可以有效刺激消费者的兴趣，还可以提高其尝试购买的意愿。

4. 规格大小

规格大小指免费试用的样品外包装的外形、尺寸、型号及规格等。

5. 媒体运用原则

在广告文案中，要突出显示促销赠送的样品，清楚地告知消费者赠品的利益，要鼓励消费者获取赠品。比如，"这里有个免费样品，正要送给您"。

七、付费赠送

（一）付费赠送的定义

付费赠送是指顾客凭购买某种商品的证明和支付少量的现金以换取赠品的一种促销活动，被戏称为"老而可信的促销方式"。

（二）付费赠送的特点

1. 优点

付费赠送可以提升产品品牌形象；强化产品广告主题；增加广告阅读；由于是以付费方式取得赠品，可以减少企业的促销成本，赠品选择的余地就较大；付费赠送还可以促进销售业绩提升，促进零售商增加店面陈列，对建立和巩固品牌忠诚度有较大的作用。

2. 缺点

付费赠送较难提升消费者的尝试意愿，欠缺广泛的吸引力，无法塑造更佳的品牌活力；此外，赠品兑换工作量较大，管理的难度较大。

（三）付费赠送优待促销方案的要点

在付费赠送促销方案的设计和实施过程中，以下几个关键的要素必须重视：

1. 费用预算

付费赠送促销活动的成本费用包括媒体广告费、促销辅助费、其他代理及活动方案的执行费用等。

2. 赠品的选择

由于付费赠送促销方案使用的赠品不是免费的，需要消费者以赠品价值的 5 成左右的金额"购得"赠品，因此付费赠品的选择至关重要。对赠品的选择要考虑几个因素：赠品的价值、促销的支持、消费者的需要等。

3. 付费赠送效果的评估

通常情况下，对于付费赠送效果好坏的评估常以消费者兑换赠品的数量作为衡量的依据。但评估最终的促销效果，应该以促销计划所设定的目标作为评估的基准，而不是以赠品兑换的多少来评定促销效果。

4. 赠品的兑换

在赠品的兑换活动中，要尽量避免赠品邮递遗失、运送时间耽误、投递错误和一些潜在而未知的意外等问题，减少消费者对赠品促销的疑虑和不满。

八、包装促销

（一）包装促销的定义及类型

1. 定义

凭借特殊的包装在零售点的陈列架上做最突出的表现以达到促销的目的。

2. 类型

（1）包装内赠送。通过促销产品的包装物，在包装物内放置赠品，达到促销的目的。例如，将卡通图片放入干脆面的包装中，以带动干脆面的销售。

（2）包装上赠送。在商品的包装上赠送，如将咖啡杯捆绑在咖啡包装上销售等。

（3）包装外赠送。在零售点对购买特定商品的顾客直接额外进行赠送。

（4）可利用包装赠送。把产品的包装容器做成一种储物器皿，并可多次重复使用。例如，雀巢咖啡、果珍等饮品的包装物可以作为饮水杯使用。

（二）包装促销的特点

1. 优点

（1）包装内和包装上赠送的优点：可以塑造产品的差异化；具有一定的广告效果；可以凭借赠品满足目标市场需要；能增加产品的使用频度；赠品数量可预知，易控制成本；能增加新的试用者。

（2）包装外赠送的优点：可增加赠品的展示机会；赠品的选择比较灵活；可以增加产品的使用率。

（3）可利用包装赠送的优点：可以节省包装费；有利于环保；有一定的广告宣传效果；可增加产品的使用量和促使商店做特别陈列展售。

2. 缺点

（1）包装内和包装上赠送的缺点：赠品处理工作量大；赠品选择的风险大；赠品陈列的工作量多；赠品的损耗大；赠品包装不规范会增加物流的成本。

（2）包装外赠送的缺点：赠品陈列困难；赠送促销需要零售商配合；赠品容易被盗或误送；如果赠品与零售商销售的商品相同，零售商的利益会受到影响，零售商则会抵制该促销活动。

（3）可利用包装赠送的缺点：促销方式的使用范围有限，特殊包装促销会增加存货管理的难度。

（三）包装促销优待方案的要点

在包装促销方案的设计和实施过程中，以下几个关键的要素必须重视：

1. 赠品价值

一般情况下，包装内的赠品的价值取决于产品的价格，产品的价格高，则赠品价格也高。

2. 赠品选择

赠品要有品质，力求突出，应紧扣促销的主题，并要能激发顾客的购买欲望。

3. 法规限制

包装促销必须符合国家对产品质量的法规要求，尤其对食品类商品的包装内赠送，要注意食品的安全卫生问题。

4. 促销费用

包装促销活动的费用包括赠品的费用、印刷费用、物流费用、销售点的广告费用及媒体的广告费用等。

九、零售补贴

（一）零售补贴的定义及类型

1. 定义

零售补贴是指厂商为鼓励零售商大量进货，以及积极配合商品的促销活动，给予零售商特别补贴的优待。

2. 类型

（1）无条件补贴。它包括购买补贴、凭发票扣抵补贴、免费附赠促销、延期付款等。

（2）有条件补贴。它包括现金折让、广告或展示补贴、点存货补贴等。

（二）零售补贴促销的特点

1. 优点

增加了货架展示机会；促销活动灵活方便；可以通过制订灵活的、有针对性的补贴办法，迅速提高零售商的进货量。

2. 缺点

如果零售补贴的政策被滥用，会造成零售商过度进货，然后零售商将补贴回馈消费者，导致价格体系混乱，补贴政策变成奖励政策，达不到补贴的真正目的。

（三）零售补贴促销方案的要点

在零售补贴促销方案的设计和实施过程中，有两个关键的要素必须重视：零售补贴对销售的影响；评估和确定零售商的绩效。

十、POP广告

（一）POP广告的定义及类型

1. 定义

POP（Point of Purchase），即售点广告，广义的POP是指在商业空间、购买场所、零售商店的周围、内部以及在商品陈设的地方所设置的广告物。例如，商店的牌匾、店面的装潢和橱窗，店外悬挂的充气广告、条幅，店内的装饰、陈设、招贴广告、服务指示，店内发放的广告刊物，广告表演，以及店内广播、电子广告牌等。狭义的POP仅是指在购买场所和零售店内部设置的展销专柜以及在商品周围悬挂、摆放与陈设的可以促进商品销售的广告载体。POP的主要目的是将商家的销售意图准确地传递给顾客，在销售现场直接促进顾客即时购买的冲动。

2. 类型

按体现的形式，POP 分为以下六种：

（1）招牌 POP，包括店面、布幕、旗子、条幅、电动字幕等，它用来向顾客传达企业的标志。

（2）销售信息粘贴 POP，主要是以海报的形式反映店内的商品信息、活动信息等。

（3）悬挂 POP，包括悬挂在超市卖场中的气球、吊牌、吊旗、装饰物、包装盒等，主要是用来活跃卖场气氛的。

（4）标志 POP。它是超市内的卖场引导标志牌，是用来向顾客传达购物方向和商品摆放位置的。

（5）包装 POP，主要以礼品包装、赠品包装等形式促进商品的销售。

（6）灯箱 POP。它是将灯箱固定在货架的两端或者上侧，起到指定商品的陈列位置和形成品牌专卖形象的作用。

按摆放的位置，POP 分为以下三种：

（1）外置 POP，包括商店的招牌、旗子、布幕、条幅等。

（2）店内 POP，包括卖场引导 POP、特价 POP、气氛 POP、厂商通报、广告等。

（3）陈列现场 POP，包括商品展示卡、分类广告、价目卡等。

按 POP 广告所起的作用，POP 分为以下两种：

（1）气氛类 POP，包括形象 POP、消费 POP、张贴画、悬挂小旗等，主要目的是烘托卖场气氛，构建卖场与众不同的个性文化风格与理念。

（2）促销类 POP，包括手绘的价目卡、拍卖 POP、商品显示卡等，它可以通过简洁的信息有效地刺激顾客的购买冲动，从而实现成功的交易。

（二）POP 促销的特点

1. 优点

（1）对消费者来说，POP 提供了销售信息，它能帮助消费者做出购买决策；提醒或唤起消费者的注意，激起购买欲望。

（2）对零售商来说，POP 可以美化店堂、改善购物环境、提高商品陈列的艺术水平，达到招徕顾客、扩大销售的目的；厂家制作的 POP 还可以节省零售商的促销成本。

（3）对厂商来说，POP 比媒体广告更实惠，即销的效果更明显。

2. 缺点

（1）从消费者角度看，POP 的滥用会使消费者无所适从。

（2）从零售商角度看，厂商的 POP 不一定符合零售商的要求。

（3）从厂商角度看，厂商制作的 POP 需要取得零售商的支持与配合，否则达不到促销效果。

（三）POP 促销方案的要点

在 POP 方案的设计和实施过程中，以下两个关键的要素必须重视：

（1）POP 的制作。POP 的制作要注意色彩、文字、图形、照片等方面的设计，要容易引人注目，便于阅读，突出广告诉求，有创意，有美感。

（2）POP 的摆放。POP 设置的高度、摆放的位置、悬挂的方式、张贴的方式、展示的密度和频率等要根据促销主题及现场实际情况来确定。

案例14—2 舒蕾洗发水的售点POP

洗发水的城市市场前几年一直是宝洁公司的天下，制作精良的电视、报纸广告加上巨额的媒体投入以及细分完善的产品线，如飘柔、海飞丝、潘婷，每一个品牌都给后来的竞争者设置了巨大的市场壁垒。

舒蕾洗发水的市场操作者避开了与宝洁公司的正面冲突，抓住其营销力最弱的环节——终端环节，把终端推广的每一个要素都做到了极致。走进超市可以发现：洗发类产品中舒蕾的陈列位置最好、最醒目；宣传品（如灯箱、吊旗）悬挂得最整齐、最显眼。舒蕾的促销场次无论是数量还是质量都比竞争品牌做得更好，并且大型促销活动与小型促销相结合。走进舒蕾的大型促销活动现场，仿佛走进了红色的海洋。这样的现场气氛不但在消费者心中留下了鲜明的品牌形象，而且有力地拉动了终端的销售，非常受终端顾客的欢迎。丝宝公司所有这些在终端的投入与宝洁的媒体投入相比，不但数额小，而且有效分流了宝洁产品的消费群体，奠定了丝宝今天在洗发水市场的地位。丝宝"决胜在终端"的口号也由此而来。

资料来源 蓝文藏：《论消费品的售点推广》，中国营销传播网，2002-05-16。

【案例思考】舒蕾在卖场采用了何种营业推广方法？这种促销方法有什么特点？舒蕾取得成功的主要原因是什么？

第三节 营业推广方案设计

一、营业推广工具的选择

选择采用哪一种营业推广工具，一般要考虑市场类型、销售促进目标、竞争情况、促销预算等因素。

（1）市场类型。不同的市场类型需要不同类型的促销工具，比如，生产者市场和消费者市场的需求特点和购买行为就有很大差异。选择的销售促进工具必须适应企业所处的市场类型的特点和相应的要求。

（2）销售促进目标。销售促进目标是销售促进工具选择的依据。不同的销售促进目的决定了销售促进的要求和制约，从而决定了销售促进方式选择的可能范围。

（3）竞争情况。竞争条件和环境影响了销售促进方式选择的外在因素，它包括企业本身在竞争中所具有的实力、条件、优势、劣势及企业外部环境中竞争者的数量、实力、竞争策略等。

（4）促销预算。促销预算是决定销售促进工具的制约条件。市场营销费用中有多少用于促销，其中又有多大份额用于销售促进，是对销售促进工具选择的一种硬约束。此外，往往有这样的情况，同一特定的销售促进目标可以采用多种销售促进工具来实现，这里就又有一个销售促进工具的比较选择和优化组合问题，通过销售促进方式的优化选择，可以实现最优的促销效益。

二、营业推广方案设计

缜密的营业推广方案在很大程度上决定着促销战的胜负，全面、系统的销售促进活动方案是促销活动成功的保障。制订销售促进方案要考虑活动目的、激励规模、激励对象、活动主题、送达方式、活动时机、广告配合、促销活动安排、费用预算、意外防范和效果预估等内容。

（1）活动目的。制订营业推广方案，要对产品的市场现状、竞争者的经营情况、行业动态、消费者购买行为、企业销售促进组合等做出分析和判断，结合企业销售促进组合策略、企业营销战略与营业推广方案的关系，搞清楚市场现状如何，活动的目的是什么，是处理库存还是提升销量，是打击竞争对手还是新品上市，是提升品牌认知度还是美誉度？只有目的明确，才能使活动有的放矢。

（2）激励规模。要想使销售促进取得成功，一定程度的刺激是必要的。销售促进活动的成功与否，首先要看消费者的反馈和消费者的响应程度。刺激程度越高，引起的销售反应也会越大，但这种效应也存在递减的规律。因此，要对以往的销售促进实践进行分析和总结，并结合新的环境条件确定适当的刺激程度和相应的开支水平。

（3）激励对象。营业推广方案的制订，一些很关键的问题是销售促进的对象是谁？活动控制的范围有多大？目标市场是谁？这些将直接影响到销售促进的针对性和有效性。

（4）活动主题。营业推广方案的主题是销售促进活动的灵魂，是决定营业推广方式和方法的主要依据。而对活动主题的"包装"，即艺术化地"扯虎皮做大旗"，可以淡化销售促进的商业目的，使销售促进活动更接近消费者，更能打动消费者。例如，不少商家将折价促销描述为让利、回馈消费者、给消费者的节日礼物等。

（5）送达方式。送达方式是指如何将营业推广信息传递给消费者，即采用什么工具和手段能更便捷、快速、经济、准确、有效地传递到消费者手中。例如，我们选定赠送这种销售促进工具，那么还需进一步确定有多少赠品用来放在包装中，有多少赠品用来邮寄。而这些又涉及到不同的接收率和不同的费用开支水平。

（6）活动时机。销售促进活动的时间和地点选择是决定销售促进活动成功的决定性因素。好的"天时"加"地利"是成功的保障。从销售促进的时机看，众商家往往选择节假日进行销售促进。从销售促进的地点看，都会选择人流穿梭或消费者密度大的热闹的商业区进行。从销售促进持续的时间看，市场营销人员还要决定销售促进时间的长短，如果时间太短，则一些顾客无法得到销售促进带来的利益；如果销售促进时间过长，则消费者可能认为销售促进是一种常态行为，而丧失营业推广的吸引力，甚至还会对销售促进让利产生怀疑。亚瑟·斯特恩（Arthur Stern）根据调查发现，最佳的频率为每季度有三周的优待活动，最佳时间长度为平均购买周期。当然，这种情况会随着促销目标、消费者购买习惯、竞争者策略及其他因素的不同而有所差异。

（7）广告配合。一个成功的销售促进活动，需要全方位的广告配合。在进行广告宣传时，要注意广告的创意及表现手法。例如，通过在媒体上制造悬念，渲染销售促进信息，刺激消费者的感官，诱发消费者的购买遐想，刺激顾客的需求欲望，尽可能地提高人气。

（8）销售促进活动安排。销售促进活动需要精心安排、周密组织、科学管理、严密控制，以保证销售促进活动安全有效地进行。销售促进活动管理包括前期准备、中期操作及后期延续三个阶段的内容。

① 前期准备。销售促进活动的前期准备包括人员安排、物资准备和试验方案准备三

方面内容。

在人员安排方面，要做到"人人有事做，事事有人管"。谁负责与政府、媒体的沟通？谁负责文案写作？谁负责现场管理？谁负责礼品发放？谁负责顾客投诉？工作要安排清楚。

在物资准备方面，要事无巨细，大到车辆，小到螺丝钉，都要罗列出来，然后按单清点，确保万无一失，避免手忙脚乱。

对于重大的销售促进活动，除在已往经验的基础上进行方案设计和评估外，有必要在方案实施前进行试验来判断销售促进方案的适用性，取得基础数据，完善原方案，减少失误，规避风险。

② 中期操作。中期操作主要包括纪律和现场控制两方面内容。纪律是方案得到完美执行的先决条件，对活动方案的参与人员要有纪律约束和行为规范。现场控制主要是把各个环节安排清楚，要做到忙而不乱，有条有理。

③ 后期延续。后期延续主要是媒体宣传的问题，如对销售促进活动的宣传、对销售促进效果数据的收集、经验教训总结等内容。

（9）费用预算。要对销售促进活动的费用进行全面预算，并对销售预算在各种销售促进工具和各个产品之间进行分配，考虑通过各种销售促进工具的使用范围、频度和各种产品所处的生命周期阶段等多种因素来加以平衡和确定。

（10）意外防范。即使是严谨的方案也难以杜绝小的瑕疵，任何活动都有可能出现一些意外，例如，交通阻碍、人流过于密集、天气变化、有人捣乱、消费者的投诉等，必须对各个可能出现的意外事件做必要的人力、物力、财力方面的准备和安排。

（11）效果预估。对销售促进活动进行预测，尤其是对销售促进效果进行分析和判断，是销售促进活动能否获得批准的关键因素，它决定了销售促进费用的预算水平，决定了企业促销的力度和决心。销售促进的效果可以从多方面进行分析和评价，如可以从销售促进后销售额的变化、知名度的变化、满意度的提升、美誉度的加强、市场占有率的变化、竞争态势的变化等多个角度进行分析。

▓ 本章提要

营业推广也称销售促进，是与人员推销、广告、公共关系相并列的四大基本促销手段之一。随着竞争的加剧，针对消费者的促销活动在营销环节中的地位已越来越重要。据统计，国内企业的销售促进活动费用与广告费用之比达到了6∶4。企业对销售促进的投入超过了对广告的投入。随着营业推广手段的不断翻新，营业推广的促销成本也大幅增加，对消费者的优惠幅度也不断提高，加之厂家及商家营业推广宣传力度的不断加强，营业推广对消费者的刺激作用变得越来越明显，消费者对营业推广的依赖度也不断加强。本章介绍了10种常见的营业推广方式和方法，并说明了各种营业推广促销方案的设计要点和实施要求。

▓ 练习与思考

1. 什么是营业推广？常见的营业推广有哪几种？它们各有什么特点？
2. 营业推广的促销效果应如何进行预测？

3. 营业推广促销方案应包括哪几个方面的内容？应如何撰写营业推广方案？

4. 各种营业推广方式的促销成本如何进行估算？

5. 营业推广方式的促销与广告促销有什么区别和联系？

案例教学

不成功的促销

一家饲料企业原本效益很好，也没有做过促销，直至其他企业后来者居上，这家企业慌了，于是召开销售人员会议。销售人员抱怨道："人家企业做得多好，农民买一包饲料可以得到一件文化衫，经销商做大了组织你去国外考察。"企业想，这不是很难，我们也做！

江南每年 6~8 月是农忙时节，农户都忙着双抢，养殖业是淡季。企业想，淡季一定要刺激农民，诱导农民购买。于是，该企业制作好了文化衫，而且很漂亮。7 月底，销售人员又向企业抱怨道："怎么这么晚才给市场发放促销品，别人早就做了。"原来竞争企业在 5 月底就将文化衫全部发放到位，农民在双抢时根本没有时间去购买饲料。

第二年，该企业很早就准备好了促销品，是质量很好的香皂。农忙时，农民每天都要洗澡，香皂是他们的必需品。但结果和预料大相径庭：经销商拒绝大量进货。销售人员从市场前沿报告道："经销商已经大量进了竞争厂家的货，原因是该厂家开展了一个活动，在市场淡季完成旺季 85% 销售额的经销商可以参加企业的出国考察团。竞争厂家已经抢占了经销商的仓库和资金。"

资料来源　王德胜：《绕过促销误区》，载《创业家》，2003-07-18。

问题：这家饲料企业的营业推广存在什么问题？应如何进行改进？

实训教学

【实训方案】将班级同学分为四组，每一个小组负责一个家电品牌，收集该品牌家电营业推广促销的各种资料。要通过现场调查收集第一手资料，并通过网络、报纸、杂志等收集第二手资料，然后对收集的资料进行归类和整理。

【实训要求】1. 按组编写不同品牌的营业推广促销策划方案，并要说明方案的优点和缺点。

2. 四大家电品牌在营业推广促销竞争中，谁的方案做得最好？谁的促销效果最佳？谁的竞争力最强？谁的效益最优？为什么？此提问可以通过分组讨论的形式进行，各小组分别代表一个品牌做出陈述和答辩。

第三篇　营销素质与拓展篇

第十五章 服务策略与技巧

> 经典语录：第一条：顾客永远是对的；第二条：如有疑问，请参照第一条。

萨姆·沃尔顿（Sam Walton）

学习目标和实训要求

【理论学习目标】通过本章学习，应了解顾客满意战略的含义，学会满意度的测评方法，并掌握提高顾客满意度的方法和技巧；应了解服务质量测定的标准和要素，掌握缩小服务质量差距的方式和方法；了解顾客投诉的内容和原因，并掌握处理顾客投诉的流程和方法；掌握提高服务质量的方法及途径。

【实践训练要求】通过本章学习，应掌握提高顾客满意度的方法和技巧；学会处理顾客投诉；学会制订服务营销策略；学会制订顾客满意战略。

重点与难点

【重点】顾客满意战略的实施；顾客满意度测评体系；服务质量差距模型对服务质量评价的影响；顾客投诉的流程与方法；顾客服务策略的改进与创新。

【难点】如何测量顾客满意度？如何提高顾客的满意度？如何运用服务质量差距模型提高服务质量的水平？企业应如何妥善处理顾客投诉？

引例 如何与客户沟通？

奶制品专卖店里有三名员工，小李、大李和老李。当您走近小李时，小李面带微笑，主动问长问短，一会儿与您寒暄天气，一会儿聊聊您孩子的现状，总之聊一些与买奶无关的事情，小李的方式就是礼貌待客。而大李采取另外一种方式。他说："我能帮您吗？您要哪种酸奶？我们对长期客户是有优惠的，如果气温高于30℃，您可以天天来这里喝一杯免费的酸奶。您想参加这次活动吗？"大李的方式是技巧推广式。老李的方式更加成熟老到，他和您谈论您的日常饮食需要，问您喝什么奶，是含糖的还是不含糖的？也许您是一位糖尿病人，也许您正在减肥，而老李总会找到一种最适合您的奶制品，而且告诉您如何才能保持奶的营养成分。老李提供的是个性化的沟通模式。

【引例思考】如果你是这家店的老板，你认为小李、大李和老李谁更称职？为什么？

第一节　顾客满意度评价

一、顾客满意战略

（一）顾客满意度的含义

顾客满意度是指顾客对企业以及企业产品、服务的满意程度。顾客满意度也是顾客对企业的感受状态，并且在高满意度的状态下更容易激发交易行为的发生。一个常用的统计结果是：一个满意的顾客要 6 倍于一个不满意的顾客更愿意持续购买企业的产品或服务。

（二）顾客满意战略

顾客满意战略（Customer Satisfaction，CS），是指组织为了增进顾客满意度，在顾客满意理念的培育、顾客满意程度的测量、顾客满意措施、顾客满意效果评估等方面开展的系统的、持续的、有效的组织规划及实施。

企业推行 CS 战略的主要作用在于：

（1）顾客满意度会促使其忠诚度提高。

（2）顾客会购买公司更多的新产品和提高购买产品的等级。

（3）顾客会成为公司的义务"播种机"和"宣传队"，成为公司传播效果最好的广告，义务为公司和产品说好话。

（4）使顾客忽视竞争品牌的广告，并对价格产生不敏感性。

（5）顾客积极、热心地为公司的产品、服务、经营管理、营销提供建议。

（6）由于购买习惯化而降低交易成本。

二、顾客满意度测评指标体系

（一）顾客满意度指标

CSI 是顾客满意度指标（Consumer Satisfaction Index）的简称，它是顾客满意度研究中一个非常有效的度量，是了解顾客对企业的认同、对产品和服务的满意程度的重要指标，是反映消费者再次购买倾向的重要依据。该指标综合反映了顾客对产品或服务的期望、质量认知、价值认知和满意程度，是从多个角度对产品或服务质量进行整体评价的结果。

（二）顾客满意度测评指标体系

顾客满意战略的指标体系至少应该具有下面三点功能：

（1）测量和评价企业目前的顾客满意度。

（2）提供提高顾客满意度的思路。

（3）寻求实现顾客满意度的具体方法。

由于顾客期望、顾客对质量的感知、顾客对价值的感知、顾客满意度、顾客抱怨和顾客忠诚均为隐变量，都不是可以直接测评的，我们需要对隐变量进行逐级展开，直到形成一系列可以直接测评的指标，这些逐级展开的测评指标构成了顾客满意度测评指标体系。顾客满意度测评指标体系有以下几方面的用途：

（1）测定企业过去与目前经营管理水平的变化，分析竞争对手与本企业之间的差距。

（2）了解顾客的想法，发现顾客的潜在要求，明确顾客的需要、需求和期望。

（3）检查企业的期望，以达到顾客满意和提高顾客满意度，有利于制订新的质量或服务改进措施，以及新的经营发展战略与目标。

（4）明确为达到顾客满意，企业在今后应该做什么和是否应该转变经营战略或经营方向，从而紧随市场的变化而变化。

（5）增强企业的市场竞争能力和企业的盈利能力。

（三）建立顾客满意度测评指标体系的原则

1. 重要性

测评指标必须是顾客认可的最重要、最关键的测评指标。

2. 可控性

测评指标必须是能够控制和改进的指标。

3. 可测性

测评指标和结果都必须是可测量的，是能够进行统计、计算和分析的量化值。

4. 竞争性

设定测评指标时要考虑到竞争者的特性。

（四）建立顾客满意度测评指标体系的流程

由于构建顾客满意度测评指标体系基本上是一个基于顾客调查的过程，故对调查方法的选择将直接影响最终结果的客观性与科学性。具体内容如图15—1所示。

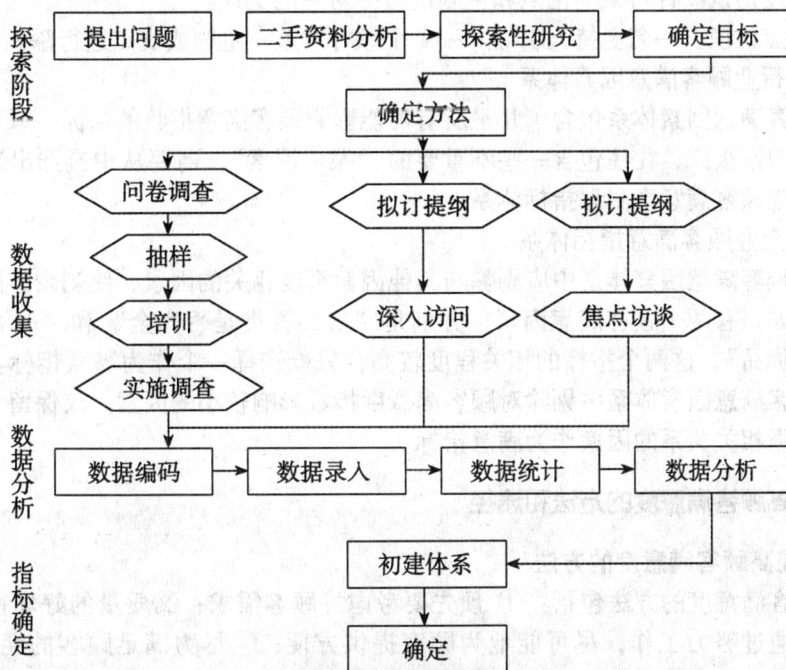

图15—1 顾客满意度测评指标体系的建立流程

（五）建立顾客满意度测评指标体系的步骤

顾客满意度测评指标体系的建立，主要可以分为四个步骤。具体内容如图15—2所示。

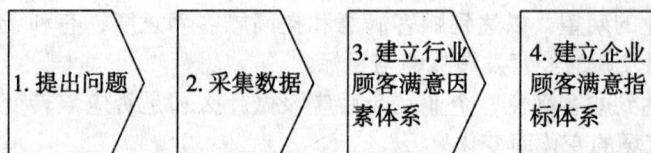

图 15—2　建立顾客满意度测评指标体系的步骤

1. 提出问题

进行顾客满意度测评指标体系建设的第一步，就是要明确影响顾客满意的因素有哪些，并将这些因素进行量化分析。量化分析的手段可以通过设问方式解决，如提出影响购买和使用的顾客满意因素有哪些？在这些满意因素中，哪些因素能成为满意指标？每一个满意指标对购买和使用的影响程度如何？上述数据可以从哪些渠道获得？应该采用何种方式采集数据？采集数据时应注意哪些问题？

2. 采集数据

采集数据的方法有很多种，主要包括以下五种：

（1）二手资料收集。例如，通过公开发行的刊物、网络、调查公司等获得。

（2）内部访谈。内部访谈是对二手资料的确认和对二手资料的重要补充。

（3）问卷调查。通过问卷形式进行调查，是一种最常用的数据收集方式。

（4）深度访谈。针对某一论点和主题进行一对一的交谈。

（5）焦点访谈。一名主持人引导 8～12 个顾客对某一主题或观点进行深入的讨论。

3. 建立行业顾客满意因素体系

行业顾客满意因素体系包含了几乎所有可能影响顾客满意指数的指标，顾客满意因素体系包括的因素很广，往往包含一些不重要的"噪声因素"，需要从中遴选出适合特定企业的因素组成顾客满意度测评指标体系。

4. 建立企业顾客满意指标体系

在行业顾客满意因素体系中应剔除与其他因素高度相关的因素，使剩余的因素保持相对独立。比如，有两个顾客满意因素，分别是"货品种类是否齐全"和"是否能够购买到您需要的货品"，这两个指标的相关程度较高，只能选择一个作为满意指标。其次，还要在行业顾客满意因素体系中剔除对顾客满意度指数影响较小的因素，仅保留与顾客满意度指数有较强相关关系的因素作为满意指标。

三、提高顾客满意度的方法和途径

（一）提高顾客满意度的方法

提高顾客满意度的方法包括：① 预先要考虑好顾客需求；②质量的好坏往往由顾客说了算；③通过努力工作，尽可能地为顾客提供方便；④尽力满足顾客的期望和需求；⑤尽力满足顾客的自尊感和自我价值感。

（二）提升顾客满意度的途径

满意度是顾客感知的利益与其期望值之间的差距，是心理感知。在营销活动中，提高顾客的满意度应该从以下几个方面着手：

1. 从顾客满意度指标方面去改进

顾客满意度的量化指标主要有四个方面的内容：一是与产品有关的满意度指标，如产品质量、产品利益、产品特色、产品设计、可靠性、性价比等；二是与服务有关的指标，如保修期、送货、顾客抱怨处理、维修和问题解决等；三是与购买有关的绩效指标，如礼貌、沟通、获得信息、交易、时间等；四是行业特殊的指标，如比萨饼承诺 30 分钟送货上门。企业应结合行业和企业的实际，针对不同顾客关注的指标有针对性地进行改善。

2. 从服务质量方面去提高

服务是无形的，它与消费同时产生和消逝。因此，服务质量的高低不仅与服务提供者有关，还与服务接受者的心情、偏好等有关。在提高服务质量过程中，一是要有科学的标准，如对排队等待的时间限度进行量化规定；二是要使无形服务有形化，即通过对服务设施的改善、对服务人员的培训与规范等措施来使无形服务有形化；三是要使服务自助化、自动化，即随着顾客 DIY 需求的强烈，通过自动、自助的方式来提高顾客对个性化方面的满意度，如在通信营业厅对话费的自动查询、打印等；四是对服务过程的透明；五是实施服务补救，即当因在某方面出现服务不满意时，应迅速查找原因实施服务补救。

案例15—1　海尔客户服务系统应用案例

海尔在 20 世纪 90 年代初就在全国各主要城市建立了 29 个电话中心，客户只需拨打当地免费服务电话，其所关心的问题即可得到海尔电话中心话务员的解答，并且客户可在自己约定的时间内得到海尔的上门安装、维修等服务。

随着海尔产品市场的拓展，服务的区域迅速扩大，由于话务处理能力有限，经常有顾客反映线路忙，服务电话无法接通。回访也难以保证全部到位，不能形成管理的闭环，一些网点的服务质量不能得到有效的监控。

电话中心与售后服务中心信息脱节，没有统一的平台和标准，基础编码规范不统一，信息不能共享。管理层无法掌握各事业部的第一手信息，对售后工作不能即时了解。

海尔根据企业的现状及将来发展需求，海尔服务系统采用了三项新技术：分布式数据库处理、第三代呼叫中心（Call Center）智能技术（如 ACD）等，并通过数据报表和分析查询工具——Business Objects 对数据进行深度挖掘和分析。

海尔的服务系统包括：

1. 客户信息收集与分析。客户服务系统的实施依赖于信息收集、分发处理、共享、分析、反馈的方法和手段。由此，呼叫中心（Call Center）成为客户服务系统的入口点和反馈点。又由于信息共享的特点，系统需要企业内部的各部门协同工作，因此客户服务系统不是孤立的，需要与其他系统如 ERP 系统、SCM 系统、电子商务系统集成起来。

2. 建立完整的客户档案。海尔客户服务系统（Haier CSS）的建立和运行使海尔有了完整的全国客户档案，可随时随地查找客户信息，实现了分布式数据复制及数据共享（企业相应部门），便于综合查询和服务质量分析，以及服务命令单邮件自动发送到服务网点，同时也便于进行客户回访、交叉销售等。

3. 海尔客户服务系统，满足了海尔复杂和庞大的信息处理需要，同时为海尔的管理者和决策者提供了方便、丰富的报表制作功能和通用的查询功能，提高了海尔对市场的反应速度和适应能力，使海尔可以为客户提供更及时、快速的服务，提高了用户满意度。

【案例思考】海尔的服务信息系统有何特点？对提高顾客满意度会起到什么作用？

第二节 服务质量评价

一、服务质量的含义

服务质量是产品生产的服务或服务业满足规定或潜在要求的特征和特性的总和。例如，旅游有陶冶人的性情和给人愉悦的特性。

服务质量的内容包括以下方面：服务质量是顾客可感知的对象；服务质量既要有客观的方法加以制订和衡量，又要按顾客主观的认识加以衡量和检验；服务质量发生在服务生产和交易过程之中，是在服务企业与顾客交易的真实瞬间实现的；服务质量的提高需要内部形成有效的管理和支持系统。

二、服务质量的衡量标准

服务质量的测定是服务企业对顾客感知服务质量的调研、测算和认定。衡量服务质量的标准一般包括以下几个方面：

1. 规范化和技能化

职员有必要的知识和技能，能规范作业，解决顾客的疑难问题。

2. 态度和行为

顾客能感到服务人员的关心与呵护。

3. 可亲近性和灵活性

顾客认为服务供应者的地理位置、营业时间、职员和营运系统的设计和操作便于服务，并能灵活地根据顾客要求随时加以调整。

4. 可靠性和忠诚感

顾客确信，无论发生什么情况，他们能够依赖服务供应者的职员和营运系统。

5. 自我修复

顾客相信，无论何时出现意外，服务供应者能迅速、有效地采取行动，控制局势，寻找新的可行的补救措施。

6. 名誉和可信性

顾客相信，服务供应者的经营活动可以依赖，物有所值，它的优良业绩和超凡价值可以与其共同分享。

三、服务质量测定的要素

要提供给顾客满意的服务，首先要知道顾客是如何评价服务的。与有形产品不同，服务先天就缺乏调查特征而富有体验和信任特征。调查特征是指在购买之前就能评价的服务特性；体验特征是指那些只有在消费过程中或消费之后方能评价的特性；信任特征是指在服务发生和消费之后也难以评价的服务特性。尽管服务的无形性使顾客很难客观地对服务质量给予评价，但是顾客还是在随时随地对所接受的服务做出自己的评判。

美国市场营销学家帕拉休拉曼（Parasuraman）、赞瑟姆（Zeithaml）和贝利（Berry）共同提出了迄今为止应用最普遍的顾客评价方法 SERVQUAL。该方法认为顾客感受到的服务质量有 5 个基本要素：有形性、可靠性、响应性、保证性和移情性，顾客从这五个方面将预期的服务和接受到的服务相比较，最终形成自己对服务质量的判断。SERVQUAL 评价法是首先对顾客的服务期望和服务感知分别评价，然后计算二者的差值，从而得到最后的对服务质量的评价。具体内容如表 15—1 所示。

表 15—1　　　　　　　　　顾客感知服务质量的 SERVQUAL 评价指标

有形性	有形设施、设备和员工的外貌
可靠性	准确、可靠地履行所承诺服务的能力
响应性	对顾客给予帮助且迅速地提供服务的意愿
保证性	员工所具有的知识、礼仪及其传递信任与信赖的能力
移情性	容易接近、良好的沟通和对顾客的了解

四、服务质量差距分析模型

差距分析模型是用于分析质量问题根源的一种工具。质量问题的根本原因是顾客对质量的感知，即差异的产生和形成。所谓质量差距，就是顾客期望的服务和实际感知的服务的差距。该差距包括五个方面，具体内容如图 15—3 所示。

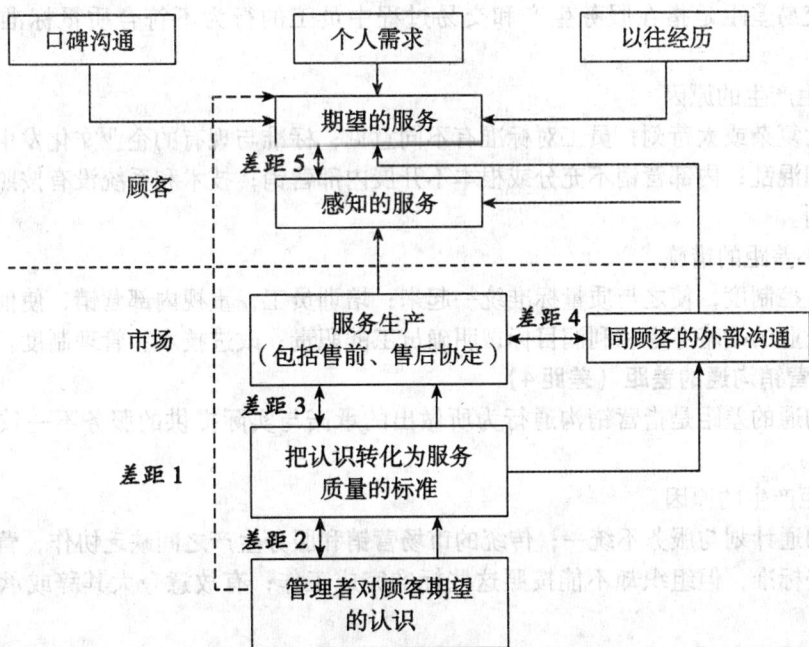

图 15—3　服务质量差距分析模型图

（一）管理者认识的差距（差距 1）

管理者认识的差距是指管理者对期望质量的目标不明确或消费者无法感受到而导致的差距。

1. 差距产生的原因

市场研究和需求分析的信息不准确；对期望的解释信息不准确；没有进行需求分析；

基于企业与顾客联系的层次，向管理者传递的信息失真或遗失；臃肿的组织层次阻碍或改变了在顾客联系中所产生的信息。

2. 缩小差距的措施

改变对服务竞争本质和需求的认识；深入观察和掌握顾客的要求和期望；采取必要的行动疏通各种信息渠道。

（二）质量标准差距（差距2）

质量标准差距是指服务质量标准与管理者对质量期望的认识不一致而导致的差距。

1. 差距产生的原因

计划失误或计划不够充分；计划管理混乱；组织无明确目标；服务质量的计划得不到最高管理层的支持；最高管理层没有保证服务质量的实现；质量没有被赋予最高优先权等。

2. 缩小差距的措施

改变优先权的排列，把质量管理排在管理之首；提供服务的部门或个人必须遵守质量标准；目标和标准要得到服务生产者的理解和执行；避免苛刻的标准损害、挫伤员工的积极性。

（三）服务交易差距（差距3）

服务交易差距是指在服务生产和交易过程中员工的行为不符合质量标准而导致的差距。

1. 差距产生的原因

标准太复杂或太苛刻；员工对标准有不同意见；标准与现有的企业文化发生冲突；服务生产管理混乱；内部营销不充分或根本不开展内部营销；技术和系统没有按照标准为工作提供便利。

2. 缩小差距的措施

改革监控制度，使之与质量标准统一起来；培训员工，重视内部营销，使他们的工作业绩符合企业的战略考虑和利润目标；明确员工的职责；改进技术和管理制度。

（四）营销沟通的差距（差距4）

营销沟通的差距是指营销沟通行为所做出的承诺与实际提供的服务不一致而导致的差距。

1. 差距产生的原因

营销沟通计划与服务不统一；传统的市场营销和服务生产之间缺乏协作；营销沟通活动提出一些标准，但组织却不能按照这些标准完成工作；有故意夸大其辞或承诺太多的倾向。

2. 缩小差距的措施

建立一种使外部营销沟通活动的计划和执行与服务生产统一起来的制度；完善计划程序。

（五）感知服务质量的差距（差距5）

感知服务质量的差距是指感知或经历的服务与期望的服务不一样而导致的差距。

服务质量差距模型是20世纪80年代中期到90年代初，美国营销学家帕拉休拉曼（Parasuraman）、赞瑟姆（Zeithamal）和贝利（Berry）等人提出的，该模型是专门用来分析质量问题的根源。感知服务质量的差距（差距5）即顾客期望与顾客感知的服务之间的差距，这是差距模型的核心。要弥合这一差距，就要对以上的4个差距进行弥合。

第三节　客户投诉管理

一、客户投诉的内容

客户投诉的内容一般包括：商品质量问题；售后服务问题；客户服务人员工作的失误；店员及其他工作人员的服务质量问题；顾客对企业经营方式及策略的不认同；顾客对企业的要求超出企业对自身的要求；顾客对企业服务的衡量尺度与企业自身的衡量尺度不同；顾客由于自身素质修养或个性原因，提出对企业的过高要求而无法得到满足等。当顾客购买商品时，对商品本身和企业的服务都抱有良好的愿望和期盼，如果这些愿望和要求得不到满足，顾客就会失去心理平衡，由此产生了抱怨和想"讨个说法"的行为。

二、处理客户投诉的原则

（一）建立和健全各种投诉处理程序

要有专门的制度和人来管理客户投诉问题。同时，要做好预防工作，对客户可能投诉的问题要事先进行改进，加强管理和防范，做到防患于未然。

（二）一旦出现客户投诉，应及时处理

对于客户的投诉，各部门应通力合作，迅速做出反馈，力争在最短的时间内全面解决问题，给客户一个圆满的答复。

（三）处理问题时应分清责任，确保问题的妥善解决

出现投诉问题时要分清造成客户投诉的责任部门和责任人，还要明确处理投诉涉及的部门和人员的具体责任，并明确处理客户投诉得不到及时圆满解决的责任。

（四）对每一起客户投诉及其处理方法作详细的记录

它包括投诉内容、处理过程、处理结果、客户满意程度等。通过记录，吸取教训，总结经验，为以后更好地处理好客户投诉提供参考。

三、客户投诉处理的流程

客户投诉处理一般包括以下几个步骤，具体内容如图15—4所示。

（一）记录投诉内容

用客户投诉记录表记录客户投诉的全部内容，如投诉人、投诉时间、投诉对象、投诉要求等，并判断投诉是否成立。

（二）判定投诉要求是否合理

如果投诉不能成立，即可以婉转的方式答复客户，取得客户的谅解，消除误会。

（三）确定投诉处理的责任部门

根据客户投诉的内容，确定相关的具体受理单位和受理负责人。例如，属运输问题，交储运部处理；属质量问题，则交质量管理部处理。

（四）责任部门分析投诉原因

要查明客户投诉的具体原因及造成客户投诉的具体责任人。

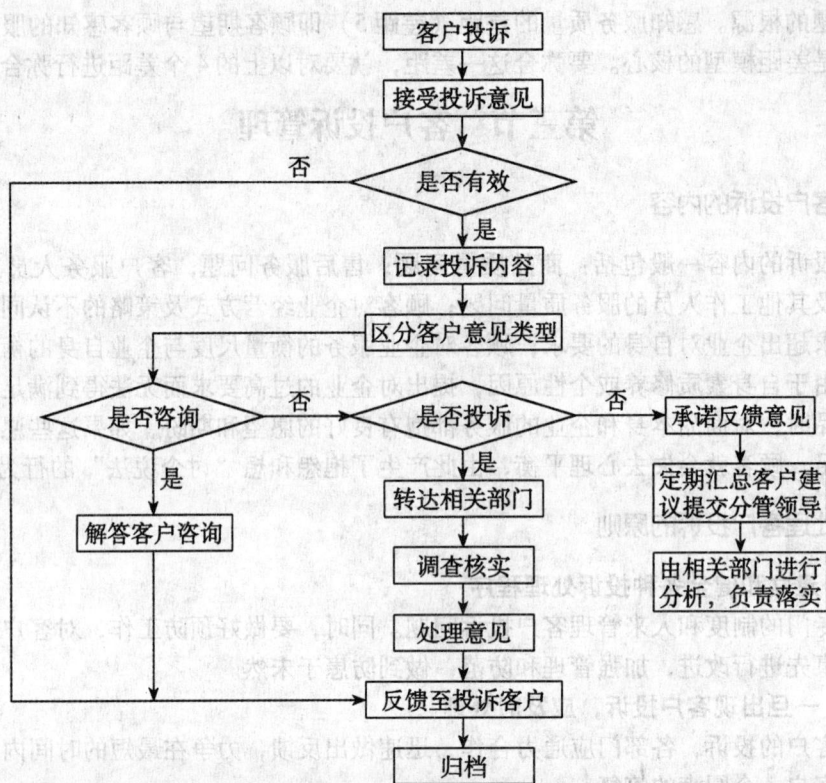

图 15—4　客户投诉处理的流程图

（五）提出处理方案

根据公司规定与流程，结合消费者申诉要求，提出处理方案，并征询消费者意见和建议。

（六）提交主管领导批示

主管领导应对投诉处理方案进行审阅，并及时作出批示。根据实际情况，采取一切可能的措施，挽回已经出现的损失。

（七）实施处理方案，并尽快收集客户的反馈意见

对直接责任者和部门主管要按照有关规定进行处罚。同时，应再次收集客户对投诉处理方案的反馈。

（八）总结评价

对投诉处理过程进行总结与综合评价，吸取经验教训，提出改进对策，不断完善企业的经营管理和业务营运，以提高客户服务质量和服务水平，降低投诉率。

四、正确地处理客户投诉

如果一个投诉没得到很好的处理，客户会转而购买竞争对手的产品，并将他的不愉快经历转告亲朋与同事。因此，企业必须认真对待客户的投诉。

（一）从倾听开始

倾听是解决问题的前提，在倾听客户投诉的时候，不但要听他表达的内容，还要注意他的语调与音量，这有助于你了解客户语言背后的内在情绪。

（二）认同客户的感受

客户在投诉时会表现出烦恼、失望、泄气、发怒等各种情感，你不应当把这些表现当成是对你个人的不满。对于愤怒，客户往往是把你当成了倾听对象。

（三）表示愿意提供帮助

乐于提供帮助，会让客户感到安全、有保障，从而进一步消除了对立情绪，取而代之的是依赖感。问题澄清了，客户的对立情绪减低了，接下来要做的就是为客户提供解决方案。

（四）解决问题

针对客户的投诉，企业必须制订完善的解决方案。解决方案一般包括以下内容：

（1）为客户提供解决实际问题的具体办法。

（2）对顾客提出的问题和要求，向顾客做出相应的承诺。

（3）根据实际情况，给客户适当的补偿。补偿可以是物质方面的，也可以是精神方面的或道义方面的。

第四节　服务质量管理

一、提高服务质量的主要途径

提高服务质量的主要途径有：

（1）树立以顾客为中心的观念，时刻牢记尊重顾客。企业应树立和强化服务观念，为顾客提供优质服务，建立客户导向的企业运营方案和机制。

（2）加强对一线员工的教育与培训，树立企业良好形象。一线员工的行为对服务的质量构成最直接的影响，没有高素质的员工就不可能有高质量的服务。从某种程度上说，员工就是企业的形象和品牌。

（3）提高顾客满意度，追求顾客零流失率。美国 Magnus So Derlund 杂志曾刊登过一篇关于"顾客满意——口碑相关曲线"的文章。文章表明：企业的顾客服务处于一般水平时，顾客的反应不大；一旦其服务质量提高或降低一定限度，顾客的赞誉或抱怨将呈指数倍增状态。这就要求企业必须始终如"逆水行舟"般地视顾客满意度为企业目标的重点，运用各种手段加强售前和售后服务、提高服务质量和管理质量，以此提高顾客的口碑，维持顾客保留率，培养并提高顾客对企业的忠诚度。

提高顾客满意度的措施有：建立标准化的服务流程；提供最高的顾客让渡价值；提供个性化的服务；积极应对客户的投诉；进行客户资料的整理和分析，从而实施精细化服务战略。

二、服务市场营销组合

营销组合就是企业对自己可控的各种营销因素的优化组合和综合运用，使之协调配合，扬长避短，发挥优势，以便更好地实现营销的目标。有学者将服务业市场营销组合确定为 7 个基本的要素，即在传统的产品、价格、渠道和促销组合策略之外，增加了"People"（人）、"Process"（服务过程）和"Physical Evidence"（有形展示）三个变量，从而形成了7Ps策略组合。

（一）人（People）

服务产品的生产与消费过程，是服务提供者与客户广泛接触的过程。服务产品的优劣、服务绩效的好坏不仅取决于服务提供者的素质，也与客户行为密切相关。因而，要提高服务质量和服务水平，首要的工作是提供服务的员工的素质要提高，要加强服务业内部管理，同时还要研究客户的消费行为，从而做好关系营销和服务系统的设计工作。

（二）服务过程（Process）

它是指将产品或服务交付给顾客过程中涉及的服务程序、任务、日程、结构、活动和日常工作。服务过程是服务生产与服务消费的统一过程，服务生产过程也是消费者参与的过程。因而，服务营销学必须把对客户的管理纳入有效的推广服务和营销管理的轨道。例如，在网络营销过程中，客户接受服务的途径、网络营销系统的运作、客户参与服务的过程等都是网络营销服务质量需要考虑的问题。

（三）有形展示（Physical Evidence）

服务产品的不可感知性，要求服务营销要研究服务的有形展示问题。服务产品有形展示的方式、方法、途径、技巧成为服务营销学研究的系列问题，这是服务营销的突出特色之一。服务营销商通过对服务工具、设备、员工、信息资料、其他顾客和价目表等所有这些为顾客提供服务的有形物的服务线索的管理，增强顾客对服务的理解和认识，为顾客做出购买决策传递有关服务线索的信息。

■ 本章提要

在现代商业社会，顾客服务已经成了一个口号，或者一种时尚、时髦。有的企业在真服务，有的企业在蒙骗消费者，有的企业则对服务糊里糊涂、一知半解。但顾客服务观念已成为企业的共识，好产品、好品牌、好服务"一个也不能少"。"顾客是上帝"、"顾客给我们发工资"、"顾客是我们企业的财神"、"顾客永远是对的"，这些耳熟能详的"口号"时刻在提醒商家，在竞争激烈的买方市场，谁忽视了顾客，谁就将被无情地抛弃。本章阐述了顾客满意度理论及其在实践中的应用，分析了顾客满意度产生的过程、顾客投诉处理及客户服务质量提高的策略与技巧。

■ 练习与思考

1. 什么是顾客满意度？什么是CS战略？什么是CSI？

2. 可以通过什么渠道、方式、方法了解顾客的满意度情况？简述建立顾客满意度测评指标体系的流程和步骤。

3. 影响服务质量的因素有哪些？什么是SERVQUAL评价法？

4. 顾客投诉的目的和原因有哪几种？应该如何对待顾客的投诉？

5. 如何加强和提高顾客服务质量的水平？

■ 案例教学

"真诚到永远"的星级服务

提及海尔，人们就会联想到"真诚到永远"，会想到海尔的"五星级服务"。海尔在不断地制造服务传奇。

海尔在客户服务方面的努力似乎从来就没有停止过，不断持续的服务改进使海尔的服务水平不断提升，顾客的满意度也在不断提高，服务成为海尔竞争的一个法宝。

从1994年推出的"无搬动服务"到1995年的"三免"服务，1996年又推出了"先设计后安装"服务，1997年推出了"五个一"服务和1998年的"星级服务"一条龙等，海尔服务的核心内容是从产品的设计、制造到购买，从上门设计到上门安装，从产品使用到回访服务，不断满足用户新的要求。并通过具体措施使开发、制造、售前、售中、售后、回访6个环节的服务制度化、规范化。1999年海尔的专业服务网络通过了ISO 9000国际质量体系认证。2000年，海尔推出了"星级服务进社区"服务。2001年，海尔又推出了空调的无尘安装服务。2003年，海尔推出了"全程管家365"服务。

10多年来，海尔的服务创新从来没有停止，它经历了十次创新升级，每次升级和创新都走在了同行业的前列。海尔凭借出色的服务能力，不仅仅成为中国家电行业的领头羊，还跻身世界家电企业十强。在世界最受尊敬的企业排名中，海尔已经连续多年位居中国企业第一位。

海尔是中国最早向终端消费者提供个性化服务的企业，海尔视服务为产品，并通过持续性服务产品的创新和造势，拉开了与竞争对手的距离，提升了海尔的形象，形成了消费者对海尔品牌的忠诚度，实现了快速、稳步的增长。服务营销能力的提升，为海尔拓展国际市场奠定了坚实的基础。

由于海尔在提供星级服务方面达到了国际先进水平，1996年海尔集团获得了美国优质服务科学协会颁发的五星钻石奖。在2000年全国消费服务信誉度调查结果中，海尔空调又以绝对领先的票数成为消费者满意度最高的产品，奠定了海尔坚持打"价值战"不打"价格战"的基础。

问题：（1）海尔的服务有哪些特点？优质服务对海尔的发展有何意义？

（2）以海尔为例，谈一谈企业应如何实现创新服务、个性化服务、差异化服务的理念和战略。

实训教学

【实训项目】顾客满意度的互动模拟。

【实训目的】通过模拟，从顾客的角度建立顾客满意度评价体系；从商家的角度推出旨在提高顾客满意度的策略。通过互动，实现顾客与商家在顾客满意度建设方面达成共识。

【实训要求】1. 分组：将班级同学分为3个大组，每个大组再分为甲、乙两个小组，其中甲组扮演顾客，乙组扮演商家。

2. 角色扮演：

甲组（顾客）提出对产品服务满意的因素。

乙组（商家）提出提高顾客满意度的方法和措施，进一步强化顾客的满意度。

3. 时间：10～15分钟。

4. 所需材料：虚拟的产品目录表（如表15—2所示）。把每一个产品目录剪成一个小纸条，以便抽取。

表 15—2   产品目录表

公司名称：A 公司

测试产品：餐巾纸

产品服务满意度的因素（甲组）：

提高顾客满意度的策略与预算（乙组）：

评价：

公司名称：B 公司

测试产品：手机

产品服务满意度的因素（甲组）：

提高顾客满意度的策略与预算（乙组）：

评价：

公司名称：C 公司

测试产品：啤酒

产品服务满意度的因素（甲组）：

提高顾客满意度的策略与预算（乙组）：

评价：

5. 乙组（商家）用于提高顾客满意度的专项经费每半年为 50 万人民币。

【实训步骤】1. 每一大组负责以上的一种商品。

2. 甲组对产品进行满意度评价并写在产品目录上，要千方百计地说服乙组增加投入，寻求提高顾客满意度的途径和方法。

3. 乙组是商家，负责提高顾客满意度的各种方法的尝试，并要充分征求甲组的建议和意见，从而取得共识。

4. 老师给每一个顾客和商家进行评价后，由全班投票评出优秀奖。

第十六章　客户价值管理

经典语录：多次光顾的消费者比初次登门者可为企业多带来20%~85%的利润，固定消费者数目每增长5%，企业的利润则会增加25%。

美国商业研究报告

▓ 学习目标和实训要求

【理论学习目标】通过本章学习，应掌握客户管理的内容和方法；了解客户让渡价值的含义及提高客户让渡价值的途径和方法；了解客户关系管理系统的含义及结构内容。

【实践训练要求】通过本章学习，应掌握客户分类管理尤其是大客户管理的具体方法；学会通过使用客户关系管理系统，提高客户管理的水平和管理效率；学会如何提高客户让渡价值，增强企业的市场竞争力。

▓ 重点与难点

【重点】如何提升大客户的管理水平？如何建立简单、适用的客户关系管理系统？采取何种措施才能提高客户让渡价值？

【难点】企业CRM系统的建立与使用；客户让渡价值的评价与测量；客户资源的开发与维护。

引例 啤酒与尿布的关系

一般看来，啤酒和尿布是顾客群完全不同的商品。但沃尔玛数据挖掘的结果显示，在居民区中尿布卖得好的店面啤酒也卖得很好。原因其实很简单，一般太太让先生下楼买尿布的时候，先生们一般都会犒劳自己两听啤酒。因此，啤酒和尿布一起购买的机会是最多的。这是一个现代商场智能化信息分析系统发现的秘密。这个故事蕴含着商业数据挖掘的秘密。

沃尔玛能够跨越多个渠道收集最详细的顾客信息，并参与到上游厂商的生产计划和控制中去，将消费者的意见迅速反映到生产中，按顾客需求开发和定制产品。沃尔玛超市天天低价策略的基础正是源于其庞大、先进的CRM体系。

【引例思考】什么是CRM系统？CRM系统对商家提升竞争力有什么好处？

第一节　客户管理

当前的信息时代，人和人之间的联系似乎越来越广泛，也越来越容易。几乎每个人的手机通讯录、QQ名单中都会有一大串名单，但是你有没有试着统计一下：一个月下来，和你通过电话、发过 QQ 消息的"朋友"有多少？虽然你的名单人数已经超过了 100，但其实真正经常和你联系的人可能还不到 20 人，这就是著名的"20/80"原则。同样道理，公司 80% 的利润来自于 20% 的客户，公司的任务就是要把这 20% 的客户视为公司最宝贵的资源，不断加强对客户的管理。

一、客户的分类

（1）按与客户的结算方式来分，客户可分为现金客户、预付款客户、赊销客户等。

（2）按客户是否与企业发生过交易行为来划分，客户可分为老客户、新客户。

（3）按交换的现实性来划分，可分为现实性客户和潜在客户。

（4）按客户对企业赢利性的影响来划分，可分为赢利性客户和非赢利性客户。

（5）按客户与企业关系的疏与密来划分，可分为非客户、潜在客户、目标客户、现实客户和流失客户。

① 非客户。非客户指那些与企业的产品或者服务无关或对企业有敌意、不可能购买企业的产品或服务的人群。

② 潜在客户。潜在客户指对企业的产品或服务有购买欲望、购买动机或购买能力，但还没有产生购买行为的人群。

③ 目标客户。目标客户是企业经过挑选后确定的准备开发为现实客户的人群。

④ 现实客户。现实客户指企业的产品或服务的现实购买者，可分为初次购买者、重要购买者和忠诚客户三类。第一次尝试购买企业产品或者服务的客户叫初次购买者；第二次及第二次以上购买的客户叫重要购买者；连续不断地、有指向性地重复购买的客户叫忠诚客户。

⑤ 流失客户。流失客户是指曾经是企业的客户，但由于种种原因，现在不再购买企业产品或服务的客户。

二、客户管理的内容

客户管理是管理学、营销学和社会学的产物，它将管理的视野从企业内部延伸，扩展到企业外部，是企业管理理论发展的新领域。客户管理的主要内容是：第一，建立与客户之间的关系；第二，维护与客户之间的关系；第三，在客户关系破裂的情况下，恢复与客户之间的关系。

（一）客户关系的建立

企业与客户之间关系的建立需要经过三个环节。首先是识别客户，这包括认识客户对企业究竟有多大的价值；其次是选择客户，即企业应当确定与谁建立关系，选择什么样的目标客户；最后是开发客户，即企业如何与客户建立关系，如何吸引客户和开发客户。

（二）客户关系的维护

客户关系的维护是指企业通过努力来巩固及进一步发展与客户长期、稳定关系的动态过程和策略。客户关系的维护需要企业与客户相互了解、相互适应、相互沟通、相互协调、相互满意、相互忠诚。这就必须要全面掌握客户信息，对客户进行分级管理，与客户进行有效的沟通，最终实现客户忠诚。

（三）客户关系的恢复

客户流失是指客户由于种种原因不再忠诚，而转向购买其他企业的产品或服务的现象。当企业与客户的关系破裂，客户流失成为事实的时候，对有价值的流失客户，企业应当设法挽救，最大限度地争取"破镜重圆"、"重归于好"。

三、客户管理的原则

客户是企业最珍贵的外部资源，企业与客户之间的关系决定着企业的生存和发展。在客户管理中，应遵循以下原则：

（一）公平原则

"客户是上帝"，每一个客户都是企业的衣食父母。对每一个客户，无论大小，企业都应该高度重视，尤其不能因为照顾大客户而忽略甚至损害小客户的利益。

（二）区别对待原则

公平原则并不是说要绝对平均。不同的客户对企业的贡献是不同的，在不影响其他客户正当利益的情况下，向对企业贡献更大的客户群体注入更多的营销资源是无可厚非的。

（三）积极开发原则

客户是企业的生命线，企业要持续不断地发展，不断开发新的客户资源是基础。

（四）努力挽留原则

据有关专家调查统计，开发一个新客户的成本是维持一个老客户的 5~10 倍。所以，企业在开发新客户的同时，要关注、重视与老客户的沟通和服务。

四、客户管理分析方法

由于规模和性质的不同，企业对不同客户的管理模式也有差异，这体现了企业的客户管理盈利模式，即按 ABC 分类法，将客户依年度销售额的大小顺序排列，以顺序累计销售额，然后计算累计销售额对总销售额的构成比。具体内容如表 16—1 所示。

表 16—1　　　　　　　　　　客户管理分析方法

客户名称	年销售额（万元）	客户数量比重	占销售总额的比重	累计客户数量比重	累计销售额（万元）	占销售额的比重
公司1	350	5%	35%	5%	350	35%
公司2	300	5%	30%	10%	300	30%
公司3	100	5%	10%	15%	100	5%
公司4	75	5%	7.5%	20%	75	5%
公司5	65	5%	6.5%	25%	65	5%
公司6~20累计	110	75%	11%	25%	110	75%
合计	1 000	100%	100%	100%	1 000	100%

根据表 16—1 的分析可以看出：企业的 A 类客户为公司 1 和公司 2，它们是公司的大客户，是客户管理的重中之重；B 类客户为公司 3、公司 4 和公司 5，它们是公司的主力

客户，是公司应多培育的市场；C 类客户为公司 6 至公司 20，它们是公司的小客户，是公司不能忽视的市场。

五、大客户管理

大客户也称为关键客户，是指对企业贡献最大，经常得到企业的特殊关照并给予特别支持的客户群体。大客户由公司组织专门人员构成的专门小组进行管理，专门小组主要负责对大客户的销售和协调工作。大客户的管理要点包括以下几个方面：

（一）保证大客户的货源

大客户采购量较大，优先满足大客户对产品的数量及系列化的要求是大客户管理的首要任务。

（二）新产品首先在大客户之间试销

大客户一般具有较大的影响力，新产品在大客户之间的试销，对于收集客户对新产品的意见和建议具有较强的代表性和良好的时效性，便于企业及时做出决策。对于新产品试销，企业应该提前做好与大客户的前期协调和准备工作，以保证新产品试销能够在大客户之间顺利进行，并及时扩散到其他客户群体。

（三）对大客户实行政策倾斜

在不影响其他客户的情况下，给予大客户一定的政策倾斜，能够调动大客户的积极性，提高他们的满意度。政策倾斜包括给予大客户融资支持、企业高层拜访、制订大客户奖励政策等。

（四）经常与大客户进行沟通

例如，征求大客户对营销人员的意见；及时、准确地向大客户传递信息；组织大客户与企业之间的年度座谈会等。

（五）大客户付款管理

大客户采购量大、结算金额大，大客户在付款方面往往会提出较苛刻的要求，以达到推迟付款的目的。企业可以采取相应措施缓解付款问题：将价格让步与付款条件捆绑在一起；采取适当的商业折扣策略，鼓励大客户提前付款；尽量争取预付款；转嫁资金压力，将资金压力转嫁给自己的上游企业；严格审核客户的信用度等。

小资料16—1 值得关注的客户价值"定律"

1. 1 个满意的顾客平均会转告 3 个人，会引发 8 笔潜在的生意；1 个不满意的顾客会转告 8~12 个人，其中 20% 的被转告者会再转告另外 20 人。

2. 1 个非常满意的客户的购买意愿将 6 倍于 1 个满意的客户。

3. 96% 不愉快的顾客从不向公司反映问题。当有抱怨时，只有 4% 的顾客会告诉你；96% 的顾客会保持沉默。

4. 顾客不光顾的原因有：（1）3% 的顾客搬家了；（2）5% 的顾客与同行业有交情；（3）14% 的顾客认为产品的品质不佳；（4）68% 的顾客认为产品的服务不周；（5）9% 的顾客认为产品的价格太高；（6）1% 的顾客有其他原因。

5. 公司 1 个服务人员的 1 个负面影响可以抵消 12 个正面影响，即 1 个缺点的阴影可以遮盖 12 个优点的光芒。

6. 能够将顾客的抱怨或投诉妥善处理，会有70%的顾客会再次光顾，如果能够当场圆满解决的话，这个比率是95%，而且95%的顾客会将其满意度转告给20多个人。

7. 开发1个新顾客的成本是留住老顾客的5倍，而流失1个老顾客的损失，要争取到10个新顾客才能弥补。

8. 100−1＝0。意思是，即使有100个顾客对1个企业满意，但只要有1个顾客对其持否定态度，企业的美誉度就立即归零。

9. 每个顾客的背后都有250人，推销员若得罪1个人，也就意味着得罪了250人；相反，如果推销员能够充分发挥自己的才智，每服务好1个顾客，也就得到了250个顾客关系。

10. 公司80%的利润来自于20%的客户。

11. 多次光顾的消费者比初次登门者可为企业多带来20%～85%的利润，固定消费者数目每增长5%，企业的利润则会增加25%。

小思考16—1

通过以上11组数据，分析和评价客户关系对企业营销的影响。

第二节　客户让渡价值

为什么几乎同样的产品，知名品牌比普通品牌价格高，但其销售却很好。例如，海尔产品的价格一般都比同类产品偏高，因为，海尔的营销理念是"只打价值战，不打价格战"。价值战中的价值实质就是客户让渡价值。

一、客户让渡价值的含义和意义

（一）客户让渡价值的含义

客户让渡价值就是客户购买的总价值与客户购买的总成本之差，用公式可表示为：客户让渡价值＝客户总价值−客户总成本。其实质就是客户通过购买和消费产品所获得的超过付出的好处和利益。具体内容如图16—1所示。

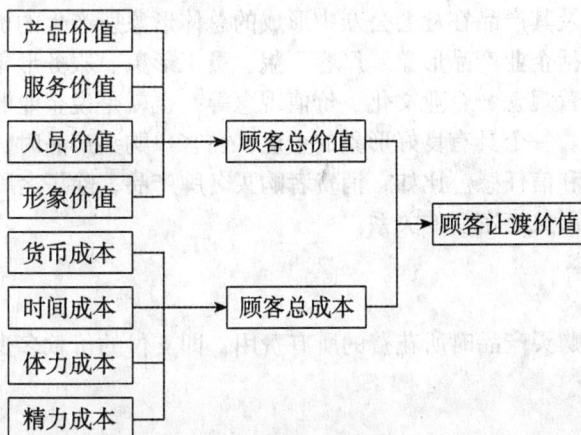

图16—1　顾客让渡价值体系图

作为"理性人"的客户在选择和评价购买水平时，只有当购买产品所带来的满足感等于或大于客户所付出的代价，对客户来讲才是有价值的，他才可能购买该产品。否则，就会选择拒绝购买。

（二）客户让渡价值的意义

客户让渡价值的意义在于：

（1）充分体现了以客户为中心的现代营销观念。研究客户让渡价值有利于充分认识和理解客户的购买要求、体验和感受，从而提高客户满意度。

（2）帮助企业寻找自身优势。研究客户让渡价值能够使企业从目标客户的需求出发，选择最有利于本企业提高客户让渡价值的领域进行市场定位，提高营销工作的效率。

（3）帮助企业提升自身竞争力。研究客户让渡价值有助于企业客观分析和评价自身的竞争优势、劣势，进行差异化选择，树立自己的特色形象。

二、客户让渡价值的计算

（一）客户总价值

1. 产品价值

产品价值是由产品的功能、特性、品质、品种与式样等所产生的价值，是客户选择产品最主要的因素。

2. 服务价值

服务包括售前、售中与售后服务。具体地说包括产品介绍、购物咨询、送货、安装、调试、维修、技术培训等。客户购买产品，除了考虑产品的品质以外，很重视所得到的服务，客户更愿意购买那些能提供良好服务的企业所生产的产品。

3. 人员价值

人员价值包括企业员工的经营思想、知识水平、业务能力、工作效率与质量、经营作风、应变能力等。企业员工素质高，生产的产品就好。客户更愿意购买具有高素质人才企业的产品，并乐意和有较高素质的员工打交道，因为他们可信度高。

4. 形象价值

形象价值指企业及其产品在社会公众中形成的总体形象所产生的价值。企业形象有十分广泛的含义，它包括企业产品形象、厂容厂貌、员工形象、服务形象、公关形象、广告形象、经营形象、经营观念、企业文化、价值观念等，也就是说企业的形象既包括物质形象，又包括精神形象。一个具有良好形象的企业，在客户购买产品时，可给他们带来精神上和心理上的满足感和信任感。比如，消费者购买名牌产品，除了名牌产品的品质和服务好外，与良好的企业形象有密切的关系。

（二）客户总成本

1. 货币成本

货币成本即客户购买产品时所花费的所有费用，即支付的价款多少，是构成客户成本最重要的内容。

2. 时间成本

时间成本是指消费者在购买产品或服务时，考虑购买和在实际购买过程中所花费的时间。

3. 精力和体力成本

精力和体力成本指客户购买产品时，在精神、体力方面的耗费与支出。消费者购买产品是一个较复杂的过程，需经过产生需求、寻找信息、判断选择、决定购买、实施购买以及购后评估等过程。如果客户在这些阶段花费较多的体力和精力，就会降低消费者对这种产品的评价。

三、提高客户让渡价值的途径

（一）提高客户总价值

1. 提高产品价值

提高产品价值就是设法完善产品的功能，提高产品质量，通过品种、样式的不断翻新，以优质产品满足客户需求。

2. 提高服务价值

提高服务价值就是认真调查和研究客户的购买心理、行为和流程，充分了解客户要求，提供更周到、优质、完善的服务。

3. 提高人员价值

提高人员价值就是加强对员工的培训和教育，提高员工的服务意识和服务水平，实施"全员营销"战略。

4. 提高形象价值

提高形象价值就是重视自身形象的建立和维护，妥善处理好企业与员工、客户、经销商、竞争者、政府、媒体、社会公众等的内、外部关系，培养企业的社会责任感，树立企业长期的良好形象。

（二）降低客户总成本

1. 降低货币成本

降低货币成本就是通过技术革新等手段，降低生产经营成本，降低产品价格。

2. 降低时间成本

降低时间成本就是：做好广告宣传，让客户在尽可能短的时间里充分了解产品，减少购买时间；增设销售网点，方便客户购买；向客户提供细致周到的服务。

3. 降低体力和精力成本

降低体力和精力成本就是在有关产品宣传、广告、提供信息、产品销售渠道、销售网点、服务等各个方面为消费者提供最大的便利，减少客户的购买风险，降低消费者的体力和精力成本。

第三节　客户关系管理系统

随着信息技术的发展和市场全球化进程的加快，企业的经营环境发生了巨大的变化。一方面，企业的规模不断扩大，客户数量惊人；另一方面，客户的需求越来越个性化，企业对客户管理的难度加大。但随着网络应用技术的发展，越来越多的企业抓住了这一契机，利用信息技术手段，通过建立和完善客户关系管理系统，极大地提高了客户管理的效率，为与客户建立长期、稳定和相互信任的关系奠定了基础。

一、客户关系管理系统的含义

客户关系管理（Customer Relation Management，CRM）系统是企业在寻找、建立、维护和挽救客户过程中所采用的所有方法、制度和技术的总和。客户关系管理系统是现代管理思想和信息技术相结合的产物，它通过最佳商业实践与信息技术的融合，围绕"客户中心"设计和管理企业的战略流程、组织和技术系统，提供了一个自动化的解决方案，其目的是提高客户价值和忠诚度。

二、客户关系管理系统的设计

客户关系管理系统包括四个子系统：客户协作管理分系统、业务管理分系统、分析管理分系统和应用集成管理分系统。

（一）客户协作管理分系统

在客户协作管理分系统中，主要实现了客户信息的获取、传递、共享和应用，包括支持电话中心、Web 服务、电子邮件、传真等多种联系渠道的紧密集成，系统支持客户与企业的充分互动。实现客户协作管理分系统的核心技术是集成多种客户联系渠道的客户服务中心（呼叫中心）（Call Center）。

（二）业务管理分系统

在业务管理分系统中，主要实现了市场营销、产品（服务）销售、客户服务与支持等三种基本商务活动的优化和自动化，包括市场营销自动化（MA）、销售自动化（SFA）和客户服务自动化（CSS）三个功能模块。随着移动技术的快速发展，销售自动化进一步向移动销售（MS）发展。客户自动化则将实现对现场服务（FSD）的支持。业务管理分系统的核心技术是能实现业务流程自动化的工作流技术。

（三）分析管理分系统

在分析管理分系统中，将实现客户数据仓库、数据集市、数据挖掘等工作，并在此基础上实现商业智能和决策分析。实现分析管理分系统的核心技术是数据仓库和数据挖掘技术。

（四）应用集成管理分系统

在应用集成管理分系统中，将实现与企业资源规划（ERP）、供应链管理（SCM）等系统的紧密集成，以实现整个的企业应用集成。实现集成管理分系统的核心技术是企业应用集成技术（EAI）。

在上述四大分系统的支持下，CRM 系统能实现与客户的多渠道紧密联络，实现对客户销售、市场营销、客户支持与服务的全面管理；实现客户基本数据的记录、跟踪；实现客户订单的流程追踪；实现客户市场的划分和趋势研究；实现在线数据联机分析以支持智能决策；实现与企业资源规划、供应链管理、办公自动化（OA）等系统的紧密集成。

三、客户关系管理系统的功能模块

为了发挥 CRM 系统的最大效应，CRM 系统可分为以下几个功能模块：

（一）销售自动化

销售自动化（Sale Force Automation，SFA）是 CRM 系统中最基本的功能模块，销售自动化的主要作用对象是销售人员和销售管理者。在 CRM 系统中,销售自动化主要管理商业机遇、客户数据以及销售渠道等方面的内容,该模块运用各种 IT 技术把现场销售、电话销售、在线销售等所有的销售渠道和销售环节有机地组合起来,帮助企业达到提升销售水平和实现销售过程自动化的目的。这样,在企业的销售部门和市场营销部门之间建立了一条以客户为引导的流畅的工作流程,同时平衡和优化了每一个销售环节。

(二)营销自动化

营销自动化(Marketing Automation,MA)是 CRM 领域中比较新的功能,其着眼点在于帮助市场专家对客户和市场信息进行全面的分析,从而对市场进行细分,进行高质量的市场策划活动,指导销售队伍更有效地工作。营销自动化通过设计、执行和评估市场营销活动和构建相关活动的全面框架,提高市场营销人员的工作能力,使市场营销人员能够利用 IT 技术,对市场营销活动进行全面的分析、计划、执行和监视,并应用工作流技术分析和优化营销流程,使一些共同的营销任务和过程自动化。营销活动自动化的最终目标是在活动、渠道和媒体间合理分配营销资源,以达到收入最大化和客户关系最优化的目的。

(三)客户服务自动化

实现客户服务自动化对提高客户满意度和维持客户关系至关重要。客户服务自动化可以帮助企业以更快的速度和更高的效率来满足顾客对服务的要求,进一步保持和发展客户关系。客户服务自动化向服务人员提供完备的工具和信息,支持与客户的多种交流方式;可以帮助服务人员更有效、更快捷、更准确地解决客户的服务咨询,同时根据用户的背景资料和可能的需求向用户提供合适的产品和服务建议。

(四)商业智能

商业智能是指利用数据挖掘、知识发现等技术分析和挖掘结构化的客户关系管理系统。面向特定领域的存储于数据仓库内的信息,它可以帮助用户认清发展趋势,识别数据模式,获取智能决策支持,并得出结论。商业智能的范围包括客户、产品、服务和竞争者等,在 CRM 系统中,商业智能主要是指客户智能。通过客户智能,可以收集和分析市场、销售、服务和整个企业的各类信息,对客户进行全方位的了解,从而理顺企业资源与客户需求之间的关系,增强客户的满意度和忠诚度。

(五)其他模块

作为一个完整的 CRM 系统,除上述指出的一些常用的功能模块外,通常还必须包括集成的电话中心、Web 服务、电子邮件、传真等多种客户联系渠道的客户服务中心(呼叫中心),包括与 ERP 系统、SCM 系统等外部系统的整合等功能模块。

四、客户关系管理系统的内容集成

(一)客户信息系统

它包括客户基本信息、与客户相关的基本活动和活动历史、联系人的选择、订单的输入与跟踪、建议书和销售合同的生效、客户分类、客户信用限度的分析与确定。

(二)联系人系统

它包括联系人概况、跟踪与顾客的联系、客户内部机构设置概况等。

(三)时间管理

它包括设计约见、活动计划等。通过备忘录,企业可以进行团队事件安排,查看团队中其他人的安排，把事件安排通知相关人员。

（四）潜在客户管理

它包括业务线索记录、销售机会的升级和分配、潜在客户的跟踪等。

（五）客户服务

它包括服务项目的安排、事件的升级、事件报告、服务协议和合同、订单管理和跟踪等。

（六）呼叫中心

它包括呼入和呼出电话的处理、互联网回呼、呼救中心的运行管理、电话转移、路径选择、报告统计分析及通过传真、电话、电子邮件、打印机自动进行资料发送等。

（七）电子商务

它包括个性化的界面和服务、网站内容管理、店面设计、订单和业务处理、销售空间拓展、客户自助服务、网络运行情况等。

（八）电话销售

它包括服务电话表、不同客户类型的销售服务等。

（九）系统集成

由以上 8 个系统而集成。

综合以上因素，CRM 系统是一个复杂的系统工程，其功能可以归纳为三个方面：对销售、营销和客户服务三部分业务流程的信息化；与客户进行沟通所需要的手段（如电话、传真、网络、E-mail 等）的集成和自动化处理；对上面两部分功能所积累下的信息进行的加工处理，并产生客户智能，为企业的战略和战术决策作依据。具体内容如图 16—2 所示。

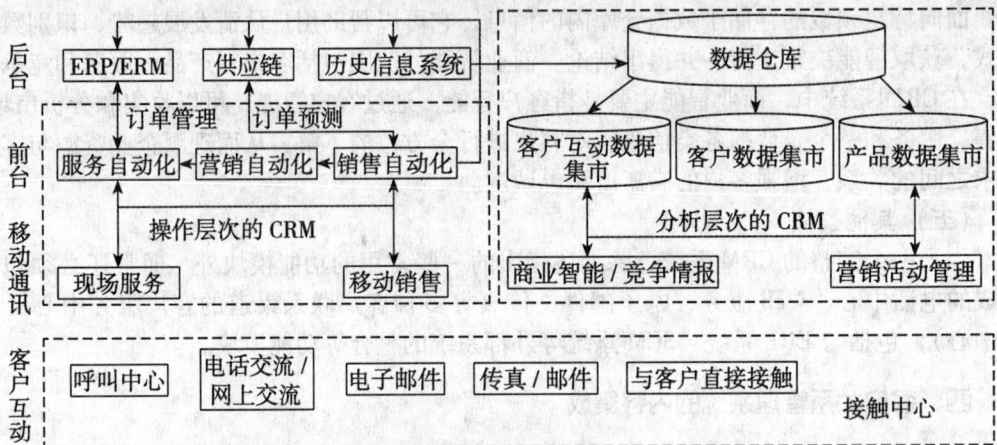

图表由企业资源管理研究中心（AMT）—www.AMTeam.org 提供

图 16—2　CRM 系统示意图

五、CRM 系统的实施

一个典型的企业 CRM 系统在实施时，通常包括以下四个阶段：

（一）信息管理阶段

CRM 系统需要从企业的业务系统、ERP 系统、MIS 系统、OA 系统中抽取有关客户的数据，然后进行进一步转换、清理、加工。

（二）客户价值衡量阶段

在上一阶段数据加工的基础上，用数据挖掘工具对数据进行整理，生成有用的客户信息。

（三）活动管理阶段

根据取得的这些客户信息来设定一些企业所要做的市场推广活动。比如，要促销企业的新产品时，就要进行客户细分，分析哪些客户最有可能成为企业的促销对象，做到有的放矢。

（四）实施管理阶段

它是上一阶段活动的具体化。设计完促销活动以后需要通过各种渠道，如呼叫中心、网站发布、发送 E-mail 等方式进行实施。

■ 本章提要

当今市场，每个企业的管理者都面临着这样一个现实，即产品差异性愈来愈小，促销手段已经用尽，竞争对手愈来愈多，而客户的要求开始千变万化。如何脱颖而出，建立核心优势，赢得市场回报，方法只有一条，即关注顾客需要，并建立完善的顾客关系体系。通过本章学习，应掌握客户管理的内容和方法，应能够以 CRM 系统为应用方面的突破口，全面研究、设计、使用 CRM 系统对客户进行全面管理，使企业最终在竞争日益激烈的商业战场中，获得长久的竞争优势。

■ 练习与思考

1. 如何对客户进行有效的分类？
2. 什么是大客户？怎样有效地进行大客户管理？
3. 什么是客户让渡价值？怎样提高客户让渡价值？
4. 怎样设计和使用 CRM 系统？

■ 案例教学

华为公司的客户关系理念——"151 工程"

华为公司的客户关系管理（CRM）在华为内部被总结为"151 工程"，即一支队伍、五种手段（参观公司、参观样板点、现场会、技术交流、管理和经营研究）、一个资料库。

刘平先生在《华为往事》中谈到：为了经营好客户关系，华为人无微不至。华为员工常常能把省电信管理局上下领导的爱人去深圳看海、家里换煤气罐等所有家务事都包了；能够从机场把对手的客户接到自己的展厅里；能够比一个新任处长更早得知其新办公地址，在他上任第一天将《华为人报》改投到新单位。这些并不稀奇的"常规武器"，已经固化到华为企业制度和文化中了。

华为的营销两条线：一条产品线；一条客户线。产品经理负责售前、产品宣讲、技术交流、市场策略等等；客户经理把客户关系管理体现在关注运营商，关注客户的家人，关注他们的一举一动，关注客户的喜好，需求等方面。

最为可贵的是，华为把"151工程"形成制度化，作为一个成功的模式固化下来，并形成全体员工认可的一种企业文化。

问题：华为公司客户关系管理有何特色？其客户关系理念体现了企业什么管理理念？

▨ 实训教学

【**实训项目**】如何善待每一个顾客？

【**实训材料**】"芬克斯"西餐酒吧的故事

在宗教圣地耶路撒冷，有一个名叫"芬克斯"的西餐酒吧，它曾经连续3年被美国《每周新闻》杂志选入世界最佳酒吧的前15名。"芬克斯"酒吧一跃而成为世界著名酒吧，很大程度上与美国著名政治家、前国务卿基辛格有关。

20世纪70年代，为中东和平而四处穿梭的基辛格，来到了耶路撒冷，听说"芬克斯"酒吧名声不错，也想去造访。他亲自打电话到"芬克斯"预约，接电话的正好是店主罗斯·恰尔斯先生。

基辛格做了自我介绍，那时，在约旦和巴勒斯坦地区，无人不知基辛格的大名，因为从某种意义上说他掌握了约旦和巴勒斯坦的命运。然而，罗斯·恰尔斯没有接受基辛格的预约，因为基辛格提出的额外要求深深刺痛了他那根职业道德的敏感神经。

基辛格这样说："我有10个随从，他们将和我一起前往贵店，到时希望贵店谢绝其他顾客。"基辛格认为这个要求肯定能被接受。光顾那家酒店，会提升它的形象。不料，罗斯·恰尔斯给了他一个意想不到的回答。他非常客气地说："您能光顾本店，我感到莫大的荣幸。但因此而谢绝其他客人，我实在做不到。他们都是我的老顾客，也是支撑我这个店的人，我无论如何也不会将他们拒之门外的。"

听到这一回答，基辛格很不高兴地挂断了电话。

第二天傍晚，基辛格又一次打来电话。基辛格真不愧是外交家，他首先对自己头天的失礼表示道歉，接着，他告诉店主人，这一次他只带3个随从，只订一张桌子，店方也不必谢绝其他客人。这对基辛格来说是最大的让步了，但结果还是让他失望了。"非常感谢您的诚意，基辛格先生，但我还是不能接受您明天的预约。"罗斯·恰尔斯问道："为什么？"基辛格大惑不解。"因为明天是周末，本店的休息日。""但我后天就要离开此地了，你不能为我破例一次吗？""那不行，作为犹太后裔的您也应该知道，对我们犹太人来说，星期六是一个神圣的日子，在星期六营业，是对神的亵渎。"基辛格听后什么也没说，挂断了电话。这则轶闻被美国记者知道后，写成了新闻，在美国报纸上大加炒作，这无意中提高了"芬克斯"的知名度。

【**实训要求**】1. 选取两名同学分别扮演基辛格和酒吧老板，演示故事的全过程。

2. 把同学分为两组，一组作为正方，支持酒吧老板的做法；一组作为反方，不支持酒吧老板的做法。进行分组辩论，各组要阐明自己的观点，并充分说明理由。

第十七章 营销策划方案

经典语录：上兵伐谋。

《孙子兵法》之《谋攻篇》

▨ 学习目标和实训要求

【理论学习目标】通过本章学习，应了解营销策划的基本概念和内容，并掌握营销策划方案的设计与方案执行的方法、技巧。

【实践训练要求】通过本章学习，应学会制订企业营销策划方案。

▨ 重点与难点

【重点】营销策划方案的设计与撰写。

【难点】营销策划方案设计中，对市场的分析方法、对新产品的创意及概念的描述、市场策划方案的执行与控制方法。

引例 策划卖书

一位出版商手头积压了一批书卖不出去，眼看就要亏大本了。情急之下，出版商想了一个点子：给总统送去一本，并频频联系征求意见。忙得不可开交的总统随便回了一句："这书不错。"这一来出版商如获至宝，大作宣传道："现有总统喜爱的书出售。"他还把"这书不错"四个字印在封面上。于是，手头的书很快被抢购一空。

不久，这个出版商又有一批书，便照方抓药，又给总统送去了一本。总统有了上次的教训，想借机奚落一番，就在送来的书上写道"这书糟透了"。结果总统还是上了出版商的圈套。出版商还是借机大肆宣传道："现有总统讨厌的书出售。"人们出于好奇争相抢购，书很快便全部卖掉了。

第三次，出版商再次把书送给总统，总统有了前两次被利用的教训，干脆紧闭金口不理不睬。然而，出版商还有话说。这次他的宣传词是"现有令总统难以下结论的书，欲购从速"。结果，书还是被抢购一空。

【引例思考】有人说，方法比理论重要，而思想比方法更重要。通过本案例，你怎样看待和理解营销策划？

第一节　营销策划概述

一、营销策划的含义

策划的思想最早出现在军事领域，它是一种"运筹帷幄，决胜千里"的战略性和战术化的谋划过程。从现代管理层面看，策划是一种程序，本质上是一种运用脑力的理性行为，是针对未来要发生的事情做当前的决策，它具有前瞻性、创造性的特点。

营销策划，是指对企业即将开展的市场营销活动做全盘的安排与谋划。它具体表述为：为了快速、高效地实现企业预定的市场营销目标，运用先进的营销理念、营销思维以及系统的、科学的方法，对企业生存和发展的宏观经济环境和微观市场环境进行分析，发现企业生存与发展的市场机会，围绕消费者满意这个中心，重新组合和优化配置企业的各种资源，对未来将要开展的整体市场营销活动或某一方面的市场营销活动进行系统、全面的构思与谋划，进而制订和选择切实可行的市场营销方案的一种富有创意的规划活动。

营销策划，实际上是对营销理论和营销工具的一次创造性的整合应用。通过这种创造性的整合应用，帮助企业发现甚至创造市场，然后进入市场并不断扩大市场，最后占领市场，赢得市场竞争的胜利。营销策划的最终成果就是营销策划书。

二、营销策划的特点

（一）营销策划的基础是市场调查

营销策划是对未来营销活动的一种谋划，它非常讲究谋略，有很高的艺术性，但是这种艺术性必须建立在严谨的科学性之上，特别是建立在充分的市场调查的基础之上。要对企业的营销环境做深入的调查和分析，全面和准确地了解、掌握企业营销活动及其所有影响因素的信息是开展营销策划活动的先决条件，是决定营销策划活动成功与否的关键。

（二）营销策划是一个系统工程

营销策划是一个遵循一定逻辑程序的系统性的思维过程，即通过市场调查，发现市场机会，进而整合企业的营销资源、营销战略和营销策略，最后创造性地形成目标、手段、策略，执行高度整合、高度统一的系统性行动方案。营销活动的成功依靠的是各种资源、方法、手段的整合。

（三）营销策划的核心是创新

营销策划实际上就是对企业竞争策略以及具体措施进行策划，使企业在市场竞争中建立和保持竞争优势。要获得竞争的优势，就必须对自己的竞争手段进行创新，这样才能战胜对手，出奇才能制胜。

（四）营销策划已成为企业创造并保持市场竞争优势的重要手段

有人说："管理是企业的效益，创新是企业的生命，策划是企业的翅膀。"可见策划对企业的重要意义。

第二节　营销策划的内容和原则

一、营销策划的内容

营销策划的内容涉及市场营销活动的方方面面，贯穿企业的整个经营过程。因此，根据企业的现状以及不同的需求，营销策划有着不同的层次与类别。

（一）营销策划的三个阶段

菲利普·科特勒将营销过程概括为以下三个阶段：

（1）选择价值。这一阶段的工作主要是通过细分市场、选择适当的目标市场、开发产品的价值定位等手段，选择有价值的营销策划主题。

（2）提供价值。这一阶段的工作主要是通过确定特定产品的性能、价格和渠道，以展示营销策划的价值。

（3）传播价值。这一阶段的工作是组织销售力量，通过促销、广告及其他推广工作，传播营销策划的价值。

第一阶段的工作属于战略营销，第二阶段的工作是战术营销，第三阶段则为战术营销的延伸。

（二）营销策划的两个层次

营销策划可分为战略层次和战术层次两种。

1. 营销战略策划

营销战略策划指在市场调研的基础上，规划企业的业务战略方向和目标市场的营销战略，它主要包括市场细分、目标市场选择、市场定位三方面的内容。

2. 营销战术策划

营销战术策划指为实现企业营销的战略目标，在服从和服务于整体营销战略的前提下，对企业营销活动涉及的各个环节及具体策略进行策划，它包括产品策略策划、价格策略策划、渠道策略策划、促销策略策划，即4Ps组合策略策划。

根据企业的具体经营情况，还可以分出 CI 策划、客户服务策划、媒体策划、卖场策划、企业网站策划、危机营销策划等。

比较而言，营销战略策划解决的是企业带有全局性、长远性、纲领性、方向性的营销问题。而营销战术策划涉及的则是具体执行的问题，其内容更细致而广泛，且更强调其操作性。企业营销策划，必须先解决战略问题，然后才到战术问题。

（三）营销策划的内容

菲利普·科特勒在其《营销管理》一书中，对营销策划的内容做了以下描述：

1. 当前营销状况

它包括市场、产品、竞争、分销和宏观环境的背景资料分析。

2. 机会和问题分析

利用 SWOT 分析方法对企业的营销状况进行分析，提出企业营销的主要机会，并确定影响组织目标实现的关键问题。

3. 营销战略

由产品经理定义目标市场，以对公司供应品有需要和感到满意的群体为目标市场，确定产品线的竞争定位，形成"博弈计划"，完成计划目标。

4. 财务目标

在行动计划中，产品经理应该集中说明支持该方案的预算。

5. 执行控制

执行控制是指策划的组织管理者监督计划实施的过程。

二、营销策划的原则

（一）系统性原则

很多人在做营销策划时经常以点带面，将营销策划等同于出点子，或将广告视为万能，或沉迷于概念炒作，一味地追求轰动效应。这样的策划也许能给企业带来短暂的繁荣，但却无法维持企业的长久发展。

营销策划的系统性原则可以视为水桶理论在营销策划里的应用，营销活动的成功依赖于每一块"木板"（产品、价格、渠道、促销、公共关系等）的长度与质量状况。因此，在营销策划时，哪一块"木板"都不能短。

（二）创新原则

营销策划的灵魂就是创新，"不创新就死亡"。因此，在营销策划的过程和最终的方案里面应该处处体现创新精神，包括对市场认知的创新、营销思维的创新、营销模式的创新、竞争手段的创新等。

（三）切实高效原则

营销策划是扎扎实实的服务，不是哗众取宠，不能随心所欲，不能为创意而创意、为造势而造势。好的营销策划不仅手法独特，构思巧妙，有轰动效应，更重要的还在于：策划应该与企业现有的人力、物力、财力相适应；策划能够实现企业的营销目标，带来经济效益和社会效益。

（四）随机应变原则

营销策划应该具有一定的灵活性，能随机应变，根据企业内外环境、条件的变化，及时进行调整、修正。

（五）与环境协调原则

营销策划应该与企业的外部环境保持一定的协调性，营销策划一旦与企业外部的环境因素（如政治、法律、宗教、价值观、风俗习惯、民族禁忌等）产生矛盾冲突，最后必然会导致企业营销活动的失败。

（六）团队协作原则

现代的营销活动是一个系统工程，其涉及的层面与环节越来越广，需要的专业知识和专门技术也越来越多。既要有全局的把控力，又要有涉及各要素的实际设计与操作能力；既要搞创意又要琢磨市场；既要研究企业，又要了解消费者；既要懂广告，熟悉电视、报纸等媒介，又要懂渠道。

案例17—1 策划脑白金软文

脑白金独创的软文广告，以较少的启动资金，令其在短期内迅速占领了市场，创出了名牌，更重要的是将保健品营销向前推进了一大步，这就是脑白金创造的奇迹。

脑白金最初入市，以大脑脑白金体及其分泌的脑白金为主诉求点，宣传衰老与年轻态的概念，引出产品的多项保健功效。这在国内，甚至世界范围内，尚属首次，其神秘感不言而喻。特别是早期的新闻炒作，如《人类可以长生不老?》、《格林登太空》等，无论从内容的新闻性、权威性，还是可读性、通俗性，都能激起强烈的阅读欲望，因为里面蕴含了大量的信息资料，是一般人闻所未闻的，而且时效性很强，在当时，的确收到了相当的阅读效果。读者很自然地接受了脑白金，并对它产生了某种神奇的印象，至少达到了"引起注意，产生兴趣"的效果。待功效软文《一天不大便等于抽三包烟》、《女人四十，是花还是豆腐渣》等面市后，脑白金软文更准确地驾驭了人们的求美、求新、求年轻的心理，令读者产生了试用的冲动。随后登场的资料篇也好，送礼篇也好，都巧妙地将广告信息融于可读性的文章中，起到了埋伏性的广告效果。这也许正是脑白金策划的亮点吧。

【案例思考】软文运用得好，将具有十分强大的市场杀伤力，为什么软文有如此神奇的效果？软文运用有什么技巧？

第三节　营销策划方案

一、营销策划的流程

怎样进行营销策划？市场环境是千变万化的，企业的情况也各有不同，因而营销策划没有固定的模式，但营销策划的基本流程可概括为以下几点：

（一）界定营销问题，明确策划方向

营销策划的第一步工作就是通过对企业营销现状的初步分析，运用科学的方法界定当前企业所面临的主要营销问题，进而明确企业的营销目标，确定营销策划的主题，为营销策划指明工作方向。

"对一个问题做出恰当的定义等于解决了问题的一半。"在界定企业营销问题的时候，要"透过现象看本质"，要抓住问题的关键。否则，营销策划的方向就会走偏，甚至误入歧途。

（二）展开市场调研

围绕企业的主要营销问题和企业的营销目标，对企业的营销环境、市场、竞争以及企业经营的历史、资源等做全面的调查和研究。

（三）激发营销创意，形成营销构想

根据确定的策划主题，对市场调研收集到的信息展开系统、科学的分析，通过创新思维和头脑风暴，充分激发创意，形成解决营销难题的一些战略以及策略方面的构想。

（四）形成营销方案

营销构想只是一些点子、一些谋略。因此，还需要将这些点子、谋略与其他因素、资源整合在一起，并进行反复论证与完善，具体化为一整套可以操作实施的营销方案。

（五）撰写营销策划方案

为使营销方案能得到准确、有效的执行，还需要撰写一份条理清晰、规范、严谨的营销策划方案，对营销战略和战术的形成以及实施细节做必要的说明，使整个营销活动有一个统一的行动纲领和依据。

（六）方案的执行与控制

营销策划方案通过以后，就要按营销策划方案的目标、方法、时间进度要求付诸执行。为保证营销方案得到准确、有效的执行，要加强对各执行环节的监控，避免执行"走样"。

（七）总结与分析

策划方案实施完成或取得阶段性成果后，要对策划工作以及营销活动的开展情况和成

果进行分析、评估，以明晰策划工作的得失，进而总结经验教训，为后续的营销策划工作和营销活动的开展提供依据和经验指导。

二、营销策划方案编制的原则

营销策划方案是关于未来营销活动构思、创意、设想的书面表达形式，是将要被执行的行动指南。为了提高策划方案撰写的准确性与科学性，应首先把握其编制的几个主要原则。

（一）符合逻辑思维

策划书的编写应遵循"提出问题、分析问题、解决问题"这样一个基本的逻辑思维来进行，要做到思路清晰、观点明确，以便于别人阅读和理解。

（二）简洁且具有实效

策划书应做到简明扼要，要注意突出重点，抓住企业营销中所要解决的核心问题，深入分析，提出可行性的相应对策。其他说明性和指导性的文字力求简洁、清晰、易懂。

（三）具有可操作性

策划方案是用于指导营销活动的，其指导性涉及营销活动中的每个人的工作及各环节关系的处理，因此，其可操作性非常重要。

（四）新颖、独特

创意是营销策划的灵魂，因此，新颖、独特的创意是策划方案的核心内容。同时，策划方案的表达方式也要做到新颖、独特，要能吸引读者的关注与阅读。

三、营销策划方案的基本内容

策划方案没有一成不变的格式，它依据产品或营销活动的不同要求，在策划的内容与编制格式上有一定变化。但是，从营销策划活动的一般规律来看，一份策划方案必须具有一定的内容和基本的框架结构。具体内容如表17—1所示。

（一）封面

封面应包括以下要项：

（1）策划方案的名称。策划方案的名称要简明、扼要地表述策划的主题，例如，"××产品全国市场推广策划方案"。

（2）策划机构或策划人的名称。表明本策划方案的策划人是谁，所属单位、部门、职务等相关信息。

（3）策划完成日期及本策划适用时间段。因为，营销策划具有一定的时间性，不同时间段上市场的状况不同，营销执行效果也不一样。

（二）概要

它相当于一篇文章的内容摘要，是对营销策划方案的主要内容做概括性陈述，使读者对本策划案的主要内容和要点有一个非常清晰的概念，以引起读者的阅读兴趣。

（三）目录

策划方案的目录与普通书籍的目录一样，主要是为读者提供一个关于本策划案的清晰的概貌、思路和结构。

表 17—1　　　　　　　　　　　营销策划方案完整的框架结构表

构成		内容	说明
封面		策划方案的名称、策划机构或策划人的名称、策划完成日期及适用时间段	
概要		策划方案的内容摘要	核心观点
目录		相当于策划方案的提纲	构成框架
正文	前言	策划的目的、方法、意义	策划背景
	市场分析	重要营销环境因素、产品市场状况、竞争状况、分销渠道等的简要分析	策划依据
	SWOT 分析	分析营销机会、威胁、优势和劣势	提出问题
	营销目标	市场目标、财务目标	目标明确化、量化
	营销战略	市场细分、目标市场、市场定位分析	营销活动的方向
	营销组合策略	产品策略、价格策略、分销渠道策略、促销组合策略	营销目标实现的具体途径、手段
	执行方案	执行项目、人员、方式、时间、费用、物资	实施过程、程序
	费用预算	方案所需的各项费用	营销成本
	执行控制	执行控制、应急方案	监督结果
	附录	数据资料、市场调研情况及其他需要载明的背景资料	策划方案的坚实基础

（四）前言

本部分要对策划方案的起因、目的、意义、宗旨、紧迫性、方法、过程、内容等背景性资料做简要介绍。它主要包括以下两个部分的内容：

（1）简要说明策划方案的起因以及要实现的目标、宗旨，来强调执行本策划方案的意义，以统一各部门、各相关人员的思想，协调行动，共同努力保证策划高质量地完成。

（2）对策划的结果、方法、过程做简要的阐述，以增强读者对本策划方案的信任和信心。

（五）市场分析

对当前的市场营销环境、产品市场状况、竞争状况、分销渠道等因素做简要而明确的分析，为制订相应的营销策略和采取正确的营销手段提供依据。

1. 宏观制约因素分析

主要是对企业营销策划所涉及的宏观环境因素进行分析，从而确定营销市场的稳定性、增长性及风险程度。这方面的分析主要包括：目标市场区域的总体经济形势、总体的消费态势（消费结构、消费水平、消费心理）、产业的发展政策；可能影响产品市场的政治因素以及可能影响产品销售和推广的法律因素；产品与目标市场的文化背景以及产品与目标客户的文化背景等。对一些受科技发展影响较大的产品，如计算机、家用电器等，还要分析科学技术的发展趋势及其对产品和市场的影响。

2. 市场概况分析

主要对企业营销策划涉及的目标市场进行分析，总结目标市场的基本特征。这方面的分析主要包括：市场的规模以及未来的发展趋势；细分市场可能容纳的最大销售额和需求特征；市场的构成（构成这一市场的主要产品的品牌、各品牌所占据市场的份额、市场上居于主要地位的品牌、与本品牌构成竞争的品牌等）；消费者的年龄、性别、职业、学历、收入、家庭结构等。

3. 产品分析

主要对企业营销策划涉及的产品的情况进行分析，做到"知己"。这主要包括：对产品的性能（特别是最适合消费者需求的性能）、产品的质量、产品的价格（特别是消费者对产品价格的认识程度）、产品的材质、生产工艺、产品的外观与包装等的分析；产品生命周期分析；产品的品牌形象分析；产品定位分析；产品技术、成本分析。

4. 竞争状况分析

主要对企业现有和潜在竞争者的市场规模、市场地位、目标市场、产品特征、产品定位、营销策略等展开分析，做到"知彼"。

5. 分销渠道情况分析

主要对各主要分销渠道的近期销售额及发展趋势进行分析，以评估当前分销渠道的效率。

（六）SWOT 分析

在上述分析的基础上，运用 SWOT 分析方法，对企业的营销机会（O）、营销威胁（T）、营销优势（S）、营销劣势（W）做全面的分析和比较，从问题中找出劣势予以克服，从优势中找出机会，发掘其市场潜力。"找准了市场机会，策划就成功了一半。"具体内容如表 17—2 所示。

表 17—2　　　　　　　　　　　　　　SWOT 分析表

S（Strengths，优势）	W（Weaknesses，劣势）
列出在目标市场上，与竞争对手相比，企业在哪些方面拥有更高或更强的实力，找出营销优势	列出在目标市场上，与竞争对手相比，企业在哪些方面存在差距或实力较弱，找出营销劣势
O（Opportunities，机会）	T（Threats，威胁）
面对当前的营销环境和市场，企业的赢利机会或发展机会在哪里	面对当前的营销环境和市场，企业会面临哪些威胁和影响，其后果是什么

（七）营销目标

根据环境分析和 SWOT 分析的结论，确定在计划时间内要完成的营销目标。营销目标包括市场占有率、销售额、利润率、投资收益率等。

（八）营销战略

为实现上述营销目标，首先要确定营销战略。一般而言，营销战略主要包括市场细分（S）、选择目标市场（T）和市场定位（P）三方面的内容。实际上就是明确营销活动的基本方向，即企业准备进入并服务于哪一个或哪几个子市场，以及市场如何定位等。

（九）营销组合策略

针对所选的目标市场和所确定的定位方式制定相关的营销组合策略，即 4Ps 组合策略，它包括产品策略、价格策略、分销渠道策略、促销组合策略。视企业的运营情况和程度，还需要发展其他方面的策略，如客户关系管理、电子商务等。

（十）执行方案

执行方案指将营销策略转化为具体的行动方案，它的内容包括项目内容、执行人、执行方式、执行时间、费用预算等。要按照这些内容为每项活动编制详细的执行程序，以便于执行和检查。执行方案要细致、周密，操作性要强，又要不乏灵活性。

（十一）费用预算

根据营销策划方案的各项内容，将整个营销方案推进过程中的费用投入列出清单，包括营销过程中的总费用、阶段费用、项目费用等，其原则是以较少投入获得最优效果。

（十二）执行控制

作为策划方案的补充部分，应该明确对方案实施过程的管理与控制。一方面，要有明确的监控方案，如设定每月对实际和预算的销售额与费用进行比较，以评估方案执行的实际效果与方案设定的目标的差距；另一方面，要为应对市场情况的突变或一些突发事件而设置一些应急方案。

（十三）附录

对策划方案中采用的参考资料、市场调研的实际情况或是某些项目方案做必要的补充说明。

■ 本章提要

营销策划是根据企业的营销目标，以满足消费者需求和欲望为核心，设计和规划企业产品、服务和创意、价格、渠道、促销，从而实现个人和组织的交换过程。营销策划适合任何一个产品，包括无形的服务，它要求企业根据市场环境变化和自身资源状况做出相适应的规划，从而提高产品销售，获取利润。营销策划的内容包含市场细分、产品创新、营销战略设计、营销组合4P战术等四个方面的内容。

■ 练习与思考

1. 市场营销策划方案应该包括哪些内容？
2. 营销策划包括哪几个步骤？

■ 案例教学

策划"野战饮料"

以下案例是北京叶茂中营销策划有限公司对湖南红豆食品有限公司进行营销策划的案例概要，该实例曾被评为"中国十大经典策划案例"。

第一部分 策划分析

1. "劲王枸杞汁"卖什么

红豆公司出品的"劲王枸杞汁"是一种果蔬型饮料。它在湖南长沙、岳阳、常德、衡阳、怀化以及广西柳州、贵州贵阳等地销售，产品上市后市场未能全面启动，企业处于停产观望阶段。

市场诊断：

※ 产品概念诊断

（1）这种枸杞饮料卖给谁？中老年人对枸杞的保健功效较认可，但却不是易拉罐饮料的消费主体；而易拉罐饮料的主力消费群——青少年，却没有喝保健饮料的意识。

（2）卖饮料还是卖保健品？企业确定的主营是饮料，那么消费者购买饮料的第一目的是解渴，而不是为了保健。

（3）饮料卖的是什么？可口可乐销售的绝不仅仅是糖水，而是美国文化；乐百氏纯净水卖的也绝不仅仅是解渴，而是"27层过滤"带来的健康保障；"劲王枸杞汁"卖什么？"劲王枸杞汁"要做的卖点是80%纯天然，即饮料中枸杞含量达到80%并且是纯天然的。公司决策层认为：只要货真价实，就一定能够得到市场的回报。

※ 产品实体诊断

"劲王枸杞汁"没有经过严格的口味测试，只是在产品出来之后给一些亲朋好友及同事做了一些品尝，既未选定目标消费群，也无科学的测试方法。亲朋好友碍于面子连说"不错，不错"，但真实的情况却是：由于原料含量过高，口感很涩，不爽口，消费者往往是喝几口就不愿再喝下去了。

2. 找出销售问题症结

通过对长沙、岳阳等地的走访，发现产品的销售问题有以下几点：

（1）由于产品本身的缺陷，促销、广告等支持力度不够，以及没有合理、有效的市场拓展计划和网络管理方法，销售人员的工作无目的性，没有条理。

（2）销售人员不敢选择甚至不敢接触网络力量强大的经销商，销售人员欠缺专业销售技能，在经销商的选择上屡屡失误，在岳阳只选择了一家夫妻店作为经销商。

（3）在长沙，铺点工作稀稀拉拉，而公司却在当地招聘了大量的人员帮助这些经销商铺货，费时、费力、费资金、事倍功半。

（4）缺乏有力的专业销售管理人才，销售工作很盲目。例如，销售人员连基本的销售台账都没有规范建立，缺乏规范化的管理，同时也因为缺乏管理技巧，处事不当，导致销售队伍不团结，人心不稳。致使通路推力呈弱势，虽然在几个市场有很多重点终端，但产品一直无法进入，大大降低了产品的有效铺货率。

第二部分　市场策划

1. 枪毙"劲王枸杞汁"，到市场中去寻找新产品

"劲王饮料"项目小组兵分几路，分别在北京、上海、广州展开市场调研。项目小组整天泡在各大超市、便利店、副食品批发市场、娱乐场所、旅游区、学校等地方，与消费者、营业员、经销商进行深度访谈，就饮料的产品概念、口味形态、包装形式、心理价位、通路促销等问题进行了详细的沟通、探讨。将每一种畅销饮料与滞销饮料一一搜集，就其口味、包装、价位、广告、促销、理货、布点等情况一一解剖、分析。

经过分析发现，碳酸饮料和水饮料市场占据着饮料市场的大半壁江山，而且市场已形成强势品牌，如可口可乐、娃哈哈、乐百氏等垄断品牌，而果汁饮料、果味饮料、茶饮料等则处于市场竞争的初始期，市场还有较大空间和较大潜力。

将目标消费者定为在校学生和刚从学校毕业走向社会的青少年，他们无家庭、经济负担，精力旺盛，容易接受新鲜事物和文化，手中有不间断的小额零花钱，用钱无计划性，多为冲动性购买。其消费心理特点是易受同伴影响，攀比心态强烈，想法较天真，对未来充满幻想；开始厌烦父母，极想摆脱父母的管束；总认为自己已经很成熟，处理事情总想以成年人的模样来表现，特别想显示自己能独立，但又做不到像真正的成年人一样。

2. 新卖点："酷"文化浮出水面

在10~20岁的青少年中"混"了一段时间后，我们发现了一个有趣的现象：就是在青少年中间不再像以前那样以"漂亮"、"潇洒"为准则，而是以"酷"为荣。"很酷"是青少年使用频率最高的词之一。

所谓的"酷"，就是独特、冷峻、有个性的意思。"酷"文化源于香港，很快便风靡内地，形成了一股不可忽视的潮流。青少年喜欢说"够酷"的话，做"很酷"的事，抽"酷极了"的烟，穿"酷毙了"的衣服，长期无人问津被认为是老土的军用品，因沾了"够酷"的光突然火了起来，军警靴、迷彩手表、迷彩马夹成了"酷哥"、"酷姐"的时尚用品。

3. 新主张："酷"是感觉出来的，不是装出来的

新饮料的气质问题基本得到了确定，但要表现"酷"却不能直接喊"酷"。如果你傻傻地叫一声"××饮料，酷！"那就完蛋了。青少年认为"装酷"而"酷"，是他们最大的忌讳。青少年需要的是我们通过各种手法使产品感觉到"酷"，却坚决不能说一个"酷"字，这令项目小组为之绞尽脑汁。

再次与10~20岁的青少年"混"在一起，看他们穿什么感觉"酷"，做什么感觉"酷"，用什么感觉"酷"。通过观察我们发现，青少年普遍对美国大兵的军用饰件非常感兴趣，喜欢收集并挂在身上，感到很"酷"。

我们顿时豁然开朗，何不用迷彩色作为新饮料的包装呢？大家为这个发现欣喜若狂，连夜围在电脑旁，设计师设计出数十个迷彩的利乐砖与易拉罐外包装，最后大家确定了一种迷彩背景，即中间悬挂一个白色五角星军用挂件的包装，并正式定名为"野战饮料"。

口味测试小组也带来了令人兴奋的好消息。新配方的饮料在六大城市分别进行了7轮口味测试，76.32%的目标消费者喜欢新配方苹果汁的口感，83.16%的目标消费者喜欢复合饮料的口感。

苹果汁的果味纯正、甘醇，消费者都能闻出其苹果味，就定名为"野战苹果"；对于复合果汁，一般消费者闻不出是什么果香，只是觉得非常好喝，我们就将之定名为"野战红星"。消费者在看到"野战红星"时一定会觉得奇怪，"野战红星"是什么？再加上独特的迷彩包装，必将会达成尝试性购买。如果喝后感觉甘醇爽口，则达成重复购买的可能性就会增大。

第三部分　市场执行

在进行了"劲王野战系列饮料"包装专利申请等保护措施后，我们带着样品再次走下去，与青少年、批发商、零售商、营业员等就新饮料的产品概念、店头展示、通路促销、消费者促销、媒体选择等做了有针对性的调查与了解，对红豆公司"劲王野战系列饮料"的战略规划、目标市场、营销策略、价格体系、广告创意、区域划分、人员设置、销售政策、市场监控体系等进行了系统、详尽的规划。

对电视广告创意也反复推敲，绞尽脑汁，最后确定了一种前卫、明快、独特的风格。广告口号很费了我们一番心思。前些年台湾曾有一句非常著名的广告语："只要我喜欢，有什么不可以？"它代表了一代新新人类强烈叛逆的个性，并在青少年中风行一时。"走自己的路，让别人去说吧！"最后，定为用这句名言作为"劲王野战饮料"的广告口号。

资料来源 叶茂中：《世上本来没有路》，载《销售与市场》，1999-05-22。有改编。

问题：（1）根据策划分析的内容，策划者对目标市场做了哪些方面的调查？这些调查与营销策划有什么关系？

（2）根据市场策划的内容，策划者为新产品概念做了哪些改进和调整？为什么要进行产品概念的重新设计？

实训教学

【实训项目】编写新产品策划方案。

【实训材料】采用第十三章的实训材料。

【实训步骤】1. 根据策划方案的内容，将全班分为13个工作小组，各小组人数根据工作量大小确定。

2. 各小组成员根据实训材料，按照新产品策划方案要求完成实训任务，提交相关材料和报告。

3. 教师根据学生提交的材料和报告进行评议，提出修改意见，并根据最终的策划方案报告评出成绩。

【实训内容与分工】（如表17—3所示）

表17—3　　　　　　　　　　　　××新产品策划方案

组别	工作内容	时间	小组人数	要求
1	封面设计	4课时	1~2人	内容完整、结构合理、设计新颖
2	编写概要	4课时	1~2人	内容简洁、思路清晰、引人入胜
3	编写目录和前言	4课时	1人（组长）	协调各组、统一认识、总揽全局
4	市场分析报告	4课时	2~5人	递交市场分析报告
5	制定营销目标	4课时	1~2人	协调3、4组，与组长协商制订目标
6	拟定营销战略报告	4课时	2~4人	协调3、4、5组，与组长协商确定战略
7	拟定营销策略报告	4课时	6~12人	协调3、4、5、6组，与组长协商确定策略
8	拟定执行方案报告	4课时	6~8人	协调3、4、5、6、7组，与组长协商拟定执行方案
9	制订费用预算方案	4课时	4~6人	协调7、8组，与组长协商制订预算方案
10	制订执行控制方案	4课时	4~8人	协调7、8、9组，与组长协商制订执行控制方案
11	负责总审核	4课时	4~8人（组长）	审核各组材料报告，提出修改意见，负责编辑、设计，负责与各小组组长开会研究，协调各组材料和报告，提交最终的策划方案报告

综合实战演练

【演练目的】通过演练，加强对市场营销理论与方法的认识和理解，将营销理论、方法和技能运用于实践中，提高对知识的驾驭能力、整合能力和实践能力，进一步提高营销者的综合素质。

【演练总体要求】如果你拥有并能够支配一笔投资，投资额度为100万元人民币，投资项目确定为商品销售或服务类市场。根据你所掌握的营销理论和方法，综合财务管理、管理学、市场调查等方面的知识，设计一份市场创业计划，创业计划内容不少于4000字。

【演练具体要求】在市场创业计划书中，至少要体现以下几个模块的内容，根据具体情况篇幅可长可短。模块未涉及的内容，根据实际需要可以适当增加个性化模块。

模块1 市场调查分析

1. 运用市场环境的分析方法，对拟投资的项目进行市场环境的分析，包括对市场宏观环境及微观环境的分析，通过环境分析，撰写环境分析报告，指明拟投资项目在目前环境下所处的地位和意义。

2. 运用SWOT分析方法，对拟投资的项目进行调查和分析，并对项目的机会风险、企业的优势和劣势进行详尽分析。

3. 根据市场竞争战略与战术的相关知识，对拟投资项目进行竞争环境分析，了解拟创业企业的竞争态势。

4. 根据购买者行为分析的相关知识，对拟投资项目的消费者行为进行分析，围绕消费者行为特征制订营销战略。

模块2 目标市场战略与策略

1. 根据STP的相关知识，对拟进入的市场进行市场细分，列出细分依据，找出细分市场，评价细分市场的发展潜力和预测细分市场的前景。

2. 根据细分市场，对细分市场进行考量，结合拟投资的企业的投资额度、实力、经营目标、市场战略等因素，选择好目标市场。

3. 根据选择的目标市场，结合拟创企业的实力，分步骤滚动制订市场定位战略、企业定位战略和产品定位战略。

模块3 营销组织结构规划

1. 根据《公司法》及相关的法律法规的要求，列出办理公司工商注册、税务登记、银行开户及检验检疫等相关事务的具体程序，要列出办理这些手续的具体时间表。

2. 根据营销组织结构与营销人才培养的相关知识，设计拟创企业的营销组织结构，包括公司的股权结构、领导体制、经营方式等内容，并说明其理由。

3. 对拟创企业的人才培养和使用需提前考虑。对拟创企业管理及营销人员的设置、职能划分、职责、薪酬激励等方面要制订相应的措施和办法。

4. 建立拟创企业的企业文化，构建企业文化体系，构建营销团队精神，增强企业的凝聚力和战斗力。

模块4 拟创企业的产品策略

根据产品营销策略与营销管理的相关知识，拟定拟创公司的产品策略。

1. 你要给创建的公司起一个响亮的名字，设计一个漂亮而有韵味的公司标志，要设计拟创公司的招牌，确定公司地址和对公司环境进行治理，还要对公司经营场所进行装修等。

2. 要决定经营什么样的产品和推出什么样的服务，并了解你经营的产品和目前市场上已有的同类产品相比在功能、用途、体积、大小、重量、形状、口味（如果有的话）、颜色等方面有什么不同？创建你的商品、服务概念和产品简图，并说明具体的理由。

3. 要决定采用什么样的商标和商标策略，设计出你的商标图案，并加以解释和说明。

4. 要决定采用什么样的产品包装和包装策略，设计出你的包装图，并加以解释和说明。

5. 要决定采用什么样的产品组合策略，并对你的产品组合策略进行必要的解释与说明。

6. 要决定采用什么样的产品差异化策略，使你的产品和服务与众不同，具有自己的核心竞争力。

7. 要决定采用什么样的产品服务策略，使你的优质服务赢得更多的顾客的芳心，增加你竞争的砝码。

模块5 拟创企业的价格策略

根据价格策略的相关知识，拟定拟创企业的价格策略。

1. 要决定采用什么样的产品或服务定价目标，并要说明原因。

2. 要决定采用什么样的产品或服务定价方法及定价导向，并要说明原因和具体程序。

3. 要决定采用什么样的产品或服务定价策略和定价调整策略，并简要说明之。

4. 要分析同类竞争产品或服务的定价策略，并要说明如何体现拟创企业的价格竞争优势。

模块6 拟创企业的渠道策略

根据渠道策略与渠道管理的相关知识，拟定拟创公司的渠道策略。

1. 要决定你将采用什么样的营销渠道方式销售产品或服务。

2. 拟创企业应如何处理好与供应商的关系，如何与供应商建立更紧密的战略合作关系？

3. 如果有中间商，如何加强对中间商的管理？要制订中间商的激励和控制政策。

4. 拟创企业经营将采取什么样的渠道经营模式，是加盟连锁店还是自主发展连锁店，是发展单个店还是经营多家店，是直销还是通过中间商销售。简要说明理由。

模块7 拟创企业的促销策略

根据促销策略与促销管理的相关知识，拟定拟创公司的促销策略。

1. 要决定你将采用什么样的广告策略，包括广告媒体的选择、广告费用的预算、广告词设计、平面广告制作、广告效果评估等策略。

2. 要决定你将采用什么样的公关策略。设计公关活动，提高拟创企业的知名度及美誉度，建立良好的社区关系，树立良好的企业形象。

3. 要决定你将采用什么样的促销策略。设计营业推广促销活动，选择有针对性的促销活动进行促销，并设计好促销活动方案。

4. 要决定你将采用什么样的人员推销策略。如果采用人员推销方式，应如何制订人员推销计划，加强对推销人员的管理。

5. 提出拟创企业的形象策划计划，制订形象策划的实施提纲，包括企业形象设计、产品服务形象设计、企业文化形象设计等内容。

模块8 拟创企业的其他营销策略

根据营销素质与拓展篇的相关知识，拟定拟创公司的其他营销策略。

1. 如何掌握顾客对拟创企业的产品或服务的满意度情况？如何提高顾客的满意度？

2. 如何建立顾客信息系统？应加强对顾客哪些方面信息的收集、整理、分析工作，以便进一步了解顾客的购买行为？

3. 如何加强对顾客的分类管理？如何开拓新客户，稳定老客户，锁定忠诚的客户？

4. 如何处理顾客投诉？如何根据顾客投诉改进企业的营销活动？

5. 如何为顾客创造价值？如何提高顾客的让渡价值？如何实施顾客价值营销？

模块9 拟创企业的投资效益分析

根据财务会计的相关知识，测算拟创公司的投资预算，并进行投资的可行性分析。

1. 对你的产品项目做简单的投资分析，测算投资的经济评价指标，如投资回收期、投资收益率、净现值、内涵报酬率、现值指数等，评价投资风险，并进行简要的投资项目可行性研究。

2. 制订拟创企业固定资产投资及流动资产投资的详细预算，并说明预算安排的理由。

3. 通过拟创企业经营效益预测分析，预计经营期间的销售收入情况、成本费用情况及经营效益情况。

4. 编制简化的会计报表，包括资产负债表、利润表、收入和成本费用表，并对生成的财务报表进行分析，简单描述拟创企业的财务状况。

模块10 拟创企业的远景规划

1. 你对创办的企业有信心吗？你创办的企业是否具备较强的竞争力？企业的优势在哪里？

2. 你对企业的长远发展有何打算？

主要参考书目

1. ［美］菲利普·科特勒：《营销管理》，梅汝和等译，北京，中国人民大学出版社，2001。

2. 丁卫东：《营销策划：理论与技艺》，北京，电子工业出版社，2007。

3. 中国就业培训技术指导中心：《营销师》，北京，中央广播电视大学出版社，2006。

4. 杨勇：《市场营销：理论、案例与实训》，北京，中国人民大学出版社，2006。

5. 李小红：《市场营销学》，北京，中国财政经济出版社，2006。

6. 吴健安：《市场营销学》，北京，高等教育出版社，2004。

7. 吴健安：《市场营销学学习指南与练习》，北京，高等教育出版社，2004。

8. 苏亚民：《现代营销学》，北京，对外经济贸易大学出版社，2000。

9. 郭国庆：《市场营销学通论》，北京，中国人民大学出版社，1999。

10. 中国营销传播网，http://www.emkt.com.cn。